THRASYMACHUS

A NEW GREEK COURSE

by

C. W. E. PECKETT, M.A.

Sometime Scholar of King's College, Cambridge
Headmaster of the Priory School, Shrewsbury

and

A. R. MUNDAY, M.A.

Sometime Scholar of St. Catharine's College, Cambridge
Headmaster of The King's School, Chester

PUBLISHED BY BRISTOL CLASSICAL PRESS
GENERAL EDITOR: JOHN H. BETTS

© C. W. E. Peckett and A. R. Munday, 1965

First published 1965
Revised Edition 1970
Reprinted 1973, 1977

To

F. W. Lockwood

ὃν οἱ θεοὶ φιλοῦσιν, ἀποθνῄσκει νέος

Printed in Great Britain
ISBN 0-86292-139-2

Reprinted 1984

226 North Street
Bedminster
Bristol
BS3 1JD

PREFACE

Thrasymachus is designed to give pupils in about two years a working knowledge of the Greek language, so that they will then be able to tackle the ancient texts with some confidence and enjoyment. The vocabulary, accidence and syntax used is that of the best Attic authors, and we have tried to introduce these things simply and logically and in readily assimilable portions. We have not hesitated, however, to employ good idiom right from the beginning, even in advance of the strict grammatical sequence where necessary. At the same time as introducing the elements of Grammar we have thought fit to give pupils a foretaste of what is to follow, by retelling, in the way best suited to our purpose, some of the more familiar of the myths and some of the exciting parts of the *Odyssey*. We have not hesitated to quote substantial portions of Homer's original Greek whenever we have felt this to be within the pupil's power to comprehend without excessive difficulty. This has inevitably added to the vocabulary used in this book, but we feel that this is all to the good, as the next step after completing *Thrasymachus* ought to be the reading of one or more books of Homer. We have also added a number of extracts from other Greek authors from the earliest right down to the New Testament, most of which can be read during or at the end of the first year of the course. As a further contribution to the enjoyment of elementary Greek we have included, with the permission of Thomas Nelson, four songs by the late Dr. W. H. D. Rouse, the influence of whose imaginative teaching still lives on.

We have given a large amount of reading material because we believe that the best way to become familiar with a language is to read as much of it as possible. All the reading material in the first half of the book is in dialogue form, in the hope that this will encourage the reading aloud and the speaking of Greek, and thus make for livelier lessons. We have printed accents because we hope that the attempt will be made to pronounce them; in this way, if learnt from the beginning, they are nothing like as difficult to absorb as is sometimes alleged.

This book is intended primarily for pupils who have done enough Latin to have a working knowledge of the simpler uses of the cases of nouns and adjectives, and of the persons and tenses of the verb in the indicative. Pupils who know this much should be able to proceed fairly quickly. It is, however, possible for this book to be used by those who have done no Latin at all, provided that their teacher is willing to teach, in his own way, the very elementary grammar first. Naturally, such pupils will take a little longer to cover the course, especially in the early stages. The grammar is introduced step by step in what we feel is a natural and methodical order, and, as far as is consistent with so idiomatic a language as Greek, no grammatical principle is used until it is formally introduced and explained. We have kept our grammatical explanations to the minimum, as we feel that each teacher is best able to decide how far a point of grammar needs elaboration for it to be fully comprehended by his own pupils. Our objective is the reading of Greek, not the analysis of grammar *per se*. The grammar has been simplified as far as possible, but the essentials are all there.

We recommend teachers to use the reading material first and so allow their pupils to come across the new points of grammar in actual use before they are explained. The teacher can give further examples if they are necessary. The accidence required for each chapter is printed at the end of the chapter and collected in a complete conspectus of Grammar at the end of the book. Each chapter with new syntactical points has at its heading a reference to the appropriate portion of the collected syntax in the complete conspectus of Grammar. The new accidence should be learnt *after* each chapter has been read, and the grammatical exercises ($\mu\epsilon\lambda\epsilon\tau\alpha\iota$) should be used for revision rather than teaching. With some hesitation in view of modern trends in the teaching of Classics in this country, we have included English-Greek sentences and elementary proses, which are largely retranslation. These should be tackled only when all else concerned with the chapter has been completed and only then as a test for the teacher himself, to allow him to discover whether or not his pupils have learned all he thinks he has taught them.

In the matter of orthography we have tried to follow the best practices of the modern printing of ancient Greek. We have deliberately not been wholly consistent in the matter of elision in the early chapters, where complete consistency would have caused unnecessary difficulty, particularly with new vocabulary. Connecting particles for the same reason have been used fairly sparingly in the very early stages.

This book is the result of over twenty years' active experiment and practice in the classroom with a wide variety of pupil. We are confident, therefore, that for the pupils of the age group and linguistic level we have in mind, it proceeds at the right pace, that the reading material gives sufficient examples of the grammar it introduces, and that this is adequately balanced by the right amount of exercises. The book would never have been begun without the original inspiration of the late Francis W. Lockwood, to whom it is respectfully dedicated, and would never have been completed without the helpful criticisms and suggestions of our colleague Dr. H. Loehry. We are grateful, too, to the boys of the Priory School, Shrewsbury, Glasgow Academy and Tudor Grange Grammar School, Solihull, who bore patiently with the book in manuscript form but seemed none the less to enjoy it, and in particular to D. J. Ditch, formerly of The King's School, Chester, now on the staff of Wolverhampton Grammar School, for much help with the vocabularies. We are also indebted to Mr. J. Scott of the Priory School, Mr. E. L. Haynes of the British Museum and the Curator of the Museum of Fine Arts, Boston, U.S.A., for help with the photographs. Nor must we forget to acknowledge with gratitude the generosity of Mr. J. O. Wilding and the patience of his staff in the printing and publication of the book. If it succeeds in bringing boys and girls to the point where they can drink deep of the Pierian spring of Greek literature, we shall be more than repaid for its labour.

C. W. E. Peckett
A. R. Munday

We are deeply grateful to Mr. John Betts and the Bristol Classical Press for rescuing Thrasymachus from a fate worse than Hades and restoring him to print after a few years in the darkness.

INTRODUCTION

The people whom we call the Ancient Greeks swept down into the Mediterranean about 1,000 B.C. and occupied the mainland of Greece, the shores of what is now Turkey, and the islands which lie between. In so doing they destroyed much of the Mycenean and Cretan civilisations, but because the invaders spoke a language akin to that of the earlier inhabitants, they absorbed many of their legends and beliefs.

The Ancient Greeks, as we know them in 600–300 B.C., lived either on islands or in small towns—city-states—separated by almost impassable mountains. They were, therefore, sturdy individualists, proud of their own small communities, but with little idea of joining together as a nation. The sea not only surrounds the Greek islands, but flows also into great inlets in the mainland. Because of the difficult mountains the mainland Greeks used the sea as a highway, not only between the islands, but also between the various towns. They developed, therefore, the characteristics of a seafaring people—good humour, kindliness to strangers, cruelty to established enemies; a ready wit, inventive skill, the ability to improvise and to make quick, bold decisions.

Moreover, the sun shines in Greece almost all the year, and the clear sea air makes all colours incredibly bright and vivid. During the long summer a north wind moderates the heat of the sun, and the air on the islands and on the mountain slopes is like wine. The minds of the Greeks were as vivid as the colours in their sky and sea. They were an energetic people, highly intelligent, passionate, volatile, and they developed a subtle and flexible language in which to express readily and accurately the liveliness and originality of their thoughts.

For they were indeed original thinkers. Partly by limiting their own desires, and partly by employing slave-labour, they achieved an amount of leisure such as we hope to achieve at some time in the future through automation. And, instead of dissipating this leisure, they used it to tackle and to solve, in their own way, the fundamental problems which haunt the human race. What is the good life? How can men best live together? What is the meaning of suffering? What is the nature of the soul and of the universe? What is beauty, what truth? All these questions and many others the Greeks were the first to ask and to answer. The writings of Plato and Aristotle are still the foundations of all philosophy.

Besides being concerned with such political, philosophical and religious problems, the Greeks were the first men in Europe to write History, to produce a record of mens' actions, and at the same time to consider the causes and effects of them.

Though their private houses were probably little more than glorified mud-huts, their public buildings, such as the Parthenon, were very beautiful, and erected with the most accurate and imaginative engineering skill. These buildings have influenced the thinking of architects ever since. To adorn these buildings the Greeks carved friezes in marble and also free-standing statues so fine that they were not afterwards equalled in the world until the Renaissance, when Italian sculptors worked under their inspiration. These friezes and statues were painted in the vivid colours which the bright sunlight demanded. But the Greeks spent most of their skill as painters in decorating their pottery with scenes of daily life or illustrations of their myths. They did this with a superb sense of design, and it is interesting to compare the pleasant decorations they gave to a jar containing olive oil with the poor quality of that usually applied to one of its modern equivalents.

Though the Greeks were outstanding in the Arts and in Philosophy, they were not so far behind in the Sciences as is sometimes supposed. For instance, they not only discovered the principle of the steam engine, but also produced some which worked; but they used them only for amusement, and ignored them as commercial propositions, since they were, rightly or wrongly, satisfied with their slave-labour. They were highly skilled in Geometry, and sufficiently advanced in Mathematics to be able to make remarkably accurate calculations about the size and movements of the sun, moon and stars, and to anticipate Copernicus and Galileo. They also anticipated several modern laws of Physics, and in particular the Atomic Theory. They observed quite accurately the parts of plants and animals, and, with some glaring omissions, knew a great deal about their various functions. They were outstanding among the ancients in their knowledge of clinical medicine, and, besides laying the foundations for much of the practice of medicine that has developed since the Renaissance, they knew a great deal about the connection between mind and body in disease.

But it is probably in their Literature that the Greeks have left us our greatest legacy, perhaps because ideas expressed in words are more easily handed on than those expressed in other media. The rest of the world has little to equal the nobility of the epic poet Homer, the fresh and clear insight of the historians Herodotus and Thucydides, the vigour and persuasive power of the orator Demosthenes, the combined grandeur and human sympathy of the playwrights, Aeschylus, Sophocles and Euripides.

The Greeks were able to write so well because they developed a language whose only equal is modern English, a language rich enough and flexible enough to express all the ideas which seethed in their vivid imaginations. This is the language you are about to learn. If you manage to learn only a part of it, a world of wonder and enjoyment will be open to you.

THE ALPHABET

		Name		Pronunciation
A	α	alpha	ἄλφα	ă (as in the Yorkshire " hat ") and ā (as in " ah ")
B	β	bēta	βῆτα	b
Γ	γ	gamma	γάμμα	g (see note 1)
Δ	δ	delta	δέλτα	d
E	ϵ	epsilon	εἶ (ἔψιλον)	e (as in " get ")
Z	ζ	zēta	ζῆτα	zd
H	η	ēta	ῆτα	ē (as in the French " crème ")
Θ	θ	thēta	θῆτα	th (see note 2)
I	ι	iōta	ἰῶτα	i (as in the French " lit ") and ī (as in " machine ")
K	κ	kappa	κάππα	k
Λ	λ	lambda	λάμβδα	l
M	μ	mu	μῦ	m
N	ν	nu	νῦ	n
Ξ	ξ	xi	ξῖ	ks
O	o	omicron	οὖ (ὄμικρον)	o (as in " got ")
Π	π	pi	πῖ	p
P	ρ	rho	ῥῶ	r
Σ	$\sigma\ \varsigma$	sigma	σῖγμα	s (see note 7)
T	τ	tau	ταῦ	t
Y	υ	upsilon	ὖ (ὖψιλον)	u (as in the French " tu ") and ū (as in the French " pur ")
Φ	ϕ	phi	φῖ	ph (see note 2)
X	χ	chi	χῖ	ch (see note 2)
Ψ	ψ	psi	ψῖ	ps
Ω	ω	ōmega	ὦ (ὦμεγα)	ō (as in " awe ")

NOTES

Pronunciation

1. $\gamma\gamma$ = ng, $\gamma\kappa$ = ngk, $\gamma\xi$ = ngks.
2. θ, ϕ, χ were pronounced as two distinct sounds combined, as in *ant-hill, up-hold, pack-horse*.
3. A long vowel lasts twice as long as a short one.
4. Double consonants are pronounced by dwelling on the sound, e.g. *stop-press, black-cat*.
5. Diphthongs are pronounced as if the two vowels of which they are composed were run together:

$\alpha\iota$ = ai as in aisle	$\epsilon\upsilon$ = eü
α = āi	$\eta\upsilon$ = ēü
$\alpha\upsilon$ = ow as in cow	$o\iota$ = oi as in foil
$\epsilon\iota$ = ey as in they	ω = ōi
η = ēy	$o\upsilon$ = oo as in fool
	$\upsilon\iota$ = üi as in Fr. oui

6. ' over a letter = h (rough breathing)
   ' over a letter shows lack of h (smooth breathing)
   e.g. $\H{o}\varsigma$ = hos $\dot{o}\sigma\tauο\hat{υ}\nu$ = ostoon
7. Sigma is written as ς at the end of words, as σ elsewhere.

Punctuation

As in English except that represents a colon or semicolon, and ; a question mark.

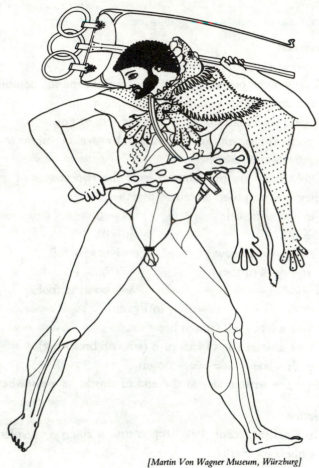

[Martin Von Wagner Museum, Würzburg]

HERAKLES

The Article: 1st and 2nd Declensions: Uncontracted Verbs,
Present Active: Imperative: Adjective: εἰμί.

Εἰς "Αιδου

A

ὁ Θρασύμαχος

(ὁ Θρασύμαχος παιδίον ἐστὶ καὶ καθεύδει. ἀστραπὴ καὶ βροντή.)

Θρασύμαχος: (λέγει.) ἀστραπὴν βλέπω καὶ βροντὴν ἀκούω.

Ἑρμῆς: (λέγει.) χαῖρε, ὦ Θρασύμαχε. ἆρα καθεύδεις;

Θρασύμαχος: ἀνθρώπου φωνὴν ἀκούω.

Ἑρμῆς: ἀλλὰ ἀνθρώπου φωνὴν οὐκ ἀκούεις· ἄνθρωπος 5
γὰρ οὐκ εἰμι.

Θρασύμαχος: τίς οὖν εἶ;

Ἑρμῆς: ἐγώ εἰμι Ἑρμῆς ὁ θεός.

Θρασύμαχος: οἴμοι. ἀλλὰ διὰ τί δεῦρο ἥκεις;

Ἑρμῆς: διότι κομίζω σε εἰς τὴν τοῦ "Αιδου οἰκίαν. 10

Θρασύμαχος: οἴμοι. νεκροὺς γὰρ εἰς τὴν τοῦ "Αιδου οἰκίαν
κομίζουσιν. ἐγὼ δὲ οὐκ εἰμι νεκρός. μὴ οὖν
κόμιζέ με εἰς "Αιδου.

Ἑρμῆς: ὦ Θρασύμαχε, ἔνδυε τὰ ἱμάτια. ὁ γὰρ Ζεὺς
κελεύει. λέγει γάρ μοι, " κόμιζε τὸν Θρασύ- 15
μαχον εἰς "Αιδου καὶ δίδασκε τὸ παιδίον περὶ
τῶν νεκρῶν καὶ περὶ τῆς τοῦ "Αιδου οἰκίας."

(παρέχει τῷ παιδίῳ τὰ ἱμάτια.)

Θρασύμαχος: κόμιζέ με οὖν καὶ δίδασκέ με περὶ τῶν νεκρῶν
καὶ τῆς τοῦ "Αιδου οἰκίας. ἐνδύω γὰρ τὰ ἱμάτια. 20
(ἐνδύει οὖν τὰ ἱμάτια.)

(ἀστραπὴν βλέπουσι καὶ βροντὴν ἀκούουσιν. καταβαίνουσιν.)

B

ὁ Χάρων

Θρασύμαχος: (ποταμὸν βλέπει.) οἴμοι. θάλατταν βλέπω.

Ἑρμῆς: οὐχί. θάλαττα μὲν οὔκ ἐστιν, ποταμὸς δέ.

Θρασύμαχος: ποταμὸν οὖν βλέπω. ἀλλὰ δεινός ἐστιν ὁ ποταμὸς καὶ δεινὸν ποταμὸν βλέπω.

Χάρων: (ἐρέττει.) ὦ ὄποπ, ὦ ὄποπ, ὦ ὄποπ.   5

Θρασύμαχος: δεινὴ καὶ μιαρά ἐστιν ἡ φωνή. δεινήν τε καὶ μιαρὰν φωνὴν ἀκούω. τίς οὖν λέγει; τίς ἐστιν; δίδασκέ με.

Ἑρμῆς: ὁ Χάρων ἐστίν. ὁ Χάρων λέγει.

Θρασύμαχος: καὶ τίς ἐστιν ὁ Χάρων;   10

Ἑρμῆς: ὁ Χάρων τῷ πλοίῳ φέρει τοὺς νεκροὺς εἰς Ἅιδου.

Θρασύμαχος καὶ Ἑρμῆς: χαῖρ', ὦ Χάρων, χαῖρ', ὦ Χάρων, χαῖρ', ὦ Χάρων.

Χάρων: (μιαρᾷ τῇ φωνῇ λέγει.) τίς δεῦρο ἥκει;

Ἑρμῆς: ἐγώ τε καὶ ὁ Θρασύμαχος καταβαίνομεν εἰς 15 Ἅιδου. διδάσκω γὰρ τὸ παιδίον περὶ τῶν νεκρῶν.

Χάρων: καταβαίνετε οὖν. ἀλλὰ παρέχετέ μοι τοὺς ὀβολούς.

Θρασύμαχος: ὀβολοὺς λέγεις;   20

Χάρων: ὀβολοὺς λέγω.

Ἑρμῆς: ὀβολοὺς λέγει. ὁ γὰρ νεκρὸς ἀεὶ ὀβολὸν ἔχει.

Θρασύμαχος: ἀλλὰ διὰ τί ὁ νεκρὸς ἀεὶ ὀβολὸν ἔχει;

Ἑρμῆς: διότι οἱ ἄνθρωποι ἀεὶ ὀβολὸν παρέχουσι τῷ 25 νεκρῷ.

Χάρων: ὁ δὲ νεκρὸς ἀεὶ παρέχει ἐμοί.

Θρασύμαχος: ἐγὼ δὲ ὀβολὸν οὐ παρέχω.

Χάρων: ἀλλὰ διὰ τί οὐ παρέχεις;

Θρασύμαχος: διότι οὐκ ἔχω.

Χάρων: οἴμοι, τί λέγεις; ὀβολὸν οὐκ ἔχεις; ἀλλὰ βλέπετε τὸ πλοῖον. σαθρὸν γάρ ἐστιν. σαθρὸς μὲν ὁ ἱστός, σαθρὰ δὲ τὰ ἱστία. καὶ σαθραῖς ταῖς κώπαις ἐρέττω. παρέχετε οὖν μοι καλόν τε πλοῖον καὶ καλὸν ἱστὸν καὶ καλὰς κώπας καὶ καλὰ ἱστία καὶ καλοὺς. . . .

Ἑρμῆς: μὴ λέγε, ἀλλὰ τῷ πλοίῳ φέρε ἡμᾶς εἰς Ἅιδου. ὁ γὰρ Ζεὺς κελεύει.

Χάρων: ἀλλ' ἀεὶ κελεύει ὁ Ζεύς. εἰσβαίνετε οὖν.

Ἑρμῆς καὶ Θρασύμαχος: (εἰσβαίνουσιν.) εἰσβαίνομεν.

Χάρων: ἀλλὰ μὴ καταδύετε τὸ πλοῖον. (ταῖς οὖν κώπαις ἐρέττει καὶ τό τε παιδίον καὶ τὸν θεὸν φέρει εἰς Ἅιδου.) ὦ ὄποπ, ὦ ὄποπ, ὦ ὄπ . . . ὄπ . . . ὄπ . . .

τὰ γραμματικά α′

The Article				The Adjective		
ὁ – ἡ – τό = *the*				καλός – καλή – καλόν = *good, beautiful*		
	m	f	n	m	f	n
Nom.	ὁ	ἡ	τό	καλός	καλή	καλόν
Voc.				καλέ	καλή	καλόν
Acc.	τόν	τήν	τό	καλόν	καλήν	καλόν
Gen.	τοῦ	τῆς	τοῦ	καλοῦ	καλῆς	καλοῦ
Dat.	τῷ	τῇ	τῷ	καλῷ	καλῇ	καλῷ
Nom.	οἱ	αἱ	τά	καλοί	καλαί	καλά
Voc.				καλοί	καλαί	καλά
Acc.	τούς	τάς	τά	καλούς	καλάς	καλά
Gen.	τῶν	τῶν	τῶν	καλῶν	καλῶν	καλῶν
Dat.	τοῖς	ταῖς	τοῖς	καλοῖς	καλαῖς	καλοῖς

Nouns

	First Declension			Second Declension	
	φωνή = *voice*	θάλαττα = *sea*		ἄνθρωπος = *man*	παιδίον = *child*
		οἰκία = *house*			
Nom.	φωνή	θάλαττα	οἰκία	ἄνθρωπος	παιδίον
Voc.	φωνή	θάλαττα	οἰκία	ἄνθρωπε	παιδίον
Acc.	φωνήν	θάλατταν	οἰκίαν	ἄνθρωπον	παιδίον
Gen.	φωνῆς	θαλάττης	οἰκίας	ἀνθρώπου	παιδίου
Dat.	φωνῇ	θαλάττῃ	οἰκίᾳ	ἀνθρώπῳ	παιδίῳ
Nom.	φωναί	θάλατται	οἰκίαι	ἄνθρωποι	παιδία
Voc.	φωναί	θάλατται	οἰκίαι	ἄνθρωποι	παιδία
Acc.	φωνάς	θαλάττας	οἰκίας	ἀνθρώπους	παιδία
Gen.	φωνῶν	θαλαττῶν	οἰκιῶν	ἀνθρώπων	παιδίων
Dat.	φωναῖς	θαλάτταις	οἰκίαις	ἀνθρώποις	παιδίοις

First Declension Feminine nouns are declined like φωνή except:
  (i) *those with Nom. Sing. in α after ι, ε or ρ, which are declined like* οἰκία
  (ii) *those with Nom. Sing. in α after any consonant except ρ are declined like* θάλαττα
Second Declension Masculine Nouns are declined like ἄνθρωπος and Neuter Nouns like παιδίον. A few Second Declension Nouns are Feminine.

5

Verbs

Present Tense

λύω = I release, free   εἰμί = I am

Indicative	Imperative	Indicative	Imperative
λύω		εἰμί	
λύεις	λῦε	εἶ	ἴσθι
λύει		ἐστί (ν)	
λύομεν		ἐσμέν	
λύετε	λύετε	ἐστέ	ἔστε
λύουσι (ν)		εἰσί (ν)	

II

Third Declension: Prepositions: Numerals: ἐγώ, σύ, τίς.

Ὁ Κέρβερος

A

κύων τις: (λέγει.) βαῦ, βαῦ, βαῦ.

Θρασύμαχος: κυνός τινος φωνὴν ἀκούω. τίς ἐστιν ὁ κύων;

Ἑρμῆς: Κέρβερός ἐστιν ὁ κύων.

Κέρβερος: (αὖθις λέγει.) βαῦ, βαῦ, βαῦ.

Θρασύμαχος: ἀλλὰ διὰ τί τρὶς λέγει τὸ βαῦ; 5

Ἑρμῆς: διότι τρία ἔχει στόματα καὶ τρισὶ στόμασι λέγει.

Θρασύμαχος: καὶ διὰ τί τρία στόματα ἔχει;

Ἑρμῆς: διότι τρεῖς αὐχένας ἔχει καὶ τρεῖς κεφαλὰς ἐπὶ τῶν τριῶν αὐχένων.

Θρασύμαχος: πόσους οὖν ὀφθαλμοὺς ἔχει ἐν ταῖς τρισὶ κεφαλαῖς; 10

Ἑρμῆς:	ἒξ ὀφθαλμοὺς ἔχει ἐν ταῖς τρισὶ κεφαλαῖς καὶ ἒξ ὦτα ἐπὶ τῶν τριῶν κεφαλῶν.
Θρασύμαχος:	δεινός τις οὖν ἐστι κύων. καὶ πόσα σώματα ἔχει;
Ἑρμῆς:	ἓν μόνον σῶμα ἔχει.
Θρασύμαχος:	καὶ λέγε μοι διὰ τί λέγει τὸ βαῦ. 15
Ἑρμῆς:	διότι φυλάττει τοὺς νεκρούς.
Κέρβερος:	βαῦ, βαῦ, βαῦ. ἀνθρώπων ὀσμή. ἀνθρώπους τινὰς τοῖς ὠσὶν ἀκούω. ἀνθρώπους τινὰς τοῖς ὀφθαλμοῖς βλέπω. δεῦρο, ὦ Αἰακέ· ἄνθρωποι γάρ τινες ἀπὸ τοῦ ποταμοῦ ἐπιτρέχουσιν ἐπὶ ἐμέ. 20 βαῦ, βαῦ....
Ἑρμῆς:	οἴμοι. νῦν γὰρ δὶς μόνον λέγει τὸ βαῦ.
Θρασύμαχος:	πῶς γὰρ οὔ; ἕνα γὰρ τῶν τριῶν αὐχένων κατέχω.
Κέρβερος:	βαῦ, βαῦ. δεινὸν δή ἐστι τὸ παιδίον. ἀποθνῄσκω. βαῦ.... 25
Θρασύμαχος:	δεινὸς δή ἐστιν ὁ κύων. ἀεὶ γὰρ λέγει τὸ βαῦ.
Αἰακός:	ὦ κύον, πῶς ἀποθνῄσκεις; τίνες ἀποκτείνουσί σε; μὴ δάκρυε. (μιαρᾷ τῇ φωνῇ λέγει.) μὴ ἀποκτείνετε τὸν κύνα ἐμοῦ· φυλάττει γὰρ τοὺς νεκρούς. 30
Ἑρμῆς:	χαῖρ', ὦ Αἰακέ· κόμιζε τὸ παιδίον εἰς τὴν τοῦ Ἅιδου οἰκίαν. ὁ γὰρ Ζεύς σε κελεύει. καὶ χαῖρ', ὦ Θρασύμαχε....
Θρασύμαχος:	ἀλλὰ μὴ λεῖπε ἡμᾶς, ὦ Ἑρμῆ. διὰ τί ἡμᾶς λείπεις; (δακρύει.) 35
Ἑρμῆς:	μὴ δάκρυε. λείπω ὑμᾶς διότι ἐκ τῆς τοῦ Ἅιδου οἰκίας ἀναβαίνω πρὸς τὴν γῆν. ἄλλοι γὰρ ἄνθρωποι ἀποθνῄσκουσιν.

(ὁ μὲν Ἑρμῆς ἐξ Ἅιδου ἀναβαίνει πρὸς τὴν γῆν, ὁ δὲ Αἰακὸς κομίζει τὸ παιδίον εἰς τὴν τοῦ Ἅιδου οἰκίαν.) 40

Ἐν τῇ τοῦ Ἅιδου οἰκίᾳ

B

Θρασύμαχος:	νῦν οὖν, ὦ Αἰακέ, λέγε μοι περὶ τῶν νεκρῶν.
	τίς ἄναξ ἐστὶ τῶν νεκρῶν; τίς ἀνάσσει;
Αἰακός:	λέγω οὖν σοι περὶ τοῦ τῶν νεκρῶν ἄνακτος. ὁ
	γὰρ Πλούτων ἄναξ ἐστίν. ὁ Πλούτων ἀνάσσει
	τῆς χώρας. 5
Θρασύμαχος:	ἀλλὰ δίδασκέ με καὶ περὶ τῆς χώρας.
Αἰακός:	διδάσκω οὖν σε καὶ περὶ τῆς χώρας. ποταμὸς
	γάρ τις δεινός, ἡ Στὺξ τὸ ὄνομα, περιέχει τὴν
	χώραν.
Θρασύμαχος:	ἀλλὰ πῶς ἐστὶ δεινός; καὶ ποῦ ἐστὶν ὁ ποταμός; 10
	καὶ πῶς περιέχει τὴν χώραν;
Αἰακός:	δεινός ἐστι διότι οὐδεὶς διὰ τοῦ ποταμοῦ ἐξ Ἅιδου
	ἀναβαίνει πρὸς τὴν γῆν.
Θρασύμαχος:	(αὖθις δακρύει.) οἴμοι, φεῦ, φεῦ.
Αἰακός:	μὴ δάκρυε, ὦ Θρασύμαχε· σὺ γὰρ οὐκ εἶ νεκρός. 15
	ἄλλος δ᾽ ἐστὶ ποταμός, ὁ Ἀχέρων ὀνόματι, καὶ
	δὴ καὶ ἄλλοι, ὅ τε Κωκυτὸς καὶ ἡ Λήθη καὶ ὁ
	Πυριφλεγέθων. ἐν δὲ τῇ τοῦ Ἅιδου οἰκίᾳ ἐγὼ
	καὶ ὁ Μίνως κρίνομεν τοὺς νεκρούς.
Θρασύμαχος:	τίνας κρίνετε; λέγε μοι αὖθις, ὦ Αἰακέ. 20
Αἰακός:	αὖθις οὖν λέγω σοι. τοὺς γὰρ νεκροὺς κρίνομεν.
	καὶ τοὺς μὲν καλούς τε καὶ ἀγαθοὺς πέμπομεν
	εἰς τὸ Ἠλύσιον, τοὺς δὲ κακοὺς εἰς τὸν Τάρταρον.
	βλέπε οὖν, ὦ Θρασύμαχε, τοὺς μὲν καλούς τε
	κἀγαθοὺς ἐν τῷ Ἠλυσίῳ, τοὺς δὲ κακοὺς ἐν τῷ 25
	Ταρτάρῳ.

τὰ γραμματικά β΄

Third Declension

ἄναξ = lord   κύων = dog   σῶμα = body

Nom.	ἄναξ	κύων	σῶμα
Voc.	ἄναξ	κύον	σῶμα
Acc.	ἄνακτα	κύνα	σῶμα
Gen.	ἄνακτος	κυνός	σώματος
Dat.	ἄνακτι	κυνί	σώματι

Nom.	ἄνακτες	κύνες	σώματα
Voc.	ἄνακτες	κύνες	σώματα
Acc.	ἄνακτας	κύνας	σώματα
Gen.	ἀνάκτων	κυνῶν	σωμάτων
Dat.	ἄναξι (ν)	κυσί (ν)	σώμασι (ν)

τίς = who?   τις = a certain, a

	m	f	n
Nom.	τίς	τίς	τί
Voc.			
Acc.	τίνα	τίνα	τί
Gen.	τίνος	τίνος	τίνος
Dat.	τίνι	τίνι	τίνι

Nom.	τίνες	τίνες	τίνα
Voc.			
Acc.	τίνας	τίνας	τίνα
Gen.	τίνων	τίνων	τίνων
Dat.	τίσι (ν)	τίσι (ν)	τίσι (ν)

Note: τίς = who? always has an acute accent.
τις = a certain   *is an enclitic and so where possible throws its accent back on to the previous word. When it is impossible to do this, it retains its accent on the second syllable of those forms which have two syllables but loses it in the case of monosyllables.*
e.g. ἄνθρωπός τις, φωνή τις, ἄνθρωποί τινες
but ἀνθρώπους τινάς, φωνῶν τινῶν, ποταμοῦ τινος δεινοῦ, ἄναξ τις.

Numerals

1	εἷς-μία-ἕν		11	ἕνδεκα
2	δύο-δύο-δύο		12	δώδεκα
3	τρεῖς-τρεῖς-τρία		13	τρεῖς (τρία) καὶ δέκα
4	τέτταρες-ες-α		14	τέτταρες (α) καὶ δέκα
5	πέντε		15	πεντεκαίδεκα
6	ἕξ		16	ἑκκαίδεκα
7	ἑπτά		17	ἑπτακαίδεκα
8	ὀκτώ		18	ὀκτωκαίδεκα
9	ἐννέα		19	ἐννεακαίδεκα
10	δέκα		20	εἴκοσι (ν)

εἷς-μία-ἕν = one

				δύο = two		
Nom.	εἷς	μία	ἕν	δύο	δύο	δύο
Acc.	ἕνα	μίαν	ἕν	δύο	δύο	δύο
Gen.	ἑνός	μιᾶς	ἑνός	δυοῖν	δυοῖν	δυοῖν
Dat.	ἑνί	μιᾷ	ἑνί	δυοῖν	δυοῖν	δυοῖν

τρεῖς-τρεῖς-τρία = three

Nom.	τρεῖς	τρεῖς	τρία
Acc.	τρεῖς	τρεῖς	τρία
Gen.	τριῶν	τριῶν	τριῶν
Dat.	τρισί (ν)	τρισί (ν)	τρισί (ν)

τέτταρες-τέτταρες-τέτταρα = four

Nom.	τέτταρες	τέτταρες	τέτταρα
Acc.	τέτταρας	τέτταρας	τέτταρα
Gen.	τεττάρων	τεττάρων	τεττάρων
Dat.	τέτταρσι (ν)	τέτταρσι (ν)	τέτταρσι (ν)

Pronouns

ἐγώ = I   σύ = you

Nom.	ἐγώ		σύ	
Acc.	ἐμέ	με	σέ	σε
Gen.	ἐμοῦ	μου	σοῦ	σου
Dat.	ἐμοί	μοι	σοί	σοι

Nom.	ἡμεῖς	ὑμεῖς
Acc.	ἡμᾶς	ὑμᾶς
Gen.	ἡμῶν	ὑμῶν
Dat.	ἡμῖν	ὑμῖν

III

Contracted Verbs, Present Indicative and Imperative: χρυσοῦς

ὁ Ἕκτωρ

Αἰακός: νῦν δὲ προσχωροῦμεν, ὦ Θρασύμαχε, πρὸς τὰς
τῶν ὀλβίων νήσους. ἆρ᾽ ὁρᾷς;

Θρασύμαχος: ὁρῶ δή. ἀλλὰ τίνες οἰκοῦσιν ἐν ταῖς νήσοις;

Αἰακός: οἱ ὄλβιοι, ὥσπερ ὁ Ἕκτωρ καὶ ὁ Ἀχιλλεύς.

Θρασύμαχος: ἆρ᾽ οὐ πλουσία ἐστὶν ἡ χώρα; χρυσοῦς γάρ ἐστιν 5
ὁ ἥλιος καὶ χρυσῆ ἡ γῆ, καὶ χρυσᾶ τὰ δένδρα
καὶ χρυσοῦς ὁ καρπός.

Αἰακός: καὶ δὴ καὶ ἐν ταῖς νήσοις οὐδεὶς ἀρότρῳ ἀροῖ
τὴν χρυσῆν γῆν, καὶ οὐδεὶς ἀναβαίνει ἐπὶ τὰ δένδρα
καὶ δρέπει τὸν χρυσοῦν καρπόν. 10

Θρασύμαχος: θαυμάσια δὴ λέγεις οὐδὲ πιστεύω. ἀλλὰ τίς
προσχωρεῖ; ἆρα θεός τις; ἀργυρᾶν γὰρ κόρυθα
ἔχει.

Αἰακός: σίγα, ὦ παῖ· ὁ γὰρ Ἕκτωρ προσχωρεῖ, καλός
τε κἀγαθὸς ἀνήρ. 15

Ἕκτωρ: χαῖρ᾽, ὦ Αἰακέ· πῶς ἔχεις; τί ἐστι τὸ τοῦ παιδὸς
ὄνομα;

Αἰακός: Θρασύμαχός ἐστι τὸ ὄνομα.

Ἕκτωρ: καὶ διὰ τί δεῦρο προσχωρεῖτε;

Αἰακός: διότι ὁ Ζεὺς πέμπει ἡμᾶς. δηλῶ γὰρ τῷ παιδὶ 20
τὰ ἐν ταῖς τῶν ὀλβίων νήσοις. δῆλου καὶ σὺ ἅμα.

Ἕκτωρ: δηλοῦμεν οὖν ἅμα. ἐρώτα, ὦ παῖ· τί ἐθέλεις;

Θρασύμαχος: δῆλου μοι οὖν τί ποιεῖτε ἐν ταῖς τῶν ὀλβίων νήσοις.

Ἕκτωρ: οὐδὲν ἄλλο ποιοῦμεν ἢ δειπνοῦμεν.

Θρασύμαχος: ἀλλὰ πῶς ἐστιν ὑμῖν τὰ σῖτα; ἆρ᾽ οὐκ ἀροῦτε; 25

Ἕκτωρ: οὐδαμῶς· οὐδεὶς γὰρ οὐδέποτε οὔτ᾽ ἀροῖ οὔτε

δρέπει. οἱ γὰρ καρποὶ πίπτουσιν ἀπὸ τῶν
δένδρων ἐπὶ τὴν τράπεζαν.

Θρασύμαχος: ἀλλ᾽ οὐ πιστεύω σοι.

Αἰακός: ὅρα οὖν. (καρπός τις χρυσοῦς πίπτει ἀπὸ δένδρου 30
τινὸς χρυσοῦ ἐπὶ τὴν τοῦ Θρασυμάχου κεφαλήν.)

Θρασύμαχος: οἴμοι· φεῦ, φεῦ.

Αἰακός: ἆρα νῦν πιστεύεις ἡμῖν, ὦ παῖ;

Θρασύμαχος: πιστεύω δὴ ὑμῖν.

Ἕκτωρ: παθήματα μαθήματα. (γελῶσι μὲν ὅ τ᾽ Αἰακὸς 35
καὶ ὁ Ἕκτωρ, δακρύει δὲ ὁ παῖς.)

Θρασύμαχος: μὴ γελᾶτέ μοι.

Ἕκτωρ: σὺ οὖν μὴ δάκρυε, ἀλλ᾽ ἐρώτα.

Θρασύμαχος: δηλοῦτε οὖν μοι διὰ τί χωλός ἐστιν ὁ Ἕκτωρ.

Ἕκτωρ: δηλῶ σοι δή. ἀλγῶ γὰρ τοὺς πόδας. ὡς δεινὸς 40
δή ἐστιν ὁ Ἀχιλλεύς. ἄνδρας γὰρ ἀποκτείνει
καὶ κακὰ ποιεῖ τοὺς νεκρούς.

Θρασύμαχος: καὶ τίς ἐστιν ἡ τοῦ κακοῦ ἀρχή;

Ἕκτωρ: γυνή τις, Ἑλένη τὸ ὄνομα.

Αἰακός: πῶς γὰρ οὔ; γυνὴ γάρ τις ἀεί ἐστιν ἡ τοῦ κακοῦ 45
ἀρχή.

φωνή τις: κἀγὼ πιστεύω. ἀλλ᾽ οὐχ ἡ Ἑλένη.

Θρασύμαχος: καὶ τί σὺ μανθάνεις περὶ τῆς Ἑλένης;

φωνή τις: ἀλλὰ τί οὐ μανθάνω; ἐγὼ γάρ εἰμι Πάρις, ὁ
τῆς Ἑλένης ἀνήρ. 50

Θρασύμαχος: τίς οὖν ἐστὶν ἡ τοῦ κακοῦ ἀρχή;

Πάρις: ἄλλη τις γυνή. ὑμεῖς δὲ σιγᾶτε, κἀγὼ λέγω.

Θρασύμαχος: λέγε δὴ ἡμῖν.

τὰ γραμματικά γ′

Contracted Verbs

τιμῶ (α) = I honour		ποιῶ (ε) = I do, make		δηλῶ (ο) = I show	
Indicative	Imperative	Indicative	Imperative	Indicative	Imperative
τιμῶ		ποιῶ		δηλῶ	
τιμᾷς	τίμα	ποιεῖς	ποίει	δηλοῖς	δήλου
τιμᾷ		ποιεῖ		δηλοῖ	
τιμῶμεν		ποιοῦμεν		δηλοῦμεν	
τιμᾶτε	τιμᾶτε	ποιεῖτε	ποιεῖτε	δηλοῦτε	δηλοῦτε
τιμῶσι (ν)		ποιοῦσι (ν)		δηλοῦσι (ν)	

Contracted Adjective

χρυσοῦς – ῆ – οῦν = golden

Nom.	χρυσοῦς	χρυσῆ	χρυσοῦν
Voc.	χρυσοῦς	χρυσῆ	χρυσοῦν
Acc.	χρυσοῦν	χρυσῆν	χρυσοῦν

then like καλός – ή – όν but with a circumflex accent on the last syllable throughout. Similarly ἀργυροῦς – ᾶ – οῦν silver and χαλκοῦς – ῆ – οῦν, bronze.

	ἀνήρ – ἀνδρός – ὁ = man	γυνή – γυναικός – ἡ = woman	πούς – ποδός – ὁ = foot
Nom.	ἀνήρ	γυνή	πούς
Voc.	ἄνερ	γύναι	πούς
Acc.	ἄνδρα	γυναῖκα	πόδα
Gen.	ἀνδρός	γυναικός	ποδός
Dat.	ἀνδρί	γυναικί	ποδί
Nom.	ἄνδρες	γυναῖκες	πόδες
Voc.	ἄνδρες	γυναῖκες	πόδες
Acc.	ἄνδρας	γυναῖκας	πόδας
Gen.	ἀνδρῶν	γυναικῶν	ποδῶν
Dat.	ἀνδράσι (ν)	γυναιξί (ν)	ποσί (ν)

Numerals

20	εἴκοσι (ν)	200	διακόσιοι – αι – α
30	τριάκοντα	300	τριακόσιοι – αι – α
40	τετταράκοντα	400	τετρακόσιοι – αι – α
50	πεντήκοντα	500	πεντακόσιοι – αι – α
60	ἑξήκοντα	600	ἑξακόσιοι – αι – α
70	ἑβδομήκοντα	700	ἑπτακόσιοι – αι – α
80	ὀγδοήκοντα	800	ὀκτακόσιοι – αι – α
90	ἐνενήκοντα	900	ἐνακόσιοι – αι – α
100	ἑκατόν	1000	χίλιοι – αι – α

2,000	δισχίλιοι – αι – α
3,000	τρισχίλιοι – αι – α
4,000	τετρακισχίλιοι – αι – α
5,000	πεντακισχίλιοι – αι – α
6,000	ἑξακισχίλιοι – αι – α
7,000	ἑπτακισχίλιοι – αι – α
8,000	ὀκτακισχίλιοι – αι – α
9,000	ἐνακισχίλιοι – αι – α
10,000	μύριοι – αι – α

IV

Middle Verbs: Third Declension Adjectives: Adverbs:
Comparison § 39

ἡ τοῦ κακοῦ ἀρχή

(ἐν τῷ οὐρανῷ. σῖτός ἐστιν ἐπὶ τραπέζης καὶ καθίζονται αἱ θεοὶ ἐπὶ ἀργυρῶν θρόνων παρὰ τῇ τραπέζῃ καὶ δειπνοῦσιν. ἀλλ᾽ ὁ μὲν Ζεὺς καθεύδει, αἱ δὲ θεοὶ δεινῶς ἐρίζουσιν.)

Ἥρα:	ὡς λευκόν ἐστι τὸ ἱμάτιον τὸ ἐμόν.
Ἀφροδίτη:	λευκότερον δὲ τὸ ἐμόν.
Ἀθηνᾶ:	λευκότατον δ᾽ ἐστὶ τὸ ἐμόν.
Ἀφροδίτη:	ἐγὼ δὲ πλουσία εἰμί.
Ἀθηνᾶ:	ἐγὼ δὲ πλουσιωτέρα εἰμὶ ἢ ἡ Ἀφροδίτη.
Ἥρα:	ἐγὼ δ᾽ εἰμὶ πλουσιωτάτη τῶν θεῶν.
Ἀθηνᾶ:	(ὑπέρφρων γίγνεται.) ἐγὼ δ᾽ ἐν ὑψηλῷ θρόνῳ καθίζομαι.
Ἥρα:	(ὑπερφρονεστέρα γίγνεται.) πῶς γὰρ οὔ; ἀλλ᾽ ἐγὼ ἐν ὑψηλοτέρῳ.
Ἀφροδίτη:	(ὑπερφρονεστάτη γίγνεται.) ἐγὼ δ᾽ ἐν ὑψηλοτάτῳ.
Ἀθηνᾶ:	(ὑπερφρόνως λέγει.) ἐγὼ δ᾽ εἰμὶ καλή.
Ἥρα:	(ὑπερφρονέστερον λέγει.) ἐγὼ δ᾽ εἰμὶ καλλίων τῆς Ἀθήνης.
Ἀφροδίτη:	(ὑπερφρονέστατα λέγει.) ἐγὼ δ᾽ εἰμὶ καλλίστη τῶν θεῶν.

(δεινότατα οὖν ἐρίζουσιν αἱ θεοὶ καὶ μόνον οὐ μάχονται. ἐγείρουσι δὲ τὸν Δία.)

Ζεύς:	μὴ μάχεσθε, ὦ θεοί. μὴ οὕτως βοᾶτε. καθίζεσθε οὖν. ἐγείρετε γὰρ ἐμέ.
Ἀφροδίτη:	(γελᾷ.) ἀλλ᾽ ἐγὼ μὲν οὐκ ἐρίζω, ὦ Ζεῦ, ἡ δ᾽ Ἥρα καὶ ἡ Ἀθηνᾶ. ἄγριαι γάρ εἰσι καὶ ἀεὶ ἐρίζουσιν.
Ἀθηνᾶ:	ἀλλ᾽ οὐκ ἐρίζομεν, ὦ Ζεῦ. φιλοῦμεν γὰρ ἀλλήλας.
Ζεύς:	τί οὖν ποιεῖτε;
Ἀθηνᾶ:	οὐδὲν ἄλλο ἢ σωφρόνως διαλεγόμεθα.
Ζεύς:	σωφρονέστερον οὖν διαλέγεσθε μηδὲ μάχεσθε.

(ἐπεὶ οὖν ὁ Ζεὺς κελεύει, αἱ μὲν θεοὶ αὖθις σωφρονέστατα
διαλέγονται, ὁ δὲ Ζεὺς αὖθις καθεύδει. ἡ δ' Ἔρις, ἐπεὶ ἄπεστιν
ἀπὸ τοῦ δείπνου, δεινὸν ποιεῖται. καὶ δὴ καὶ ἐπεὶ οὐδεὶς φυλάττει
τὴν θύραν, εἰσβαίνει καὶ βάλλει μῆλόν τι χρυσοῦν εἰς τὸ μέσον. 30
ἔπειτα δὲ δεινῶς γελᾷ καὶ ἀποφεύγει. ὁ δὲ Γανυμήδης αἱρεῖ
τὸ μῆλον καὶ ἀναγιγνώσκει. . . .)

Γανυμήδης: " τῇ καλλίστῃ."

αἱ θεοί: (δεινότατα δὴ βοῶσιν ἅμα.) ἐμόν ἐστι τὸ μῆλον· ἐγὼ
          γάρ εἰμι καλλίστη.   35

(ἐπιτρέχουσιν οὖν αἱ θεοὶ ἐπ' ἀλλήλας καὶ ἀγριώτατα δὴ
          μάχονται.)

Ζεύς: (δεινότατα ποιεῖται.) ἆρ' αὖθις μάχεσθε, ὦ κάκισται;
          ἆρ' αὖθις βοᾶτε; τίς ἄρχεται τῆς μάχης;

Ἀθηνᾶ: (ἀγρίως ἀποκρίνεται.) ἀλλ' ἡ Ἀφροδίτη ἕλκει μοι τὰς 40
          τρίχας ἐκ τῆς κεφαλῆς.

Ζεύς: (ἀγριώτερον ἐρωτᾷ.) σὺ δέ, ὦ Ἥρα, τί ἐθέλεις; τί ποιεῖς;
          διὰ τί λαμβάνῃ τοῦ τῆς Ἀφροδίτης ὠτός;

Ἥρα: (ἀγριώτατα ἀποκρίνεται.) διότι ἡ Ἀφροδίτη λαμβάνει τὸ
          χρυσοῦν μῆλον.   45

Ζεύς: φεῦ τῆς μάχης· φεῦ τῶν γυναικῶν. τίς αἱρεῖται
          τὴν καλλίστην;

Ἥρα: σὺ δὲ αἱροῦ, ὦ Ζεῦ· σωφρονέστατος γὰρ εἶ.

Ζεύς: οὐδαμῶς.

Γανυμήδης: ὁ δὲ Πάρις σωφρόνως αἱρεῖται. σωφρονέστατος 50
          γάρ ἐστι τῶν ἀνθρώπων. οὐδεὶς γάρ ἐστι
          σωφρονέστερος ἢ ὁ Πάρις.

Ἀφροδίτη: ἀλλὰ τίς ἐστιν ὁ Πάρις; ποῦ οἰκεῖ;

Γανυμήδης: ποιμήν ἐστι καὶ τὰ πρόβατα νέμει ἐν τῇ Φρυγίᾳ.

Ζεύς: καλῶς λέγεις. καταβαίνετε οὖν, ὦ θεοί, ἐκ τοῦ 55
          οὐρανοῦ πρὸς τὴν Φρυγίαν.

(αἱ μὲν οὖν θεοὶ καταβαίνουσι πρὸς τὴν Φρυγίαν, ὁ δὲ Ζεὺς
          αὖθις καθεύδει ἐν τῷ οὐρανῷ.)

τὰ γραμματικά δ'
The Middle Voice

Indicative	Imperative	Indicative	Imperative
λύομαι		τιμῶμαι	
λύῃ	λύου	τιμᾷ	τιμῶ
λύεται		τιμᾶται	
λυόμεθα		τιμώμεθα	
λύεσθε	λύεσθε	τιμᾶσθε	τιμᾶσθε
λύονται		τιμῶνται	

ποιοῦμαι		δηλοῦμαι	
ποιῇ	ποιοῦ	δηλοῖ	δηλοῦ
ποιεῖται		δηλοῦται	
ποιούμεθα		δηλούμεθα	
ποιεῖσθε	ποιεῖσθε	δηλοῦσθε	δηλοῦσθε
ποιοῦνται		δηλοῦνται	

Third Declension Adjective

σώφρων – σώφρων – σῶφρον = *prudent, reasonable*

Singular

Nom.	σώφρων	σώφρων	σῶφρον
Voc.	σῶφρον	σῶφρον	σῶφρον
Acc.	σώφρονα	σώφρονα	σῶφρον
Gen.	σώφρονος	σώφρονος	σώφρονος
Dat.	σώφρονι	σώφρονι	σώφρονι

Plural

Nom.	σώφρονες	σώφρονες	σώφρονα
Voc.	σώφρονες	σώφρονες	σώφρονα
Acc.	σώφρονας	σώφρονας	σώφρονα
Gen.	σωφρόνων	σωφρόνων	σωφρόνων
Dat.	σώφροσι (ν)	σώφροσι (ν)	σώφροσι (ν)

Adverbs

Nominative	Genitive	Adverb	
δεινός	δεινοῦ	δεινῶς	= terribly
σώφρων	σώφρονος	σωφρόνως	= sensibly

Comparative and Superlative

Adjective

δεινός	terrible	δεινότερος	δεινότατος
πλούσιος	rich	πλουσιώτερος	πλουσιώτατος
σώφρων	sensible	σωφρονέστερος	σωφρονέστατος
φίλος	dear	φίλτερος	φίλτατος
καλός	beautiful	καλλίων	κάλλιστος
κακός	bad	κακίων	κάκιστος
ἀγαθός	good	ἀμείνων	ἄριστος
ὀλίγος	small	ἐλάττων	ἐλάχιστος
ῥάδιος	easy	ῥάων	ῥᾶστος

Adverb

δεινῶς	terribly	δεινότερον	δεινότατα
ἀγρίως	savagely	ἀγριώτερον	ἀγριώτατα
μάλα	very	μᾶλλον	μάλιστα
εὖ	well	ἄμεινον	ἄριστα

V

Pronouns: Neuter Plurals § 23

ὁ Πάρις καὶ αἱ θεοί

(αἱ μὲν αὐταὶ θεοὶ καταβαίνουσιν ἐκ τοῦ οὐρανοῦ πρὸς τὴν Φρυγίαν,
ὁ δ' Ἑρμῆς κομίζει αὐτάς. καὶ ἐν ᾧ καταβαίνουσιν, ἀλλήλαις
ἐρίζουσιν.)

Ἥρα:	ὦ φίλαι, ἆρ' ὁρᾶτε ἐκεῖνον τὸν ἄνδρα; ἐν μέσοις τοῖς ἀγροῖς ἐστίν. 5
Ἀθηνᾶ:	ἆρ' ἀρότρῳ ἀροῖ τὴν γῆν;
Ἀφροδίτη:	ἆρα δρέπει τοὺς καρπούς;
Ἥρα:	οὐδαμῶς, ὦ μῶραι. ποιμὴν γάρ ἐστι καὶ ἐν ἐκείνῃ τῇ γῇ τὰ πρόβατα νέμει.
Ἀθηνᾶ:	αὐτὴ μὲν ἐγὼ οὐχ ὁρῶ αὐτόν, ἴσως δ' ἡ Ἀφροδίτη 10 ὁρᾷ. ἀεὶ γὰρ εἰς ἄνδρας ἀποβλέπει.
Ἀφροδίτη:	μὴ δεινὸν ποιεῖσθε, ὦ φίλαι, μηδ' ἐρίζετε· μόνον γὰρ εἰς τὰ πρόβατα ἀποβλέπω.
Ἑρμῆς:	μὴ βοᾶτε, ὦ θεοί, μηδὲ κακὰ λέγετε ἀλλήλας. οὗτος γὰρ ὁ ἀνήρ ἐστι Πάρις. καὶ ταῦτά ἐστι 15 τὰ πρόβατα αὐτοῦ.
Ἀθηνᾶ:	ἀλλὰ φιλόσοφός ἐστιν, ὡς ἔμοιγε δοκεῖ. σοφὸς γάρ ἐστι καί, ὡς φαίνεται, φιλεῖ τὴν σοφίαν.
Ἥρα:	φιλόνεικος μὲν οὖν· φιλεῖ γὰρ τήν τε μάχην καὶ τὰ ὅπλα καί, ὡς ἔμοιγε δοκεῖ, καλῶς μάχεται. 20
Ἀφροδίτη:	ἁμαρτάνετε, ὦ φίλαι· οὐδὲν γὰρ ἄλλο ἢ φιλεῖ τὰς γυναῖκας, ὥσπερ οἱ ἄλλοι ἄνδρες.

(ἔπειτα δ' αἱ τρεῖς θεοὶ καὶ ὁ Ἑρμῆς τέταρτος αὐτὸς ἀφικνοῦνται
εἰς τοὺς ἀγρούς, καὶ ἐπεὶ ἐνταῦθα ἀφικνοῦνται ὁ Πάρις καθίζεται
παρὰ τοῖς προβάτοις. ὁ δὲ ὁρᾷ αὐτὰς καὶ γιγνώσκει αὐτὰς ὅτι 25
θεοί εἰσιν. πίπτει οὖν πρὸς τοὺς πόδας αὐτῶν.)

make a fuss

warlike

'Ερμῆς: ἀλλ' ἔπαιρε σεαυτόν, ὦ Πάρι, καὶ αἰροῦ τὴν
             καλλίστην τούτων τῶν θεῶν. ἀπόβλεπε οὖν
             εἰς τοῦτο τὸ χρυσοῦν μῆλον καὶ ἀναγίγνωσκε   read
             ταῦτα τὰ ῥήματα. τὰ γὰρ ῥήματα λέγει "τοῦτό 30
             ἐστι δῶρον τῇ καλλίστῃ" καὶ περὶ τούτου ἐρίζουσιν
             αὗται αἱ τρεῖς θεοί.
(ὁ οὖν Πάρις ἐπαίρει αὐτὸς ἑαυτόν, ἡ δ' ῞Ηρα ἰδίᾳ λέγει αὐτῷ.)
῞Ηρα: χαῖρ', ὦ ἄνθρωπε. πλουσιώτατα δῶρα ἔχω
             σοι, εἰ ἔμοιγε τὸ μῆλον παρέχεις.   35
Πάρις: πιστεύω σοι, ὦ ῞Ηρα, ἀλλὰ τίνα ἐστι τὰ δῶρα;
῞Ηρα: ὅ τε πλοῦτος, καὶ ἡ δόξα.
'Αθηνᾶ: (ἀγρίως βοᾷ.) μὴ ἰδίᾳ διαλέγου τῷ ποιμένι, ὦ ῞Ηρα.
             (ἰδίᾳ λέγει αὐτὴ αὐτῷ.) χαῖρ', ὦ φίλε. σοφώ-
             τατον δῶρον ἔχω σοι, εἰ ἔμοιγε τὸ μῆλον παρέχεις. 40
Πάρις: πιστεύω σοι, ὦ 'Αθηνᾶ, ἀλλὰ τί ἐστι τὸ σὸν δῶρον;
'Αθηνᾶ: ἡ σοφία.
'Αφροδίτη: (ἀγριώτερον βοᾷ.) μὴ ἰδίᾳ διαλέγου τῷ ποιμένι, ὦ
             'Αθηνᾶ. σὺ γὰρ κακίων εἶ τῆς ῞Ηρας. (ἰδίᾳ
             λέγει καὶ αὐτὴ αὐτῷ.) χαῖρ', ὦ φίλε, κάλλιστον 45
             δῶρον ἔχω σοι, εἰ ἔμοιγε τὸ μῆλον παρέχεις.
Πάρις: πιστεύω σοι, ὦ 'Αφροδίτη, ἀλλὰ τί ἐστι τὸ σὸν
             δῶρον;
'Αφροδίτη: ἡ καλλίστη γυνὴ τῶν ἀνθρώπων ἐστὶ τὸ δῶρον
             ἐμοῦ. ἐγὼ γάρ εἰμι καλλίστη τῶν θεῶν.   50
῞Ηρα: (ἀγριώτατα βοᾷ.) μὴ ἰδίᾳ διαλέγου τῷ ποιμένι, ὦ 'Αφροδίτη.
             σὺ γὰρ εἶ κακίστη τῶν θεῶν.
'Αφροδίτη: ἀλλ' οὐδὲν ἄλλο λέγω ἢ περὶ τῶν ἀνθρώπων.
῞Ηρα, 'Αθηνᾶ, 'Αφροδίτη: (ἅμα βοῶσιν.) νῦν οὖν, ὦ Πάρι, αἰροῦ
             τὴν καλλίστην τῶν θεῶν. σὺ γὰρ σοφώτατος εἶ 55
             τῶν ἀνθρώπων.
Θρασύμαχος: ἀλλὰ τίνι, ὦ Αἰακέ, παρέχει ὁ Πάρις τὸ μῆλον;
Αἰακός: (γελᾷ.) ἆρα μὴ τοῦτ' ἐρωτᾷς;

τὰ γραμματικά ε'

Pronouns

οὗτος – αὕτη – τοῦτο = this

	Singular			Plural		
Nom.	οὗτος	αὕτη	τοῦτο	οὗτοι	αὗται	ταῦτα
Voc.	οὗτος	αὕτη	τοῦτο	οὗτοι	αὗται	ταῦτα
Acc.	τοῦτον	ταύτην	τοῦτο	τούτους	ταύτας	ταῦτα
Gen.	τούτου	ταύτης	τούτου	τούτων	τούτων	τούτων
Dat.	τούτῳ	ταύτῃ	τούτῳ	τούτοις	ταύταις	τούτοις

αὐτός – αὐτή – αὐτό = self; him-her-it ❘ ἐκεῖνος – ἐκείνη – ἐκεῖνο = that

Nom.	αὐτός	αὐτή	αὐτό	ἐκεῖνος	ἐκείνη	ἐκεῖνο
Acc.	αὐτόν	αὐτήν	αὐτό	ἐκεῖνον	ἐκείνην	ἐκεῖνο
	etc.			etc.		

ἄλλος – ἄλλη – ἄλλο = other, another

Nom.	ἄλλος	ἄλλη	ἄλλο
Acc.	ἄλλον	ἄλλην	ἄλλο
	etc.		

Note (i) αὐτόν – αὐτήν – αὐτό = *him, her, it,* (*plural them*) *except in Nominative.*
(ii) ὁ αὐτός = *the same* and αὐτὸς ὁ = *self*

Reflexive Pronouns

Nom.	(ἐγὼ αὐτός)	(σὺ αὐτός)	(αὐτός)
Acc.	ἐμαυτόν	σεαυτόν	ἑαυτόν
Gen.	ἐμαυτοῦ	σεαυτοῦ	ἑαυτοῦ
Dat.	ἐμαυτῷ	σεαυτῷ	ἑαυτῷ

Nom.	(ἡμεῖς αὐτοί)	(ὑμεῖς αὐτοί)	(αὐτοί)
Acc.	ἡμᾶς αὐτούς	ὑμᾶς αὐτούς	ἑαυτούς
Gen.	ἡμῶν αὐτῶν	ὑμῶν αὐτῶν	ἑαυτῶν
Dat.	ἡμῖν αὐτοῖς	ὑμῖν αὐτοῖς	ἑαυτοῖς

HERMES

AEGISTHUS & CLYTEMNESTRA
KILLING AGAMEMNON

VI

The Relative Pronoun § *12: The Adjective with an Article:*
νεανίας, πολίτης

A

ὁ Ἀγαμέμνων

Θρασύμαχος: φεῦ, φεῦ. ἄνδρα γὰρ ὁρῶ, ὃς κεφαλὴν οὐκ ἔχει.
Αἰακός: πῶς γὰρ οὔ; ὁ γὰρ ἀνήρ, ὃν ὁρᾷς, κεφαλὴν οὐκ
ἔχει. ὄνομα δ' αὐτῷ ἐστιν Ἀγαμέμνων.
Θρασύμαχος: καὶ δὴ καὶ νῦν γυναῖκα ὁρῶ, ἣ ἀξίνην ἔχει.
Αἰακός: οὐχ ἁμαρτάνει ὁ νεανίας. ἡ γὰρ γυνή, ἣν ὁρᾷ,   5
ἀξίνην ἔχει. τὸ δ' ὄνομα αὐτῇ ἐστι Κλυται-
μνήστρα.
Θρασύμαχος: ἀλλὰ διὰ τί ὁ μὲν Ἀγαμέμνων κεφαλὴν οὐκ ἔχει,
ἡ δὲ Κλυταιμνήστρα ἀξίνην;
Αἰακός: σίγα, ὦ νεανία, καὶ ἄκουε αὐτῶν. ἤδη γὰρ   10
διαλέγονται ἀλλήλοις.
Θρασύμαχος: ἀλλὰ πῶς διαλέγεται ὁ Ἀγαμέμνων, ὅστις
κεφαλὴν οὐκ ἔχει;
Αἰακός: φεῦ τοῦ μώρου νεανίου. μὴ τοσαῦτα ἐρώτα
ἀλλ' ἄκουε δή. ἤδη γὰρ γίγνεται ἡ τραγῳδία.   15

B

ἡ τραγῳδία

φύλαξ τις: (βοᾷ.) εὖγε, εὖγε. λάμπει γὰρ τὸ πῦρ. ἤδη οὖν
ἔχουσιν οἱ Ἕλληνες τὴν Τροίαν. νικᾷ γὰρ ὁ
Ἀγαμέμνων, ὁ δεσπότης ὁ ἐμός, καὶ ἤδη ἐκ τῆς
Τροίας ἀναχωρεῖ. καὶ ταῦτ' ἐστὶν ἅπερ σημαίνει
τὸ πῦρ, ὃ λάμπει. δεῦρ', ὦ δέσποινα Κλυται-   5
μνήστρα. βλέπε τὸ πῦρ τὸ λαμπρόν, ὃ ἤδη ὁρῶ.

Κλυταιμνήστρα: (ἐν θρόνῳ ἀργυρῷ καθίζεται, οὗ ὄπισθεν
ἀποκρύπτει τὴν ἀξίνην αὐτῆς.) λαμπρὸν μέν
ἐστι τὸ πῦρ, ὅπερ ὁρῶμεν, μακρὰ δ' ἡ ὁδὸς ἡ ἀπὸ
τῆς Τροίας. δακρύουσι μὲν οὖν οἱ πολῖται οἱ 10
τῆς Τροίας· κακὰ γὰρ πάσχουσιν. χαίρουσι
δ' οἱ τῶν Ἑλλήνων στρατιῶται· νικῶσι γὰρ ἐν
τῇ μάχῃ. ἐγὼ δ' οὐ χαίρω οὐδέποτε. μισῶ
μὲν γὰρ τοῦτον τὸν ἄνδρα, ὅστις ἤδη ἐκ τῆς Τροίας
ἀναχωρεῖ, φιλῶ δὲ τὸν Αἴγισθον, ὃς τῶν πολιτῶν 15
μετ' ἐμοῦ ἀνάσσει ἐν ᾧ ἄπεστιν ὁ Ἀγαμέμνων
ἐν τῇ Τροίᾳ.
(ὁ δ' Ἀγαμέμνων ἄπεστι μὲν οὔ, πάρεστι δὲ ἤδη μετὰ γυναικός
τινος, ἣν ἐν ἅρματι χαλκῷ κομίζει πρὸς τὰς Μυκήνας. ὅπλα τε
χαλκᾶ ἔχει καὶ καλὰ ἱμάτια, ἃ λάμπει ἐν μέσῳ τῷ ἅρματι.) 20
Ἀγαμέμνων: χαῖρ', ὦ γύναι. χαῖρ', ὦ γῆ Μυκηνῶν. χαίρετ',
ὦ θεοὶ Ἑλληνικοί.
Κλυταιμνήστρα: τίς ἐστιν αὕτη ἡ γυνὴ ἡ ἐν τῷ ἅρματι; οὐ γὰρ
γιγνώσκω αὐτήν.
Ἀγαμέμνων: αὕτη ἐστι Κασσάνδρα, ἣν κομίζω ἐκ τῆς Τροίας. 25
Κασσάνδρα: (μιαρᾷ τῇ φωνῇ λέγει. μαίνεται γὰρ καὶ δεινὸν
ποιεῖται.) ὀτοτοτοῖ πόποι δᾶ. ἐνταῦθά ἐστιν
αἱμάτων ὀσμή.
Κλυταιμνήστρα: (ἰδίᾳ αὐτὴ ἑαυτῇ λέγει.) ποίᾳ τινὶ γλώττῃ
λέγει; οὐ γὰρ μανθάνω ἃ λέγει. ἐμὲ μὲν οὖν 30
οὐ φιλεῖ ὁ Ἀγαμέμνων, τὴν δὲ Κασσάνδραν, ᾗ
ταύτην τὴν ἀξίνην ἤδη ἑτοίμην ἔχω.
Ἀγαμέμνων: ὦ νεανίαι, λύετέ μοι τὰς κρηπῖδας καὶ τὰ ὅπλα.
καὶ βάλλετέ μοι ἐπὶ τὴν γῆν ἐκεῖνα τὰ καλὰ
ἱμάτια. ἐγὼ δ' ἐπ' αὐτῶν βαίνω. νικῶ γὰρ 35
ἐγώ. καὶ καλλίστη ἐστὶν ἡ δόξα, ἣν νῦν ἔχω.
Κλυταιμνήστρα: (ἰδίᾳ αὐτὴ ἑαυτῇ λέγει.) ὑβρίζει δ' οὗτος ὁ
ἀνήρ· ὑβριστὴς γάρ ἐστιν. ὁρᾶτ' οὖν τοῦτον

τὸν ὑβριστήν, ὃς βαίνει ἐπὶ τούτων τῶν καλῶν
ἱματίων, ὥσπερ θεός τις.   40
'Αγαμέμνων: μὴ οὕτως αὐτὴ σεαυτῇ λέγε, ὦ φίλη γύναι, ἀλλὰ
πάρεχέ μοι σῖτόν τε καὶ τὸ λουτρόν, ἐν ᾧ λούομαι.
Κλυταιμνήστρα: ἀλλ' ἤδη ταῦθ' ἑτοῖμά ἐστί σοι, ὦ φίλε ἄνερ.
εἴσβαινε οὖν εἰς τὴν οἰκίαν. εἴσβαινε καὶ σύ,
Κασσάνδραν λέγω.   45

Αἰακός: εἰσβαίνουσιν οὖν εἰς τὴν οἰκίαν, ἐν ᾗ ἡ Κλυται-
μνήστρα τὴν μὲν Κασσάνδραν τῇ ἀξίνῃ ἀποκτείνει,
τοῦ δ' 'Αγαμέμνονος ἐν τῷ λουτρῷ τὴν κεφαλὴν
τῇ αὐτῇ ἀξίνῃ ἀποκόπτει. καὶ ἡ κεφαλὴ αὐτοῦ
πίπτει ἀπὸ τοῦ σώματος πρὸς τὴν γῆν. οὕτως   50
οὖν κεφαλὴν οὐκ ἔχει.
Θρασύμαχος: ἀλλὰ πῶς ἀποκόπτει ἡ Κλυταιμνήστρα τὴν τοῦ
'Αγαμέμνονος κεφαλὴν ἣν οὐκ ἔχει;
Αἰακός: φεῦ τοῦ παιδός τοῦ μώρου.

τὰ γραμματικά ϛ′

First Declension Masculine Nouns

	πολίτης – ου – ὁ = citizen		νεανίας – ου – ὁ = young man	
Nom.	πολίτης	πολῖται	νεανίας	νεανίαι
Voc.	πολῖτα	πολῖται	νεανία	νεανίαι
Acc.	πολίτην	πολίτας	νεανίαν	νεανίας
Gen.	πολίτου	πολιτῶν	νεανίου	νεανιῶν
Dat.	πολίτῃ	πολίταις	νεανίᾳ	νεανίαις

The Relative Pronoun

$$ὅς – ἥ – ὅ = who$$

Nom.	ὅς	ἥ	ὅ	οἵ	αἵ	ἅ
Acc.	ὅν	ἥν	ὅ	οὕς	ἅς	ἅ
Gen.	οὗ	ἧς	οὗ	ὧν	ὧν	ὧν
Dat.	ᾧ	ᾗ	ᾧ	οἷς	αἷς	οἷς

Similarly ὅσπερ – ἥπερ – ὅπερ = who

$$ὅστις – ἥτις – ὅ τι = who$$

Nom.	ὅστις	ἥτις	ὅ τι	οἵτινες	αἵτινες	ἅτινα / ἅττα
Acc.	ὅντινα	ἥντινα	ὅ τι	οὕστινας	ἅστινας	ἅτινα / ἅττα
Gen.	οὗτινος / ὅτου	ἧστινος	οὗτινος / ὅτου	ὧντινων / ὅτων	ὧντινων	ὧντινων / ὅτων
Dat.	ᾧτινι / ὅτῳ	ᾗτινι	ᾧτινι / ὅτῳ	οἷστισι / ὅτοις	αἷστισι	οἷστισι / ὅτοις

VII

Present Participle Middle: Ordinal Numbers: βασιλεύς, ξίφος, βοῦς

ὁ Ἀχιλλεύς

(διαλέγονται ὥσπερ ἀεὶ ὅ τε Θρασύμαχος καὶ ὁ Αἰακός. ἐν δ᾽ ᾧ διαλέγονται, μακρὰν ὁδὸν βαίνουσι πρὸς ἄλλο τι μέρος τῆς ᾿Αιδου, καὶ διαλεγόμενοι ἀφικνοῦνται. ἀκούομεν οὖν αὐτῶν διαλεγομένων.)

Θρασύμαχος: τίς ἐστιν, ὦ Αἰακέ, ἐκεῖνος ὁ ἀνήρ, ὃς οὕτως
ἰσχυρὸς φαίνεται;   5

Αἰακός: βασιλεύς τίς ἐστι φοβερός, ἀφ᾽ οὗ οἱ ἄλλοι βασιλῆς
ἀεὶ ἀποφεύγουσιν.

Θρασύμαχος: ἐγὼ δ᾽οὐδέποτε ἀπ᾽ οὐδενὸς ἀποφεύγω.

Αἰακός: ὑβρίζεις, ὦ νεανία. ὑβριστὴς γὰρ εἶ. παῦε
μαινόμενος καὶ ἕπου μοι. πάρεστι γὰρ ἤδη ὁ   10
Ἀχιλλεύς.

Θρασύμαχος: (καίπερ ὑβριστὴς φαινόμενος ἀποφεύγει.) οἴμοι,
φεῦ, φεῦ.

Αἰακός: (λαμβανόμενος τοῦ νεανίου) ἀναχώρει, ὦ μωρότατε, καὶ
μὴ ἀπόφευγε.   15

Θρασύμαχος: φεῦ, φεῦ, οἴμοι. ὡς φοβερός ἐστιν οὗτος ὁ
βασιλεὺς καὶ ὡς λαμπρά ἐστι τὰ ὅπλα αὐτοῦ.
ἀργυρᾶ γάρ ἐστιν, ὡς ἔμοιγε δοκεῖ.

Αἰακός: χαῖρ᾽, ὦ Ἀχιλλεῦ. πῶς ἔχεις;

Ἀχιλλεύς: χαῖρε καί σύ γε, ὦ Αἰακέ. καλῶς ἔχω. χαίρω   20
γὰρ ὅτι ὁ Ἀγαμέμνων ἀποθνήσκει. κλέπτης γάρ
ἐστιν, ὃν μάλιστα μισῶ. ἀλλ᾽ ἤδη κακὰ πάσχει.

Αἰακός: βασιλεὺς μὲν οὖν ἐστιν ὁ Ἀγαμέμνων, κλέπτης
δ᾽ οὔ.

Ἀχιλλεύς: ἀλλ᾽ ἀεὶ τὰ τῶν ἄλλων κλέπτει, ἄλλα τε καὶ τὰς   25
γυναῖκας. τὴν γὰρ Βρισηΐδα. . . .

26

Θρασύμαχος: (αὐτῶν διαλεγομένων ἀκούει.) ἀλλὰ τί περὶ τῆς
　　　　　Βρισηΐδος;
Ἀχιλλεύς: ἀλλ᾽ οὐδὲν τὸ νῦν· ἤδη γὰρ πάρεστι καὶ δακρύει
　　　　　ἀναμιμνησκομένη τοῦ Ἀγαμέμνονος.　　　　30
Βρισηΐς: (βοᾷ ἀφικνουμένη.) χαίρετ᾽, ὦ φίλοι. ὡς καλόν ἐστι
　　　　　τοῦτο τὸ παιδίον. δῆλου οὖν αὐτῷ τὰ ὅπλα σου,
　　　　　οἷς ἀεὶ νικᾷς τοὺς πολεμίους. αἰτοῦμαί σε, ὦ
　　　　　Ἀχιλλεῦ.
Ἀχιλλεύς: καὶ αἰτουμένῃ σοι, ὦ δέσποινα, ἀεὶ πείθομαι.　35
　　　　　αὕτη μέν ἐστιν, ὦ νεανία, ἡ κόρυς, ἣ ἀμύνει τῇ
　　　　　κεφαλῇ. αὗται δ᾽ εἰσὶν αἱ κνημῖδες, αἳ ἀμύνουσι
　　　　　τοῖς σκέλεσιν. καὶ τοῦτο μέν ἐστι τὸ δόρυ, ᾧ
　　　　　μαχόμενος ἀποκτείνω τοὺς βασιλέας, τοῦτο δὲ
　　　　　τὸ ξίφος, ᾧ ἀποκόπτω τάς τε τῶν βασιλέων　40
　　　　　κεφαλὰς καὶ τὰ σκέλη. καὶ δὴ καὶ τούτῳ τῷ
　　　　　τόξῳ ἀποκτείνω τούς τε βασιλέας καὶ τοὺς
　　　　　στρατιώτας. αὕτη δ᾽ ἐστὶν ἡ ἀσπίς, ᾗ ἐν τῇ μάχῃ
　　　　　ἀμύνομαι τοὺς πολεμίους. ἰσχυρὰ γάρ ἐστι καὶ
　　　　　ἀμύνει τῷ σώματι τὰ τῶν πολεμίων ξίφη. ἆρ᾽　45
　　　　　οὐ καλή ἐστιν; ἀλλὰ λέγε μοι τί ὁρᾷς ἐπ᾽ αὐτῆς.
Θρασύμαχος: ἀλλ᾽, ὦ Ἀχιλλεῦ, τήν τε γῆν ὁρῶ καὶ τὸν οὐρανὸν
　　　　　καὶ τὴν θάλατταν καὶ τὸν ἥλιον. πέντε γὰρ μέρη
　　　　　ἔχει αὕτη ἡ ἀσπίς, καὶ ἐν τῷ μὲν πρώτῳ μέρει
　　　　　γέροντάς τινας ὁρῶ καθιζομένους, οἳ κρίνουσι　50
　　　　　τοὺς πολίτας. ἐν δὲ τῷ δευτέρῳ μέρει ποιμένας
　　　　　ὁρῶ τοῖς προβάτοις ἑπομένους. ἐν δὲ τῷ αὐτῷ
　　　　　μέρει πολεμίους τινὰς ἄνδρας ὁρῶ τοῖς ξίφεσι
　　　　　παρὰ ποταμῷ μαχομένους. νῦν δ᾽ ἐν τῷ τρίτῳ
　　　　　μέρει ἄνδρες τινὲς ἀρότρῳ ἀγρὸν ἀροῦσι, καὶ πρὸς　55
　　　　　τὸ τοῦ ἀγροῦ τέλος ἀφικνούμενοι οἶνόν τε πίνουσι
　　　　　καὶ δειπνοῦσι παρὰ τῇ ὁδῷ.

Αἰακός: ἆρα γιγνώσκεις ἐκείνους τοὺς ἄνδρας τοὺς ἐν τῷ
τετάρτῳ μέρει; ἱερῆς εἰσίν, οἳ βοῦς ἱερεύουσι
τοῖς θεοῖς. καὶ βλέπε τούτους τοὺς κύνας τοὺς 60
τοῖς βουσὶν ἑπομένους. λέοντες δέ τινες ἐπιτρέ-
χουσιν ἐπὶ τοὺς βοῦς καὶ ἀποκτείνουσιν αὐτούς.
οἱ δὲ κύνες θόρυβον ποιοῦσιν.

Θρασύμαχος: ἐνταῦθα δ᾽ ἐν τῷ πέμπτῳ μέρει παρθένους τινὰς
ὁρῶ, αἳ χορεύουσιν. φιλῶ δὲ τὴν τοῦ Ἀχιλλέως 65
ἀσπίδα καὶ τὴν Βρισηΐδα.

Αἰακός: ἀλλὰ μὴ λέγε τοῦτο τὸ ὄνομα. φιλόνεικος γάρ
ἐστιν ὁ Ἀχιλλεὺς καὶ ξίφος τε ἔχει καὶ τόξον.

τὰ γραμματικά ζ΄
Present Participle Middle

λυόμενος – λυομένη – λυόμενον
τιμώμενος – τιμωμένη – τιμώμενον
ποιούμενος – ποιουμένη – ποιούμενον
δηλούμενος – δηλουμένη – δηλούμενον
are declined like καλός – ή – όν

Third Declension Nouns

	βασιλεύς – έως – ὁ = king	ξίφος – ους – τό = sword	βοῦς – βοός – ὁ, ἡ = ox, bull, cow
Nom.	βασιλεύς	ξίφος	βοῦς
Voc.	βασιλεῦ	ξίφος	βοῦ
Acc.	βασιλέα	ξίφος	βοῦν
Gen.	βασιλέως	ξίφους	βοός
Dat.	βασιλεῖ	ξίφει	βοΐ
Nom.	βασιλῆς	ξίφη	βόες
Voc.	βασιλῆς	ξίφη	βόες
Acc.	βασιλέας	ξίφη	βοῦς
Gen.	βασιλέων	ξιφῶν	βοῶν
Dat.	βασιλεῦσι (ν)	ξίφεσι (ν)	βουσί (ν)

Numeral Adjectives

1st πρῶτος – η – ον
2nd δεύτερος – α – ον
3rd τρίτος – η – ον
4th τέταρτος – η – ον
5th πέμπτος – η – ον
6th ἕκτος – η – ον
7th ἕβδομος – η – ον
8th ὄγδοος – η – ον
9th ἔνατος – η – ον
10th δέκατος – η – ον
11th ἑνδέκατος – η – ον
12th δωδέκατος – η – ον
13th τρίτος καὶ δέκατος – η – ον
14th τέταρτος καὶ δέκατος – η – ον
15th πέμπτος καὶ δέκατος – η – ον

16th ἕκτος καὶ δέκατος – η – ον
17th ἕβδομος καὶ δέκατος – η – ον
18th ὄγδοος καὶ δέκατος – η – ον
19th ἔνατος καὶ δέκατος – η – ον
20th εἰκοστός – ή – όν
30th τριακοστός – ή – όν
40th τετταρακοστός – ή – όν
50th πεντηκοστός – ή – όν
60th ἑξηκοστός – ή – όν
70th ἑβδομηκοστός – ή – όν
80th ὀγδοηκοστός – ή – όν
90th ἐνενηκοστός – ή – όν
100th ἑκατοστός – ή – όν
200th διακοσιοστός – ή – όν
1000th χιλιοστός – ή – όν

VIII

Present Infinitives: Present Participle Active: πόλις, ἰχθύς, γραῦς

ὁ Ἰάσων α′

Θρασύμαχος: τίς δακρύει; ἆρ' ἀκούεις, ὦ Αἰακέ, ἀνθρώπου
τινὸς δακρύοντος;

Αἰακός: ἀλλ' οὗτός ἐστιν ὁ Ἰάσων ὁ ἰσχυρός.

Θρασύμαχος: διὰ τί οὖν, καίπερ ἰσχυρός ὢν καὶ τοσαύτην
ἰσχὺν ἔχων, οὕτω δακρύει;   5

Αἰακός: ἀλλ' αὐτὸν ἐρώτα τὸν Ἰάσονα. ἴσως γὰρ αὐτὸς
ἐρωτῶντί σοι ἐθέλει λέγειν. καὶ ἴσως ἐθέλει
ἀποκρίνεσθαι.

Θρασύμαχος: ἐρωτῶ οὖν. χαῖρ', ὦ Ἰᾶσον, παῦε δακρύων,
αἰτοῦμαί σε. διὰ τί, καίπερ ἐν ταῖς τῶν ὀλβίων   10
νήσοις οἰκῶν, οὕτω δακρύεις; ἆρά τις κλέπτει
τὴν ἀσπίδα σου; ἆρά τις κλέπτει τὸ δόρυ;

Ἰάσων: οὐδαμῶς, ὦ παῖ, ἀλλ' ὕβρεως ἕνεκα δακρύω.

Θρασύμαχος: καὶ τίνος ὕβριν λέγεις; τίς ἐστιν ὁ ὑβριστής; τίς
ὑβρίζει;   15

Ἰάσων: ἀλλὰ σιγῶν ἄκουέ μου λέγοντος. πόλις μὲν γάρ
τίς ἐστι τῶν Ἑλλήνων, Ἰωλκὸς τὸ ὄνομα, ὁ δὲ
Πελίας ταύτης τῆς πόλεως βασιλεύει. ὁ δὲ
φοβερὰ ὁρῶν ὀνείρατα ἐρωτᾷ τὸν Ἀπόλλωνα
τὸν ἐν Δελφοῖς διὰ τί τοιαῦτα ὀνείρατα πάσχει.   20
ὁ δὲ τοῦ Ἀπόλλωνος ἱερεὺς ἀποκρινόμενος
λέγει, " Ἄνδρα μίαν κρηπῖδ', ὦ τλῆμον, φεῦγε
φέροντα."

ἐγὼ δ' ἀποδημῶν καὶ πρὸς ἄλλας ἀνθρώπων
πόλεις φοιτῶν τὸ τέλος πρὸς τὴν Ἰωλκὸν   25
ἀναχωρῶ. ἀναχωρῶν δ' ἐν τῇ ὁδῷ γραΐ τινι
ἐγγὺς ποταμοῦ τινὸς ἀπαντῶ, ἣ δακρύουσα

λέγει μοι, " *Ω νεανία, φέρε με, αἰτοῦμαι, διὰ
τούτου τοῦ ποταμοῦ. ὀλίγην μὲν γὰρ μόνον
ἰσχὺν ἔχουσα σφόδρα δὴ κάμνω, ὁ δὲ ποταμὸς   30
δεινῶς δὴ ῥεῖ. σὺ δέ μοι φαίνῃ ἰσχυρὸς δὴ εἶναι."
ἐγὼ δ᾽ ἐθέλων πείθομαι ταύτῃ τῇ γραΐ οὕτω
κελευούσῃ. ἀλλ᾽ ἐν ᾧ διαβαίνω διὰ τοῦ ποταμοῦ
τί γίγνεται;

Θρασύμαχος: οἱ ἰχθύες δάκνουσι τὰ σκέλη σου διαβαίνοντος.   35
Ἰάσων: οὐδαμῶς, ὦ μωρότατε. ἰχθῦς μὲν γὰρ οὐχ
ὁρῶμεν, ἡ δ᾽ ἑτέρα τῶν κρηπίδων καταπίπτει
εἰς τὸν ποταμόν. ἐγὼ δέ, καίπερ μίαν μόνον
κρηπῖδ᾽ ἔχων, ῥᾳδίως φέρω τὴν γραῦν διὰ τοῦ
ποταμοῦ. ἡ δὲ γραῦς ἐξαίφνης καλὴ παρθένος   40
γίγνεται, καὶ λέγει, " χαῖρ᾽, ὦ Ἰᾶσον· ἐγὼ γάρ
εἰμι Ἥρα ᾽ἡ λευκώλενος᾽. ἐπεὶ δὲ βοηθεῖς
μοι, τούτου ἕνεκα καλὸν παρέχω σοι δῶρον."
ἐγὼ οὖν καίπερ μίαν μόνον κρηπῖδ᾽ ἔχων
προσχωρῶ χαίρων πρὸς τὴν πόλιν. καὶ ἐπειδὴ   45
εἰς τὴν τοῦ βασιλέως οἰκίαν ἀφικνοῦμαι, ἐγὼ
μὲν ὁρῶ τὸν Πελίαν καθιζόμενον καὶ οἶνον
πίνοντα, ὁ δὲ βασιλεὺς ὁρῶν με μίαν μόνον
κρηπῖδ᾽ ἔχοντα, λόγῳ μὲν φαίνεται εἶναι φίλος,
ἔργῳ δὲ γίγνεται πολέμιος.   50
ἐγὼ δὲ ὁρῶν αὐτὸν πολέμιον γιγνόμενον λέγω
τῷ βασιλεῖ, " *Ω Πελία, σὺ μὲν οὐκ ὀρθῶς
βασιλεύεις ταύτης τῆς πόλεως, ἐγὼ δέ." ὁ δὲ
Πελίας ἀποκρινόμενος λέγει, " πῶς γὰρ οὔ;
ἀλλὰ βοήθει μοι, ὦ φίλε. οὐ γὰρ χαλεπόν τι   55
αἰτοῦμαί σε ποιεῖν. πολέμιος γάρ τις κακά μ᾽
ἐθέλει ποιεῖν. τί οὖν κελεύεις με λέγειν τούτῳ
τῷ πολεμίῳ; " καὶ ἐγὼ μὲν οὐδὲν ὑποπτεύων,

" Ὦ Πελία," ἀποκρίνομαι, " βοηθῶ σοι καίπερ
κλέπτῃ ὄντι καὶ κλέπτοντι τὴν ἀρχὴν τὴν ἐμήν. 60
κέλευε οὖν τοῦτον τὸν πολέμιον κομίζειν σοι ʿ τὸ
πάγχρυσον δέρας ʾ ἀπὸ τῆς Κολχίδος." ὁ δὲ
Πελίας ταῦτ' ἀκούων χαίρει καὶ λέγει, " καλῶς
λέγεις, ὦ νεανία. σὺ γὰρ εἶ οὗτος ὁ πολέμιος.
ἐθέλεις γὰρ ἀποστερεῖν με τῆς ἀρχῆς. κελεύω 65
οὖν σε κομίζειν μοι ἀπὸ τῆς Κολχίδος ʿ τὸ
πάγχρυσον δέρας ʾ."

Θρασύμαχος: φεῦ τοῦ ἔργου. πῶς τελευτᾷ;
Ἰάσων: ἀλλ' ὕστερον περὶ τούτου.

τὰ γραμματικά η′

Present Infinitives Active

λύειν   τιμᾶν   ποιεῖν   δηλοῦν   εἶναι

Present Infinitives Middle

λύεσθαι   τιμᾶσθαι   ποιεῖσθαι   δηλοῦσθαι

Present Participles Active

Nom.	ὤν	οὖσα	ὄν	ὄντες	οὖσαι	ὄντα
Voc.	ὤν	οὖσα	ὄν	ὄντες	οὖσαι	ὄντα
Acc.	ὄντα	οὖσαν	ὄν	ὄντας	οὔσας	ὄντα
Gen.	ὄντος	οὔσης	ὄντος	ὄντων	οὐσῶν	ὄντων
Dat.	ὄντι	οὔσῃ	ὄντι	οὖσι(ν)	οὔσαις	οὖσι(ν)

Similarly

λύων	λύουσα	λῦον	λύοντες	λύουσαι	λύοντα
τιμῶν	τιμῶσα	τιμῶν	τιμῶντες	τιμῶσαι	τιμῶντα
ποιῶν	ποιοῦσα	ποιοῦν	ποιοῦντες	ποιοῦσαι	ποιοῦντα
δηλῶν	δηλοῦσα	δηλοῦν	δηλοῦντες	δηλοῦσαι	δηλοῦντα

Third Declension Nouns

	πόλις – εως – ἡ = city		ἰχθύς – ύος – ὁ = fish	
Nom.	πόλις	πόλεις	ἰχθύς	ἰχθύες
Voc.	πόλι	πόλεις	ἰχθύ	ἰχθύες
Acc.	πόλιν	πόλεις	ἰχθύν	ἰχθῦς
Gen.	πόλεως	πόλεων	ἰχθύος	ἰχθύων
Dat.	πόλει	πόλεσι (ν)	ἰχθύι	ἰχθύσι (ν)

γραῦς – αός – ἡ = old woman

Nom.	γραῦς	γρᾶες
Voc.	γραῦ	γρᾶες
Acc.	γραῦν	γραῦς
Gen.	γραός	γραῶν
Dat.	γραΐ	γραυσί (ν)

IX

Impersonal Verbs § *38:* ναῦς, θυγάτηρ, Ζεύς

ὁ Ἰάσων βʹ

Θρασύμαχος: νῦν οὖν, ὦ Ἰᾶσον, δεῖ σε λέγειν περὶ τούτου τοῦ ἔργου.

Ἰάσων: ὡς λέγεις, ὦ παῖ, δεῖ με λέγειν. ἀλλ᾽ οὐ μόνον ἔργον ἐστὶν ἀλλὰ καὶ πόνος. (ἄρχεται δακρύειν.)

Αἰακός: ἀλλὰ δακρύειν μέν σ᾽ οὐ χρή, ὦ Ἰᾶσον, λέγειν δὲ 5 τὸν λόγον.

Ἰάσων: λέγω δή. τῷ γὰρ βασιλεῖ πειθόμενος συγκαλῶ ἥρωάς τινας καὶ κελεύω αὐτοὺς οἰκοδομεῖν ναῦν καὶ μετ᾽ ἐμοῦ πλεῖν ἐν ταύτῃ τῇ νηῒ ἐπὶ τὸ πάγχρυσον δέρας. 10

Θρασύμαχος: ἆρ᾽ οἱ ἥρωες πείθονταί σοι οὕτω κελεύοντι;

Ἰάσων: ἄσμενοι μὲν οὖν πείθονται· προσήκει γὰρ ἥρωσι πόνους πονεῖν. καὶ δι᾽ ὀλίγου οἰκοδομοῦσι τὴν ναῦν καὶ ἐν ταύτῃ τῇ νηῒ ἀρχόμεθα πλεῖν. (προσχωρεῖ καὶ ἄλλος τις ἥρως.) 15

Θρασύμαχος: ἆρ᾽ ἔξεστί μοι ἐρωτᾶν τι;

Ἰάσων: πῶς γὰρ οὔ; ἔξεστί σοι ἐρωτᾶν.

Θρασύμαχος: τίς οὖν ἐστιν οὗτος ὁ ἥρως, ὅσπερ προσχωρεῖ;

Αἰακός: οὗτός ἐστι Τῖφυς ὁ τῆς νεὼς κυβερνήτης.

Ἰάσων: ἀλλ᾽ οὐχ οἷός τ᾽ εἰμὶ μόνος τοῦτον λέγειν τὸν 20 λόγον, ῥᾷον δέ μοι δοκεῖ εἶναι εἰ ὁ κυβερνήτης βοηθεῖ μοι καὶ αὐτὸς λέγων.

Τῖφυς: ἄσμενος οὖν βοηθῶ σοι, ὦ δέσποτα, λέγων.

Ἰάσων: καλῶς λέγεις, ὦ κυβερνῆτα. ἐν ᾧ γὰρ ἐρέττουσιν οἱ ἥρωες, πέτρας τινὰς φοβερῶς συντρεχούσας 25 ὁρῶ.

34

Τῖφυς: δεινόταται δ' εἰσιν αὗται αἱ πέτραι καὶ δεινότατα
συντρέχουσιν ἀλλήλαις.

Ἰάσων: ἀλλ' οὐ δεῖ ἡμᾶς φεύγειν ἀπ' αὐτῶν. αὗται γάρ
εἰσιν αἱ Συμπληγάδες, δι' ὧν χρὴ ἡμᾶς πλεῖν. 30

Τῖφυς: ἀλλ' οὐχ οἷός τ' εἰμὶ διὰ τοιούτων τῶν πετρῶν
κυβερνᾶν τὴν ναῦν. τί οὖν δεῖ με ποιεῖν; αἴτει οὖν,
ὦ Ἰᾶσον, τοὺς θεοὺς δηλοῦν σοι ἄλλην τινὰ ὁδόν.

Ἰάσων: καὶ ὁ μὲν Τῖφυς τοιαῦτα βοᾷ, ἐγὼ δὲ τὰς πέτρας
ἀποβλέπων κελεύω τοὺς ἑταίρους ἐκπέμπειν 35
ὄρνιθα ἐκ τῆς νεώς. οἱ δ' ἑταῖροι σφόδρα
θαυμάζοντες πείθονται. ἡ δ' ὄρνις εὐθὺς πέτεται
διὰ τῶν πετρῶν ἤδη συντρεχουσῶν. αἱ γὰρ
πέτραι πρῶτον μὲν συντρέχουσαι ἀποκόπτουσι
τὴν κέρκον τὴν τῆς ὄρνιθος πετομένης, ἔπειτα 40
δ' αὖθις ἀπ' ἀλλήλων ἀποτρέχουσιν. τοῦτο δ'
ὁρῶν χαίρω καὶ εὐθὺς κελεύω τοὺς μὲν ἑταίρους
ὡς τάχιστα ἐρέττειν, τὸν δὲ κυβερνήτην διὰ τῶν
πετρῶν ὀρθῶς κυβερνᾶν τὴν ναῦν. ἄσμενοι οὖν
πείθονταί μοι κελεύοντι οἱ ἑταῖροι, ὀρθῶς δὲ 45
κυβερνᾷ τὴν ναῦν ὁ κυβερνήτης. οὕτως οὖν
μόνον οὐκ ἀποθνήσκομεν· αἱ γὰρ πέτραι δεινῶς δὴ
συντρέχουσαι ἀποκόπτουσι τὸ ἔσχατον τὸ τῆς
νεὼς ὥσπερ τὴν κέρκον τὴν τῆς ὄρνιθος. ὅμως
δ' ἱστός τ' ἐστὶν ἐν τῇ νηὶ καὶ ἱστία. καὶ ἡ ναῦς 50
καταδύεται μὲν οὔ, φέρει δ' ἡμᾶς ἀπὸ τῶν
Συμπληγάδων. δι' ὀλίγου οὖν ἀφικνούμεθα πρὸς
τὴν Κολχίδα, ἧς βασιλεύει γέρων τις, Αἰήτης
ὀνόματι. τοῦτον δ' αἰτῶ εὐθὺς παρέχειν μοι
τὸ πάγχρυσον δέρας. ὁ δ' Αἰήτης θαυμάζων τε 55
καὶ ὑποπτεύων κελεύει με πρότερον πειρᾶσθαι
ἀγρόν τινα ἀροῦν τοῖς ἑαυτοῦ βουσὶ φοβεροῖς
δὴ οὖσιν, καὶ σπείρειν τοὺς τοῦ δράκοντος ὀδόντας.

Θρασύμαχος: τί οὖν περὶ τούτων τῶν βοῶν; ἆρ' οὐκ ἀποτρέχειν
χρή; 60
Ἰάσων: οὐδαμῶς, ὦ παῖ. ἥρωσι γὰρ οὐ πρέπει
ἀποτρέχειν οὐδέποτε.

τὰ γραμματικά θ′
Third Declension Nouns

	ναῦς – νεώς – ἡ = ship		Ζεύς – Διός – ὁ = Zeus
Nom.	ναῦς	νῆες	Ζεύς
Voc.	—	—	Ζεῦ
Acc.	ναῦν	ναῦς	Δία, Ζῆνα
Gen.	νεώς	νεῶν	Διός, Ζηνός
Dat.	νηΐ	ναυσί (ν)	Διΐ, Ζηνί

	θυγάτηρ – θυγατρός – ἡ = daughter	
Nom.	θυγάτηρ	θυγατέρες
Voc.	θύγατερ	θυγατέρες
Acc.	θυγατέρα	θυγατέρας
Gen.	θυγατρός	θυγατέρων
Dat.	θυγατρί	θυγατράσι (ν)

Similarly πατήρ – πατρός = father
μήτηρ – μητρός = mother

36

X

Revision

ὁ Ἰάσων γ΄

Θρασύμαχος : τίς ἐστιν οὗτος;
Αἰακός : ἄγγελός τίς ἐστιν, ὡς ἔμοιγε φαίνεται, ἐκ
τραγῳδίας τινός.
Ἄγγελος : σιγᾶτε μηδὲ διαλέγεσθε ἀλλήλοις. νῦν γὰρ ὁ
Ἰάσων πειρᾶται φέρεσθαι τὸ πάγχρυσον δέρας. 5
ἀλλὰ χαλεπόν ἐστι τὸ ἔργον· δεῖ γὰρ αὐτὸν
πρῶτον μὲν τοῖς βουσὶ τοῖς τοῦ Αἰήτου χρώ-
μενον ἀγρόν τινα ἀροῦν, ἔπειτα δὲ σπείρειν τοὺς τοῦ
δράκοντος ὀδόντας. λαμπρὸς μὲν δὴ ὁ ἥλιος, ὀλίγος
δ᾽ ὁ ἄνεμος. 10
καὶ νῦν δοῦλοί τινες ἐξελαύνουσι τοὺς βοῦς.
εἷς, δύο, τρεῖς βόες ἐξορμῶσιν. φοβερὸς μέν
ἐστιν ὁ πρῶτος, ὃς ἡγεῖται, φοβερώτερος δ᾽ ὁ
δεύτερος, ὃς ἕπεται τῷ πρώτῳ, φοβερώτατος
δ᾽ ὁ τρίτος, ὃς ἐξορμᾷ τρέχων. ὡς μακρὰ 15
ἔχουσι τὰ κέρατα, καὶ ὡς δεινὸν τὸ πῦρ, ὃ ἐξορμᾷ
ἐκ τῶν ῥινῶν. ἆρ᾽ ἀκούετε αὐτῶν ἐξορμώντων;
ἀλλὰ νῦν ἔρχεται αὐτὸς ὁ Ἰάσων καὶ δὴ καὶ ὁ
βασιλεὺς μετ᾽ αὐτοῦ. ἆρ᾽ οὐχ αὕτη ἐστὶ Μήδεια
ἡ τοῦ βασιλέως θυγάτηρ; ἔστι δή. ἔρχεται γὰρ 20
τρίτη αὐτή. ὡς καλή ἐστιν ἡ παρθένος καὶ ὡς
καλά ἐστι τὰ ἱμάτια αὐτῆς. καὶ δὴ καὶ οἵας
τρίχας ἔχει καὶ οἵοις ὀφθαλμοῖς τὸν Ἰάσονα
ἀποβλέπει. ἡ μὲν γὰρ Μήδεια πειρᾶται πείθειν
αὐτὸν μὴ μάχεσθαι τοῖς βουσίν, ὁ δ᾽ Ἰάσων 25
ἀνδρεῖός τε καὶ ἰσχυρὸς ὢν οὐ πείθεται αὐτῇ.
νῦν δ᾽ ἡ Μήδεια ἰδίᾳ παρέχει τῷ Ἰάσονι ἀλοιφήν,

ᾗ ἀλείφεται τὸ σῶμα. ἐθέλει γὰρ βοηθεῖν αὐτῷ.

ὁ οὖν Ἰάσων προσχωρεῖ πρὸς τοὺς βοῦς.

φεῦ τοῦ πυρός. φεῦ τοῦ θορύβου. ἀμύνουσι 30
μὲν γὰρ αὐτὸν τοῖς κέρασιν, ὅμως δ᾽ οὐχ οἷοί
τ᾽ εἰσὶ βλάπτειν αὐτὸν καὶ οὐδὲν αἷμα ῥεῖ. αὐτὸς
μὲν γὰρ ἀμύνεται τὰ κέρατα οὐδὲν κακὸν πάσχων,
ἡ δ᾽ ἀλοιφὴ ῥᾳδίως ἀμύνει αὐτῷ τὸ πῦρ. οἴμοι·
φεῦ, φεῦ. καταπίπτει γὰρ ὁ Ἰάσων ὑπὸ τῶν 35
βοῶν. ἀλλ᾽ εὐθὺς ἐπαίρει αὐτὸς ἑαυτόν. εὖγε.
τέλος δ᾽ ἐπιβάλλει τὸ ζυγὸν ἐπὶ τούτους τοὺς
βοῦς καὶ τὸν ἀγρὸν τοῖς βουσὶν ἀροῖ. ὡς δεινή
τε καὶ σοφή ἐστιν ἡ Μήδεια. νῦν δ᾽ ὁ Ἰάσων
παύει τοὺς βοῦς τοῦ ἔργου, τῶν δὲ πόνων αὐτὸς 40
οὐ παύεται οὐδαμῶς.

ἆρ᾽ οὐκ ὄναρ ἐστίν; τί ὁρῶ; τί τοῦτο σημαίνει;
ἆρα μὴ ἐξορμῶσιν ἐκ τῆς γῆς ὁπλῖται; ἀλλ᾽
ἐξορμῶσι δὴ ὁπλῖται αὐτοῖς τοῖς ὅπλοις. ξίφη
τε γὰρ ἔχουσι καὶ δόρατα καὶ τόξα καὶ κνημῖδας. 45
νῦν δ᾽ οὗτοι οἱ ὁπλῖται ἐπιτρέχουσιν ἐπὶ τὸν
Ἰάσονα. ἆρα φοβεῖται; οὐδαμῶς. τῇ μὲν γὰρ
δεξιᾷ σπᾷ τὸ ξίφος, τῇ δ᾽ ἀριστερᾷ λίθους ἐπὶ
τοὺς ὁπλίτας βάλλει. ὡς δεινός ἐστιν ὁ ἥρως καὶ
ὡς δεινῶς μάχεται. καὶ ὡς μωροί εἰσιν οἱ 50
ὁπλῖται. σφόδρα γὰρ ὀργιζόμενοι ἀλλήλοις
βοῶσιν, " διὰ τί βάλλεις με λίθοις, ὦ μωρότατε; "
οὕτως οὖν βοῶντες καὶ ἀλλήλοις μαχόμενοι
ἀποθνῄσκουσιν, καὶ οὕτως τελευτᾷ ἡ μάχη.
νικᾷ οὖν ὁ Ἰάσων καὶ φέρεται τὸ ἆθλον. ἔπειτα 55
δὲ τὸ πάγχρυσον δέρας ἔχων ἐν τῇ νηῒ μετὰ τῶν
ἑταίρων ἀποπλεῖ ἀπὸ τῆς Κολχῖδος.

Θρασύμαχος :   καὶ δὴ καὶ τὴν Μήδειαν ἔχων, ὡς ἔμοιγε δοκεῖ.

XI

Future and Weak Aorist Indicative, Active and Middle

αἱ Δαναΐδες

Θρασύμαχος: τίνας νῦν βλέψω, ὦ Αἰακέ; περὶ τίνος ἔσται ὁ
μῦθος;

Αἰακός: τὰς Δαναΐδας βλέψεις, ὦ παῖ· περὶ τούτων γὰρ
ἔσται ὁ μῦθος.

Θρασύμαχος: εὖγε· τοῦτον γὰρ τὸν μῦθον μᾶλλον φιλήσω ἢ 5
τοὺς ἄλλους. ἆρα μὴ ἐν ταῖς τῶν ὀλβίων νήσοις
βλέψομεν αὐτάς; ἆρα μὴ δίκαιαι ἦσαν;

Αἰακός: οὐδαμῶς, ὦ παῖ. ἐνταῦθα γὰρ οὐκ ἀπαντήσεις
αὐταῖς οὐδέποτε. πονηραὶ γὰρ ἦσαν καὶ οὐ
προσήκει τοῖς πονηροῖς ἐνταῦθ᾿ οἰκεῖν. ὁ οὖν Ζεὺς 10
δίκαιος ὢν ἔπεμψεν αὐτὰς εἰς τὸν Τάρταρον.

Θρασύμαχος: ἀλλὰ διὰ τί πονηραὶ ἦσαν; ἆρα κλέπται ἦσαν;
τί οὖν ἔκλεψαν;

Αἰακός: ἀλλ᾿ ὕστερον περὶ τούτου ἀκούσῃ. πρότερον γὰρ
χρὴ ἡμᾶς ἐκεῖσε καταβαίνειν. 15

Θρασύμαχος: ἐκεῖσε οὖν καταβησόμεθα.

(καταβαίνουσιν οὖν ὅ τ᾿ Αἰακὸς καὶ ὁ Θρασύμαχος καὶ μακρὰν
δὴ ὁδὸν βαίνοντες ἀφικνοῦνται εἰς τὸν Τάρταρον.)

Θρασύμαχος: φεῦ τῶν σκελῶν· φεῦ τῆς ὁδοῦ. μακρὰ δὴ ἦν ἡ
ὁδὸς καὶ χαλεπή. τίνων δὲ ἠκούσαμεν καταβαί- 20
νοντες; ἆρα βοῶν τινῶν ἤκουσα;

Αἰακός: οὐχί. ἀλλὰ τῶν πονηρῶν λυπουμένων ἤκουσας.
ἐνταῦθα γὰρ ὁ Πλούτων δίκην λαμβάνει τῶν
ἀδικημάτων. ἀλλὰ σίγα, ὦ παῖ· ἤδη γὰρ
ἀφικνούμεθα πρὸς τὰς Δαναΐδας, αἳ δακρύουσιν 25
ἀναμιμνησκόμεναι τῶν ἀδικημάτων ἃ ἠδίκησαν,
καὶ δι᾿ ὀλίγου ὄψῃ αὐτάς.

(καὶ προσέρχονται αἱ Δαναΐδες τρέχουσαι, αἳ εἰσβάλλουσιν ὕδωρ
εἰς μικρόν τινα κρατῆρα.)

Θρασύμαχος: ἀλλὰ διὰ τί, ὦ Αἰακέ, εἰσβάλλουσιν αἱ Δαναΐδες 30
ὕδωρ εἰς ἐκεῖνον τὸν κρατῆρα; ἆρα λούσουσι τὰ
ἱμάτια; ἆρα μὴ λούσονται;

Αἰακός: σίγα, ὦ μωρότατε· σιγῶν γὰρ ἀκούσῃ αὐτῶν
διαλεγομένων.

Θρασύμαχος: ἐκέλευσάς με σιγῶντα ἀκούειν. σιγήσομαι οὖν 35
καὶ ἀκούσομαι αὐτῶν τὸν μῦθον λεγουσῶν.

Δαναῒς πρώτη: (ἐξ ἀριστερᾶς τοῦ κρατῆρος) φεῦ τοῦ πόνου·
ὡς κάμνω πονοῦσα. οὐδέποτε αὖθις οὕτω
πονήσω.

Δαναῒς δευτέρα: (καὶ αὐτὴ ἐξ ἀριστερᾶς τοῦ κρατῆρος) φεῦ τοῦ 40
κρατῆρος τούτου· ἀεὶ μάτην πονοῦμεν· ἀεὶ
μάτην πονήσομεν.

Δαναῒς τρίτη: (ἐκ δεξιᾶς τοῦ κρατῆρος) οὐ δικαίως, ὡς ἔμοιγε
δοκεῖ, ἐτιμήσαμεν τὸν πατέρα.

Δαναῒς τετάρτη: (καὶ αὐτὴ ἐκ δεξιᾶς τοῦ κρατῆρος) οὐδέποτε 45
αὖθις τὸν πατέρα τιμήσω.

Δαναῒς πέμπτη: (ἐγγὺς τοῦ κρατῆρος) ὁ γὰρ πατὴρ κακὰ δὴ
ἐκέλευσεν ἡμᾶς ποιεῖν. φεῦ τοῦ ἀδικήματος.

Θρασύμαχος: ἀλλὰ τί ἐποίησαν αὗται αἱ πονηραί; τί ἠδίκησαν;
τί ἐκέλευσεν ὁ πατήρ; 50

Αἰακός: ὕβρισαν δὴ ποιοῦσαι ἃ ἐκέλευσεν ὁ πατήρ. τὰς
γὰρ κεφαλὰς τὰς τῶν ἀνδρῶν τῆς νυκτὸς
ἀπέκοψαν.

Θρασύμαχος: φεῦ, φεῦ. ἆρα μὴ ἀπεστέρησαν τοὺς ἄνδρας τῶν
κεφαλῶν; 55

Αἰακός: πῶς γὰρ οὔ; ἀπεστέρησαν δή. ἀνδρεῖαι γὰρ
οὖσαι οὐδὲν ἄλλο ἢ ἐποίησαν ἅπερ ἐκέλευσεν ὁ
πατήρ.

Θρασύμαχος: φεῦ τοῦ ἀδικήματος· οὐ γὰρ πρέπει ταῖς
                 θυγατράσιν οὐδέποτε πείθεσθαι τῷ πατρὶ οὕτω 60
                 κελεύοντι. δικαίως οὖν, ὡς ἔμοιγε φαίνεται,
                 ἐνταῦθα πονοῦσι πληροῦσαι τὸν κρατῆρα. ἀλλὰ
                 διὰ τί ἀεὶ εἰσβάλλουσιν ὕδωρ εἰς τὸν κρατῆρα
                 τοῦτον;
Αἰακός: διότι τὸ ὕδωρ ἀεὶ πάλιν ἐκρεῖ ἐκ τοῦ κρατῆρος. 65
                 ὁ γὰρ Πλούτων, ἐπεὶ κατεδίκασεν αὐτῶν,
                 ἐκέλευσεν αὐτὰς ὕδατος πληροῦν τὸν κρατῆρα
                 εἰσαεί.
Θρασύμαχος: διὰ τί οὖν τὸ ὕδωρ ἀεὶ πάλιν ἐκρεῖ;
Αἰακός: διότι τὸ ὕδωρ οὐ μένει ἐν τῷ κρατῆρι. ἆρ' οὐκ 70
                 ἔβλεψας τοῦτο τὸ ὕδωρ ἔκρεον ἐκ τοῦ κρατῆρος;
Θρασύμαχος: ἀλλὰ διὰ τί οὐ ζητήσουσιν ἄλλον τινὰ κρατῆρα;
Αἰακός: διότι οὐκ ἔξεσται αὐταῖς τοῦτο ποιεῖν. οὐ γὰρ
                 ἅλις χρόνου ἕξουσιν.

Θρασύμαχος: πόσον οὖν χρόνον ἐνταῦθ' οἰκήσουσιν;   75
Αἰακός: εἰσαεί.

Θρασύμαχος: διὰ τί οὖν οὐχ ἅλις χρόνου ἕξουσιν;
Αἰακός: διὰ τί σὺ ἀεὶ τοιαῦτα ἐρωτήσεις;

τὰ γραμματικά ια'

Future Active	Future Middle
λύσω	λύσομαι
λύσεις	λύσῃ
λύσει	λύσεται
λύσομεν	λυσόμεθα
λύσετε	λύσεσθε
λύσουσι (ν)	λύσονται

Similarly τιμήσω, ποιήσω, δηλώσω

τιμήσομαι, ποιήσομαι, δηλώσομαι

Weak Aorist Active	Weak Aorist Middle
ἔλυσα	ἐλυσάμην
ἔλυσας	ἐλύσω
ἔλυσε (ν)	ἐλύσατο
ἐλύσαμεν	ἐλυσάμεθα
ἐλύσατε	ἐλύσασθε
ἔλυσαν	ἐλύσαντο

Similarly ἐτίμησα, ἐποίησα, ἐδήλωσα

ἐτιμησάμην, ἐποιησάμην, ἐδηλωσάμην

εἰμί = I am

Future	Past
ἔσομαι	ἦν
ἔσῃ	ἦσθα
ἔσται	ἦν
ἐσόμεθα	ἦμεν
ἔσεσθε	ἦτε
ἔσονται	ἦσαν

Augment ἐ –

In compound verbs the augment must be added to the beginning of the simple verb, e.g. ἀποκόπτω Aorist ἀπο – ἔκοψα = ἀπέκοψα

In verbs beginning with a vowel the initial vowel is lengthened instead of receiving the augment, e.g. ἀκούω – ἤκουσα

ἐρωτῶ – ἠρώτησα

οἰκῶ – ᾤκησα

XII

Weak Aorist Active and Middle: Imperative: Infinitive and Participle: πᾶς § 10

ὁ Σίσυφος

Θρασύμαχος: τί νῦν, ὦ Αἰακέ, δεῖ ἡμᾶς ποιεῖν; πῶς ἔξεσται ἡμῖν διαβαίνειν τήνδε τὴν χώραν, ἣν πᾶσαν περιέχουσι λόφοι; τί οὖν ποιήσομεν;

Αἰακός: ἀναβησόμεθα οὖν ἐπ' ἐκεῖνον τὸν λόφον τὸν ἐκ δεξιᾶς.　　　　5

Θρασύμαχος: καλῶς λέγεις. ἀρέσκουσι γάρ μοι πάντες οἱ λόφοι οὗτοι. καλοί τε γάρ εἰσι καὶ ὑψηλοί.

(ἀναβαίνουσιν οὖν ἐπὶ τὸν λόφον ὅ τ' Αἰακὸς καὶ ὁ Θρασύμαχος.)

Αἰακός: ἤδη, ὦ Θρασύμαχε, πρὸς ἄκρον τὸν λόφον ἀφικνούμεθα. ἆρα καὶ νῦν ἀρέσκει σοι ὁ λόφος;　10

Θρασύμαχος: οὐχί, οὐδαμῶς· φεῦ τῶν σκελῶν. ὑψηλότερος γάρ ἐστιν ὁ λόφος.

Αἰακός: οὐδέ σοι μόνῳ οὐκ ἀρέσκει οὗτος ὁ λόφος. ἀλλ' ἄκουσον.

Σίσυφος: (γέρων τις κάμνων λέγει.) οἴμοι, φεῦ, φεῦ. φεῦ τοῦ　15 λόφου, φεῦ τοῦ λίθου. τί ποιήσας ταῦτα πάσχω; (βοᾷ λυπούμενος).

Θρασύμαχος: ἆρα νοσεῖ ὁ γέρων; ταῦτα μὲν γὰρ ἀκοῦσαι οὐκ ἀρέσκει μοι, ὀλίγον δ' ἀκούσας καὶ τὸ πᾶν ἐθέλω ἀκούειν.　　　　20

Αἰακός: ἐρώτησον οὖν, ὦ Θρασύμαχε, αὐτὸς αὐτὸν τὸν Σίσυφον. ἴσως γὰρ ἐρωτήσαντί σοι ἀποκρινεῖται.

Σίσυφος: φεῦ τῆς τῶν θεῶν ἀδικίας.

Θρασύμαχος: ἀλλ' οὐδὲν ὄφελός ἐστί μοι ἐρωτῆσαι. ἀεὶ γὰρ δακρύων οὐκ ἀκούσεταί μου ἐρωτῶντος.　　　25

Αἰακός: ὅμως δ' ἐρώτησον.

Θρασύμαχος: ἐρωτήσω οὖν. χαῖρ', ὦ γέρον. ποῖόν τι ἀδίκημα
              ἀδικήσαντος κατεδίκασέ σου ὁ Ζεύς;
Σίσυφος: ἀλλ' οὐδὲν ἀδίκημα ἀδικήσαντος κατεδίκασέ μου.
              αὐτὸς δ' ὁ Ζεὺς ἠδίκησεν. ἀλλὰ μὴ μένετε 30
              ἐνταῦθα· ἀεὶ γὰρ δεῖ με ἀνωθεῖν τόνδε τὸν λίθον
              πρὸς ἄκρον τὸν λόφον τοῦτον.
Θρασύμαχος: ἐκεῖσ' οὖν μετὰ σοῦ ἀνωθοῦντος ἀναβησόμεθα.
              σὺ δ' ἀνωθῶν ἐξήγησαι, εἰ ἐθέλεις, τὸν πάντα
              μῦθον. ἀκουσόμεθα γάρ σου ἐξηγουμένου τὸν 35
              μῦθον.
Σίσυφος: ἀλλ' ἄσμενος πάντα ταῦτα ἐξηγήσομαι. ἀρέσκει
              γάρ μοι ἐξηγήσασθαι τοῦτον τὸν μῦθον. αὕτη
              γάρ ἐστιν ἡ τοῦ Διὸς ἀδικία. φιλῶν γάρ ποτε
              τὴν τοῦ ἐμοῦ φίλου θυγατέρα ἔκλεψέν τ' αὐτὴν 40
              καὶ κλέψας ἀπήνεγκεν εἰς νῆσόν τινα. ἐγὼ δ'
              ἀπαντήσας αὐτοῖς ἐν τῇ νήσῳ εὐθὺς πάντα τῇ
              Ἥρᾳ ἐδήλωσα τῇ τοῦ Διὸς γυναικί. ἡ δὲ πάντα
              ταῦτα ἀκούσασα καὶ τὸν Δία δι' ὀργῆς ἔχουσα
              ἐζήτησεν αὐτόν τε καὶ τὴν παρθένον. ἀπαντήσασα 45
              δ' αὐτοῖς ἔλεξε τῷ Διὶ οὔτ' ὀλίγα οὔτε φίλα. ὁ
              δὲ Ζεὺς χαλεπῶς τοῦτο φέρων καὶ ἐμὲ δι' ὀργῆς
              ἔχων κατεδίκασέ μου ἀνωθεῖν τόνδε τὸν λίθον
              πρὸς ἄκρον τὸν λόφον εἰσαεί. ὁ δὲ λίθος μόνον
              οὐκ ἐπ' ἄκρον ἀφικνούμενος πάλιν πρὸς τὸ 50
              πεδίον καταπίπτει, καὶ δεῖ μ' αὖθις ἀνωθεῖν
              αὐτὸν εἰσαεί.
Θρασύμαχος: ὁμολογῶ σοι, ὦ Σίσυφε. κλέπτης γὰρ ὢν αὐτὸς
              ὁ Ζεὺς ἀδίκως κατεδίκασέ σου. ἀλλ' οὐ πρέπει
              σοι οὕτω μάτην πάσχειν πονοῦντι. διὰ τί οὖν 55
              ἄλλοις τισὶ λίθοις χρησάμενος οὐκ ἐποίησας τὸν
              λίθον μένειν ἐπ' ἄκρῳ τῷ λόφῳ; ἐγὼ δὲ ἄλλον
              τινὰ λίθον λαμβάνων βοηθήσω σοι.

44

Σίσυφος : καλῶς λέγεις, ὦ νεανία. φεῦ τῆς σοφίας. ὡς
σοφὸς εἶ καίπερ νεανίας ὤν. κἀγὼ ἄλλον τινὰ 60
λίθον λήψομαι. φεῦ, φεῦ, οἴμοι. τῷ λίθῳ
ὑστεροῦμεν. φθάνει γὰρ ἡμᾶς ἐξορμήσας πάλιν
πρὸς τὸ πεδίον. ἀλλ᾽ οὐδὲν ὄφελός ἐστι τῷ Διὶ
μάχεσθαι.

τὰ γραμματικά ιβ′

Aorist Participle Active

Nom.	λύσας	λύσασα	λῦσαν	λύσαντες	λύσασαι	λύσαντα
Voc.	λύσας	λύσασα	λῦσαν	λύσαντες	λύσασαι	λύσαντα
Acc.	λύσαντα	λύσασαν	λῦσαν	λύσαντας	λυσάσας	λύσαντα
Gen.	λύσαντος	λυσάσης	λύσαντος	λυσάντων	λυσασῶν	λυσάντων
Dat.	λύσαντι	λυσάσῃ	λύσαντι	λύσασι (ν)	λυσάσαις	λύσασι (ν)

Similarly τιμήσας, ποιήσας, δηλώσας

also πᾶς – πᾶσα – πᾶν = *each, whole, all.*

Weak Aorist Active Paradigm

Indicative	Imperative	Infinitive	Participle
ἔλυσα	λῦσον λύσατε	λῦσαι	λύσας – ασα – αν
ἐτίμησα	τίμησον τιμήσατε	τιμῆσαι	τιμήσας – ασα – αν
ἐποίησα	ποίησον ποιήσατε	ποιῆσαι	ποιήσας – ασα – αν
ἐδήλωσα	δήλωσον δηλώσατε	δηλῶσαι	δηλώσας – ασα – αν

Weak Aorist Middle Paradigm

Indicative	Imperative	Infinitive	Participle
ἐλυσάμην	λῦσαι λύσασθε	λύσασθαι	λυσάμενος – η –ον
ἐτιμησάμην	τίμησαι τιμήσασθε	τιμήσασθαι	τιμησάμενος – η – ον
ἐποιησάμην	ποίησαι ποιήσασθε	ποιήσασθαι	ποιησάμενος – η – ον
ἐδηλωσάμην	δήλωσαι δηλώσασθε	δηλώσασθαι	δηλωσάμενος – η – ον

XIII

Imperfect Active and Middle: Strong Aorist Active and Middle— Indicative, Imperative, Infinitive and Participle.

ὁ Τάνταλος

Θρασύμαχος: ἀλλὰ πονηραὶ μὲν ἦσαν αἱ Δαναΐδες, ὥς ἔμοιγε δοκεῖ, ὁ δὲ Σίσυφος οὔ. ὁ μὲν γὰρ Σίσυφος ἐφαίνετό μοι καλός τε κἀγαθὸς εἶναι, ὁ δὲ Ζεὺς ἄδικος δή.

Αἰακός: σίγησον, ὦ παῖ, καὶ μὴ ὕβριζε. οὗτοι γὰρ οἱ 5 πονηροί, παρ' ὧν δίκην ἔλαβεν ὁ Ζεύς, ζῶντες πολλάκις ἡμάρτανον. ἀεὶ γὰρ κάκ' ἐποίουν, καὶ νῦν ἀεὶ κακὰ πάσχουσι καὶ πείσονται εἰσαεί. ἄδικον γάρ ἐστι τὸ ἀνθρώπων γένος.

Θρασύμαχος: δήλωσόν μοι οὖν ἄλλον τινὰ ὃς ἥμαρτε ζῶν. 10

Αἰακός: δηλώσω δή. ἕπου μοι οὖν πρὸς ἐκείνην τὴν ἄμπελον, ἣν ὁρῶμεν ἐγγὺς τῆς λίμνης.

Θρασύμαχος: ἀλλ' ὡς καλή ἐστιν ἡ ἄμπελος· ὡς καλοὶ δή εἰσιν οἱ βότρυες. ἆρ' ἔξεστί μοι δρέπειν αὐτούς;

Αἰακός: οὐδαμῶς, ὦ μωρότατε· οὐ γὰρ ἔξεστιν οὐδενὶ 15 δρέπειν τούσδε τοὺς βότρυς οὐδέποτε. ἰδοῦ δ' ἐκεῖνον τὸν ἄνδρα, ὃς ἐν τῇ λίμνῃ ὢν βοᾷ λυπούμενος ὥσπερ βοῦς τις.

Θρασύμαχος: ὁρῶ αὐτόν· καὶ ἀκούω δὴ αὐτοῦ λυπουμένου. ἀλλ' οὐ γιγνώσκω αὐτόν. τίς ἐστιν οὗτος; 20

Αἰακός: ἀλλ' οὗτός ἐστιν ὁ Τάνταλος.

Τάνταλος: (ἐν τῇ λίμνῃ ὤν) οἴμοι, φεῦ φεῦ. αὖθις γὰρ ἔφυγε τὸ ὕδωρ· αὖθις ἔφυγον οἱ βότρυες. ὡς διψῶ, ὡς πεινῶ. τήμερον μὲν γὰρ οὔτε πίνω οὔτ' ἐσθίω, χθὲς δ' οὔτ' ἔπιον οὔτ' ἔφαγον, ἀλλ' ἐδίψων τε 25 καὶ ἐπείνων, καὶ αὔριον διψήσω τε καὶ πεινήσω. οἴμοι, φεῦ φεῦ.

Θρασύμαχος: ἀλλὰ διὰ τί οὕτω δακρύεις, ὦ Τάνταλε;
Τάνταλος: διότι οἱ βότρυες ἀποφυγόντες ἀεὶ φθάνουσί με
πειρώμενον λαβεῖν αὐτούς. 30
Θρασύμαχος: ἆρ' ἄνεμός τις ἀποφέρει αὐτούς;
Τάνταλος: οὐχί· αὐτὸς δ' ὁ Ζεὺς ἀποφέρει τοὺς βότρυς.
βούλεται γάρ μ' ἀποστερεῖν σίτου τε καὶ ὕδατος.
οἴμοι· ἀπορῶ δή. τί γὰρ ἔδομαι; τί πίομαι;
οἴμοι. 35
Θρασύμαχος: ἀλλὰ σίγησον, ὦ Τάνταλε, καὶ μὴ οὕτω λυποῦ.
οὐδὲν γὰρ βλάπτει σε. οὐ γὰρ πρέπει σοι οὕτω
δακρύειν.
Τάνταλος: τί εἶπεν οὗτος ὁ παῖς, ὦ Αἰακέ; οὐδέν με βλάπτει;
ὅδε ὁ παῖς, ὡς ἔμοιγε φαίνεται, οὔτε διψῇ οὔτε 40
πεινῇ οὐδέποτε. ἀλλὰ φέρε μοι οἶνον, ὦ φίλε,
αἰτοῦμαι, εἰ ἐθέλεις βοηθεῖν μοι οὕτω πάσχοντι.
Θρασύμαχος: ἀλλὰ μὴ οὕτω βόα· ἀνεγείρεις γὰρ τοὺς νεκρούς.
ἀλλὰ λέγε μοι, εἰ βούλῃ, τί ἐγένετο ὅτι ὁ Ζεὺς
οὕτω σ' ἀπεστέρησε σίτου τε καὶ ὕδατος. 45
Τάνταλος: θεός δέ τις οὐκ εἶδεν ὅ τι ἐσθίει.
Θρασύμαχος: ἀδίκως οὖν κακὰ πάσχεις. ἀλλ' ἐξήγησαί μοι
τὸν πάντα μῦθον.
Τάνταλος: ἐβουλόμην γάρ ποτε μαθεῖν εἰ οἱ θεοὶ τῷ ὄντι
σοφώτεροί εἰσι τῶν ἀνθρώπων. πᾶσιν οὖν τοῖς 50
θεοῖς δεῖπνον παρέσχον. ἔλαβον γάρ ποτε τὸν
υἱόν, τὸν Πέλοπα ὀνόματι, καὶ λαβὼν κατέτεμον
αὐτόν.
Θρασύμαχος: ἀλλ' οὐδαμῶς ἀρέσκει μοι οὗτος ὁ μῦθος. οὐ
γὰρ προσήκει τοῖς πατράσι κατατέμνειν τοὺς 55
υἱούς.
Τάνταλος: κατατεμὼν δ' αὐτὸν εἰς θερμὸν ὕδωρ εἰσέβαλον
καὶ μετὰ ταῦτα τάς τε χεῖρας ἀποβαλὼν καὶ τοὺς
πόδας, παρέσχον πᾶσι τοῖς θεοῖς, οὓς συνεκάλεσα

48

εἰς τὸ δεῖπνον. οἱ μὲν οὖν ἄλλοι θεοὶ ταῦτα τὰ 60
σῖτα οὐκ ἔφαγον, ἡ δὲ Δημήτηρ ἔφαγε δή.
ἐλυπεῖτο γὰρ περὶ τῆς θυγατρὸς τῆς ἀποθανούσης
καὶ ἀεὶ ἐδάκρυε λυπουμένη. καὶ οὔτ᾽ εἶδεν οὔτ᾽
ἔμαθεν ὁποῖά ἐστι τὰ σῖτα. φαγοῦσα δὲ τὰ σῖτα
ταῦτα κἄπειτα μαθοῦσα ὁποῖά τινα ἔφαγεν, τῆς 65
αὑτῆς νυκτὸς ἐδήλωσε τὸ πᾶν τῷ Διΐ. ὁ δὲ Ζεὺς
ταύτην παρ᾽ ἐμοῦ ἔλαβε τὴν δίκην. ἰδού· ἀδίκως
γὰρ τήμερον πάσχω καὶ χθὲς ἔπασχον καὶ αὔριον
πείσομαι πεινῶν τε καὶ διψῶν.

Θρασύμαχος: ἀλλὰ διὰ τί ἐθέλεις πίνειν; οὐ γὰρ ὄφελός ἐστί 70
σοι νεκρῷ γ᾽ ὄντι πίνειν, οὐδ᾽ ἔξεσταί σοι αὖθις
ἀποθανεῖν.

Τάνταλος: τοιαύτην δὲ τὴν δίκην ἔλαβε παρ᾽ ἐμοῦ ὁ Ζεύς.
νῦν γὰρ δεῖ μ᾽ ἀεὶ βούλεσθαι πίνειν καίπερ οὐ
δεόμενον. 75

τὰ γραμματικά ιγ΄

Imperfect Indicative Active

ἔλυον	ἐτίμων	ἐποίουν	ἐδήλουν
ἔλυες	ἐτίμας	ἐποίεις	ἐδήλους
ἔλυε (ν)	ἐτίμα	ἐποίει	ἐδήλου
ἐλύομεν	ἐτιμῶμεν	ἐποιοῦμεν	ἐδηλοῦμεν
ἐλύετε	ἐτιμᾶτε	ἐποιεῖτε	ἐδηλοῦτε
ἔλυον	ἐτίμων	ἐποίουν	ἐδήλουν

Imperfect Indicative Middle

ἐλυόμην	ἐτιμώμην	ἐποιούμην	ἐδηλούμην
ἐλύου	ἐτιμῶ	ἐποιοῦ	ἐδηλοῦ
ἐλύετο	ἐτιμᾶτο	ἐποιεῖτο	ἐδηλοῦτο
ἐλυόμεθα	ἐτιμώμεθα	ἐποιούμεθα	ἐδηλούμεθα
ἐλύεσθε	ἐτιμᾶσθε	ἐποιεῖσθε	ἐδηλοῦσθε
ἐλύοντο	ἐτιμῶντο	ἐποιοῦντο	ἐδηλοῦντο

Strong Aorist Indicative

Active	Middle
ἔλαβον	ἐλαβόμην
ἔλαβες	ἐλάβου
ἔλαβε (ν)	ἐλάβετο
ἐλάβομεν	ἐλαβόμεθα
ἐλάβετε	ἐλάβεσθε
ἔλαβον	ἐλάβοντο

50

Strong Aorist Active Paradigm

Indicative	Imperative	Infinitive	Participle
ἔλαβον	λαβέ λάβετε	λαβεῖν	λαβών – οῦσα – όν

Strong Aorist Middle Paradigm

ἐλαβόμην	λαβοῦ λάβεσθε	λαβέσθαι	λαβόμενος – η – ον

Some common verbs with Strong Aorists

αἱρῶ (ε)	εἷλον	= I take
ἁμαρτάνω	ἥμαρτον	= I go wrong
ἀποθνήσκω	ἀπέθανον	= I die
ἀφικνοῦμαι (ε)	ἀφικόμην	= I arrive
βάλλω	ἔβαλον	= I throw, hit
γίγνομαι	ἐγενόμην	= I become
δάκνω	ἔδακον	= I bite
ἕπομαι	ἑσπόμην	= I follow
ἔρχομαι	ἦλθον	= I go, come
ἐσθίω	ἔφαγον	= I eat
ἔχω	ἔσχον	= I have
κάμνω	ἔκαμον	= I am tired
λαμβάνω	ἔλαβον	= I take
λείπω	ἔλιπον	= I leave
μανθάνω	ἔμαθον	= I learn
ὁρῶ (α)	εἶδον	= I see
πάσχω	ἔπαθον	= I suffer
πίνω	ἔπιον	= I drink
τέμνω	ἔτεμον	= I cut
τρέχω	ἔδραμον	= I run
φεύγω	ἔφυγον	= I flee

XIV

Present and Imperfect Passive: Time and Space § 42–7:
μέγας : ἀληθής.

ὁ Ἡρακλῆς α΄

Κέρβερος: οἴμοι, φεῦ φεῦ. τύπτει γάρ μ' ἄνθρωπός τις
μέγας· ὑπ' ἀνθρώπου τινὸς μεγάλου τύπτομαι.
φωνή τις μεγάλη: καὶ δὴ καὶ αὖθις τυπτήσω σε, ὦ Κέρβερε.
σίγησον οὖν.

Κέρβερος: οἴμοι, φεῦ τῶν αὐχένων· φεῦ τοῦ σώματος· ὦ   5
πόποι.

Αἰακός: διὰ τί οὕτω βοᾷ ὁ κύων; ἆρ' ὑπ' ἀνθρώπου τινὸς
τύπτεται;

Θρασύμαχος: πῶς γὰρ οὔ; τύπτεται δὴ καὶ τυπτόμενος κλαίει.

Αἰακός: ἆρα τὰ ἀληθῆ λέγεις; φεῦ τοῦ κυνός· οὐ γὰρ   10
φιλεῖ τύπτεσθαι. τίς οὖν τὰ τοιαῦτα ποιεῖ;

Θρασύμαχος: ἀλλὰ γίγας τις, ὡς ἔμοιγε φαίνεται, τύπτει τὸν
κύνα. μέγας γάρ ἐστι καὶ μέγα ἔχει τὸ σῶμα.
καὶ δὴ καὶ μεγάλη ἐστὶν αὐτῷ ἡ κεφαλή. μεγάλας
τ' ἔχει τὰς χεῖρας καὶ μεγάλους τοὺς πόδας καὶ   15
μεγάλα τὰ σκέλη.

Κέρβερος: οἴμοι, φεῦ φεῦ· αὖθις γὰρ τύπτομαι ὑπὸ τούτου
τοῦ γίγαντος. κλέπτομαί τε γὰρ ὑπ' αὐτοῦ,
ἀφαιροῦμαί τε καὶ τυπτόμενος νικῶμαι.

Θρασύμαχος: ἰδού, ὦ Αἰακέ· κλέπτεταί θ' ὁ κύων, ἀφαιρεῖταί   20
τε καὶ τυπτόμενος νικᾶται.

Αἰακός: οὗτος, ὦ σχέτλιε· τίς εἶ σύ; διὰ τί ὑπὸ σοῦ
κλέπτεται ὁ κύων;

Ἡρακλῆς: ἀλλ' ἐγὼ μέν εἰμι Ἡρακλῆς, τὸν δὲ κύνα οὐ
κλέπτω. λαβὼν δ' αὐτὸν τοὺς τρεῖς αὐχένας   25
πιέζω. μεγάλους γὰρ ἔχει τοὺς ὀδόντας καὶ οὐκ
ἐθέλω αὐτοῖς δάκνεσθαι.

Αἰακός: ἀλλ' οὐ πρέπει σοι πιέζειν τοὺς αὐχένας αὐτοῦ.
          προσήκει γὰρ αὐτῷ δάκνειν τοῖς ὀδοῦσιν.
          φύλαξ γάρ ἐστι τῆς Ἅιδου. σὺ δὲ μὴ βλάπτε 30
          τὸν φύλακα οὕτως ἀσθενῆ ὄντα. ἀλλὰ λέγε μοι
          διὰ τί δεῦρο ἥκεις.
Ἡρακλῆς: πῶς γὰρ οὔ; καὶ τἀληθῆ λέξω. κελεύομαι γὰρ
          ὑπὸ τοῦ Εὐρυσθέως πόνον πονεῖν καὶ δεῖ μ'
          ἐρωτᾶν τι τὸν Προμηθέα. 35
Θρασύμαχος: ἀλλὰ ποῦ οἰκεῖ ὁ Προμηθεύς; ποῖ δεῖ ἡμᾶς ἐλθεῖν;
Αἰακός: ἐπ' ἄκρου λόφου τινὸς ἐν δεσμοῖς μένει. οὗτος
          δὲ ὁ λόφος μακρὰν ἀπέχει ὁδόν.
Θρασύμαχος: ἀλλ' ἐθέλω κἀγὼ τὸν Προμηθέα ἰδεῖν. ἕψομαι
          οὖν σοι, εἰ βούλῃ, ὦ Ἡράκλεις. 40
Ἡρακλῆς: ἀλλ' εὐγενής τ' εἶ καὶ σώφρων, ὦ παῖ, ὡς ἔμοιγε
          φαίνῃ. ἕπου οὖν.

          (καὶ μακρὰν μὲν ὁδὸν πορεύονται ὅ τε Θρασύμαχος
          καὶ ὁ Αἰακὸς καὶ ὁ Ἡρακλῆς πρὸς τὸν τοῦ Προμηθέως λόφον.
          τέλος δὲ τῇ αὐτῇ ἡμέρᾳ ἀφικνοῦνται ὡς τὸν Προμηθέα.) 45
Θρασύμαχος: χαῖρ', ὦ Προμηθεῦ. πῶς ἔχεις;
Προμηθεύς: ἀλλὰ κακῶς δὴ ἔχω, ὦ νεανία. πῶς γὰρ οὔ;
          κατέτειναν γάρ με ἐπὶ ταύτης τῆς πέτρας καὶ
          νῦν δὴ κατατείνομαι. μυρίους γὰρ ἐνιαυτοὺς
          ἐνταῦθα κατατείνομαι. ὁ γὰρ Ζεὺς κατεδίκασέ 50
          μου ἐνταῦθα κατατείνεσθαι πάσας τε τὰς νύκτας
          καὶ πάσας τὰς ἡμέρας. τῆς δὲ ἡμέρας γὺψ τις
          μέγας πρὸς τήνδε τὴν πέτραν πέτεταί τε καί μ'
          ἀνεγείρας ἐσθίει μοι τὸ ἧπαρ.
Θρασύμαχος: φεῦ τοῦ ἥπατος· ἆρα μὴ τἀληθῆ λέγεις; ἆρ' 55
          οὐκ ὄναρ τι ψευδές ἐστιν; ἆρ' οὐχ ἧπαρ ἔχεις;
Προμηθεύς: ἔχω μὲν οὖν οὐδὲ τὰ ψευδῆ λέγω. τῆς γὰρ νυκτὸς
          αὖθις γίγνεται τὸ ἧπαρ.

[British Museum]

THE JUDGEMENT OF PARIS

ODYSSEUS AND THE SIRENS

Θρασύμαχος: ἀλλὰ θαυμάσια μὲν λέγεις, σαφῆ δέ. διὰ τί
οὖν λαβὼν τὸν γῦπα τῆς κέρκου οὐκ ἐξέβαλες 60
αὐτὸν ἐξ "Αιδου;
Προμηθεύς: διότι ὑπ' αὐτοῦ τοῦ Διὸς πέμπεται καὶ οὐδὲν
ὄφελός ἐστι μάχεσθαι τῷ Διί.
Ἡρακλῆς: ἅλις δὲ τῶν σῶν ἐρωτημάτων, ὦ Θρασύμαχε.
κλαύσῃ γὰρ λαλῶν. σὺ δ', ὦ Προμηθεῦ, λέγε 65
μοι — προμηθὴς γὰρ εἶ — ποῦ εἰσὶν οἱ κῆποι οἱ τῶν
Ἑσπερίδων. ὁ γὰρ Εὐρυσθεὺς ἐκέλευσέ με
κομίζειν ἐκεῖθεν τὰ μῆλα τὰ χρυσᾶ.
Προμηθεύς: ἀναβαίνων οὖν ἐξ "Αιδου πορεύου μακρὰν δὴ
ὁδὸν πρὸς ἑσπέραν τέτταρας θ' ἡμέρας καὶ τέτ- 70
ταρας νύκτας, οὔτε νυκτὸς οὔθ' ἡμέρας παυόμενος.
τῇ δὲ πέμπτῃ ἡμέρᾳ εὑρήσεις τὸν "Ατλαντα τὸν
ἰσχυρόν. ἐρώτησον οὖν αὐτὸν πῶς ἔξεσταί σοι
εὑρεῖν τοὺς κήπους τοὺς τῶν Ἑσπερίδων.
Θρασύμαχος: ἄσμενος ἕψομαί σοι, ὦ Ἡράκλεις. χαῖρ', ὦ 75
Προμηθεῦ· χαῖρ', ὦ Αἰακέ· χαίρετ', ὦ δεινὰ
πάσχοντες. νῦν γὰρ ἀναβησόμεθα πρὸς τὴν γῆν
καὶ τοὺς τῶν Ἑσπερίδων κήπους. ἤδη ἀναβαίνο-
μεν. χαίρετε.

54

τὰ γραμματικά ιδ΄

Adjectives

μέγας – μεγάλη – μέγα = big

Nom.	μέγας	μεγάλη	μέγα	μεγάλοι	μεγάλαι	μεγάλα
Acc.	μέγαν	μεγάλην	μέγα	μεγάλους	μεγάλας	μεγάλα
Gen.	μεγάλου	μεγάλης	μεγάλου	μεγάλων	μεγάλων	μεγάλων
Dat.	μεγάλῳ	μεγάλη	μεγάλῳ	μεγάλοις	μεγάλαις	μεγάλοις

Comparative: μείζων – ων – ον   Superlative: μέγιστος – η – ον

ἀληθής – ἀληθής – ἀληθές = true

Nom.	ἀληθής	ἀληθής	ἀληθές	ἀληθεῖς	ἀληθεῖς	ἀληθῆ
Voc.	ἀληθές	ἀληθές	ἀληθές	ἀληθεῖς	ἀληθεῖς	ἀληθῆ
Acc.	ἀληθῆ	ἀληθῆ	ἀληθές	ἀληθεῖς	ἀληθεῖς	ἀληθῆ
Gen.	ἀληθοῦς	ἀληθοῦς	ἀληθοῦς	ἀληθῶν	ἀληθῶν	ἀληθῶν
Dat.	ἀληθεῖ	ἀληθεῖ	ἀληθεῖ	ἀληθέσι(ν)	ἀληθέσι(ν)	ἀληθέσι(ν)

Comparative: ἀληθέστερος – α – ον   Superlative: ἀληθέστατος – η – ον

The Passive

The Present Passive Paradigm and the Imperfect Indicative Passive
have the same forms as the Middle

XV

Future and Aorist Passive — Indicative, Imperative, Infinitive and Participle: ταχύς.

ὁ Ἡρακλῆς βʹ

Θρασύμαχος: ἀλλὰ διὰ τί, ὦ Ἡράκλεις, τὰ τοιαῦτα πονεῖς;
ἆρα μὴ φιλεῖς τοὺς πόνους;

Ἡρακλῆς: οὐχί, ὦ παῖ· ἀλλ᾽ ἐκελεύσθην ὑπὸ τοῦ Εὐρυσθέως
ταῦτα ποιεῖν. ἐδουλώθην γὰρ ὑπ᾽ αὐτοῦ.

Θρασύμαχος: καὶ διὰ τί ἐδουλώθης ὑπ᾽ αὐτοῦ; 5

Ἡρακλῆς: ἀλλ᾽ ἐδούλωσέ μ᾽ ὁ Εὐρυσθεὺς διότι καὶ αὐτὸς
ἐκελεύσθη ὑπὸ τοῦ Διός. ὁ γὰρ Ζεὺς ἔλεξεν ὅτι
δώδεκα πόνους πονήσας ἀθάνατος γενήσομαι.
οὗτος δ᾽ ἐστὶ πόνος ἑνδέκατος. πάντες γὰρ οἱ
ἄλλοι δέκα ὑπ᾽ ἐμοῦ ἤδη ἐποιήθησαν καὶ δι᾽ 10
ὀλίγου τὸν δωδέκατον ποιήσας λυθήσομαι ὑπὸ
τοῦ τ᾽ Εὐρυσθέως καὶ τοῦ Διός.

Θρασύμαχος: λυθεὶς δὲ τί ποιήσεις;

Ἡρακλῆς: λυθεὶς δ᾽ οὐδὲν ἄλλο ἢ ἔδομαί τε καὶ πίομαι.

Θρασύμαχος: ἰδού· τίς ἐστιν ἐκεῖνος ὁ γίγας, ὃν ἤδη ὁρῶ ἐν 15
μέσοις τοῖς λόφοις ὄντα; σφαῖραν γάρ τινα ἐπὶ
τῶν ὤμων ταῖς χερσὶν ἀνέχει. ἀλλὰ δεῖ ἡμᾶς
ταχέως προσχωρεῖν ὡς αὐτόν.

Ἡρακλῆς: καὶ γιγνώσκω τοῦτον τὸν γίγαντα ὅστις ἐστίν.
οὗτος γάρ ἐστιν Ἄτλας· παχὺς γάρ ἐστι καὶ 20
παχεῖς ἔχει τοὺς ὤμους. ἐρωτηθήσεται δ᾽ ὑπ᾽
ἐμοῦ καὶ ἐρωτηθεὶς τἀληθῆ ἀποκρινεῖται. ἐγὼ
γὰρ ὑπ᾽ οὐδενὸς οὔπω ἐνικήθην οὐδὲ νικηθήσομαι
οὐδέποτε. χαῖρ᾽, ὦ Ἄτλας· τί ἀνέχεις ἐπὶ
τῶν ὤμων; 25

"Ατλας: μικρόν τι, ὦ ʽΗράκλεις· τὸν γὰρ οὐρανὸν μόνον
ἅπαντα τοῖς ὤμοις ἀνέχω.

Θρασύμαχος: (ἰδίᾳ αὐτὸς ἑαυτῷ λέγει.) ἀλλ' ὑβρίζει ὅδε ὁ γίγας,
ὡς ἔμοιγε δοκεῖ.

ʽΗρακλῆς: ἀλλὰ λέγε μοι, ὦ "Ατλας,—προμηθὴς γὰρ εἶ— 30
ὅπου εἰσὶν οἱ κῆποι οἱ τῶν ʽΕσπερίδων. ἐθέλω
γὰρ κτᾶσθαι ἐκεῖθεν τρία χρυσᾶ μῆλα.

"Ατλας: ἀλλ' οὐκ ἐρῶ σοι τοῦτο. οὐ γὰρ ῥᾴδιόν ἐστι
λέγειν οὐδέ μοι πρέπει. ὑπ' ἐμοῦ οὖν οὐ
δηλωθήσεται οὐδέποτε. εἰ δὲ τρία μῆλα τῷ ὄντι 35
κτᾶσθαι ἐθέλεις, οὐχ ὑπ' ἐμοῦ γε κωλυθήσῃ.
σὺ μὲν οὖν λαβὲ τοῦτον τὸν οὐρανόν, ἐγὼ δέ σοι
τὰ μῆλα κομιῶ.

ʽΗρακλῆς: ἀλλὰ χάριν ἔχω σοι, ὦ "Ατλας. ἄσμενος οὖν τὸν
οὐρανὸν ἀνέξω. (λαμβάνει τὴν σφαῖραν.) οἴμοι, 40
φεῦ φεῦ. ὡς βαρύς ἐστιν οὗτος ὁ οὐρανός. φεῦ
τοῦ βαρέος οὐρανοῦ. ἀλλὰ μὴ μέλλε, ὦ φίλε
"Ατλας.

(ἀπέρχεται οὖν ὁ "Ατλας τρέχων. τέλος δὲ μακρὸν δὴ
χρόνον μελλήσας ἀναχωρεῖ τρία μῆλα ἔχων.)   45

"Ατλας: (γελῶν) φεῦ τοῦ ἀσθενοῦς ἀνθρώπου· ὡς βαρέως φέρει
οὕτω πονῶν.

ʽΗρακλῆς: (ὀργισθεὶς καὶ βαρέως φέρων) ἀλλὰ μὴ λάλει, ὦ
"Ατλας, καὶ εὐθὺς παράσχες μοι τὰ μῆλα.
τοῦτον γὰρ τὸν οὐρανὸν βαρὺν δὴ ὄντα οὐκέθ' 50
οἷός τ' εἰμὶ ἀνέχειν. δεινότατος δή ἐστιν οὗτος
ὁ ἑνδέκατος πόνος. ἀλγῶ γὰρ τούς τ' ὤμους
καὶ τὴν κεφαλήν.

"Ατλας: (ἔτι μᾶλλον γελάσας) ἀεὶ οὖν ἀνέξεις τὸν οὐρανόν, ὡς
ἔμοιγε δοκεῖ. νῦν γὰρ ἀνέχεις καὶ ἔξεστί σοι 55
ἀνέχειν εἰσαεί. οὐδὲν γάρ μοι μέλει οὐδὲ πάλιν
λήψομαι τὴν σφαῖραν.

Θρασύμαχος: (τῷ Ἡρακλεῖ ἰδίᾳ λέγων) ὦ Ἡράκλεις, μηχάνημά
τι ὑπ’ ἐμοῦ ἐμηχανήθη ᾧ ἐξαπατήσομεν τὸν
γίγαντα τοῦτον. ἀνέχων οὖν τήνδε τὴν σφαῖραν 60
ὀλίγον ἔτι χρόνον, καίπερ βαρεῖαν οὖσαν, ἄκουε
δή. . . .

Ἡρακλῆς: (μικρᾷ τῇ φωνῇ λέγων) εὖ λέγεις, ὦ παῖ. σαφὲς γάρ
ἐστί μοι τὸ μηχάνημα ὃ ἐμηχανήσω. (μεγάλη
τῇ φωνῇ) ὦ φίλτατ’ Ἄτλας, ἀνέξω σοι ἀεὶ τὸν 65
οὐρανόν, σὺ δὲ παράσχες μοι τὰ μῆλα καὶ λαβὼν
τὴν σφαῖραν ἐπὶ τοὺς ὤμους ἄνεχε ὀλίγον μόνον
χρόνον. βούλομαι γὰρ προσκεφαλαῖον εὑρεῖν.
ὁ γὰρ οὐρανὸς βλάπτει μοι τὸν ἕτερον τῶν ὤμων.

Ἄτλας: ἀλλ’ οὐ κωλύσω σε τοῦτο ποιεῖν. εὐγενὴς γάρ 70
εἰμ’ ἐγώ. σὺ δὲ μὴ μέλλε. ἰδού. ὁ γὰρ οὐρανὸς
ἤδη ὑπ’ ἐμοῦ ἐλήφθη, ληφθέντα δ’ ἀνέχω.

Ἡρακλῆς: καὶ τὰ μῆλα ὑπ’ ἐμοῦ ἐλήφθη, ληφθέντα δ’
ἀποίσω. καὶ νῦν τὸν οὐρανὸν ἀνέξεις, ὡς ἔμοιγε
δοκεῖ. σὺ γὰρ ἀνέχεις καὶ ἔξεστί σοι ἀνέχειν 75
εἰσαεί. οὐδὲν γάρ μοι μέλει σοῦ καίπερ βαρέως
φέροντος. χαῖρ’, ὦ Ἄτλας. ὡς βαρέως φέρεις
οὕτω πονῶν.

Θρασύμαχος: καὶ χαῖρ’, ὦ Ἄτλας. φεῦ τῆς μωρίας. ὡς
μωρός τ’ εἶ καὶ παχύς. ὡς ῥᾳδίως ὑφ’ ἡμῶν 80
ἐξηπατήθης.

(ἀπέρχονται ὅ τε Θρασύμαχος καὶ ὁ Ἡρακλῆς γελῶντες.)

τὰ γραμματικά ιε'

Adjectives

ταχύς – ταχεῖα – ταχύ = quick

Nom.	ταχύς	ταχεῖα	ταχύ	ταχεῖς	ταχεῖαι	ταχέα
Voc.	ταχύ	ταχεῖα	ταχύ	ταχεῖς	ταχεῖαι	ταχέα
Acc.	ταχύν	ταχεῖαν	ταχύ	ταχεῖς	ταχείας	ταχέα
Gen.	ταχέος	ταχείας	ταχέος	ταχέων	ταχειῶν	ταχέων
Dat.	ταχεῖ	ταχείᾳ	ταχεῖ	ταχέσι (ν)	ταχείαις	ταχέσι (ν)

Comparative: θάττων – ων – ον   Superlative: τάχιστος – η – ον

Aorist Passive Paradigm

Indicative	Imperative	Infinitive	Participle
ἐλύθην	λύθητι	λυθῆναι	λυθείς – λυθεῖσα – λυθέν
ἐλύθης	λύθητε		λυθέντος – λυθείσης – λυθέντος
ἐλύθη			
ἐλύθημεν			
ἐλύθητε			
ἐλύθησαν			

Similarly   ἐτιμήθην   ἐποιήθην   ἐδηλώθην

Future Passive Paradigm

λυθήσομαι   λυθήσεσθαι   λυθησόμενος – η – ον

Similarly   τιμηθήσομαι   ποιηθήσομαι   δηλωθήσομαι

XVI

Revision: Some irregular verbs: πολύς.

ΟΙΚΟΙ

πάντα δὲ ταῦτ' ἀκούσας τε καὶ ἰδὼν ἠγέρθη ὁ Θρασύμαχος.
καὶ, ἰδού, ἐγγὺς τῆς κλίνης ἦσαν ἥ τε μήτηρ καὶ ὁ πατήρ.
καὶ ἡ μήτηρ, ἰδοῦσα αὐτὸν ἐγερθέντα, " ὦ φίλε," ἔφη, " τί ἔπαθες;
καθεύδων γὰρ ἄλλοτε μὲν ἐκάλεσας, ἄλλοτε δ' ἐσίγησας, καὶ ἄλλοτε
μὲν ἔκλαυσας, ἄλλοτε δ' ἐγέλασας." ὁ δὲ πατήρ, " ἴσως γάρ," ἔφη, 5
" ἄγαν ἢ ἔπιεν ἢ ἔφαγεν. σαφὲς γάρ ἐστιν ὅτι πολλὰ καὶ δεινὰ εἶδεν
ὀνείρατα." ὁ δὲ Θρασύμαχος ἀποκρινόμενος, " ἀλλὰ γάρ," ἔφη,
" ταύτης τῆς νυκτὸς εἰς "Αιδου κατέβην." καὶ ὁ πατήρ, " φεῦ,
φεῦ," ἦ δ' ὅς, " ποῖον ὄναρ λέγεις; ὡς γὰρ ἔμοιγε δοκεῖ, τὰ
ψευδῆ λέγεις." 10
" ἀλλ' ὦ φίλε πάτερ," εἶπεν ὁ Θρασύμαχος, " τἀληθῆ λέγω.
πολλὴ γὰρ βροντὴ ἐγένετο καὶ πολλὴ ἀστραπή. μετὰ δὲ ταῦτα ὁ
Ἑρμῆς φανεὶς ἤγαγέ μ' ἐκεῖσε. ἐνταῦθα δὲ τῷ Χάρωνι ἀπήντησα,
ὃς εὐγενὴς ὢν ἐν τῷ πλοίῳ ἤνεγκέ με διὰ τοῦ ποταμοῦ καίπερ
ὀβολὸν οὐκ ἔχοντα. τοῦτο δὲ τὸ πλοῖον σαθρὸν μὲν ἦν, κατεδύσατο 15
δ' οὔ. ἀσφαλεῖς οὖν ἐπλεύσαμεν πρὸς τὰς τῶν ὀλβίων νήσους, ἐν
αἷς πολλοὺς εἶδον ἥρωας, τόν θ' Ἕκτορα, ὃν ἐθαύμασα πολύ, καὶ
τὸν Ἀγαμέμνονα, ὅνπερ οὐκ ἐφίλουν οὐδαμῶς, καὶ τὸν Πάριν, ὃς
ἔδοξέ μοι εἶναι ὑπέρφρων δή.
καὶ δὴ καὶ ἐνταῦθα πόλλ' ἤκουσα περὶ τῶν πόνων τῶν τοῦ 20
Ἰάσονος καὶ περὶ τῆς ἀλοιφῆς, ᾗπερ ἠλείψατο. αὕτη δ' ἡ ἀλοιφὴ
ὑπὸ τῆς Μηδείας ἐποιήθη, ἣν ἔγημεν ὁ Ἰάσων σπείρας τοὺς τοῦ
δράκοντος ὀδόντας. μετὰ δὲ ταῦτ' εἰσῆλθον εἰς τὸν Τάρταρον, ὃς
πολὺ ἀπεῖχεν. καὶ ἐκεῖ εἶδον τοὺς κακὰ πάσχοντας. μυρίοι γὰρ
ἦσαν καὶ πολλὰ πολλάκις ἠδίκησαν. 25
ὁ γὰρ Ζεὺς κατεδίκασεν αὐτῶν καὶ ἔτι καὶ νῦν δίκας λαμβάνει
παρ' αὐτῶν. καὶ εἶδον τάς τε Δαναΐδας μέγαν κρατῆρα ὕδατος

πληροῦν μάτην πειρωμένας, καὶ τὸν Τάνταλον ἐν λίμνῃ τινὶ μικρᾷ
ὄντα, ὃς δικαίως ἔπασχεν ἃ ἔπασχεν. τῷ δὲ Σισύφῳ εὐγενεῖ ὄντι
ἐπειράθην βοηθεῖν ἀλλὰ μάτην. ὁ γὰρ λίθος, ὃν ἀεὶ ἀνὰ λόφον τινὰ 30
ἀνεώθει, ἀεὶ ἔφθανεν αὐτὸν εἰς τὸ πεδίον καταπεσών. μετὰ δὲ
ταῦτα κατῆλθεν ὁ Ἡρακλῆς τὸν ἑνδέκατον πόνον πονῶν. ἠθέλησε
γὰρ εὑρεῖν τοὺς τῶν Ἑσπερίδων κήπους. ἐγὼ οὖν ἐκεῖσ᾽ ἑσπόμην
αὐτῷ καὶ εὑρόντες τὸν Ἄτλαντα καὶ ἐξαπατήσαντες ἐλάβομεν τὰ
χρυσᾶ μῆλα. τέλος δ᾽ ἀνεχώρησα ὡς ὑμᾶς καὶ—ἰδού—πάρειμ᾽ 35
ἐγὼ ἀσφαλής."

ταῦτα δ᾽ ἀκούσας ὁ πατήρ, " φεῦ φεῦ," ἦ δ᾽ ὅς, " θεῖός σοι
ἐνύπνιον ἦλθεν ὄνειρος, ὥσπερ λέγει ὁ ποιητής." ὁ δὲ Θρασύμαχος
ἐρωτῶν, " ἀλλὰ τίς," ἦ δ᾽ ὅς, " ἦν ὅδε ὁ ποιητής; " ἡ δὲ μήτηρ,
" ἀλλὰ σίγησον," ἦ δ᾽ ἥ, " ἀεὶ γὰρ ἄγαν ἐρωτᾷς. νῦν δὲ ταχέως 40
αὖθις κάθευδε. εἰ δὲ μή, ἀσθενὴς γενήσῃ. ἴσως γὰρ αὔριον ἐν
καιρῷ μαθήσῃ ὅστις ἦν ὁ ποιητής."

τὰ γραμματικά ιϛ′

πολύς – πολλή – πολύ = *much, many*

Nom.	πολύς	πολλή	πολύ	πολλοί	πολλαί	πολλά
Acc.	πολύν	πολλήν	πολύ	πολλούς	πολλάς	πολλά
Gen.	πολλοῦ	πολλῆς	πολλοῦ	πολλῶν	πολλῶν	πολλῶν
Dat.	πολλῷ	πολλῇ	πολλῷ	πολλοῖς	πολλαῖς	πολλοῖς

Comparative: πλείων – πλείων – πλέον   *Superlative:* πλεῖστος – η – ον

φημί = *I say*

Present	Past
φημί	ἔφην
φής	ἔφησθα
φησί	ἔφη
φαμέν	ἔφαμεν
φατέ	ἔφατε
φασί	ἔφασαν

Irregular Aorists

βαίνω = *I walk*	γιγνώσκω = *I know*
ἔβην	ἔγνων
ἔβης	ἔγνως
ἔβη	ἔγνω
ἔβημεν	ἔγνωμεν
ἔβητε	ἔγνωτε
ἔβησαν	ἔγνωσαν

Paradigms

Indicative	Imperative	Infinitive	Participle
φημί	φάθι	φάναι	φάς – φᾶσα – φάν
ἔβην	βῆθι	βῆναι	βάς – βᾶσα – βάν
ἔγνων	γνῶθι	γνῶναι	γνούς – γνοῦσα – γνόν

XVII

Consecutives § 58–60: *Third Person Imperatives:* ἄστυ, υἱός.

ὁ Ὅμηρος

τῇ δ᾽ ὑστεραίᾳ οὕτως ἔκαμνεν ὁ Θρασύμαχος ὥστε σφόδρα
ἐθέλειν καθεύδειν. καὶ οὕτως ἀσθενὴς ἐφαίνετο ὥστε ἡ μήτηρ τῷ
υἱεῖ, "φεῦ, φεῦ," ἔφη, "δεῖ σε πρωῒ κατακλίνεσθαι." πρωῒ οὖν
ἐν τῇ κλίνῃ κατεκλίθη καὶ κατακλιθεὶς καθηῦδεν. ἐξαίφνης δ᾽
ἄνεμός τις δεινός τ᾽ ἐγένετο καὶ βροντὴ καὶ ἀστραπή. τοσαύτη δ᾽   5
ἦν ἡ βροντὴ ὥστε μηδένα οἷόν τ᾽ εἶναι καθεύδειν. ἠγέρθη οὖν ὁ
Θρασύμαχος καίπερ σφόδρα κάμνων. καὶ δὴ καὶ τοσαύτη ἦν ἡ
ἀστραπὴ ὅσην οὐκ εἶδεν ὁ Θρασύμαχος οὐδέποτε. ὡς μάλιστ᾽ οὖν
ἐφοβεῖτο. αὐτῷ δὲ φοβουμένῳ γέρων τις ἐφάνη, ὃς οὕτω γεραιὸς
ἦν ὥστε βραδέως δὴ ἐβάδιζεν. καὶ δὴ καὶ τῇ μὲν ἀριστερᾷ λύραν   10
ἔφερεν, τῇ δὲ δεξιᾷ βιβλίον. οὕτω δ᾽ ἀσθενὴς ἐφαίνετο εἶναι ὥστε
μηδένα βλάπτειν. ἐθάρσησεν οὖν ὁ Θρασύμαχος καὶ ἔφθασεν
ἐρωτῶν, "τίς εἶ σύ, ὦ γέρον; πόθεν ἦλθες καὶ τί ἐθέλεις; διὰ τί
λύραν φέρεις; γεραίτατος γὰρ εἶ πάντων οὓς ἤδη εἶδον." ὁ δὲ
γέρων ἀποκρινόμενος, "ὁ ποιητής εἰμ᾽ ἐγώ," ἦ δ᾽ ὅς, "οὐδὲ γεραί-   15
τερός εἰμι ἢ ὥστε ἔπος τι ᾄδειν." "εὖγε," εἶπεν ὁ παῖς, "νῦν
γὰρ μαθήσομαι τίς ἐστιν ὁ ποιητής."

ἀποκρινόμενος δὲ προσέφη τὸν παῖδ᾽ ὁ γέρων, "μαθήσῃ δή, ὦ
νεανία· ἐγὼ γάρ εἰμι Ὅμηρος καὶ ἔπος τι ᾄσομαί σοι." "ἀλλ᾽"
ἦ δ᾽ ὅς, "δεῖ με κάμνοντα καθεύδειν. τί γὰρ οὐ λέξει ἡ μήτηρ;   20
ὁ δ᾽ Ὅμηρος, "χαιρέτω ὁ ὕπνος," ἔφη, "καὶ χαιρόντων ἥ τε μήτηρ
καὶ ὁ πατήρ. αἱρείτω δέ τις τὴν λύραν. ἐγὼ μὲν γὰρ ἔπος ᾄσομαι,
σὲ δὲ δεῖ ἀκούειν. μόνον γὰρ ᾄσομαί σοι ἐφ᾽ ᾧτέ σε σιγᾶν."
"ἔστω οὖν," ἦ δ᾽ ὅς ὁ παῖς, "ἀλλὰ περὶ τίνος ᾄσῃ;"

ἀποκρινόμενος δὲ προσέφη τὸν παῖδ᾽ ὁ Ὅμηρος, "λέξω σοι περὶ   25
ἀνδρός τινος πολυτρόπου, ὃς πόλλ᾽ ἐπλανήθη τὴν τῆς Τροίας ἱερὰν
πόλιν λαβών. πολλῶν δ᾽ ἀνθρώπων ἄστη εἶδε καὶ τοσαῦτ᾽ ἐν τῇ

θαλάττῃ ἔπαθεν ὅσα οὐδεὶς ἄλλος ἄνθρωπος. οὐ γὰρ οἷός τ᾽ ἦν οἴκαδε πλεῖν, ἐπειδὴ ὁ Ποσειδῶν σφόδρα δὴ ὠργίζετο αὐτῷ."

καὶ ὁ Θρασύμαχος κάμνων μὲν, ἐνδύων δὲ τὰ ἱμάτια, "ἀλλὰ τί 30 ἦν αὐτῷ τοὔνομα;" ἠρώτησεν," καὶ διὰ τί δι᾽ ὀργῆς εἶχεν αὐτὸν ὁ Ποσειδῶν;" ὁ δ᾽ Ὅμηρος σωφρόνως πως ὥσπερ γέροντι πρέπει, "σίγα, ὦ νεανία," ἦ δ᾽ ὅς. "πρῶτον μὲν γὰρ δεῖ σε ἀκούειν, ἔπειτα δ᾽ ἐξηγήσομαί σοι πάντα τὸν μῦθον. ἐφ᾽ ᾧτε γάρ σὺ μηδὲν λέγειν, πάντ᾽ ἐν καιρῷ μαθήσῃ." 35

τὰ γραμματικά ιζ′

Nouns

	ἄστυ – εως – τό = *town*		υἱός – υἱοῦ – ὁ = *son*	
Nom.	ἄστυ	ἄστη	υἱός	υἱοί *or* υἱεῖς
Voc.	ἄστυ	ἄστη	υἱέ	υἱοί υἱεῖς
Acc.	ἄστυ	ἄστη	υἱόν	υἱούς υἱεῖς
Gen.	ἄστεως	ἄστεων	υἱοῦ – υἱέος	υἱῶν υἱέων
Dat.	ἄστει	ἄστεσι	υἱῷ – υἱεῖ	υἱοῖς υἱέσι

Imperatives
Present Active

λῦε	τίμα	ποίει	δήλου	ἴσθι
λυέτω	τιμάτω	ποιείτω	δηλούτω	ἔστω
λύετε	τιμᾶτε	ποιεῖτε	δηλοῦτε	ἔστε
λυόντων	τιμώντων	ποιούντων	δηλούντων	ἔστων

Present Middle and Passive

λύου	τιμῶ	ποιοῦ	δηλοῦ
λυέσθω	τιμάσθω	ποιείσθω	δηλούσθω
λύεσθε	τιμᾶσθε	ποιεῖσθε	δηλοῦσθε
λυέσθων	τιμάσθων	ποιείσθων	δηλούσθων

Weak Aorist Active   Weak Aorist Middle

Weak Aorist Active	Weak Aorist Middle
λῦσον	λῦσαι
λυσάτω	λυσάσθω
λύσατε	λύσασθε
λυσάντων	λυσάσθων

Similarly τίμησον, ποίησον, δήλωσον and τίμησαι, ποίησαι, δήλωσαι

Aorist Passive   Strong Aorist Active and Middle

Aorist Passive	Strong Aorist Active and Middle	
λύθητι	βάλε	βαλοῦ
λυθήτω	βαλέτω	βαλέσθω
λύθητε	βάλετε	βαλέσθε
λυθέντων	βαλόντων	βαλέσθων

Similarly τιμήθητι, ποιήθητι, δηλώθητι

Infinitives
Active

Present	λύειν	τιμᾶν	ποιεῖν	δηλοῦν	εἶναι
Future	λύσειν	τιμήσειν	ποιήσειν	δηλώσειν	ἔσεσθαι
Aorist	λῦσαι	τιμῆσαι	ποιῆσαι	δηλῶσαι	

Middle

Present	λύεσθαι	τιμᾶσθαι	ποιεῖσθαι	δηλοῦσθαι
Future	λύσεσθαι	τιμήσεσθαι	ποιήσεσθαι	δηλώσεσθαι
Aorist	λύσασθαι	τιμήσασθαι	ποιήσασθαι	δηλώσασθαι

Passive

Aorist	λυθῆναι	τιμηθῆναι	ποιηθῆναι	δηλωθῆναι
Future	λυθήσεσθαι	τιμηθήσεσθαι	ποιηθήσεσθαι	δηλωθήσεσθαι

XVIII

Purpose § 56–57 : Future Participle : Present and Aorist Subjunctives :
Present Optative : εἶμι.

ἡ Ναυσικάα α΄

ὁ μὲν οὖν Θρασύμαχος σιγᾷ, ὡς πάντα δὴ μαθησόμενος, ὁ δ᾽
Ὅμηρος τόδε τὸ ἔπος ᾄδει ἵνα διδάσκῃ αὐτόν.

ἦν ποτὲ τῷ Ἀλκινόῳ, τῷ τῆς Φαιακίας βασιλεῖ, θυγάτηρ τις
καλλίστη, Ναυσικάα ὀνόματι. ἡ δὲ τηλικαύτη ἦν ὥστ᾽ ἤδη γα-
μεῖσθαι ἐθέλειν. βουλομένη δέ ποτε λούειν τὰ ἱμάτια, τῷ πατρί,   5
" ὦ πάππα φίλε," ἔφη, " πόλλ᾽ ἐστὶν ἐν τῇ οἰκίᾳ ἱμάτια ἃ δεῖ
λούεσθαι. ἆρ᾽ οὖν ἔξεστί μοί τε καὶ ταῖς ἀμφιπόλοις φέρειν αὐτὰ
πρὸς τὸν αἰγιαλὸν ἵνα λούσωμεν; κέλευσον οὖν τοὺς δούλους παρα-
σκευάζειν μοι ἄμαξάν τε καὶ τέτταρας ἡμιόνους ἵν᾽ ἴωμεν πρὸς
τὸν αἰγιαλόν. ἐγὼ γὰρ ταῖς ἀμφιπόλοις ἀκολουθήσω ὡς τὰ ἱμάτια   10
λούσουσα." ταῦτα δ᾽ εἰποῦσα—αἰδοιοτέρα γὰρ ἦν ἡ παρθένος ἢ
ὥστε περὶ τοῦ γαμεῖσθαι τῷ πατρὶ διαλέγεσθαι—ῥᾳδίως ἔπεισεν
αὐτόν. κελεύει οὖν τοὺς δούλους ἄμαξάν θ᾽ ὑψηλὴν καὶ τέτ-
ταρας ἡμιόνους παρασκευάζειν ἵν᾽ ἡ θυγάτηρ φέρῃ τὰ ἱμάτια πρὸς
τὸν αἰγιαλόν.   15

ἡ μὲν οὖν Ναυσικάα αὐτὴ ἔνειμε τὰς ἡνίας ἵν᾽ ἐλαύνοι τοὺς
ἡμιόνους, αἱ δ᾽ ἀμφίπολοι παρὰ τοῖς ἡμιόνοις ἔδραμον ἵν᾽ ἕποιντο
αὐτῇ. καὶ οὕτω ταχέως ἔδραμον οἵ θ᾽ ἡμίονοι καὶ αἱ ἀμφίπολοι
ὥστ᾽ οὐ διὰ πολλοῦ ἀφίκοντο πρὸς τὸν αἰγιαλόν, ὅπου ποταμός τις
μέγας εἰς τὴν θάλατταν ἔρρει. ἀφικόμεναι οὖν ἥ τε Ναυσικάα καὶ   20
αἱ ἀμφίπολοι πρῶτον μὲν ἔλουσαν τὰ ἱμάτια, ἔπειτα δὲ πάντα
λούσασαι ἔτειναν ἐπὶ λίθων τινῶν ἐγγὺς τοῦ ποταμοῦ ἵνα τῷ ἡλίῳ
θάλποιτο.

ταῦτα δὲ ποιήσασαι γλυκύν τ᾽ οἶνον ἔπιον καὶ σιτία ἔφαγον, ἃ ἡ
μήτηρ παρέσχε τῇ θυγατρὶ ὅπως μηδεμία τῶν παρθένων πεινῴη   25
μηδὲ διψῴη. μετὰ δὲ ταῦτα ἅλις πιοῦσαί τε καὶ φαγοῦσαι πρὸς

τὴν θάλατταν κατῆλθον ἵνα τέρποιντο σφαῖραν ἄλλη πρὸς ἄλλην
βάλλουσαι. τέλος δ᾽ οὕτω κακῶς ἔβαλέ τις τῶν ἀμφιπόλων τὴν
σφαῖραν ὥστ᾽ εἰς τὴν θάλατταν εἰσέπεσεν. αἱ δ᾽ ἀμφίπολοι, ὡς
φιλοῦσι δὴ αἱ παρθένοι, ὀξὺ βοῶσαι οὐδὲν ἄλλο ἢ ἀπέβλεπον τὴν 30
σφαῖραν ἔνθα καὶ ἔνθα τοῖς κύμασι βαλλομένην. ἐξαίφνης δ᾽ ἔτι
ὀξύτερον ἐβόησαν· ἄνδρα γὰρ εἶδον προσιόντα μέγαν τ᾽ ὄντα καὶ
μόνον οὐ γυμνόν. καὶ τοῦτον ἰδοῦσαι αἱ μὲν ἀμφίπολοι αἰδοῖαι
οὖσαι καὶ ὀξύτατα βοῶσαι ὡς τάχιστα ἀποτρέχουσιν ἵνα μὴ
ληφθῶσιν ὑπὸ τούτου τοῦ ἀνδρός. ἡ δὲ Ναυσικάα μόνη οὖσα — 35
ἔφθασαν γὰρ αὐτὴν αἱ ἄλλαι ἀποδραμοῦσαι—ἀνδρείως δὴ παρὰ
τῷ ποταμῷ μένει ἵνα τῷ ξένῳ καίπερ δεινῷ δὴ φαινομένῳ ἀπαντᾷ.

τὰ γραμματικά ιη´
Future Participle

Active

λύσων – ουσα – ον	τιμήσων	ποιήσων	δηλώσων

Middle

λυσόμενος – η – ον	τιμησόμενος	ποιησόμενος	δηλωσόμενος

Passive

λυθησόμενος – η – ον	τιμηθησόμενος	ποιηθησόμενος	δηλωθησόμενος
	ἐσόμενος – η – ον		

Present Subjunctive

Active

λύω	τιμῶ	ποιῶ	δηλῶ	ὧ
λύῃς	τιμᾷς	ποιῇς	δηλοῖς	ᾖς
λύῃ	τιμᾷ	ποιῇ	δηλοῖ	ᾖ
λύωμεν	τιμῶμεν	ποιῶμεν	δηλῶμεν	ὧμεν
λύητε	τιμᾶτε	ποιῆτε	δηλῶτε	ἦτε
λύωσι	τιμῶσι	ποιῶσι	δηλῶσι	ὧσι

Middle and Passive

λύωμαι	τιμῶμαι	ποιῶμαι	δηλῶμαι
λύῃ	τιμᾷ	ποιῇ	δηλοῖ
λύηται	τιμᾶται	ποιῆται	δηλῶται
λυώμεθα	τιμώμεθα	ποιώμεθα	δηλώμεθα
λύησθε	τιμᾶσθε	ποιῆσθε	δηλῶσθε
λύωνται	τιμῶνται	ποιῶνται	δηλῶνται

Aorist Subjunctive

Active	Middle	Passive
λύσω	λύσωμαι	λυθῶ
λύσῃς	λύσῃ	λυθῇς
λύσῃ	λύσηται	λυθῇ
λύσωμεν	λυσώμεθα	λυθῶμεν
λύσητε	λύσησθε	λυθῆτε
λύσωσι	λύσωνται	λυθῶσι

Similarly

τιμήσω	τιμήσωμαι	τιμηθῶ
ποιήσω	ποιήσωμαι	ποιηθῶ
δηλώσω	δηλώσωμαι	δηλωθῶ

Present Optative

Active

λύοιμι	τιμῴην	ποιοίην	δηλοίην	εἴην
λύοις	τιμῴης	ποιοίης	δηλοίης	εἴης
λύοι	τιμῴη	ποιοίη	δηλοίη	εἴη
λύοιμεν	τιμῷμεν	ποιοῖμεν	δηλοῖμεν	εἶμεν
λύοιτε	τιμῷτε	ποιοῖτε	δηλοῖτε	εἶτε
λύοιεν	τιμῷεν	ποιοῖεν	δηλοῖεν	εἶεν

Middle and Passive

λυοίμην	τιμῴμην	ποιοίμην	δηλοίμην
λύοιο	τιμῷο	ποιοῖο	δηλοῖο
λύοιτο	τιμῷτο	ποιοῖτο	δηλοῖτο
λυοίμεθα	τιμῴμεθα	ποιοίμεθα	δηλοίμεθα
λύοισθε	τιμῷσθε	ποιοῖσθε	δηλοῖσθε
λύοιντο	τιμῷντο	ποιοῖντο	δηλοῖντο

εἶμι = I go, will go

Present

Indicative	Subjunctive	Optative	Imperative
εἶμι	ἴω	ἴοιμι	
εἶ	ἴῃς	ἴοις	ἴθι
εἶσι	ἴῃ	ἴοι	ἴτω
ἴμεν	ἴωμεν	ἴοιμεν	
ἴτε	ἴητε	ἴοιτε	ἴτε
ἴασι	ἴωσι	ἴοιεν	ἰόντων

Infinitive	Participle	Imperfect
ἰέναι	ἰών – ἰοῦσα – ἰόν	ᾖα
		ᾔεισθα
		ᾔει
		ᾖμεν
		ᾖτε
		ᾖσαν

XIX

General Sentences § 61–4: First Person Imperative § 50:
Aorist Optative.

ἡ Ναυσικάα β'

ὁ δ' ἀνὴρ ὀλίγον μὲν χρόνον σιγᾷ ἕως ἂν πᾶσαι αἱ ἀμφίπολοι ἀπὸ
τοῦ αἰγιαλοῦ ἀποφύγωσιν, ἔπειτα δὲ τῇ Ναυσικάᾳ, " πότερον,"
φησί," θεὸς εἶ ἢ ἄνθρωπος; ὀλβιώτατοι γάρ εἰσιν ὅ τε πατήρ σου
καὶ ἡ μήτηρ. οὕτω γὰρ καλὴ εἶ ὥστε φαίνῃ ἐμοὶ ὁμοία τῇ Ἀρτέ-
μιδι. ἀλλ' εἴτε θεὸς εἶ εἴτε ἄνθρωπος, οἴκτειρέ με, αἰτοῦμαί σ', ὦ   5
δέσποινα, ὃς ἄρτι ἐκ τῶν κυμάτων ἐσώθην. κατεδύσατο γὰρ ἡ
ναῦς καὶ οἱ ἑταῖροι πάντες εἰς " Αιδου κατεπέμφθησαν ὑπὸ τοῦ
Ποσειδῶνος. αὐτὸς δὲ σωθεὶς ἔτι καὶ νῦν φοβοῦμαι περὶ τοῦ βίου,
ὥσπερ φοβοῦνται πάντες ὅταν ἐν γῇ ἀλλοτρίᾳ ἐκ κυμάτων σωθῶσιν.
ἐὰν δέ μοι βοηθῇς, οἱ θεοὶ παρασχήσουσί σοι πάνθ' ἅπερ ἂν ἐθέλῃς   10
ἔχειν, ἄνδρα τε καὶ οἰκίαν καὶ πλοῦτον."
ταῦτα μὲν εἶπεν ὁ ἀνήρ, ἡ δὲ Ναυσικάα ἐκάλεσε τὰς ἀμφιπόλους
καί, " ὦ σχέτλιαι," ἔφη, " πρότερον γὰρ ἀεὶ μὲν ἐποιεῖτε ἅπερ
κελεύσαιμι, οὐδέποτε δ' ἐποιεῖτε ἃ μὴ κελεύσαιμι· νῦν δὲ ἀποδρα-
μοῦσαι μόνην κατελίπετέ με καὶ τόνδε τὸν ἄνδρα ἰδοῦσαι ἀπεφύγετε.   15
ἀλλὰ μὴ φοβεῖσθε· οὐδεὶς γὰρ πολέμιος πρὸς τὴν Φαιακίαν προσ-
εχώρησεν οὐδέποτε, οὐδ' οὗτος ὁ ἀνὴρ φαίνεταί μοι εἶναι κακός.
μὴ οὖν φοβώμεθα ἀλλὰ παρασχῶμεν αὐτῷ ἱμάτιά τε καὶ σιτία καὶ
γλυκὺν οἶνον. οὗτος γάρ, καίπερ ἀβλαβὴς ὤν, οὔτε φίλους ἔχει οὔτε
χρήματα. ἀλλὰ πρὸς Διός εἰσι πάντες οἵ τε ξένοι καὶ οἱ πτωχοί."   20
ταῦτ' οὖν ἀκούσασαι πᾶσαι αἱ ἀμφίπολοι, αἳ μηκέτι φοβηθεῖεν,
ᾤκτειραν αὐτὸν καὶ παρεῖχον αὐτῷ ἱμάτιά τε καὶ σιτία καὶ γλυκὺν
οἶνον καὶ πάνθ' ἃ ἐθελήσειεν.
ἐπειδὴ δ' ὁ ἀνὴρ ἅλις ἔφαγέ τε καὶ ἔπιεν, ἀνέβησαν πάντες ἀπὸ
τοῦ αἰγιαλοῦ πρὸς τὴν πόλιν, ἣ οὐ πολὺ ἀπεῖχεν. καὶ αἱ μὲν παρθένοι   25
πόλλ' ἀλλήλαις διελέγοντο τρέχουσαι, ὁ δ' ἀνὴρ ἐσίγα τε καὶ

ἐθαύμαζε πάνθ᾽ ἃ ὁρῴη. ἐπεὶ δ᾽ ἐγγὺς ἐγένοντο τῆς πόλεως, ἡ
Ναυσικάα, " ὦ ξένε," ἦ δ᾽ ἥ, " μόνον οὐκ ἀφικόμεθα πρὸς τὴν πόλιν.
ἡμεῖς μὲν οὖν, ἐγώ τε καὶ αἱ ἀμφίπολοι, εὐθὺς οἴκαδε προσίωμεν,
σὺ δὲ δι᾽ ὀλίγου ἔπου ἡμῖν μόνος. ἐὰν γὰρ μετ᾽ ἐμοῦ βαδίζῃς, τί   30
οὐκ ἐροῦσιν οἱ πολῖται; "
    ταῦτ᾽ οὖν εἰποῦσα ἡ μὲν Ναυσικάα ταχέως πως ἤλασε τοὺς
ἡμιόνους πρὸς τὴν πόλιν ὅπως μὴ μετ᾽ ἀνδρὸς ξένου ὄντος βαίνουσα
ὀφθείη, ὁ δ᾽ ἀνὴρ ἐκτὸς τῆς πόλεως ἔμεινε σιγῶν ἕως μηκέτ᾽ ἐξείη
αὐτῷ τὰς παρθένους ἰδεῖν μηδὲ τῶν ἡμιόνων τρεχόντων ἀκούειν.   35

τὰ γραμματικά ιθ′
Aorist Optative

Active	Middle	Passive
λύσαιμι	λυσαίμην	λυθείην
λύσειας (λύσαις)	λύσαιο	λυθείης
λύσειε (λύσαι)	λύσαιτο	λυθείη
λύσαιμεν	λυσαίμεθα	λυθεῖμεν
λύσαιτε	λύσαισθε	λυθεῖτε
λύσειαν (λύσαιεν)	λύσαιντο	λυθεῖεν

Similarly

Active	τιμήσαιμι	ποιήσαιμι	δηλώσαιμι
Middle	τιμησαίμην	ποιησαίμην	δηλωσαίμην
Passive	τιμηθείην	ποιηθείην	δηλωθείην

Full Paradigms

Present Active

Indicative	Subjunctive	Optative	Imperative	Infinitive	Participle
λύω	λύω	λύοιμι	λῦε	λύειν	λύων
τιμῶ	τιμῶ	τιμῴην	τίμα	τιμᾶν	τιμῶν
ποιῶ	ποιῶ	ποιοίην	ποίει	ποιεῖν	ποιῶν
δηλῶ	δηλῶ	δηλοίην	δήλου	δηλοῦν	δηλῶν
εἰμί	ὦ	εἴην	ἴσθι	εἶναι	ὤν
εἶμι	ἴω	ἴοιμι	ἴθι	ἰέναι	ἰών

Present Middle and Passive

λύομαι	λύωμαι	λυοίμην	λύου	λύεσθαι	λυόμενος
τιμῶμαι	τιμῶμαι	τιμῴμην	τιμῶ	τιμᾶσθαι	τιμώμενος
ποιοῦμαι	ποιῶμαι	ποιοίμην	ποιοῦ	ποιεῖσθαι	ποιούμενος
δηλοῦμαι	δηλῶμαι	δηλοίμην	δηλοῦ	δηλοῦσθαι	δηλούμενος

Aorist Active

ἔλυσα	λύσω	λύσαιμι	λῦσον	λῦσαι	λύσας

Aorist Middle

ἐλυσάμην	λύσωμαι	λυσαίμην	λῦσαι	λύσασθαι	λυσάμενος

Aorist Passive

ἐλύθην	λυθῶ	λυθείην	λύθητι	λυθῆναι	λυθείς

Strong Aorist Active

ἔβαλον	βάλω	βάλοιμι	βάλε	βαλεῖν	βαλών

Strong Aorist Middle

ἐβαλόμην	βάλωμαι	βαλοίμην	βαλοῦ	βαλέσθαι	βαλόμενος

XX

Verbs of Fearing § 77

ὁ Ἀλκίνοος

οὕτως οὖν ἡ μὲν Ναυσικάα φοβεῖται μὴ κακὰ λέγωσιν ἑαυτὴν
οἱ πολῖται, ὁ δ' ἀνὴρ φοβεῖται μὴ ὁ τῆς πόλεως ἄναξ οὐχ ἑαυτὸν
δέχηται. ὅμως δ' οὐ πολὺν χρόνον ἐκτὸς τῶν τειχῶν μένει ἀλλ'
εἰσβαίνει καὶ αὐτός. εἰσβὰς δὲ ῥᾳδίως ηὗρε τὴν τοῦ Ἀλκινόου
οἰκίαν, ἣ οὕτω θαυμασία ἦν ὥστε πᾶσι, καίπερ ξένοις οὖσιν, εἶναι 5
φανερά. τὰ μὲν γὰρ τείχη χαλκᾶ ἦν, αἱ δὲ θύραι ἐκ χρυσοῦ
ἐποιήθησαν. ἔτι δὲ θαυμασιώτεροι καὶ φοβερώτεροι ἦσαν οἱ δώδεκα
κύνες οἱ πρὸ τῆς οἰκίας. καὶ ὁ ἀνὴρ πρῶτον μὲν ἐφοβεῖτο τούτους
τοὺς φύλακας μὴ ἑαυτὸν δάκοιεν, ἔπειτα δ' ἔμαθεν αὐτοὺς ὅτι
χρυσοῖ εἰσίν. ὁ γὰρ Ἥφαιστος τοσαύτῃ τέχνῃ ἐποίησεν αὐτοὺς 10
ὥστε, καίπερ χρυσοῦς ὄντας, τὴν οἰκίαν ἡμέραν τε καὶ νύκτα
φυλάττειν ὅπως μηδεὶς μηδέποτε μηδὲν κλέπτοι. ὅταν γὰρ κλέπτης
τις πρὸς τὴν αὐλὴν προσχωρῇ, φοβεῖται μὴ ὑπὸ τούτων τῶν κυνῶν
δηχθῇ καὶ πολὺ δὴ φοβηθεὶς ἀποφεύγει.

πολὺν οὖν χρόνον πάντα ταῦτ' ἐθαύμαζεν ὁ ἀνήρ· καὶ πρῶτον 15
μὲν ἐφοβεῖτο μὴ οὐκ αὖθις ἴδοι τὴν Ναυσικάαν, τέλος δ' εἰσῆλθεν
εἰς τὴν αὐλήν. εὐθὺς δ' εἰσελθὼν αὐτόν τε τὸν Ἀλκίνοον εἶδε καὶ
τὴν Ἀρήτην τὴν τοῦ Ἀλκινόου γυναῖκα. ὁ δ' ἀνὴρ ὡς τὴν
Ἀρήτην προσελθὼν καὶ παρὰ τοῖς γόνασι καταπεσών, " ὦ
δέσποινα," ἦ δ' ὅς, " δέχου με καὶ ὠφέλησον ἵνα καὶ αὐτὴ ὠφελῇ ὑπὸ 20
τῶν θεῶν. φοβοῦμαι γὰρ μὴ εἰς τὴν πατρίδα οὐκ ἐπανίω. πέμψον
μ' οὖν οἴκαδε ἐπὶ τῶν σῶν νεῶν· φοβοῦμαι γὰρ μὴ εἰσαεὶ στερηθῶ
τῆς τε γυναικὸς ἥν ποτ' ἔγημα, καὶ τῶν τοκέων οἵ μ' ἔτεκον, καὶ
τοῦ παιδὸς ὃν μάλιστα φιλῶ."

ταῦτ' οὖν εἰπόντα τὸν ἄνδρα ἐδέξατό τε καὶ ᾤκτειρεν ὁ Ἀλκίνοος 25
καί, " ὦ ξέν'," ἦ δ' ὅς, " καίπερ τῷ ὄντι τῆς τε γυναικὸς καὶ τῶν
τοκέων καὶ τοῦ παιδὸς στερηθείς, οὐκέτι σιτίων γε στερηθήσῃ οὐδ'

οἴνου." καὶ μεταξὺ λέγων σιτία τ' αὐτῷ παρεῖχε καὶ οἶνον. τέλος
δ' ἐπεὶ ἅλις ἔφαγέ τε καὶ ἔπιεν ὁ ἀνήρ, " ὦ ξέν'," εἶπεν ὁ ' Αλκίνοος,
" πολλὰ καὶ δείν' ἔπαθες, ὡς ἔμοιγε δοκεῖς, ἀλλ' αὔριον περὶ τούτων   30
διαλεγώμεθα.   νῦν δὲ μὴ φοβοῦ μὴ οὐκ οἴκαδ' ἐπανίῃς ἀλλὰ
κάθευδε."
    πείθεται οὖν ὁ ἀνὴρ τῷ βασιλεῖ, καὶ χάριν ἔχων τῷ τ' ' Αλκινόῳ
καὶ τῇ ' Αρήτῃ ἐν λουτρῷ τινι θερμῷ ἐλούσατο. μετὰ δὲ ταῦτα
πᾶσαν τὴν νύκτα ἐν τῇ αὐλῇ καθηῦδεν.   35

XXI

Indirect Speech § 66–8

ὁ Ὀδυσσεύς

τῇ δ' ὑστεραίᾳ ἐπανῆλθον οἱ Φαίακες πρὸς τὴν τοῦ ' Αλκινόου
οἰκίαν· ἐπανελθόντες δ' αὖθις ἐδείπνησαν. ἐπειδὴ δὲ πάντες ἅλις
σιτίων τ' ἔφαγον καὶ οἴνου ἔπιον, ἀοιδός τις, Δημόδοκος ὀνόματι,
τὴν λύραν ἦρεν ὡς ἔπος τι ἀσόμενος. ὁ μὲν οὖν ' Αλκίνοος
ἠρώτησεν αὐτὸν περὶ τίνος ᾄσεται, ὁ δὲ Δημόδοκος ἀπεκρίνατο   5
ὅτι περὶ τοῦ ἵππου τοῦ ξυλίνου ᾄσεται. τοῦτο οὖν ἀκούσαντες
εὐθὺς ἐσίγων ἅπαντες. τοσαύτη γὰρ τέχνη ᾖδεν ὁ Δημόδοκος
ὥστε ἀσμένους δὴ πάντας ἀκούειν ὅ τι λέξει.

74

ἐξηγήσατ᾽ οὖν ὁ ἀοιδὸς ὅτι ἐπειδὴ δέκα ἤδη ἔτη ἐπολιορκεῖτο
ἡ Τροία, ξύλινόν τινα ἵππον ᾠκοδόμησαν οἱ Ἕλληνες μέγιστον. 10
οἰκοδομήσαντες δέ, οἱ μὲν εἰς τὸν ἵππον τὸν ξύλινον εἰσέβησαν, οἱ
δὲ εἰς τὰς ναῦς εἰσβάντες ἀπῆλθον ἀπὸ τῆς πόλεως ὡς δὴ οἴκαδ᾽
ἐπανιόντες. μετὰ δὲ ταῦτα ἔφη ὁ Δημόδοκος τοὺς μὲν Τρῶας οὐ
μόνον ἤδεσθαι ὅτι οὐκέτι πολιορκεῖται ἡ πόλις ἀλλὰ καὶ ἑλκύσαι
τὸν ἵππον τὸν ξύλινον εἰς τὴν πόλιν, τοὺς δ᾽ Ἕλληνας ἐκ τοῦ 15
ἵππου ἐκβάντας καὶ τὰς πύλας τοῖς φίλοις ἀνοίξαντας ῥᾳδίως
λαβεῖν τὴν Τροίαν.

ἀκούοντες οὖν τοῦ ἀοιδοῦ τοσαύτῃ τέχνῃ ᾄδοντος, οἱ μὲν ἄλλοι
ὡς μάλιστα ἤσθησαν, ὁ δὲ ξένος ἔκλαιε δὴ καὶ τῇ χλαίνῃ ἐκάλυπτε
τὸ πρόσωπον ἵν᾽ οἱ ἄλλοι μὴ ἴδοιεν αὐτὸν κλαίοντα. ἀλλ᾽ οὐκ 20
ἔλαθε τὸν Ἀλκίνοον κλαίων. ὁ γὰρ βασιλεὺς αἰσθόμενος αὐτοῦ
κλαίοντος ἤρετο διὰ τί ἤδεται μὲν οὔ, δακρύει δέ, καὶ πότερον
στερηθεὶς τοκέως ἤτ᾽ ἀδελφοῦ ἤθ᾽ ἑταίρου τινός, ὅς ἐπὶ τῶν τῆς
Τροίας πεδίων ἀπέθανε, τούτου ἕνεκα κλαίει. καὶ δὴ καὶ ἐκέ-
λευσεν αὐτὸν μὴ κάλυψαι τὸ πρόσωπον τῇ χλαίνῃ, ἀλλὰ λέγειν τί 25
ἐστιν αὐτῷ τὸ ὄνομα ἵνα μαθῶσιν ἅπαντες τίς ἐστι, καὶ μαθόντες
ἔτι πλέον ὠφελῶσιν αὐτόν. ἀπεκρίνατο δ᾽ ὁ ξένος λέγων ὅτι οὔτε
τοκέως οὔτ᾽ ἀδελφοῦ οὔθ᾽ ἑταίρου τινὸς στερηθεὶς τούτου ἕνεκα
κλαίει, ἀλλὰ καὶ αὐτὸς παρῆν ἐν τῷ ἵππῳ τῷ ξυλίνῳ· καὶ ἐπειδὴ ὁ
ἀοιδὸς ἄρτι περὶ τοῦ ἵππου ἔλεγεν, οὐχ οἷός τ᾽ ἦν οὐκέτι κατέχειν 30
τὰ δάκρυα.

οὕτως οὖν οὐκ ἔλαθεν οὐκέτι τὸν Ἀλκίνοον ἥρως ὤν, ἀλλ᾽ ὁ
βασιλεὺς ἔγνω αὐτὸν ὅστις ἐστίν. καί, " ὦ ξένε," ἔφη, " γιγνώσκω
σε τὸν Ὀδυσσέα ὄντα, οὗ δὴ ἡ δόξα ἀφίκετο πρὸς τὸν οὐρανόν."
" οὗτος μέν εἰμι ἐγώ," ἦ δ᾽ ὃς ὁ ξένος, " ἡ δὲ δόξα πάντων ἐπὶ 35
τοῖς τῶν θεῶν γόνασι μένει." ὁ δὲ βασιλεύς, γνοὺς τοῦτον τὸν
ξένον ἥρωα δὴ εἶναι, ἠσπάσατο αὐτόν.

XXII

Revision

οἱ Κίκονες

ἀσπαζόμενος οὖν ὁ βασιλεὺς τὸν Ὀδυσσέα ἤρετο διὰ τί κλαίει. "ἄρτι γὰρ ἐνίκησας τοὺς Τρῶας," ἦ δ᾽ ὅς, "καὶ τοσαύτην ἔχεις δόξαν ὥστε μὴ δεῖν σε κλαίειν μηδέποτε. μὴ οὖν φοβοῦ μὴ οὔ σ᾽ εὖ δεχώμεθα. πάντας γὰρ φιλοῦμεν ἡμεῖς οἱ Φαιάκιοι, καὶ ἐγώ, βασιλεὺς ὤν, εἰς τὴν ἐμὴν οἰκίαν ἄσμενος δέχομαι ἅπαντας, οὐδὲ 5 λανθάνω πάντας τοὺς προσιόντας ἀσπαζόμενος. οὐκ οὖν δεῖ σε φοβεῖσθαι." ὁ δ᾽ Ὀδυσσεὺς εἶπεν ὅτι δόξαν μὲν ἔχει μεγάλην, τοὺς δ᾽ ἑταίρους οὔ. τούτων οὖν ἕνεκα κλαίειν καὶ τῶν παθημάτων ἃ ἐπέβαλεν αὐτῷ ὁ Ζεύς. ὁ οὖν βασιλεὺς ὡς παραμυθησόμενος αὐτὸν ἐκέλευσε τὸν πάντα μῦθον λέγειν. "ὅταν γάρ," ἦ δ᾽ ὅς, 10 "ἀκούωμέν τινος κακὰ πάσχοντος, ἀεὶ οἰκτείρομεν αὐτόν." καὶ ὁ Ὀδυσσεύς, "θαρρῶ δή," ἦ δ᾽ ὅς, "καὶ λέγω.

τῷ γὰρ ἀνέμῳ ἐνεχθεὶς ἀπ᾽ Ἰλίου πρὸς τὸν Ἴσμαρον οὐ διὰ πολλοῦ ἀφικόμην πρὸς πόλιν τινὰ ἐν ᾗ οἰκοῦσιν οἱ Κίκονες. ταύτην οὖν τὴν πόλιν ἐπολιορκήσαμέν τε καὶ διεφθείραμεν ἐγώ τε καὶ οἱ 15 ἑταῖροι, πάντας δὲ τοὺς πολίτας οὓς ἴδοιμεν ἀπεκτείναμεν, καὶ τὰ ὅπλα ἐκ τῆς πόλεως λαβόντες διειλόμεθα ἀλλήλοις ὅπως μηδεὶς ἴσου στερηθείη μέρους. ἔπειτα δ᾽ ἐγὼ ἐκέλευσα τοὺς ἑταίρους ὡς τάχιστ᾽ ἀποφυγεῖν. οἱ δ᾽ οὕτω μῶροί τε καὶ ἄφρονες ἦσαν ὥστ᾽ ἐπείσθησαν μὲν οὔ, ἐπανελθόντες δὲ πρὸς τὸν αἰγιαλὸν καὶ 20 τὰς ναῦς πολύν τ᾽ οἶνον ἔπιον καὶ πολλὰ μῆλα ἔσφαξαν καὶ πολλοὺς βοῦς ἐπὶ τοῦ αἰγιαλοῦ. οἱ δὲ Κίκονες, πάντες οἳ μὴ ἀποθάνοιεν, τοὺς γείτονας συνέλεξαν ἵνα παρ᾽ ἡμῶν δίκην λάβοιεν πάντων τῶν πολιτῶν οὓς ἀπεκτείναμεν. οὗτοι δ᾽ οἱ γείτονες οὕτω ἰσχυροὶ εἰσιν ὥστε πάντας, οἷς ἂν ἐπίωσιν, φοβεῖσθαι μὴ ἀποθάνωσιν ὑπ᾽ 25 αὐτῶν. καὶ δὴ καὶ οἷοί τ᾽ εἰσὶν οὗτοι οἱ Κίκονες μάχεσθαι οὐ

μόνον πεζῇ ἀλλὰ καὶ ἀφ᾽ ἵππων. καὶ τότε δὴ τοσοῦτοι ἐπῆλθον
ὅσα φύλλα καὶ ἄνθη γίγνεται ὥρᾳ. καὶ τότε δὴ αὐτὸς ὁ Ζεὺς
ἐχθρὸς ἡμῖν ἐγένετο ὅπως πολλὰ καὶ κακὰ πάθοιμεν. ἐμαχόμεθα
γὰρ μάχην παρὰ ταῖς ναυσὶ πᾶσαν τὴν ἡμέραν ἕως ἡ νὺξ ἐκά-   30
λυψεν ἡμᾶς μαχομένους. καὶ ἐμένομεν αὐτοὺς καίπερ πολλῷ
πλείους ὄντας ἡμῶν.
      ἦμος δ᾽ ἠέλιος μετενίσσετο βουλυτόνδε
      καὶ τότε δὴ Κίκονες κλῖναν δαμάσαντες Ἀχαιούς.
      ἐξ δ᾽ ἀφ᾽ ἑκάστης νηὸς ἐϋκνημῖδες ἑταῖροι   35
      ὤλονθ᾽, οἱ δ᾽ ἄλλοι φύγομεν θάνατόν τε μόρον τε.

XXIII

Genitive Absolute § 78

οἱ Λωτόφαγοι

ἀποθανόντων δὲ τῶν ἑταίρων ἡμεῖς οἱ ἄλλοι ἀπεπλεύσαμεν καὶ
πλέοντες τρὶς κατὰ τὸ ἔθος ὀνόματι ἐκαλέσαμεν αὐτούς. ἀποκ-
ριναμένων δ᾽ αὐτῶν οὐδέν, ἠρέττομεν λυπούμενοι καὶ ἐρεττόντων
ἡμῶν ἐπώτρυνεν ὁ Ζεὺς ἄνεμόν τινα πνεῖν, καὶ ἐκάλυψε νεφέλαις
τόν τ᾽ οὐρανὸν καὶ τὴν γῆν καὶ τὴν θάλατταν ὥστ᾽ ἐγένετο νύξ.   5
γενομένης δὲ τῆς νυκτὸς ὁ ἄνεμος δεινῶς δὴ πνέων τὰς μὲν ναῦς
ἔνθα καὶ ἔνθ᾽ ἤνεγκεν, τὰ δ᾽ ἱστία καίπερ καρτερὰ ὄντα διέσχισεν.
ἡμεῖς οὖν, φοβούμενοι μὴ ἐν τῇ θαλάττῃ ἀποθάνοιμεν, ταχέως
ἠρέσαμεν πρὸς τὴν ἤπειρον ὅπου τρεῖς θ᾽ ἡμέρας ἐμένομεν καὶ

τρεῖς νύκτας. τῇ δὲ τετάρτῃ ἡμέρᾳ γαλήνης γενομένης καὶ τῶν 10
νεφελῶν τῷ ἡλίῳ διασχισθεισῶν, αὖθις ἀπὸ τῆς ἠπείρου ἀπέπλευ-
σαν οἱ ἑταῖροι ἐμοῦ ἐποτρύνοντος. καὶ ὁ μὲν ἄνεμος οὐκέτι δεινῶς
πνέων τὰς ναῦς ἤνεγκεν, οἱ δὲ κυβερνῆται θαρρήσαντες ἐκυβέρνησαν
αὐτὰς πρὸς τὴν τῶν Λωτοφάγων γῆν. οὗτοι δ᾽ οἱ ἄνθρωποι οὕτω
καλοῦνται ἐπειδὴ ἔθος ἐστὶν αὐτοῖς τὰ τοῦ λωτοῦ ἄνθη φαγεῖν. 15
καὶ ξένους ἀσπασάμενοι ταῦτα τὰ ἄνθη παρέχουσιν αὐτοῖς ἵνα
φάγωσιν, καὶ μύθοις παραμυθοῦνται αὐτούς. ἡμεῖς οὖν ἐκεῖσε
ἀφικόμενοι ἐξέβημεν ἐκ τῶν νεῶν καὶ παρὰ τῇ θαλάττῃ ἐδειπνή-
σαμεν. τῶν δ᾽ ἑταίρων ἅλις φαγόντων ἐγὼ μὲν ἤθελον αὖθις οἴκαδ᾽
ἀποπλεῦσαι, οἱ δὲ θεοὶ ἐχθροὶ ὄντες ἄλλως δὴ ἐβούλοντο. ὀλίγοι 20
γὰρ τῶν ἑταίρων, καθεύδοντος ἐμοῦ ἐπὶ τοῦ αἰγιαλοῦ, ἦλθον ὡς
τοὺς Λωτοφάγους καὶ νήπιοι ὄντες λωτὸν ἀπ᾽ αὐτῶν ἔλαβον ἵνα
φάγοιεν.

τῶν δ᾽ ὅς τις λωτοῖο φάγοι μελιηδέα καρπόν,
οὐκέτ᾽ ἀπαγγεῖλαι πάλιν ἤθελεν οὐδὲ νέεσθαι, 25
ἀλλ᾽ αὐτοῦ βούλοντο μετ᾽ ἀνδράσι Λωτοφάγοισι
λωτὸν ἐρεπτόμενοι μεῖναι νόστου τε λαθέσθαι.

βίᾳ οὖν ἐγώ τε καὶ οἱ ἄλλοι ἐπωτρύναμεν αὐτοὺς ἐπανελθεῖν, καὶ
πολλὰ καὶ κακὰ πάσχοντας ἠγάγομεν πρὸς τὰς ναῦς ἵνα μηδεὶς
νόστου ἐπιλάθοιτο. 30

οἱ δ᾽ αἶψ᾽ εἴσβαινον καὶ ἐπὶ κληῖσι καθῖζον,
ἑξῆς δ᾽ ἑζόμενοι πολιὴν ἅλα τύπτον ἐρετμοῖς.

XXIV

Accusative Absolute § 79

ὁ Πολύφημος α΄

τούτων δ᾽ οὕτω γενομένων ἐγώ τε καὶ οἱ ἑταῖροι πολλὰ ἤδη ἐν
τοῖς κύμασι τοῖς τῆς θαλάττης παθόντες, τέλος ἀφικόμεθα πρὸς
ἄλλην τινὰ νῆσον. νὺξ δ᾽ ἤδη ἦν καὶ νεφέλης προσγενομένης
ἐκαλύπτετο ἡ σελήνη. ὅμως δ᾽ ἔδει ἡμᾶς, ἅτε ὕδατός τε δεομένους
καὶ σιτίων, λιμένα εὑρεῖν. δέον οὖν τοῦτο ποιεῖν, καίπερ σελήνης 5
ἀπούσης, λιμένα τινὰ μέγαν τε καὶ εὐρὺν ὄντα ηὕρομεν, οὗ ἐξῆν
ἡμῖν ἀσφαλῶς λιπεῖν τὰς ναῦς. ἐξὸν οὖν τοῦτο ποιεῖν, εὐθὺς
ἐκβάντες ἐπὶ τοῦ αἰγιαλοῦ καθηύδομεν ἐν τῷ λιμένι. ἐνταῦθα γὰρ
ὁ ἄνεμος οὐκέτι οὕτω δεινῶς ἔπνει ὥστε διασχίσαι τὰ ἱστία, ἀλλὰ
γαλήνη ἦν πολλή. 10

ἦμος δ᾽ ἠριγένεια φάνη ῥοδοδάκτυλος ἠώς,
δόξαν μοι τοὺς ἑταίρους συγκαλέσαι, συνεκάλεσα αὐτοὺς καί,
" ὦ ἑταῖροι," ἦν δ᾽ ἐγώ, " ἡγεμόσι τοι προσήκει περὶ τῶν ἑταίρων
κινδυνεύειν. προσῆκον οὖν ἐμοὶ ἡγεμόνι γ᾽ ὄντι κινδυνεύειν, οἱ μὲν
ἄλλοι ἐνταῦθα μενόντων μηδὲ νόστου ἐπιλαθέσθων, ἐγὼ δὲ καὶ οἱ 15
ἐκ τῆς ἐμῆς νεὼς ἑταῖροι προσίωμεν ἀπὸ τούτου τοῦ λιμένος πρὸς
τὴν ἤπειρον—οὐ γὰρ πολὺ ἀπέχειν δοκεῖ—ἵνα ζητῶμεν ὁποία τίς
ἐστιν ἡ γῆ." οὕτω δὲ καὶ τοῖς ἑταίροις δόξαν, ἐκέλευσα τοὺς ἐκ
τῆς ἐμῆς νεὼς εἰσβάντας εἰς τὴν ναῦν ταῖς κώπαις ἐρέττειν ἀπὸ
τοῦ λιμένος πρὸς τὴν ἤπειρον. 20

ἀφικόμενοι δ᾽ ἡμεῖς καὶ ἐκ τῆς νεὼς ἐκβάντες ἄντρον τι ὑψηλόν
τε καὶ εὐρὺ εἴδομεν καὶ ἐγγὺς τοῦ ἄντρου αἶγάς τε καὶ τράγους
καὶ πρόβατα πολλά. ἐγὼ δὲ κελεύσας τοὺς ἄλλους μένειν παρὰ τῇ
νηΐ, καὶ ἀσκὸν γλυκέος οἴνου πλήρη ἐκ τῆς νεὼς λαβών, τρίτος καὶ
δέκατος αὐτὸς εἰς τὸ ἄντρον εἰσῆλθον. εἰσελθόντες δὲ πολλὰ εἴδομεν 25
ἄγγη τυροῦ τε καὶ γάλακτος πλήρη. καὶ τῶν ἑταίρων τις, " ὦ
Ὀδυσσεῦ," ἔφη, " μὴ πλέον κινδυνεύωμεν, ἀλλ᾽ οὐδενὸς κωλύοντος

ταύτην τὴν γῆν ὡς τάχιστα λίπωμεν τῶν ἀγγῶν λαβόντες." ἐγὼ
δ' οὐ πεισθεὶς αὐτῷ, " μηδαμῶς," ἔφην, " ἀλλ' ἐνταῦθα μένωμεν
ἵνα ἴδωμεν ὅστις ἐν τούτῳ τῷ ἄντρῳ οἰκεῖ πότερον ἐχθρὸς ἢ φίλος." 30
οὕτω δ' εἰπὼν ἐκώλυον μὲν βίᾳ τοὺς ἑταίρους μὴ ἐπανιέναι πρὸς
τὴν ναῦν, ἐπώτρυνον δὲ μεῖναι. καὶ περιεμένομεν αὐτὸν τοῦ τε
τυροῦ ἐσθίοντες καὶ τοῦ γάλακτος ἐκ τῶν ἀγγῶν πίνοντες.

XXV

Perfect and Pluperfect, all Moods and Voices

Πολύφημος β'

τέλος δ' εἶπέ τις τῶν ἑταίρων, " ὦ 'Οδυσσεῦ, πολὺ ἤδη γάλα
πεπώκαμεν καὶ πολὺν ἤδη τυρὸν ἐδηδόκαμεν. νῦν οὖν ἐξὸν ἡμῖν
ἀπιέναι, ὡς τάχιστ' ἀπίωμεν." ἀλλὰ μεταξὺ αὐτοῦ λέγοντος,
θόρυβόν τινα δεινὸν ἠκούσαμεν προβάτων τε καὶ αἰγῶν καὶ τράγων
καὶ δὴ καὶ ποδῶν βαρέων. οἱ μὲν οὖν ἑταῖροι σφόδρα πεφοβη- 5
μένοι μόγις ἐκαλύψαντο, ἐγὼ δ' ἐκκύψας μέγαν τινὰ εἶδον γίγαντα
λάσιον ὄντα τὸ στῆθος καὶ ἕνα μόνον ὀφθαλμὸν ἐν μέσῳ τῷ
προσώπῳ ἔχοντα. τοῦτον οὖν ἰδὼν τὰ πάντα τοῖς ἄλλοις ἐξηγούμην.
" οἴμοι," ἦν δ' ἐγώ, " λίθον γὰρ πάνυ μέγαν κεκινηκὼς τὴν ἔξοδον
καίπερ εὐρυτάτην τε καὶ ὑψηλοτάτην οὖσαν κέκλεικεν, καὶ κεκλει- 10
σμένης τῆς ἐξόδου πῶς σωθησόμεθα; νῦν δ' ἀμέλξας τά τε πρόβατα
καὶ τὰς αἶγας πῦρ κέκαυκεν. κεκαυμένου δὲ τοῦ πυρός—φεῦ, φεῦ,
ἑόρακέ με ἐκκύπτοντα."

εὐθὺς δὲ προχωρήσας ὁ γίγας ηὗρεν οὐ μόνον ἐμὲ ἀλλὰ καὶ τοὺς
ἄλλους ἑταίρους, καὶ ἡμῖν, " τίνες ἐστέ," ἔφη, " οἱ δεῦρο ἐληλυθό- 15
τες; πόθεν κεχωρήκατε; καὶ δὴ καὶ οὕτως εἰλημμένοι, λέγετέ μοι
ὁποῖοί ἐστε, πότερον ἔμποροι ἢ λησταί, οἳ κακὰ πᾶσι μηχανᾶσθε;
ὣς ἔφαθ', ἡμῖν δ' αὖτε κατεκλάσθη φίλον ἦτορ
δεισάντων φθόγγον τε βαρὺν αὐτόν τε πέλωρον.
ἀλλ' ἐγὼ καίπερ σφόδρα πεφοβημένος μὴ ἡμᾶς διαφθείρῃ, 20
" ὦ ἄναξ," ἔφην, " οὔτ' ἔμποροί ἐσμεν οὔτε λησταὶ ἀλλ' Ἕλληνες
ὠνομάσμεθα, οἳ πολὺν χρόνον πολλὰ δὴ κινδυνεύοντες ἐν τῇ θαλάττῃ
πολλὰ καὶ δεινὰ πεπόνθαμεν. ἀλλὰ σὺ βοήθει ἡμῖν. οἱ γὰρ θεοὶ
τιμῶσι πάντας οἳ ἂν τοὺς ξένους τετιμηκότες ὦσιν." ὁ δὲ φοβερὸν
δὴ γελάσας, 25
νήπιος εἶς, ὦ ξεῖν', ἢ τηλόθεν εἰλήλουθας.
οὐ γὰρ Κύκλωπες Διὸς αἰγιόχοι' ἀλέγουσιν
οὐδὲ θεῶν μακάρων, ἐπεὶ ἦ πολὺ φέρτεροί ἐσμεν.
ἀλλὰ λέγε μοι—σὺ γὰρ ἡγεμὼν φαίη ὤν—ποῦ ἐστιν ἡ ναῦς ἐφ'
ἧς δεῦρ' ἀφῖχθε;" ἀλλ' οὐκ ἔλαθέ με κακὰ μηχανώμενος καί, 30
" οἴμοι," ἔφην, " ἡ μὲν ναῦς διέφθαρται, ἡμεῖς δὲ μόγις ἐκ τῶν κυμά-
των σεσώσμεθα." ταῦτα δ' ἀκούσας ὁ Πολύφημος—οὕτω γὰρ
ὠνόμασται—δύο τῶν ἑταίρων ταῖς χερσὶ λαβὼν βίᾳ κατέβαλε πρὸς
τὰς πέτρας, καὶ τεθνηκότας ἤδη κατέφαγεν αὐτοὺς αὐτοῖς τοῖς
ὀστοῖς ἅπασιν. 35

τὰ γραμματικά κε'

Perfect Active

	δείκνυμι = I show	λείπω = I leave	πείθω = I persuade	φαίνω = I show
Indicative				
λέλυκα	δέδειχα	λέλοιπα	πέποιθα	πέφηνα
λέλυκας	δέδειχας	λέλοιπας	πέποιθας	πέφηνας
λέλυκε	δέδειχε	λέλοιπε	πέποιθε	πέφηνε
λελύκαμεν	δεδείχαμεν	λελοίπαμεν	πεποίθαμεν	πεφήναμεν
λελύκατε	δεδείχατε	λελοίπατε	πεποίθατε	πεφήνατε
λελύκασι	δεδείχασι	λελοίπασι	πεποίθασι	πεφήνασι

Subjunctive

λελύκω or λελυκὼς ὦ	δεδείχω	λελοίπω	πεποίθω	πεφήνω

Optative

λελύκοιμι or λελυκὼς εἴην	δεδείχοιμι	λελοίποιμι	πεποίθοιμι	πεφήνοιμι

Imperative: — — — —

Infinitive

λελυκέναι	δεδειχέναι	λελοιπέναι	πεποιθέναι	πεφηνέναι

Participle

λελυκώς- υῖα-ός (λελυκότος- υίας-ότος)	δεδειχώς- υῖα-ός	λελοιπώς- υῖα-ός	πεποιθώς- υῖα-ός	πεφηνώς- υῖα-ός

Pluperfect Active

Indicative				
ἐλελύκη	ἐδεδείχη	ἐλελοίπη	ἐπεποίθη	ἐπεφήνη
ἐλελύκης	ἐδεδείχης	ἐλελοίπης	ἐπεποίθης	ἐπεφήνης
ἐλελύκει	ἐδεδείχει	ἐλελοίπει	ἐπεποίθει	ἐπεφήνει
ἐλελύκεμεν	ἐδεδείχεμεν	ἐλελοίπεμεν	ἐπεποίθεμεν	ἐπεφήνεμεν
ἐλελύκετε	ἐδεδείχετε	ἐλελοίπετε	ἐπεποίθετε	ἐπεφήνετε
ἐλελύκεσαν	ἐδεδείχεσαν	ἐλελοίπεσαν	ἐπεποίθεσαν	ἐπεφήνεσαν

Perfect Middle and Passive

Indicative

λέλυμαι	δέδειγμαι	λέλειμμαι	πέπεισμαι	πέφασμαι
λέλυσαι	δέδειξαι	λέλειψαι	πέπεισαι	πέφανσαι
λέλυται	δέδεικται	λέλειπται	πέπεισται	πέφανται
λελύμεθα	δεδείγμεθα	λελείμμεθα	πεπείσμεθα	πεφάσμεθα
λέλυσθε	δέδειχθε	λέλειφθε	πέπεισθε	πέφανθε
λέλυνται	δεδειγμένοι εἰσί	λελειμμένοι εἰσί	πεπεισμένοι εἰσί	πεφασμένοι εἰσί

Subjunctive

λελυμένος ὦ	δεδειγμένος ὦ	λελειμμένος ὦ	πεπεισμένος ὦ	πεφασμένος ὦ

Optative

λελυμένος εἴην	δεδειγμένος εἴην	λελειμμένος εἴην	πεπεισμένος εἴην	πεφασμένος εἴην

Imperative

λέλυσο	δέδειξο	λέλειψο	πέπεισο	πέφανσο

Infinitive

λελύσθαι	δεδείχθαι	λελείφθαι	πεπείσθαι	πεφάνθαι

Participle

λελυμένος	δεδειγμένος	λελειμμένος	πεπεισμένος	πεφασμένος

Pluperfect Middle and Passive

Indicative

ἐλελύμην	ἐδεδείγμην	ἐλελείμμην	ἐπεπείσμην	ἐπεφάσμην
ἐλέλυσο	ἐδέδειξο	ἐλέλειψο	ἐπέπεισο	ἐπέφανσο
ἐλέλυτο	ἐδέδεικτο	ἐλέλειπτο	ἐπέπειστο	ἐπέφαντο
ἐλελύμεθα	ἐδεδείγμεθα	ἐλελείμμεθα	ἐπεπείσμεθα	ἐπεφάσμεθα
ἐλέλυσθε	ἐδέδειχθε	ἐλέλειφθε	ἐπέπεισθε	ἐπέφανθε
ἐλέλυντο	δεδειγμένοι ἦσαν	λελειμμένοι ἦσαν	πεπεισμένοι ἦσαν	πεφασμένοι ἦσαν

XXVI

πρὶν § 65

ὁ Πολύφημος γ΄

ἡμεῖς δὲ σφόδρα δείσαντες οὐκ ἐτολμῶμεν οὐδὲν ποιεῖν πρὶν
καθηῦδεν ὁ Κύκλωψ. οὐ γὰρ πρότερον καθηῦδε πρὶν τὰ τῶν
ἑταίρων σώματα αὐτοῖς τοῖς ὀστοῖς κατέφαγεν.
    ἤσθιε δ᾽ ὥς τε λέων ὀρεσίτροφος, οὐδ᾽ ἀπέλειπεν
    ἔγκατά τε σάρκας τε καὶ ὀστέα μυελόεντα.   5
ἐγὼ δ᾽ εὐθὺς ἐκκύψας καὶ ἰδὼν αὐτὸν καθεύδοντα, τὸ ξίφος
ἔσπασα ἵν᾽ ἀποκτείναιμι αὐτόν. κατέχων δ᾽ ἐμέ τις τῶν ἑταίρων
εἶπεν, " ὦ Ὀδυσσεῦ, μὴ ἀποκτείνῃς τὸν Κύκλωπα, αἰτούμεθα, πρὶν
ἂν ὁ λίθος ἐκ τῆς ἐξόδου ἐξαρθῇ. οὕτω γὰρ βαρὺν λίθον εἰς τὴν
ἔξοδον εἰσβέβληκεν ὥστε καὶ ἅπαντας ἡμᾶς μὴ οἵους τ᾽ εἶναι μήτ᾽   10
ἐξᾶραι μήτε κινεῖν." ταῦτα δ᾽ ἀκούσας ἄκων ἐπείσθην. οὕτως
οὖν ἐν πολλῇ ἀπορίᾳ περιέμενον τὴν ἔω.
    ἅμα δὲ τῇ ἔῳ ἢ καὶ ἔτι πρὶν γίγνεσθαι τὴν ἡμέραν ἠγέρθη ὁ
Κύκλωψ, καὶ πρὶν τὰς αἶγας ἀριστᾶν ἤμελξεν αὐτὰς καὶ πῦρ ἔκαυσεν.
ἔπειτα δὲ καὶ δύο ἄλλους τῶν ἑταίρων ἀποκτείνας κατέφαγεν αὐτοῖς   15
τοῖς ὀστοῖς. καὶ οὕτω δὴ ἀριστήσας καὶ αὐτός, πρὶν μὲν ἐκ τοῦ
ἄντρου ἐξελάσαι τὰ πρόβατα, ἐξῆρε τὸν λίθον ἐκ τῆς ἐξόδου, πρὶν
δ᾽ ἀπιέναι αὖθις εἰς τὴν θύραν εἰσέβαλεν. ἀπελθόντος δ᾽ αὐτοῦ
αὐτοῖς τοῖς προβάτοις ἐγὼ ῥόπαλόν τι ἰδὼν ἱστοῦ νεὼς οὐδὲν
ἔλαττον, ὃ ἐν τῷ ἄντρῳ κατέλιπεν ὁ γίγας ἐξιών, τοῖς ἑταίροις,   20
" ὦ φίλοι," ἦν δ᾽ ἐγώ—οὐκέτι γὰρ ἐν ἀπορίᾳ ἦν—" μέρος τι
ἐκταμόντες τούτου τοῦ ῥοπάλου πυρὶ ὀξύνωμεν." πάντ᾽ οὖν
ποιήσαντες οἱ ἑταῖροι ἅπερ ἐκέλευσα καὶ τοῦ ῥοπάλου μέρος τι
ἐκταμόντες καὶ ὀξύναντες ἀπέκρυψαν ὄπισθε λίθων τινῶν ἐν τῷ
ἄντρῳ κειμένων.   25
    ἑσπέρας δὲ γενομένης ὁ Κύκλωψ ἐπανελθὼν αὖθις δύο τῶν
ἐμῶν ἑταίρων ἐξαίφνης ἔλαβε καὶ οὐκ ἄκων κατέφαγεν. κατα-

φαγόντι δ᾽ αὐτῷ ἀσκὸν ἐτόλμησα παρέχειν γλυκέος οἴνου πλήρη
καί, " ὦ Κύκλωψ," ἔφην, " πρὶν ἡμᾶς ἀποκτείνειν ἅπαντας,
δέχου τόνδε τὸν ἀσκὸν οἴνου γλυκέος ὅπως μάθῃς ὁποῖόν τινα οἶνον 30
πίνουσιν οἱ Ἕλληνες. ἴσως γὰρ τούτῳ ἡσθεὶς τῷ οἴνῳ καὶ ἐθελήσεις
φείδεσθαι ἡμῶν." ὁ δὲ πιών, " πάρεχέ μοι μάλ᾽ αὖθις," ἔφη.
" οἶνον γὰρ οὕτω γλυκὺν οὐκ ἔπιον οὐδέποτε. ἀλλὰ λέγε μοι
ὅστις εἶ καὶ πῶς ὠνόμασαι. παρέξω γάρ σοι ξένιόν τι ἅτε
παρασχόντι μοι τὸν οἶνον. ἀλλ᾽ οὐ παρέξω σοι πρὶν ἂν μάθω τὸ 35
σὸν ὄνομα."

ἐγὼ δ᾽ οὐδὲν ἀπεκρινάμην αὐτῷ πρὶν ὁ Κύκλωψ τρὶς δεξάμενος
τὸν οἶνον κατέπιεν. οὕτως οὖν ἤδη μεθύοντι αὐτῷ, " ὦ Κύκλωψ,"
ἔφην,

" Οὗτις ἐμοί γ᾽ ὄνομα, Οὖτιν δέ με κικλήσκουσι   40
μήτηρ ἠδὲ πατὴρ ἠδ᾽ ἄλλοι πάντες ἑταῖροι."
ὡς ἐφάμην, ὁ δέ μ᾽ αὐτίκ᾽ ἀμείβετο νηλεῖ θυμῷ,
" Οὖτιν ἐγὼ πύματον ἔδομαι μετὰ οἷς ἑτάροισι,
τοὺς δ᾽ ἄλλους πρόσθεν. τὸ δέ τοι ξεινήϊον ἔσται."
οὕτω δ᾽ εἰπὼν καὶ τῷ οἴνῳ νικηθεὶς ἐπὶ τὴν γῆν ὕπτιος κατέπεσεν. 45

BLINDING OF POLYPHEMOS

[Museum of Fine Arts, Boston, U.S.A.]

ODYSSEUS ESCAPES

XXVII

Verbs in -μι

Πολύφημος δ´

οὕτως οὖν ὕπτιος κεῖται ὁ Κύκλωψ οἴνῳ τε καὶ ὕπνῳ νικηθείς,
καὶ κινεῖται μὲν οὔ, τίθησι δὲ τὴν κεφαλὴν ἐπὶ τὴν γῆν καὶ ἀνίησιν
ἐκ τοῦ στόματος οἶνόν τε καὶ μέρη ἀνθρώπων. ἐγὼ δ᾽ ἀνίσταμαι
καὶ δείκνυμι τοῖς ἑταίροις τὸν Κύκλωπα οὕτω ἐπὶ τῆς γῆς κεί-
μενον. καὶ " ἵστασθε νῦν πάντες," ἦν δ᾽ ἐγώ, " θαρροῦντες δή. 5
νῦν γὰρ δυνάμεθα δίκην τε λαβεῖν τῶν ἑταίρων καὶ δὴ καὶ αὐτοὶ
ἀφίεσθαι." οἱ οὖν ἑταῖροι ἀναστάντες ἐπέθεντο τῷ ἔργῳ. λα-
βόντες γὰρ τὸ ῥόπαλον ὀξύτατον ὂν ἔθεσαν εἰς τὸ πῦρ, καὶ ἐκεῖσε
θέντες κατεῖχον ἕως, καίπερ χλωρὸν ὄν, ἔμελλε καυθήσεσθαι
καὶ διεφαίνετο δεινῶς διὰ παντὸς τοῦ ἄντρου. καὶ τότε δὴ θεός 10
τις θράσος ἔδωκεν ἡμῖν.

ἐγὼ μὲν γὰρ ἐκλαβὼν τὸ ῥόπαλον ἐκ τοῦ πυρὸς ἤνεγκα πρὸς
τὸν Κύκλωπα ὅπου μεθύσας ἔκειτο, οἱ δ᾽ ἑταῖροι ἐγγὺς στάντες
τῷ ὀφθαλμῷ μόνῳ ὄντι τὸ ῥόπαλον ἐνέθεσάν τε καὶ ἐδίνουν ὥσπερ
ἄνθρωπός τις δινεῖ τρύπανον. 15

ὡς δ᾽ ὅτ᾽ ἀνὴρ χαλκεὺς πέλεκυν μέγαν ἠὲ σκέπαρνον
εἰν ὕδατι ψυχρῷ βάπτῃ μεγάλα ἰάχοντα
φαρμάσσων—τὸ γὰρ αὖτε σιδήρου γε κράτος ἐστίν—
ὣς τοῦ σίζ᾽ ὀφθαλμὸς ἐλαϊνέῳ περὶ μοχλῷ.
σμερδαλέον δὲ μέγ᾽ ᾤμωξεν, περὶ δ᾽ ἴαχε πέτρη. 20

ἡμεῖς οὖν φοβούμενοι αὖθις ἀπεκρυψάμεθα, ὁ δὲ Πολύφημος
ἔστη τε καὶ ἔσπασε τὸ ῥόπαλον ἐκ τοῦ ὀφθαλμοῦ. ἔπειτα δὲ
ὀξύτατα βοῶν ἐκάλεσε τοὺς ἄλλους Κύκλωπας, οἳ ἐγγὺς ᾤκουν.
οὗτοι δ᾽ ἀκούσαντες τὴν βοὴν καὶ θαυμάζοντες τί γίγνεται
προσῆλθον πρὸς τὸ ἄντρον καὶ ἐγγὺς ἱστάμενοι ἠρώτησαν αὐτὸν 25
διὰ τί οὕτω βοᾷ. " διὰ τί σύ," ἐβόησαν ἐρωτῶντες, " τοσαύτην
βοὴν ἀφίῃς διὰ τῆς νυκτὸς ὥσθ᾽ ἡμᾶς ἀύπνους τιθέναι καὶ
μηδένα δύνασθαι καθεύδειν;

ἦ μή τίς σευ μῆλα βροτῶν ἀέκοντος ἐλαύνει;
ἦ μή τίς σ' αὐτὸν κτείνει δόλῳ ἠὲ βίηφιν; "   30
ὁ δὲ Κύκλωψ αὐτὸς ἐκ τοῦ ἄντρου ἀπαμειβόμενος τοιαύτην
ἀφῆκε φωνήν,
" ὦ φίλοι, Οὖτίς με κτείνει δόλῳ οὐδὲ βίηφιν."
οἱ δ' ἄλλοι Κύκλωπες ταῦτ' ἀκούσαντες, " εἰ μή τις," ἔφασαν,
" ἀποκτείνει σε, οὐ δεῖ σε τοσαύτην βοὴν ἀφιέναι."   καὶ οὕτως   35
εἰπόντες ἀπέβησαν τὸν Πολύφημον καταλιπόντες οὐδὲν ἔλαττον
βοῶντα.

[British Museum]

RHAPSODE

τὰ γραμματικά κζ΄

Verbs in -μι

Principal Parts

Present		Future	Aorist	Perfect	Perfect Middle	Aorist Passive
ἵστημι	I stand up	στήσω	⎰ ἔστησα (Wk.) ⎱ ἔστην (Str.)	ἕστηκα	ἕσταμαι	ἐστάθην
τίθημι	I place	θήσω	ἔθηκα	τέθηκα	(κεῖμαι)	ἐτέθην
δίδωμι	I give	δώσω	ἔδωκα	δέδωκα	δέδομαι	ἐδόθην
δείκνυμι	I show	δείξω	ἔδειξα	δέδειχα	δέδειγμαι	ἐδείχθην

Paradigms

Present Active

ἵστημι	ἱστῶ	ἱσταίην	ἵστη	ἱστάναι	ἱστάς
τίθημι	τιθῶ	τιθείην	τίθει	τιθέναι	τιθείς
δίδωμι	διδῶ	διδοίην	δίδου	διδόναι	διδούς
δείκνυμι	δεικνύω	δεικνύοιμι	δείκνυ	δεικνύναι	δεικνύς

Aorist Active

⎰ ἔστην	στῶ	σταίην	στῆθι	στῆναι	στάς
⎱ ἔστησα	στήσω	στήσαιμι	στῆσον	στῆσαι	στήσας
ἔθηκα	θῶ	θείην	θές	θεῖναι	θείς
ἔδωκα	δῶ	δοίην	δός	δοῦναι	δούς
ἔδειξα	δείξω	δείξαιμι	δεῖξον	δεῖξαι	δείξας

Present Middle and Passive

ἵσταμαι	ἱστῶμαι	ἱσταίμην	ἵστασο	ἵστασθαι	ἱστάμενος
τίθεμαι	τιθῶμαι	τιθείμην	τίθεσο	τίθεσθαι	τιθέμενος
δίδομαι	διδῶμαι	διδοίμην	δίδοσο	δίδοσθαι	διδόμενος
δείκνυμαι	δεικνύωμαι	δεικνυοίμην	δείκνυσο	δείκνυσθαι	δεικνύμενος

Aorist Middle

(ἔστην)

ἐθέμην	θῶμαι	θείμην	θοῦ	θέσθαι	θέμενος
ἐδόμην	δῶμαι	δοίμην	δοῦ	δόσθαι	δόμενος
ἐδειξάμην	δείξωμαι	δειξαίμην	δεῖξαι	δείξασθαι	δειξάμενος

For the full conjugation of these verbs see pages 224–238.

XXVIII

Verbs in -μι continued

Πολύφημος ε΄

ὁ οὖν Πολύφημος τυφλὸς ἤδη ὢν καὶ μαθὼν τοὺς γείτονας οὐκ
ἐθέλοντας αὐτῷ βοηθεῖν, χερσὶ ψηλαφῶν ἕλκει τὸν λίθον ἀπὸ τῆς
ἐξόδου. μετὰ δὲ ταῦτ᾽ ἐν τῇ ἐξόδῳ καθισάμενος πετάννυσι τὰς
χεῖρας ἵνα μὴ δυνώμεθα ταύτῃ ἐξιέναι. οὐκέτι γὰρ ἐθέλει ἡμᾶς
ἀφιέναι ἀλλὰ δόλῳ χρώμενος, " ὦ φίλε," λέγει, " δεῦρ᾽ ἴθι ἵνα   5
δῶ τὸ ξένιον, ὅ σοι ὑπεσχόμην δώσειν." ἀλλὰ νήπιος ἦν. ἐγὼ
γὰρ ἐγγὺς τῶν προβάτων στὰς ἤδη μηχάνημα μηχανῶμαι ᾧ
ἀφησόμεθα. δείξας γὰρ τοῖς ἑταίροις τὰ πρόβατα ἐκέλευσα
πρῶτον μὲν θαρρεῖν ὥσπερ ναύταις πρέπει, ἔπειτα δὲ τὰ πρόβατα
ἄγειν κατὰ τρία ἵνα δήσας αὐτὰ συνθείην. μετὰ δὲ ταῦτα τοὺς   10
ἑταίρους ὑπέθηκα ἕνα ἕκαστον ὑπὸ τριῶν προβάτων οὕτω
συντεθέντων. καὶ οὕτως ὑποθεὶς αὐτοὺς ὑπὸ τῆς γαστρὸς τῆς
τοῦ μέσου ὑπέδησα. ἦν δὲ μέγας τις κριὸς καὶ λάσιος δή, ὑφ᾽
οὗ ὑποθέμενος ἐγὼ καὶ τῶν ἐρίων λαβόμενος ὑπὸ τῆς γαστρὸς
ὕπτιος εἰχόμην.   15
ἐξιοῦσι δὲ τοῖς προβάτοις ὁ Πολύφημος ἤπτετο ψηλαφῶν τῶν
νώτων ἵνα μὴ λάθοιμεν μετὰ τῶν προβάτων ἐξιόντες. ἐγὼ δὲ
σφόδρ᾽ ἐφοβούμην μὴ πετάσας τὰς χεῖρας ἐπὶ τῶν ἑταίρων ἐπιθείη
ἢ καὶ αὐτοὶ ἑαυτοὺς φόβῳ προδοῖεν. ὅμως δ᾽ ὑπὸ τῶν προβάτων
ὕπτιοι κρεμαννύμενοι ῥᾳδίως ἔλαθον αὐτὸν τυφλὸν ὄντα ἐκ τοῦ   20
ἄντρου ἐκφυγόντες. τὰ γὰρ πρόβατα ἑκατέρωθεν δεθέντα
ἔσωσεν αὐτούς.
αἰσθόμενος δ᾽ ὁ Κύκλωψ, καίπερ τυφλὸς ὤν, ὑστάτου ἐξιόντος
τοῦ κριοῦ, εἶπε τοιάδε.

" κριὲ πέπον, τί μοι ὧδε διὰ σπέος ἔσσυο μήλων   25
ὕστατος; οὔ τι πάρος γε λελειμμένος ἔρχεαι οἰῶν,
ἀλλὰ πολὺ πρῶτος νέμεαι τέρεν᾽ ἄνθεα ποίης

μακρὰ βιβάς, πρῶτος δὲ ῥοὰς ποταμῶν ἀφικάνεις,
πρῶτος δὲ σταθμόνδε λιλαίεαι ἀπονέεσθαι
ἑσπέριος· νῦν αὖτε πανύστατος. ἦ σὺ ἄνακτος   30
ὀφθαλμὸν ποθέεις, τὸν ἀνὴρ κακὸς ἐξαλάωσε
σὺν λυγροῖς ἑτάροισι, δαμασσάμενος φρένα οἴνῳ.''
ταῦτα δ' εἰπὼν ὁ μὲν Πολύφημος ψηλαφήσας παίει τὸν κριὸν τῇ
χειρὶ ἵνα θύραζε ἀφίῃ, ἐγὼ δ' εὐθὺς ἐξενεχθεὶς καὶ τὰ τοῦ κριοῦ
ἔρια ἀφείς, πρῶτον μὲν τοὺς ἑταίρους λύω, ἔπειτα δὲ κελεύω   35
αὐτοὺς πρὸς τὴν ναῦν ἐλάσαι τὰ πρόβατα. καὶ οἱ ἄλλοι ἑταῖροι
ἡμᾶς μὲν προσιόντας ἄσμενοι δὴ ὁρῶσιν, τοὺς δὲ τεθνηκότας
πολὺ δὴ κλαίουσιν. ἐγὼ δ' ἀπειπὼν αὐτοὺς μὴ πρότερον
κλαίειν πρὶν ἂν εἰσθῶσι τὰ πρόβατα εἰς τὴν ναῦν, κελεύω ὡς
τάχιστ' ἀποπλεῦσαι. καὶ οἱ ναῦται ἄσμενοι δὴ ἐπίθοντό μοι   40
κελεύοντι.

XXIX

Conditionals § 74–6: οἶδα

Πολύφημος ς′

τῶν οὖν προβάτων εἰς τὴν ναῦν εἰσβάντων εἰσέβησαν καὶ οἱ
ἑταῖροι, καὶ ὡς τάχιστ' ἤρξαντο ἐρέττοντες. ἐγὼ δέ, "παύ-
σασθε," ἔφην, "ἐρέττοντες· μέλλω γὰρ χαίρειν κελεύσειν τὸν
Πολύφημον." οἱ δ' ἑταῖροι πεφοβημένοι δή, "σίγησον, ὦ
μωρότατε," ἔφασαν. "ἆρ' οὐκ οἶσθα ἐν ὅσῳ ἐσμὲν κινδύνῳ;   5
ἐὰν γὰρ τοῦτο ποιῇς, κλαύσῃ λαλῶν καὶ ἡμεῖς ἀποθανούμεθα
ἅπαντες." ἐγὼ δ' ὀργισθεὶς δὴ τῷ γίγαντι καὶ βαρέως φέρων
τὸν τῶν ἑταίρων θάνατον, "εἰ οὕτω λέγετε," ἦν δ' ἐγώ,
"γυναῖκές ἐστε οὐδ' ἄνδρες."

οἱ μὲν οὖν ἑταῖροι ἄκοντες ἐπαύσαντο ἐρέττοντες, ἐγὼ δὲ 10
μεγάλῃ τῇ φωνῇ, " ὦ Πολύφημε," ἐβόησα, " οὐκ ἄρ' ἀσθενεῖς
ναύτας ἔμελλες κατέδεσθαι. νῦν οὖν ἅτε ξένους κακὰ ποιήσας
καὶ αὐτὸς κακὰ πράξεις. καὶ εὖ ἴσθι πολλὰ καὶ κάκ' ἀδικήσας
δίκας δώσειν τῷ Διὶ πάντων τῶν σῶν ἀδικημάτων." ταῦτα
δ' ἀκούσας ὁ Κύκλωψ καὶ εὖ εἰδὼς ὅπου ἐσμέν, πρὸς τὸν αἰγιαλὸν 15
ἔδραμε καὶ κορυφὴν λόφου τινὸς ἀπορρήξας ἧκεν ἐφ' ἡμᾶς. ἡ
δὲ πέτρα ἥμαρτε μὲν ἡμῶν καὶ τῆς νεώς, ἔπεσε δ' εἰς τὴν θάλατταν
ἐγγὺς τῆς πρῴρας.
    ἐκλύσθη δὲ θάλασσα κατερχομένης ὑπὸ πέτρης.
    τὴν δ' αἶψ' ἤπειρόνδε παλιρρόθιον φέρε κῦμα. 20
ἐγὼ δὲ κόντον λαβὼν μόλις ἀπέωσα τὴν ναῦν ἀπὸ τῶν πετρῶν
καὶ τῆς ἠπείρου. ἔπειτα δ' ἐγώ, καίπερ τὸν Πολύφημον εὖ
εἰδὼς ὁποῖος εἴη, ὅμως αὖθις ἤθελον βοᾶν, οἱ δ' ἑταῖροι, " σίγα,
ὦ σχέτλιε," ἔφασαν. " εἰ δὲ μή, κακὰ κακοῖς προστεθήσεται
ἡμῖν ἀσθενέσι δὴ οὖσιν. εἰ γὰρ ὁ Πολύφημος αὐτὸς ἧκε ταύτην 25
τὴν πέτραν καὶ μὴ θεός τις, ἰσχυρότατός ἐστιν ἀνθρώπων. καὶ
ἐὰν ἀκούῃ σοῦ βοῶντος, εἴσεται ὅπου ἐσμὲν καὶ ἄλλην τινὰ
πέτραν ἐπὶ τὴν ναῦν βαλὼν ἡμᾶς ἀφήσει εἰς "Αιδου."
    ὅμως δ' ἐγώ, " ὦ Πολύφημ'," ἐβόησα, " ἐάν τις ἐρωτήσῃ
ὅστις ἐτύφλωσέ σε, λέγε ὅτι ὁ Ὀδυσσεὺς ὁ Λαέρτου, ὁ ἐν τῇ 30
Ἰθάκῃ οἰκῶν, ἐτύφλωσεν." ταῦτα δ' ἀκούσας καὶ μέγ' οἰμώξας,
" ὦ πόποι," ἔφη, " χρησμοῦ τινός ποτ' ἤκουσα ταῦτά μοι
λέγοντος ὅτι Ὀδυσσεύς τις μέλλει με τυφλώσειν.
    ἀλλ' αἰεί τινα φῶτα μέγαν καὶ καλὸν ἐδέγμην.
    νῦν δέ μ' ἐὼν ὀλίγος τε καὶ οὐτιδανὸς καὶ ἄκικυς 35
    ὀφθαλμοῦ ἀλάωσεν, ἐπεί μ' ἐδαμάσσατο οἴνῳ."
καὶ ταῦτ' εἰπὼν καὶ ἄλλην τινὰ πέτραν τῆς προτέρας ἔτι μείζω ἐπὶ
τὴν ναῦν βαλών, τῆς νεὼς ἔτυχε μὲν οὔ, ἔπεσε δ' ἡ πέτρα ὄπισθε
τῆς νεὼς οὕτως ἐγγὺς ὥστε τὸ κῦμα ἡμᾶς ἀπὸ τοῦ αἰγιαλοῦ
ἀπήγαγεν. οὕτως οὖν ἀπὸ τῶν Κυκλώπων ἀπεφύγομεν." 40

τὰ γραμματικά κθ´

οἶδα – εἴσομαι – ἤδη = *I know*

Present

οἶδα	εἰδῶ	εἰδείην		εἰδέναι	εἰδώς – εἰδυῖα – εἰδός
οἶσθα	εἰδῇς	εἰδείης	ἴσθι		
οἶδε (ν)	εἰδῇ	εἰδείη	ἴστω		
ἴσμεν	εἰδῶμεν	εἰδεῖμεν			
ἴστε	εἰδῆτε	εἰδεῖτε	ἴστε		
ἴσασι (ν)	εἰδῶσι (ν)	εἰδεῖεν	ἴστων		

Past

ἤδη
ἤδησθα
ἤδει (ν)
ᾖσμεν
ᾖστε
ᾖσαν or ἤδεσαν

Future

εἴσομαι

XXX

Conditionals continued

ἥ τε Κίρκη καὶ ἡ Σκύλλη καὶ ἡ Χάρυβδις

" τοσαῦτ᾽ οὖν, ὦ ᾽Αλκίνοε," ἦ δ᾽ ὃς ὁ ᾽Οδυσσεύς, " περὶ τοῦ
Πολυφήμου. καὶ ἄλλα τε πολλὰ καὶ αἰσχρὰ ἐπάθομεν οἴκαδ᾽
ἰόντες καὶ δὴ καὶ ὑπὸ τῆς Κίρκης, δεινῆς τινος θεοῦ οὔσης, ἣ
τοὺς ἑταίρους φαρμάκῳ εἰς ὗς μετέβαλεν. τέλος δ᾽ εὖ ἐποίησεν
ἡμᾶς· εἰ γὰρ μὴ παρῄνεσέ μοι ἃ χρὴ ποιεῖν, οὐκ ἂν ἐφύγομεν   5
ἐγώ τε καὶ οἱ ἑταῖροι οὔτε τὰς Σειρῆνας οὔτε τήν τε Σκύλλην
καὶ τὴν Χάρυβδιν. ἐγὼ γὰρ τὴν τῶν Σειρήνων νῆσον ἰδών,
εὐθὺς πᾶσι τοῖς ἑταίροις κηρὸν εἰσέθηκα εἰς τὰ ὦτα, οἱ δὲ πολλοῖς
δεσμοῖς δήσαντές με τῷ ἱστῷ ταχέως παρήλαυνον ἐγγὺς τῆς
νήσου. καὶ δι᾽ ὀλίγου τῶν Σειρήνων ἤκουσα, αἵ μοι, " ὦ   10
᾽Οδυσσεῦ," ἔφασαν, " εἰ δεῦρο κυβερνῴης τὴν ναῦν, ἀκούοις
ἂν ἡμῶν ἡδέως ἀδουσῶν." καὶ ὡς ἀληθῶς ἥδιστα δὴ ᾖδον,
ἀλλ᾽ εἴ τις νῦν μ᾽ ἐρωτῴη περὶ τίνος ᾖδον, οὐκ ἂν δυναίμην λέγειν.
ἀκούων δ᾽ αὐτῶν ἤθελον δὴ λυθῆναι, οἱ δ᾽ ἑταῖροι εὖ εἰδότες τὰς
Σειρῆνας ὁποῖαί εἰσι καὶ σφόδρα δεδιότες μὴ ὑπ᾽ αὐτῶν   15
ἀποθάνοιεν—εἶδον γὰρ τὰ τῶν ναυτῶν ὀστᾶ τῶν ἤδη ἐπὶ ταῖς
πέτραις ναυαγησάντων—ἔτι πλείους προσέθεσάν μοι δεσμούς,
καὶ οὕτω δὴ ὡς τάχιστ᾽ ἐρέττοντες ἔσωσαν τὴν ναῦν αὐτοῖς τοῖς
ναύταις. εἰ γὰρ μὴ κατέσχον με ἱέμενον πρὸς τὰς Σειρῆνας,
αἰσχρῶς ἂν ἀπωλόμεθ᾽ ἅπαντες.   20

μετὰ δὲ ταῦτα καὶ ἄλλ᾽ ἐπάθομεν ἔτι αἰσχίω, ἃ οὐκ ἂν ἐξεφύ-
γομεν εἰ μὴ θαρραλέως ἤρεσαν οἱ ἑταῖροι. ἐξ ἀριστερᾶς μὲν γὰρ
ἐν τῇ θαλάττῃ ἦν πέτρα τις μεγάλη, ὑφ᾽ ἧς ἐκρύφθη ἡ Σκύλλη,
αἴσχιστον τέρας ἓξ ἔχον κεφαλάς, ἐκ δὲ δεξιᾶς δινή τις, ἡ Χάρυβ-
δις ὀνόματι, φοβερῶς δὴ δινοῦσα. οἱ μὲν οὖν ἑταῖροι ἀπέβλεψαν   25
πάντες τὴν Χάρυβδιν ἐλπίζοντες μὴ διαφθαρήσεσθαι. ἡ δὲ πρῶτον

μὲν τὰ κύματ' εἰς Τάρταρον κατέπιεν, ἔπειτα δ' ἀνῆκε πάλιν καὶ
πρὸς τὸν οὐρανόν. ἐγὼ δ' ἐν τῇ πρῴρα ἑστὼς καὶ δύο δόρατ'
ἔχων περιέμενον τὴν Σκύλλην. ἐδεδοίκη γὰρ μὴ ἔτι πλείους
ἑταίρους διαφθείρειε φαγοῦσα. ἡ δ' ἔφθασέ μ' ἐξ ἑταίρους 30
ἐξαίφνης λαβοῦσα· ἐξῆλθε γὰρ ἐκ τοῦ ἄντρου πρίν μ' οἷόν τ'
εἶναι αὐτοῖς βοηθῆσαι.
        ὡς δ' ὅτ' ἐπὶ προβόλῳ ἁλιεὺς περιμήκεϊ ῥάβδῳ
        ἰχθύσι τοῖς ὀλίγοισι δόλον κατὰ εἴδατα βάλλων
        ἐς πόντον προΐησι βοὸς κέρας ἀγραύλοιο,   35
        ἀσπαίροντα δ' ἔπειτα λαβὼν ἔρριψε θύραζε,
        ὣς οἵ γ' ἀσπαίροντες ἀείροντο προτὶ πέτρας.
οὐδ' ἂν ἤδη ἐγὼ τί γίγνεται εἰ μὴ ἀκούσας αὐτῶν οἰκτρῶς με
καλούντων ἠσθόμην αὐτοὺς ὑπὸ τῆς Σκύλλης κατεσθιομένους.
οἱ δ' ἄλλοι ναῦται καίπερ κλαίοντες δὴ οὐκ ἐπαύσαντο ἐλαύνοντες 40
τὴν ναῦν ἕως καὶ ταῦτα τὰ δεινὰ ἐξεφύγομεν δή.

XXXI

Wishes § 51–4:   Deliberation § 83–4

αἱ τοῦ Ἡλίου βόες

μετὰ δὲ ταῦτ' ἐγὼ πεισθεὶς ὑπὸ τῶν ἑταίρων ἐκέλευσα προσ-
έχειν τὴν ναῦν εἰς τὴν Τρινακρίαν, ἐφ' ᾧτε αὐτοὺς μὴ ἀποκτεῖναι
τὰς βοῦς τὰς τοῦ Ἡλίου, αἳ ἐν ταύτῃ τῇ νήσῳ ἐνέμοντο.
ἐνταῦθ' οὖν πολὺν δὴ χρόνον τῷ ἀνέμῳ κατειχόμεθα μὴ ἀποπλεῦ-
σαι. τέλος δὲ καθεύδοντός ποτ' ἐμοῦ οἱ ἑταῖροι σιτίων δεόμενοι 5
βοῦς τινας ἀπέκτειναν, ὅπερ μέγιστον ἐγένεθ' ἅπασι κακόν.

ἐγὼ δ᾽ εὐθὺς ἐξ ὕπνου ἐγερθείς, " ὦ Ζεῦ," ἔφην, " εἰ γὰρ μήποτ᾽
εἰς τὴν Τρινακρίαν προσέσχομεν, καὶ εἴθ᾽ ἐγὼ μήποτε κατε-
κλίθην. τί γὰρ ποιῶμεν; καὶ πῶς τὸν θάνατον φύγωμεν; "
ἡμεῖς μὲν οὖν ἐμένομεν ἀποροῦντες τί ποιοῖμεν, ὁ δ᾽ Ἥλιος   10
εὐθὺς ἰδὼν ἃ ἐγένετο, τῷ Διί, " ὦ Ζεῦ," ἦδ᾽ ὅς, " εἴθ᾽ ὅτ᾽ Ὀδυσ-
σεὺς καὶ οἱ ἑταῖροι δίκας μοι δοῖεν ἅτε κακά με ποιήσαντες.
        εἰ δέ μοι οὐ τίσουσι βοῶν ἐπιεικέ᾽ ἀμοιβήν,
        δύσομαι εἰς Ἀίδαο καὶ ἐν νεκύεσσι φαείνω." . . .
        ἀλλ᾽ ὅτε δὴ τὴν νῆσον ἐλείπομεν, οὐδέ τις ἄλλη   15
        φαίνετο γαιάων, ἀλλ᾽ οὐρανὸς ἠδὲ θάλασσα,
        δὴ τότε κυανέην νεφέλην ἔστησε Κρονίων
        νηὸς ὕπερ γλαφυρῆς, ἤχλυσε δὲ πόντος ὑπ᾽ αὐτῆς.
        ἡ δ᾽ ἔθει οὐ μάλα πολλὸν ἐπὶ χρόνον· αἶψα γὰρ ἦλθε
        κεκληγὼς Ζέφυρος, μεγάλῃ σὺν λαίλαπι θύων.   20
        ἱστοῦ δὲ προτόνους ἔρρηξ᾽ ἀνέμοιο θύελλα
        ἀμφοτέρους, ἱστὸς δ᾽ ὀπίσω πέσεν, ὅπλα τε πάντα
        εἰς ἄντλον κατέχυνθ᾽· ὁ δ᾽ ἄρα πρύμνῃ ἐνὶ νηὶ
        πλῆξε κυβερνήτεω κεφαλήν, σὺν δ᾽ ὀστέ᾽ ἄραξε.
        πάντ᾽ ἄμυδις βρόντησε καὶ ἔμβαλε νηὶ κεραυνόν·   25
        ἡ δ᾽ ἐλελίχθη πᾶσα Διὸς πληγεῖσα κεραυνῷ,
        ἐν δὲ θεείου πλῆτο· πέσον δ᾽ ἐκ νηὸς ἑταῖροι.
        οἱ δὲ κορώνῃσιν ἴκελοι περὶ νῆα μέλαιναν
        κύμασιν ἐμφορέοντο, θεὸς δ᾽ ἀποαίνυτο νόστον.
ἐγὼ δὲ τοῦ ἱστοῦ λαβόμενος μόλις προσένευσα πρὸς τὴν   30
Ὠγυγίαν νῆσον, οὖ οἰκεῖ ἡ Καλυψώ, νύμφη τις καλλίστη.
αὕτη δὲ πολὺν χρόνον οὐκ εἴα μ᾽ ἀπιέναι· τέλος δ᾽ ἐγὼ τῇ νύμφῃ,
" ὦ Καλυψοῖ," ἔφην, " εἴθε δυναίμην αὖθις ὁρᾶν τήν τε γυναῖκα
καὶ τὸν παῖδα. εἰ γὰρ ναῦν ἔχοιμι ὥστ᾽ ἐκεῖσ᾽ ἀποπλεῦσαι."
ἡ δ᾽ ἐμοί, " ἀλλὰ βούλομαι ἔγωγε," ἦ δ᾽ ἥ, " γαμεῖσθαί σοι.   35
ὅμως δ᾽ οὐ κωλύσω σε μὴ οὐκ ἀπιέναι." καὶ οὕτως εἰποῦσα
ἐκέλευσέ με σχεδίαν οἰκοδομεῖν. ἐγὼ δ᾽ οἰκοδομήσας καὶ τὴν
Καλυψὼ χαίρειν κελεύσας δεῦρο πρὸς τὴν Φαιακίαν ἀπέπλευσα."

XXXII

The Dual: ἔοικα: Revision

Ἀναχώρησις

" τοιοῦτόν τινα μῦθον, ὦ Θρασύμαχε," ἔφη ὁ Ὅμηρος,
" ἐξηγήσαθ' ὁ Ὀδυσσεύς. ὁ δ' Ἀλκίνοος πολλά τ' ἄλλ' ἔδωκεν
αὐτῷ καὶ ναῦν, ἐν ᾗ ᾔδει ὕπνῳ κοιμηθεὶς ἀφίκετο εἰς τὴν Ἰθάκην,
οὐδ' ᾔδει αὐτὸς οἴκαδ' ἀφικόμενος. ἔτι γὰρ καθεύδων ἐπὶ τοῦ
αἰγιαλοῦ ἐλείφθη ὑπὸ τῶν ναυτῶν.   5

ἐν δὲ τῇ τοῦ Ὀδυσσέως οἰκίᾳ ἡ γυνὴ αὐτοῦ ἡ Πηνελόπη δέκ'
ἤδη ἔτη τὸν ἄνδρα περιέμενεν ὑπὸ πολλῶν μνηστήρων βιαζομένη.
ἤλπιζον γὰρ οἱ μνηστῆρες οὐ μόνον τὴν Πηνελόπην γαμεῖν ἀλλὰ
καὶ τὰ τοῦ Ὀδυσσέως κτήσεσθαι ἅπαντα. καὶ γὰρ ἐσθίοντές τε
καὶ πίνοντες διέφθειρον τὴν οἰκίαν. καὶ δὴ καὶ αὐτὸν τὸν Τηλέ-   10
μαχον, τὸν τοῦ Ὀδυσσέως υἱόν, ἀπέκτειναν ἄν, εἰ μὴ ὑπὸ τῆς
Ἀθηνᾶς ἐσώθη. τέλος δ' ἡ Πηνελόπη ὑπὸ τῶν μνηστήρων
ἀναγκασθεῖσα, " βλέπετε," ἦ δ' ἥ, " τοῦτον τὸν πέπλον ὃν ὑφαίνω.
ἐὰν γὰρ μὴ ἐπανέλθῃ ὁ ἀνὴρ ὁ ἐμὸς πρὶν ἂν τελευτῶ τὸν πέπλον,
ἐκεῖνος γαμείτω μ' ὅτῳ ἂν ᾖ βουλομένῳ." καὶ οἱ μὲν μνηστῆρες   15
ἡδέως ἐπείσθησαν ταῦτ' ἀκούσαντες, ἡ δὲ Πηνελόπη κατὰ μὲν
ἡμέραν ὕφαινε τὸν πέπλον, κατὰ δὲ νύκτα πάλιν ἀνέλυεν. καὶ
οὕτω δὴ τρία μὲν ἔτη ἐξηπάτα τοὺς μνηστῆρας, τῷ δὲ τετάρτῳ οἱ
μὲν ἐξηῦρον τὸν δόλον τοῦτον, ἡ δ' οὐκέτ' ἔχουσ' ὅπως αὐτῶν
ἀπαλλαγείη, " τί ποιῶ," ἔφη, " ἢ ποῖ φύγω; εἴθ' ἐπανέλθοι ὁ   20
Ὀδυσσεύς."

ὁ δ' ἀνὴρ ἤδη παρῆν· ἐπανελθὼν γὰρ ἐκαθέζετο ἐν τῇ αὐλῇ καὶ
πτωχῷ ἐοικὼς πόλλ' ἔπασχεν ὑπὸ τῶν μνηστήρων ὀνειδιζό-
μενος. καὶ ἐν τοῖς πρῶτος ὑβριστὴς ἦν ὁ Ἀντίνοος. ἡ δὲ
Πηνελόπη εἰσήνεγκεν εἰς τὴν αὐλὴν τὸ τοῦ Ὀδυσσέως τόξον   25
μέγιστόν τ' ὃν καὶ βαρύ. καὶ πρῶτον μὲν ἐκέλευσε τὸν υἱὸν
δώδεκα πελέκεις οὕτως ἀνιστάναι ὥστε δύνασθαι ὄϊστὸν δι'

αὐτῶν ἴεσθαι, ἔπειτα δὲ τοῖς μνηστῆρσιν, " ὦ κύριοι," ἔφη,
" τούτῳ ἂν γαμοίμην ὅστις ἂν τοῦτο τὸ τόξον λαβὼν ἄριστ᾽ ἂν
ὀϊστὸν διὰ τῶν πελεκέων ἵῃ." καὶ πρῶτος μὲν ἐπειρᾶτο ὁ 30
Ἀντίνοος ἀλλ᾽ οὐκ ἐδυνήθη οὐδαμῶς, ἔπειτα δὲ πάντες ἐν μέρει
ἐπειρῶντο ἀλλὰ μάτην. τέλος δὲ πάντων ἤδη σφαλέντων αὐτὸς
ὁ Ὀδυσσεύς, πτωχῷ ἔτι ἐοικώς, " ὦ κύριοι," ἦ δ᾽ ὅς, " ἆρα καὶ
ἐμοὶ ἔξεστι πειρᾶσθαι;" ταῦτα δ᾽ ἀκούσαντες κατεγέλασαν
αὐτοῦ οἱ μνηστῆρες, οὐδ᾽ ἐπαύσατ᾽ ὀνειδίζων ὁ Ἀντίνοος πρὶν ἡ 35
Πηνελόπη αὐτὴ αὐτὸν ἐκέλευσε δοῦναι τὸ τόξον καὶ τῷ πτωχῷ.
ὁ δ᾽ εὐθὺς διὰ τῶν πελεκέων ἧκε τὸν ὀϊστὸν καὶ πάντων τοῦτο
τὸ πρᾶγμα θαυμαζόντων ἄλλον ἧκεν ὀϊστὸν ἐπὶ τὸν Ἀντίνοον.
καὶ ὁ μὲν καταπεσὼν ἀπέθανεν, ὁ δὲ πτωχὸς ἐπὶ τῆς τραπέζης
ἱστάμενος καὶ βοῶν, " Ὀδυσσεύς εἰμ᾽ ἐγώ," ἔφη, " ᾧ δίκην 40
νῦν δώσεθ᾽ ἅπαντες."
ὁ δὲ Τηλέμαχος, γνοὺς τὸν πτωχὸν ὅστις ἐστίν, βοηθεῖ αὐτῷ
καὶ οὕτω τοῖς μνηστῆρσι καίπερ πολλοῖς οὖσιν μάχεσθον τὼ δύο.
καὶ πρῶτον μὲν αὐτοῖν ἐπιτίθενται οἱ μνηστῆρες οὐκ ἄκοντες,
τὼ δὲ πολλοὺς ἀποκτείναντε ἀμύνετον αὐτούς. ὅμως δ᾽ ἴσως 45
ἂν ἐνικηθήτην εἰ μὴ ὑπὸ τῆς Ἀθηνᾶς ὠφελήθην. τέλος δὲ
πάντων τῶν μνηστήρων τεθνηκότων αὖθις εἰς τὴν αὐλὴν εἰσῆλθεν
ἡ Πηνελόπη. καὶ πρῶτον μὲν οὐκ ἐνόμισε τῷ ὄντι ἐπανελθεῖν
τὸν ἄνδρα, ἔπειτα δ᾽ ἐπειδὴ πολλὰ δὴ ἔφασκεν, ἅπερ οὐδεὶς ἂν
ἄλλος οἷός τ᾽ εἴη εἰδέναι εἰ μὴ αὐτὸς ὁ Ὀδυσσεύς, ἡδέως ἠσπάσατο 50
αὐτόν.

τὼ δ᾽ ἐπεὶ οὖν φιλότητος ἐταρπήτην ἐρατεινῆς,
τερπέσθην μύθοισι, πρὸς ἀλλήλους ἐνέποντε,
ἡ μὲν ὅσ᾽ ἐν μεγάροισιν ἀνέσχετο δῖα γυναικῶν,
ἀνδρῶν μνηστήρων ἐσορῶσ᾽ ἀΐδηλον ὅμιλον·
αὐτὰρ ὁ διογενὴς Ὀδυσεὺς ὅσα κήδε᾽ ἔθηκεν 55
ἀνθρώποις, ὅσα τ᾽ αὐτὸς ὀϊζύσας ἐμόγησε,
πάντ᾽ ἔλεγ᾽· ἡ δ᾽ ἄρ᾽ ἐτέρπετ᾽ ἀκούουσ᾽, οὐδέ οἱ ὕπνος
πῖπτεν ἐπὶ βλεφάροισι πάρος καταλέξαι ἅπαντα.

" τοσαῦτ', ὦ Θρασύμαχε," ἔφη ὁ "Ομηρος, "ἐποίησέ τε καὶ 60
ἔπαθεν ὁ 'Οδυσσεύς. καὶ νῦν χαῖρ', ὦ παῖ. ἤδη γάρ σοι μὲν
ἐπὶ βλεφάροις πίπτει ὕπνος, ἐμὲ δὲ δεῖ αὖθις καταβαίνειν εἰς
"Αιδου. σὺ δὲ γράψον πάντα ταῦτ' ἐν βίβλῳ τινὶ ἵνα καὶ ἄλλοι
τινες παῖδες μάθωσιν."

ταύτην οὖν τὴν βίβλον συνέγραψεν ὁ Θρασύμαχος τέτταρα
καὶ δέκα ἔτη γεγονώς.

τὰ γραμματικά λβ΄

ἔοικα – εἴξω – ἐῴκη = I am like

Present

ἔοικα	ἐοίκω	ἐοίκοιμι	εἰκέναι	⎰ εἰκώς – υῖα – ός
ἔοικας	ἐοίκῃς	ἐοίκοις	—	⎱ ἐοικώς – υῖα – ός
ἔοικε	ἐοίκῃ	ἐοίκοι		
ἔοιγμεν	ἐοίκωμεν	ἐοίκοιμεν		
ἐοίκατε	ἐοίκητε	ἐοίκοιτε		
εἴξασι	ἐοίκωσι	ἐοίκοιεν		

Past	Future
ἐῴκη	εἴξω
ἐῴκης	
ἐῴκει	
ἐῴκεμεν	
ἐῴκετε	
ἐῴκεσαν	

The Dual

The Greeks had a Dual form as well as singular and plural and used it to denote *two* or *a pair* e.g. τὼ ὀφθαλμώ *both the eyes*. It was, however, little used in Attic Greek, and when it was used a Dual subject could be used with a Plural verb.

For nouns the Dual had two forms, one for the *Nominative, Vocative* and *Accusative* and the other for the *Genitive* and *Dative*. Verbs had a separate form for the *Second Person Dual* and for the *Third Person Dual* although the endings differed only in Past Tenses, the Optative and the Imperative. There was, however, no separate form to mark a First Person Dual.

Nouns

First Declension

N.V.A.	φωνά	θαλάττα	νεανία	πολίτα
G.D.	φωναῖν	θαλάτταιν	νεανίαιν	πολίταιν

Second Declension

N.V.A.	ἀνθρώπω	παιδίω
G.D.	ἀνθρώποιν	παιδίοιν

Third Declension

N.V.A.	ἄνακτε	κύνε	σώματε	πόλει	ἄστει	βόε	ἰχθύε
G.D.	ἀνάκτοιν	κυνοῖν	σωμάτοιν	πολέοιν	ἀστέοιν	βοοῖν	ἰχθύοιν

Adjectives

The Article			First & Second Declension		
N.V.A. τώ	τώ	τώ	καλώ	καλά	καλώ
G.D. τοῖν	τοῖν	τοῖν	καλοῖν	καλαῖν	καλοῖν

Third Declension

σώφρονε	σώφρονε	σώφρονε	ἀληθεῖ	ἀληθεῖ	ἀληθεῖ
σωφρόνοιν	σωφρόνοιν	σωφρόνοιν	ἀληθοῖν	ἀληθοῖν	ἀληθοῖν

Participles

Present			Perfect		
N.V.A. λύοντε	λύουσα	λύοντε	λελυκότε	λελυκυῖα	λελυκότε
G.D. λυόντοιν	λυούσαιν	λυόντοιν	λελυκότοιν	λελυκυίαιν	λελυκότοιν

Pronouns

	ἐγώ	σύ	ὅστις-ἥτις-ὅτι	οὗτος-αὕτη-τοῦτο
N.V.A.	νώ	σφώ	ὥτινε ὥτινε ὥτινε	τούτω τούτω τούτω
G.D.	νῷν	σφῷν	οἶντινοιν or ὅτοιν	τούτοιν τούτοιν τούτοιν

Verbs

Present Active

	Indicative	Subjunctive	Optative	Imperative
2nd Dual	λύετον	λύητον	λύοιτον	λύετον
3rd Dual	λύετον	λύητον	λυοίτην	λυέτων

	Future	Imperfect	Aorist	Perfect
2nd Dual	λύσετον	ἐλύετον	ἐλύσατον	λελύκατον
3rd Dual	λύσετον	ἐλυέτην	ἐλυσάτην	λελύκατον

Present Middle and Passive

	Indicative	Subjunctive	Optative	Imperative
2nd Dual	λύεσθον	λύησθον	λύοισθον	λύεσθον
3rd Dual	λύεσθον	λύησθον	λυοίσθην	λυέσθων

	Future	Imperfect	Aorist	Perfect	Aorist Passive
2nd Dual	λύσεσθον	ἐλύεσθον	ἐλύσασθον	λέλυσθον	ἐλύθητον
3rd Dual	λύσεσθον	ἐλυέσθην	ἐλυσάσθην	λέλυσθον	ἐλυθήτην

Irregular Verbs—Present Indicative

	εἰμί	εἶμι	φημί	οἶδα
2nd Dual	ἔστον	ἴτον	φατόν	ἴστον
3rd Dual	ἔστον	ἴτον	φατόν	ἴστον

From the Greek

1. Maxims

γνῶθι σεαυτόν.   μηδὲν ἄγαν.   *Written up in the temple of*
Apollo at Delphi

μέγα βιβλίον, μέγα κακόν.   *Callimachus (fl.* 250 B.C.)

ἄνθρωπος φύσει πολιτικὸν ζῷον.   *Aristotle* (384–322 B.C.)

ὁ βιὸς βραχύς, ἡ δὲ τέχνη μακρά.   *Hippocrates (c.* 460–357 B.C.)

ἄνδρες γὰρ πόλις, καὶ οὐ τείχη οὐδὲ νῆες ἀνδρῶν κεναί.   5
Thucydides (c. 471–*c.* 400 B.C.)

ἀνδρῶν γὰρ ἐπιφανῶν πᾶσα γῆ τάφος.   *Thucydides*

πάντων χρημάτων ἄνθρωπος μέτρον ἐστίν.
Protagoras (481–411 B.C.)

Ἕλληνες ἀεὶ παῖδες, γέρων δὲ Ἕλλην οὔκ ἐστιν.
Plato (429–347 B.C.)

μία χελιδὼν οὐκ ἔαρ ποιεῖ.   *Proverb*

δὶς παῖδες οἱ γέροντες.   *Proverb* 10

κακὸν φέρουσι καρπὸν οἱ κακοὶ φίλοι.   *Menander* (342–291 B.C.)

ὁ ἀνεξέταστος βίος οὐ βιωτὸς ἀνθρώπῳ.   *Plato*

ἡ γλῶσσα πολλῶν ἐστιν αἰτία κακῶν.   *Proverb*

2. Epigrams

There are innumerable epigrams in Greek on every conceivable subject. Here are a few well-known epigrams, some light-hearted, some deeply moving.

ἀστέρας εἰσαθρεῖς Ἀστὴρ ἐμός· εἴθε γενοίμην
οὐρανός, ὡς πολλοῖς ὄμμασιν εἰς σὲ βλέπω.   *Plato*

δωδεκετῆ τὸν παῖδα πατὴρ ἀπέθηκε Φίλιππος
ἐνθάδε, τὴν πολλὴν ἐλπίδα, Νικοτέλην.   *Callimachus*

ὦ ξεῖν', ἄγγειλον Λακεδαιμονίοις ὅτι τῇδε   5
κείμεθα, τοῖς κείνων ῥήμασι πειθόμενοι.
                    Simonides (556–468 B.C.)

ἐξηκοντούτης Διονύσιος ἐνθάδε κεῖμαι,
Ταρσεύς, μή γήμας· εἴθε δὲ μηδ' ὁ πατήρ.   *(Anon.)*

καρτερὸς ἐν πολέμοις Τιμόκριτος οὗ τόδε σῆμα·
Ἄρης δ' οὐκ ἀγαθῶν φείδεται, ἀλλὰ κακῶν.   10
                    Anacreon (*c.* 563–478 B.C.)

χαίρετ' Ἀριστείδου τοῦ ῥήτορος ἑπτὰ μαθηταί,
τέσσαρες οἱ τοῖχοι καὶ τρία συψέλια.   *(Anon.)*

πάντες μὲν Κίλικες κακοὶ ἄνερες· ἐν δὲ Κίλιξιν
εἷς ἀγαθὸς Κινύρης· καὶ Κινύρης δὲ Κίλιξ.
                    Demodocus (*fl.* 537 B.C.)

3. The Septuagint

These passages are taken from the Septuagint, a translation of the Old Testament from Hebrew into Greek. Tradition has it that the Greek version was produced in the third century B.C. by seventy Jews on the island of Pharos.

μνήσθητι τὴν ἡμέραν τῶν σαββάτων, ἁγιάζειν αὐτήν. ἓξ 5
ἡμέρας ἐργάσῃ καὶ ποιήσεις πάντα τὰ ἔργα σου. τῇ δὲ ἡμέρᾳ
τῇ ἑβδόμῃ, σάββατα Κυρίῳ τῷ Θεῷ σου· οὐ ποιήσεις ἐν αὐτῇ
πᾶν ἔργον, σὺ καὶ ὁ υἱός σου, καὶ ἡ θυγάτηρ σου, ὁ παῖς σου, καὶ
ἡ παιδίσκη σου, ὁ βοῦς σου καὶ τὸ ὑποζύγιόν σου, καὶ πᾶν
κτῆνος σου, καὶ ὁ προσήλυτος ὁ παροικῶν ἐν σοί. ἐν γὰρ ἓξ 10
ἡμέραις ἐποίησε Κύριος τὸν οὐρανὸν καὶ τὴν γῆν καὶ τὴν
θάλασσαν καὶ πάντα τὰ ἐν αὐτοῖς, καὶ κατέπαυσε τῇ ἡμέρᾳ
ἑβδόμῃ· διὰ τοῦτο εὐλόγησε Κύριος τὴν ἡμέραν τὴν ἑβδόμην
καὶ ἡγίασεν αὐτήν. *Exodus 20, 8*

Κύριος ποιμαίνει με καὶ οὐδέν με ὑστερήσει· εἰς τόπον χλόης 15
ἐκεῖ με κατεσκήνωσεν· ἐπὶ ὕδατος ἀναπαύσεως ἐξέθρεψέ με,
τὴν ψυχήν μου ἐπέστρεψεν· ὡδήγησέν με ἐπὶ τρίβους δικαιοσύνης
ἕνεκεν τοῦ ὀνόματος αὐτοῦ. ἐὰν γὰρ καὶ πορευθῶ ἐν μέσῳ
σκιᾶς θανάτου, οὐ φοβηθήσομαι κακὰ ὅτι σὺ μετ' ἐμοῦ εἶ· ἡ
ῥάβδος σου καὶ ἡ βακτηρία σου, αὗταί με παρεκάλεσαν. 20
ἡτοίμασας ἐνώπιόν μου τράπεζαν ἐξεναντίας τῶν θλιβόντων με·
ἐλίπανας ἐν ἐλαίῳ τὴν κεφαλήν μου, καὶ τὸ ποτήριόν σου
μεθύσκον ὡς κράτιστον. καὶ τὸ ἔλεός σου καταδιώξεταί με
πάσας τὰς ἡμέρας τῆς ζωῆς μου, καὶ τὸ κατοικεῖν με ἐν οἴκῳ
Κυρίου εἰς μακρότητα ἡμερῶν. *Psalm 23*

4. The New Testament

ἐγώ εἰμι τὸ Ἄλφα καὶ Ὦ μέγα, ἀρχὴ καὶ τέλος, ὁ πρῶτος
καὶ ὁ ἔσχατος.   *Revelation 1, 8*

ἐν ἀρχῇ ἦν ὁ λόγος καὶ ὁ λόγος ἦν πρὸς τὸν Θεὸν καὶ Θεὸς
ἦν ὁ λόγος.   *St. John 1, 1*

φάγωμεν καὶ πίωμεν· αὔριον γὰρ ἀποθνήσκομεν.   5
                                                i Corinthians 15, 32

εἶπε δὲ, Ἄνθρωπός τις εἶχε δύο υἱούς· καὶ εἶπεν ὁ νεώτερος
αὐτῶν τῷ πατρί, Πάτερ, δός μοι τὸ ἐπιβάλλον μέρος τῆς οὐσίας.
καὶ διεῖλεν αὐτοῖς τὸν βίον. καὶ μετ᾽ οὐ πολλὰς ἡμέρας συναγαγὼν
ἅπαντα ὁ νεώτερος υἱὸς ἀπεδήμησεν εἰς χώραν μακρὰν, καὶ ἐκεῖ
διεσκόρπισε τὴν οὐσίαν αὐτοῦ, ζῶν ἀσώτως. δαπανήσαντος δὲ 10
αὐτοῦ πάντα, ἐγένετο λιμὸς ἰσχυρὸς κατὰ τὴν χώραν ἐκείνην, καὶ
αὐτὸς ἤρξατο ὑστερεῖσθαι. καὶ πορευθεὶς ἐκολλήθη ἑνὶ τῶν
πολιτῶν τῆς χώρας ἐκείνης· καὶ ἔπεμψεν αὐτὸν εἰς τοὺς ἀγροὺς
αὐτοῦ βόσκειν τοὺς χοίρους. καὶ ἐπεθύμει γεμίσαι τὴν κοιλίαν
αὐτοῦ ἀπὸ τῶν κερατίων ὧν ἤσθιον οἱ χοῖροι· καὶ οὐδεὶς ἐδίδου 15
αὐτῷ. εἰς ἑαυτὸν δὲ ἐλθὼν εἶπε, Πόσοι μίσθιοι τοῦ πατρός μου
περισσεύουσιν ἄρτων, ἐγὼ δὲ λιμῷ ἀπόλλυμαι; ἀναστὰς πορεύσο-
μαι πρὸς τὸν πατέρα μου, καὶ ἐρῶ αὐτῷ, Πάτερ, ἥμαρτον εἰς τὸν
οὐρανὸν καὶ ἐνώπιόν σου· καὶ οὐκέτι εἰμὶ ἄξιος κληθῆναι υἱός
σου· ποίησόν με ὡς ἕνα τῶν μισθίων σου. καὶ ἀναστὰς ἦλθε 20
πρὸς τὸν πατέρα ἑαυτοῦ. ἔτι δὲ αὐτοῦ μακρὰν ἀπέχοντος, εἶδεν
αὐτὸν ὁ πατὴρ αὐτοῦ, καὶ ἐσπλαγχνίσθη, καὶ δραμὼν ἐπέπεσεν
ἐπὶ τὸν τράχηλον αὐτοῦ, καὶ κατεφίλησεν αὐτόν. εἶπε δὲ αὐτῷ
ὁ υἱός, Πάτερ, ἥμαρτον εἰς τὸν οὐρανὸν καὶ ἐνώπιόν σου, καὶ
οὐκέτι εἰμὶ ἄξιος κληθῆναι υἱός σου. εἶπε δὲ ὁ πατὴρ πρὸς τοὺς 25
δούλους αὐτοῦ, ἐξενέγκατε τὴν στολὴν τὴν πρώτην καὶ ἐνδύσατε
αὐτὸν, καὶ δότε δακτύλιον εἰς τὴν χεῖρα αὐτοῦ, καὶ ὑποδήματα

εἰς τοὺς πόδας· καὶ ἐνέγκαντες τὸν μόσχον τὸν σιτευτὸν θύσατε,
καὶ φαγόντες εὐφρανθῶμεν· ὅτι οὗτος ὁ υἱός μου νεκρὸς ἦν, καὶ
ἀνέζησε· καὶ ἀπολωλὼς ἦν, καὶ εὑρέθη. καὶ ἤρξαντο εὐφραίνεσ- 30
θαι. ἦν δὲ ὁ υἱὸς αὐτοῦ ὁ πρεσβύτερος ἐν ἀγρῷ· καὶ ὡς ἐρχόμενος
ἤγγισε τῇ οἰκίᾳ ἤκουσε συμφωνίας καὶ χορῶν· καὶ προσκαλεσά-
μενος ἕνα τῶν παίδων, ἐπυνθάνετο τί εἴη ταῦτα. ὁ δὲ εἶπεν αὐτῷ,
Ὅτι ὁ ἀδελφός σου ἥκει· καὶ ἔθυσεν ὁ πατήρ σου τὸν μόσχον τὸν
σιτευτὸν, ὅτι ὑγιαίνοντα αὐτὸν ἀπέλαβεν. ὠργίσθη δὲ, καὶ οὐκ 35
ἤθελεν εἰσελθεῖν. ὁ οὖν πατὴρ αὐτοῦ ἐξελθὼν παρεκάλει αὐτόν.
ὁ δὲ ἀποκριθεὶς εἶπε τῷ πατρί, Ἰδού, τοσαῦτα ἔτη δουλεύω σοι,
καὶ οὐδέποτε ἐντολήν σου παρῆλθον, καὶ ἐμοὶ οὐδέποτε ἔδωκας
ἔριφον, ἵνα μετὰ τῶν φίλων μου εὐφρανθῶ. ὅτε δὲ ὁ υἱός σου
οὗτος ὁ καταφαγών σου τὸν βίον μετὰ πορνῶν ἦλθεν, ἔθυσας 40
αὐτῷ τὸν μόσχον τὸν σιτευτόν. ὁ δὲ εἶπεν αὐτῷ, Τέκνον, σὺ
πάντοτε μετ᾽ ἐμοῦ εἶ, καὶ πάντα τὰ ἐμὰ σά ἐστιν. εὐφρανθῆναι
δὲ καὶ χαρῆναι ἔδει, ὅτι ὁ ἀδελφός σου οὗτος νεκρὸς ἦν, καὶ
ἀνέζησε· καὶ ἀπολωλὼς ἦν, καὶ εὑρέθη.   St. Luke 15, 11

ὁ δὲ Σαῦλος ἔτι ἐμπνέων ἀπειλῆς καὶ φόνου εἰς τοὺς μαθητὰς 45
τοῦ Κυρίου, προσελθὼν τῷ ἀρχιερεῖ, ᾐτήσατο παρ᾽ αὐτοῦ ἐπι-
στολὰς εἰς Δαμασκὸν πρὸς τὰς συναγωγὰς, ὅπως ἐάν τινας εὕρῃ
τῆς ὁδοῦ ὄντας ἄνδρας τε καὶ γυναῖκας, δεδεμένους ἀγάγῃ εἰς
Ἱερουσαλήμ. ἐν δὲ τῷ πορεύεσθαι, ἐγένετο αὐτὸν ἐγγίζειν τῇ
Δαμασκῷ, καὶ ἐξαίφνης περιήστραψεν αὐτὸν φῶς ἀπὸ τοῦ 50
οὐρανοῦ· καὶ πεσὼν ἐπὶ τὴν γῆν, ἤκουσε φωνὴν λέγουσαν
αὐτῷ, Σαούλ, Σαούλ, τί με διώκεις; εἶπε δέ, Τίς εἶ, Κύριε; ὁ
δὲ Κύριος εἶπεν, Ἐγώ εἰμι Ἰησοῦς ὃν σὺ διώκεις· σκληρόν σοι
πρὸς κέντρα λακτίζειν. τρέμων τε καὶ θαμβῶν εἶπε, Κύριε, τί
με θέλεις ποιῆσαι; καὶ ὁ Κύριος πρὸς αὐτόν, Ἀνάστηθι καὶ 55
εἴσελθε εἰς τὴν πόλιν, καὶ λαληθήσεταί σοι τί σε δεῖ ποιεῖν. οἱ
δὲ ἄνδρες οἱ συνοδεύοντες αὐτῷ εἱστήκεισαν ἐννεοί, ἀκούοντες
μὲν τῆς φωνῆς, μηδένα δὲ θεωροῦντες. ἠγέρθη δὲ ὁ Σαῦλος

ἀπὸ τῆς γῆς· ἀνεῳγμένων δὲ τῶν ὀφθαλμῶν αὐτοῦ, οὐδένα
ἔβλεπε, χειραγωγοῦντες δὲ αὐτὸν εἰσήγαγον εἰς Δαμασκόν. 60
καὶ ἦν ἡμέρας τρεῖς μὴ βλέπων, καὶ οὐκ ἔφαγεν οὐδὲ ἔπιεν.

Acts 9, 1

5. Stories

(a) The following is a well-known fable by the Greek writer Aesop
(c. 570 B.C.).

γεωργός τις, μέλλων τελευτᾶν τὸν βίον, καὶ βουλόμενος τοὺς
παῖδας πεῖραν λαβεῖν τῆς γεωργίας καὶ μὴ πρὸς ἄλλα τρέπεσθαι,
προσκαλέσας ἔφη· " ἐγὼ μέν, ὦ παῖδες, ἤδη τοῦ βίου ἔξειμι·
ὑμεῖς δὲ ζητοῦντες ἃ ἐν τῷ ἀμπελῶνι κέκρυπται εὑρήσετε
πάντα." οἱ μὲν οὖν, οἰόμενοι θησαυρὸν ἐκεῖ κατωρύχθαι, πᾶσαν 5
τὴν τοῦ ἀμπελῶνος γῆν ἀποθανόντος τοῦ πατρὸς κατέσκαψαν,
καὶ θησαυρὸν μὲν οὐχ ηὗρον, ὁ δ' ἀμπελών, καλῶς σκαψάντων
αὐτῶν, πολὺν τὸν καρπὸν ἀπέδωκεν.
ὁ λόγος δηλοῖ ὅτι ὁ πόνος θησαυρός ἐστι τοῖς ἀνθρώποις.

Aesop 98

(b)   Siege of Plataea, 429 B.C.

οἱ δὲ Πελοποννήσιοι περιετείχιζον τὴν πόλιν κύκλῳ. καὶ 10
ἐπειδὴ πᾶν κατείργαστο, καταλιπόντες φύλακας ἀνεχώρησαν τῷ
στρατῷ. Πλαταιεῖς δὲ παῖδας μὲν καὶ γυναῖκας καὶ τοὺς
πρεσβυτάτους τε καὶ πλῆθος τὸ ἄχρηστον πρότερον ἐκόμισαν
ἐς τὰς Ἀθήνας, αὐτοὶ δὲ ἐπολιορκοῦντο τετρακόσιοι, Ἀθηναίων
δ' ὀγδοήκοντα, γυναῖκες δὲ δέκα καὶ ἑκατὸν σιτοποιοί. 15
τοῦ δ' ἐπιγιγνομένου ἔτους ἐξῆλθον ἄνδρες δώδεκα καὶ
διακόσιοι νυκτί. καὶ γὰρ ἐτήρησαν νύκτα χειμέριον ὕδατι καὶ
ἅμα ἀσέληνον. καὶ προσθέντες κλίμακας τῷ τείχει ὑπερέβαινον,
καὶ διέβησαν τὴν τάφρον, χαλεπῶς καὶ βιαίως, κρύσταλλος γὰρ
ἐπεπήγει ἐν αὐτῇ οὐ βέβαιος, καὶ ἐσώθησαν εἰς τὰς Ἀθήνας. 20

Thucydides III. 22

106

(c)　　　　The Battle of Aegospotami, 404 B.C.

οἱ δ᾽ Ἀθηναῖοι ἔπλευσαν εἰς Αἰγὸς ποταμούς, ἀντίον τῆς
Λαμψάκου. διέχει δ᾽ ὁ Ἑλλήσποντος ταύτῃ σταδίους εἰς
πεντεκαίδεκα, οἱ δ᾽ Ἀθηναῖοι παρετάξαντο ὡς εἰς ναυμαχίαν.
ἐπεὶ δ᾽ οὐκ ἀντανῆγε Λύσανδρος, καὶ τῆς ἡμέρας ὀψὲ ἦν,
ἀπέπλευσαν πάλιν πρὸς τοὺς Αἰγὸς ποταμούς. καὶ οὕτως 5
ἐποίησαν τέτταρας ἡμέρας. ἐπεὶ δ᾽ ἦν ἡμέρα πεμπτή, εἶπεν ὁ
Λύσανδρος τοῖς κατασκόποις, ἐπὴν κατίδωσι τοὺς Ἀθηναίους
ἐκβεβηκότας τῶν νεῶν, καὶ ἐσκεδασμένους κατὰ τὴν Χερρόνησον,
τὰ σιτία ὠνουμένους, τότε ἀποπλεῖν παρ᾽ αὐτόν, καὶ ἆραι
ἀσπίδα κατὰ μέσον τοῦ πλοῦ. ταῦτα ἐποίησαν, Λύσανδρος δ᾽ 10
εὐθὺς ἐσήμηνε, καὶ τὰς Ἀθηναίων ναῦς ἔλαβε παρὰ τῇ γῇ.

Xenophon, Hellenica II. i. 21

(d)　　　The Ostracism of Aristides the Just (c. 530–468 B.C.)

ἤδη δ᾽ ὁ δῆμος ἐπὶ τῇ Μαραθῶνι μάχῃ μέγα φρονῶν ἤχθετο
τοῖς ὄνομα καὶ δόξαν ὑπὲρ τοὺς πολλοὺς ἔχουσι, καὶ συνελθόντες
εἰς ἄστυ πανταχόθεν, ἐξοστρακίζουσι τὸν Ἀριστείδην φθόνῳ
τῆς δόξης, ὡς δ᾽ ἔλεγον φόβῳ τυραννίδος. ὁ δ᾽ ἐξοστρακισμὸς 15
ἦν μετανάστασις ἐτῶν δέκα· ἦν δὲ τοιοῦτο τὸ γενόμενον.
ὄστρακον λαβὼν ἕκαστος γράφει ὃν ἐβούλετο μεταστῆσαι τῶν
πολιτῶν, φέρει δὲ εἰς ἕνα τόπον τῆς ἀγορᾶς. οἱ δ᾽ ἄρχοντες
διηρίθμουν τὸ σύμπαν τῶν ὀστράκων πλῆθος· εἰ γὰρ ἑξακισχιλίων
ἐλάττονες οἱ γράψαντες ἦσαν, ἀτελὴς ἦν ὁ ἐξοστρακισμός. 20
γραφομένων οὖν τότε τῶν ὀστράκων, λέγεταί τινα τῶν
ἀγραμμάτων δόντα τῷ Ἀριστείδῃ τὸ ὄστρακον, ὡς ἑνὶ τῶν
τυχόντων, παρακαλεῖν ὅπως Ἀριστείδην ἐγγράφοι. τοῦ δὲ
θαυμάσαντος, καὶ πυθομένου μή τι κακὸν αὐτὸν Ἀριστείδης
πεποίηκεν, "οὐδέν," εἶπεν, "οὐδὲ γιγνώσκω τὸν ἄνθρωπον, 25
ἀλλ᾽ ἐνοχλοῦμαι πανταχοῦ τὸν Δίκαιον ἀκούων." ἀπεκρίνατο
μὲν οὐδὲν ὁ Ἀριστείδης, ἀλλ᾽ ἐνέγραψε τὸ ὄνομα τῷ ὀστράκῳ.

Plutarch, Aristides VII

6.   *An epitaph on the Athenian dead at Plataea* (479 B.C.)

εἰ τὸ καλῶς θνήσκειν ἀρετῆς μέρος ἐστὶ μέγιστον

ἡμῖν ἐκ πάντων τοῦτ' ἀπένειμε Τύχη.

Ἑλλάδι γὰρ σπεύσαντες ἐλευθερίαν περιθεῖναι

κείμεθ' ἀγηράντῳ χρώμενοι εὐλογίᾳ.   *Simonides.*

GREEK HOPLITE SOLDIER

Ὕμνοι

The following four songs by the late Dr. W. H. D. Rouse are reprinted, by kind permission of the publishers, from his " Latin and Greek Chanties " published by Thomas Nelson and Sons.

1. O dear, what can the matter be?

(Tune: " O dear what can the matter be? ")

1. φεῦ, φεῦ, τί ποτε γέγονε;
   φεῦ, φεῦ, τί ποτε γέγονε;
   φεῦ, φεῦ, τί ποτε γέγονε;
   τί ποτε γέγονε δή;

2. Κέρδων ἔφυγεν, ἔφυγε,
   Κέρδων ἔφυγεν, ἔφυγε,
   Κέρδων ἔφυγεν, ἔφυγεν,
   ἔφυγεν ἔφυγε δή.

3. κλέψας πρόβατα, πρόβατα, . . .   (τρίς)
   πρόβατα, πρόβατά μοι.

4. ἄξω πατέρα τὸν ἐμόν, . . .   (τρίς)
   ἵνα φυγάδα λάβῃ.

5. ἄξω στόλον ὁπλόμαχον, . . .   (τρίς)
   ἵνα φυγάδα βάλῃ.

6. ἄξω κύνα πολύφαγον, . . .   (τρίς)
   ἵνα φυγάδα φάγῃ.

2. The Lazy Boy
(Tune: *Frère Jacques*)

1. ποῦ 'σθ' ἀδελφός; ποῦ 'σθ' ἀδελφός;
   ἐν κλίνῃ, ἐν κλίνῃ.
   διὰ τί καθεύδεις; διὰ τί καθεύδεις
   νυστάζων, νυστάζων;

2. μή μ' ὀχλήσῃς ... (δίς)   ῥέγκω γάρ ... (δίς)
   βάλλ' ἐς κόρακας ... (δίς)   οἰμώξῃ ...   (δίς)

3. φεῦ τοῦ παιδός ...   σίγα δή ...
   βαρύκοτός ἐστιν ...   ἡ μήτηρ ...

4. οὔ μοι φροντίς ...   τῆς μητρός ...
   βαρύκοτος ἔστω ...   ἡ μήτηρ ...

3. The Wolf

(Tune: *Il était une bergère*)

1. ὁ βουκόλος φυλάττων—
   τοφλαττοθρὰτ τοφλαττοθράτ
   ὁ βουκόλος φυλάττων—
   κατεῖδε τὸν λύκον, λύκον,
   κατεῖδε τὸν λύκον.

2. λαβὼν τὸ τόξον εὐθύς,
   τοφλαττοθρὰτ τοφλαττοθράτ
   λαβὼν τὸ τόξον εὐθύς,
   ἔβαλλε τὸν λύκον, λύκον,
   ἔβαλλε τὸν λύκον.

3. βαβαὶ τί δή με βάλλεις;
   τοφλαττοθρὰτ τοφλαττοθρὰτ
   βαβαὶ τί δή με βάλλεις,
   ἔφη λύκος, τοφλαττοθράτ,
   ὅς εἰμί σοι φίλος;

4. σὺ δ᾽ εἰ φίλος πέφυκας—   (δίς)
   τοφλαττοθρὰτ τοφλαττοθρὰτ . . .
   τί κἄφαγες τὰ πρόβατα μου;
   δὸς αὐτά μοι πάλιν.

5. ἅπαντ᾽ ἔνεστι γαστρί,   (δίς)
   τοφλαττοθρὰτ τοφλαττοθρὰτ . . .
   ἔφη λύκος, τοφλαττοθράτ·
   ἅπαντα φροῦδα δή.

6. ἐπεὶ δὲ πάντα φροῦδα   (δίς)
   τοφλαττοθρὰτ τοφλαττοθρὰτ . . .
   κατεσθίω σ᾽ ἐγώ, σ᾽ ἐγώ
   κατεσθίω σ᾽ ἐγώ.

4. The Snail

(Tune: *Pop goes the weasel*)

1. ἢν ἰδοὺ πέδον κάτα
   ὁ φερέοικος ἕρπει,
   ὡς πατήρ ποθ' εἷρπε πρίν,
   πάππος, πρόπαππος.

2. εὐλαβῶς κέρατα δὴ
   ψηλαφῶν προτείνει,
   ὡς πατὴρ ἔτεινε πρίν,
   πάππος, πρόπαππος.

3. θαῦμ' ἰδεῖν, ἄκροις ἔχει
   ὄμματ' ἐν κέρασιν,
   ὡς πατήρ ποτ' εἶχε πρίν,
   πάππος, πρόπαππος.

4. οἴκαδ' οἴκαδ' αὖ φύγε,
   κακὰ μένει θύραζε,
   ὡς πατήρ ποτ' ἔμαθε πρίν
   πάππος, πρόπαππος.

5. εἰ δὲ μή, σ' ἀποκτενῶ,
   λὰξ χαμαὶ πατήσας·
   πατέρα γὰρ ποτ' ἔκτανον,
   πάππον, πρόπαππον.

[Staatliche Museum, Berlin]

ATHENIAN SCHOOLMASTER

μέλεται

I

1. *Write in Greek:*
   orchēstra, atlas, charactēr, hippopotamus, dyspepsia, cōma, Dēmosthenēs, asbestos, Hēraklēs, paralysis.

2. *Put into the Plural:*
   τό, καλέ, τόν, καλῆς, τῇ, θεοῦ, θάλατταν, οἰκίᾳ, παιδίον, τοῦ. λύεις, ἐστί, λῦε, λύει, βλέπω, ἄκουε, κομίζει, ἐρέττω, εἶ, ἥκεις.

3. *Put into the Singular:*
   ἀνθρώποις, αἱ, οἰκιῶν, ὀβολούς, παιδία, θαλάτταις, ποταμοί, τοῖς, καλά, σαθραῖς.
   λύουσι, διδάσκομεν, ἐστέ, ἐνδύουσι, ἀκούετε, εἰσί, λέγομεν, παρέχετε, κελεύουσι, ἐσμέν.

4. *Put in the Accents:*
   λυεις, ἐχομεν, ἀνθρωπου, καλα, θαλατταν, ποταμος, εἰ, οὐν, καταβαινουσι, νεκρων.

5. *Complete the following sentences:*
   1. ὁ Θρασύμαχ... φων... ἀκού...
   2. ἐγώ τε καὶ ὁ Θρασύμαχος καθεύδ...
   3. φων... θε... ἀκούω.
   4. ὦ Θρασύμαχ..., μὴ βλέπ... τ... οἰκί...
   5. ὁ Ἑρμῆς κομίζ... τοὺς νεκρ... εἰς Ἅιδ...
   6. ὁ Χάρων ἔχ... σαθρ... πλοῖ...
   7. οἱ ἄνθρωπ... ὀβολ... παρέχ... τοῖς νεκρ...
   8. τ... κώπ... ἐρέττομεν τ... πλοῖ...
   9. ὅ τε Θρασύμαχ... καὶ ὁ Ἑρμῆς εἰσβαίν...
   10. λέγω περὶ τ... θαλάττ... καὶ τ... ποταμ...

6. *Answer in Greek:*
   1. τίς ἐστιν ὁ Ἑρμῆς;
   2. τίς οὐκ ἐστιν ὁ Ἑρμῆς;

3. διὰ τί ὁ Ἑρμῆς κομίζει τὸν Θρασύμαχον εἰς "Αιδου;
4. ποῖ καταβαίνουσιν ὅ τε Θρασύμαχος καὶ ὁ Ἑρμῆς;
5. τί βλέπει ὁ Θρασύμαχος;
6. ποίαν φωνὴν ἔχει ὁ Χάρων;
7. τίς ἀεὶ ὀβολὸν ἔχει;
8. ποῖαί εἰσιν αἱ τοῦ πλοίου κῶπαι;
9. διὰ τί ὁ Θρασύμαχος ὀβολὸν οὐ παρέχει;
10. τίς τοὺς νεκροὺς τῷ πλοίῳ φέρει εἰς "Αιδου;

7. *Translate into Greek:*

1. The thunder is dreadful.
2. Charon carries the dead into Hades.
3. I am a child but Hermes is a god.
4. Hermes always takes the dead to Hades.
5. I hear the thunder and look at the lightning.
6. Zeus sinks the boats.
7. Do not put on your clothes.
8. The men are always ordering the boys.
9. The boat has a rotten mast and rotten sails.
10. Oh dear me! look at the corpses.

8. *Translate into Greek:*

1. Who is Zeus? Zeus is a god.
2. Teach me about the gods.
3. Why are they coming here?
4. Thrasymachus' voice is not beautiful but ugly.
5. Row with the oars; for he is sinking the boat.
6. Why are you looking at the sea?
7. The gods have the voices of men.
8. Have you a boat? No, I haven't a boat.
9. The god's boat has a mast, sails and oars.
10. The god gives the boys boats.

II

1. *Put into the Plural:*
   ἄνακτι, χώρας, σῶμα, τῇ, κύνα, τίνι, σώματος, τί, σοι, μου.
   καθεύδεις, διδάσκει, εἶ, βλέπω, χαῖρε, κατέχει, λέγω, λεῖπε,
   ἐνδύεις, ἀποθνήσκω.

2. *Put into the Singular:*
   ὀνόμασι, ὦτα, τίνων, ὀφθαλμοῖς, κύνες, κεφαλάς, αὐχένων,
   ἱστία, κυσί, ὑμῶν.
   κελεύουσι, ἔχομεν, ἀποκτείνετε, ἐστέ, πέμπομεν, ἀναβαίνουσι,
   κομίζετε, φυλάττομεν, δακρύουσι, μὴ λέγετε.

3. *Put in the Accents:*
   ἀστραπης, ἑπτα, ανακτων, σωματα, ἡμιν, δυοιν, ὑμεις, κυον,
   ἐμοι, εἰκοσι.

4. *Put the words in brackets into the right case:*
   ἐκ (τὸ πλοῖον), εἰς (ὁ αὐχήν), ἀπὸ (ὁ ποταμός), ἐπὶ (ἡ γῆ),
   ἐν (ἡ θάλαττα) πρὸς (αἱ χῶραι), περὶ (ὁ Κέρβερος), ἐπιτρέχω
   ἐπὶ (ὁ κύων), εἰς (ἡ οἰκία), ἐκ (ὁ ποταμός).

5. *Complete the following sentences:*
   1. ὁ Θρασύμαχ ... οὐ βλέπ ... τὸν Κέρβερ ...
   2. τίς πρὸς τ ... γ ... ἀναβαίνει;
   3. ὁ Χάρων ἐρέττ ... τὸ πλοῖ ... ἐπὶ τ ... ποταμ ...
   4. μὴ δάκρυ ..., ὦ παιδί ...· ὁ γὰρ Ἑρμῆς ἐστ ... θε ...
   5. οἱ ἄνακ ... ἀεὶ κελεύ ... τ ... παιδί ...

6. *Answer in Greek:*
   1. τίνι ὀργάνῳ λέγει ὁ κύων;
   2. πόσους αὐχένας ἔχει ὁ Κέρβερος;
   3. διὰ τί ὁ Ἑρμῆς λείπει τὸ παιδίον;
   4. τίς ἄναξ ἐστὶ τῶν νεκρῶν;
   5. διὰ τί οὐδεὶς ἀναβαίνει ἐξ Ἅιδου;

7. *Translate into Greek:*

 1. I have one head, one neck, and two eyes.
 2. The dog guards the house but no-one guards the dog.
 3. Kings judge men but do not judge the dead.
 4. We look with our eyes and hear with our ears.
 5. The men are running towards the king away from the dogs.
 6. Pluto is the ruler of the dead and Zeus the ruler of the gods.
 7. The smell of the river is dreadful and Thrasymachus weeps again.
 8. Hermes and Aeacus teach Thrasymachus about the dead.
 9. The gods send good boys to Elysium but wicked kings to Tartarus.
 10. You have six obols but we have only five.

8. *Translate into Greek:*

 1. Who is guarding the house? The boy's dog is guarding the house.
 2. We have both ears and eyes in our heads.
 3. Don't leave the five boys in the house.
 4. Hermes goes up again from Hades to the gods.
 5. The ship has a mast and the mast has sails.
 6. How many ears have eighteen dogs?
 7. Bring your clothes into the house. Don't leave (them) on the ground.
 8. What is your name? What is the name of Aeacus' dog?
 9. Tell me again. Who rules the land? No-one rules the land.
 10. In Elysium are the good, in Tartarus the bad.

III

1. *Put into the Plural:*

    ἐμοί, ἄνδρα, ποδί, καλῆς, χρυσοῦν, ἀργυρᾷ, ὀνόματος, κύον, γυναικί, χρυσοῦς.

    τιμᾷ, ποιῶ, δηλοῖς, προσχωρεῖς, ὁρῶ, ἀροῖ, οἰκεῖ, δηλῶ, ἔχεις, σίγα.

2. *Put into the Singular:*

    πόδας, νήσοις, αἱ, παθήματα, ἀργυρᾶ, δένδρων, παισί, ἡμᾶς, στόματα, χωρῶν.

    σιγῶσι, δειπνεῖτε, ἀλγοῦμεν, ὁρᾶτε, δηλοῦσι, ἐσμέν, ποιοῦμεν, γελῶσι, καθεύδομεν, οἰκοῦσι.

3. *Put in the Accents:*

    σιγα, τετταρα, γυναικων, ἡμεις, λυε, ἐκκαιδεκα, καλων, χρυσαις, οἰκιας, ἀγαθος.

4. *Give the Greek for:*

    5, 9, 12, 20, 400, into Hades, on the tree, why?, how many bodies?, the woman's boat.

5. *Complete the following:*

    1. ἡ γυν ... ὁρ ... τοὺς παιδ ... ἐν τ ... ποταμ ...
    2. οἱ ἄνακτ ... οὐκ ἀρ ... τ ... γῆν.
    3. αἱ γυν ... ὁρ ... τ ... παιδί ... ἐν τ ... οἰκί ...
    4. οἱ ἄνθρωπ ... σιγ ... διότι οἱ κύν ... ἐπιτρέχ ...
    5. τ ... ἀρότρ ... ἀροῦμεν τ ... γ ...

6. *Translate into Greek:*

    1. Boys never keep quiet.
    2. What is your name, boy?
    3. I am lame; therefore I do not laugh.
    4. Why are you crying? Have you a headache?
    5. Do the gods always have silver helmets?
    6. We do nothing but ask questions.
    7. No-one ever gathers fruit with a plough.

8. Achilles is not an honourable man but he has a silver helmet.
9. Do the gods always have golden fruit?
10. The fruit is rotten and falls to the ground.

7. *Translate into Greek:*
1. What is the name of the islands?
2. The gods do wonderful things but they do not plough.
3. Where are the dogs? The dogs are running towards Thrasymachus.
4. Rich men do not always have silver helmets.
5. We believe you. Show us the golden fruit.
6. How fierce the dog is! I have a pain in my body.
7. Be quiet! The women are asleep in the house.
8. Don't climb the trees but pick fruit on the ground.
9. Boys are always laughing but women always weep.
10. What are the men doing? They are showing the boys the rivers of the island.

8. *Translate into Greek:*

The men come from the river into Hades but they do not approach the dog. For the dog never sleeps; he does nothing else but guard the corpses. The dog therefore barks because it sees the men, but the men keep quiet. A golden fruit, however, falls on the dog's head. The dog therefore sleeps and the men go down towards the dead.

IV

1. *Put into the Plural:*

δειπνῶ, γελᾷ, πιστεύεις, ἀρῶ, ἐθέλει, σιγᾷς, οἰκεῖ, ἕλκω, ἐρώτα, φιλεῖ.
λύομαι, δηλοῦται, τιμᾷ, ποιῇ, λύου, ποιοῦ, ἀποκρίνεται, γίγνομαι, ἄρχεται, διαλέγῃ.

2. *Put into the Singular:*

τρίχες, ποιμένας, προβάτοις, ἱστία, οἰκιῶν, γυναῖκας, θρόνων, ἀργυραῖς, ποσί, σώφρονα.

τιμῶνται, λύεσθε, δηλούμεθα, ποιεῖσθε, μάχονται, καθιζόμεθα, αἱροῦνται, λαμβάνεσθε, τιμᾶσθε.

3. *Give the Comparative and Superlative of:*

κακός, δεινός, θαυμάσιος, καλός, ἀγρίως, σώφρων, πλούσιος, ὄλβιος, μιαρός, ὑπέρφρων.

4. ἄλλως Ἑλληνιστί:

1. ἡ Ἀφροδίτη καλλίων ἐστὶ τῆς Ἀθήνης.
2. ἐγώ εἰμι πλουσιώτερος ἢ ὁ τῶν νεκρῶν ἄναξ.
3. ἡ τράπεζα ὑψηλοτέρα ἐστὶ τοῦ θρόνου.
4. οἱ ἄνδρες κακίονές εἰσιν ἢ αἱ γυναῖκες.
5. οἱ θεοὶ ἀμείνονές εἰσι τῶν ἀνθρώπων.

5. *Translate into Greek:*

1. Thunder wakens men but not gods.
2. The goddesses are always quarrelling in heaven.
3. The prudent keep quiet and never shout.
4. Women are more beautiful than men but men converse more cautiously.
5. What happens in heaven? Don't you know?
6. Don't pull my hair, boy, and don't seize hold of my ear.
7. Hera answers haughtily but Aphrodite more haughtily than Hera.
8. Zeus hears the voices of the women and is very angry.
9. Ganymede picks up the apple but does not choose the most beautiful of the goddesses.
10. Paris chooses the most beautiful of the goddesses but does not choose prudently.

6. Translate into Greek:

What is happening in the house? The man and woman are quarrelling dreadfully because the woman chooses the best apple. The man, however, is more prudent than the woman and does not take the apple. The woman takes the apple and throws it savagely at the man. He runs away therefore from the house because he is the most prudent of men. Is the man better than the woman? I don't know but we learn by experience.

V

1. Put into the Middle:

λύετε, τιμᾷ, ποιοῦμεν, δηλοῖς, ἄρχω, διδάσκομεν, τίμα, λῦε, αἱρεῖτε, λαμβάνει.

2. Put into the Plural:

λύῃ, λαμβάνεται, ποιῇ, διαλέγομαι, αἱροῦ, ἀναγιγνώσκει, ἄπειμι, βοᾷ, βάλλω, δειπνεῖς.

θρίξ, ἐμαυτῷ, ἄνερ, ποδί, θαλάττῃ, ποιμήν, γύναι, καλῆς, χρυσῆν, σώφρονι

3. Put in the Accents:

μωρους, κακιονι, διοτι, ὑψηλη, ἀρχομεθα, ποιου, τιμασθε, πλουτος, ὑπερφρονεστατα, δωρον.

4. Give the Comparative and Superlative of:

δεινός, μιαρός, ὑπέρφρων, φίλος, κακός, σωφρόνως, μάλα, καλῶς, ἀγρίως, σοφῶς.

5. τί ἐστι τὸ ἐναντίον;

λέγω, διὰ τί, καταβαίνω, καλλίων, οὗτος, ἀνήρ, μανθάνω, θεός, παρέχω, μωρός.

6. *Translate into Greek:*
   1. The shepherds' flocks live in these fields.
   2. These women are goddesses. What are their names?
   3. This man is a philosopher and that man a king.
   4. Aphrodite comes with three others into the field.
   5. The gods have the same bodies as (καί) we ourselves.
   6. Friends always recognise each other.
   7. Do not converse privately. You are worse than Thrasymachus.
   8. Paris falls to the ground because he recognises the goddesses.
   9. Do not criticise other men. The gods themselves make mistakes.
   10. While Paris converses with the goddesses his sheep are asleep in the fields.

7. *Translate into Greek:*
   Paris is a shepherd and tends his sheep in Phrygia. He hears the voices of women in the sky but he is mistaken. For these are not women but goddesses. The same goddesses, moreover, are quarrelling with each other and the sheep hear them. The sheep therefore run away but Paris does not. And so the goddesses arrive on earth and Paris prudently falls to the ground and honours them.

VI

1. *Put into the Middle:*
   αἱροῦσι, λύομεν, ποιεῖς, ἄρχετε, λοῦε, τιμῶσι, δήλου, ἐπαίρει, λαμβάνουσι, σίγα.

2. *Give the other degrees of comparison:*
   μάλιστα, πλουσιώτατος, σωφρόνως, μωρότερον, ἀμείνων, δεινῶς, φίλτατος, σοφώτατα, ἀγρίως, ὑπέρφρων.

3. *Put into the Singular:*

γίγνεσθε, ἁμαρτάνομεν, ὑβρίζουσι, ἀφικνεῖσθε, ἐστέ, τιμώμεθα, δακρύετε, ἐθέλομεν, ἀροῦτε, λάμπουσι.

ἄνακτας, νεανιῶν, πολῖται, ὑβριστάς, στρατιώταις, ὧν, δεσποτῶν, ὑπέρφρονα, ὅτοις, ὑμῶν αὐτῶν.

4. *Join the following sentences, using* ὅς – ἥ – ὅ:

(a) οὗτός ἐστιν ὁ ἀνήρ· τὸν ἄνδρα ὁρῶ.

(b) αὕτη ἐστὶ τραγῳδία· ἐν τῇ τραγῳδίᾳ ὁρῶμεν τὸν Ἀγαμέμνονα.

(c) τοὺς νεανίας οὐ φιλῶ· τῶν νεανιῶν ἀκούω.

(d) ἀξίνην ἔχει ἡ Κλυταιμνήστρα· τῇ ἀξίνῃ ἀποκόπτει τὴν τοῦ ἀνδρὸς κεφαλήν.

(e) ἡ γυνὴ ἐν θρόνῳ καθίζεται· ὄπισθε τοῦ θρόνου ἐστὶν ἀξίνη.

5. *Give the Genitive Singular and Accusative Plural of:*

ἄναξ σώφρων, ὁ μωρότατος παῖς, κάκιον παιδίον, αὕτη ἡ γυνή, ἀνὴρ σοφώτατος, μῆλόν τι χρυσοῦν, στρατιώτης δεινός, ἐμαυτήν, ὑπέρφρων πολίτης, τὸ λουτρὸν τὸ ἐμόν.

6. *Translate into Greek:*

1. Do you see the soldiers who are killing the women?
2. The axe, which Clytaemnestra hides, is ready for her husband.
3. The fire that the guard sees is very bright.
4. In the middle of Troy, whose citizens are weeping, are corpses.
5. The Greek soldiers, who conquer in battle, are rejoicing.
6. Aegisthus, with whom Clytaemnestra rules the citizens, loves her.
7. Agamemnon, who returns from Troy with his soldiers, is a braggart.
8. The king sees the bath in which he always washes.

9. The head, which the woman cuts off with an axe, falls to the ground.

10. The young men, whom we do not like, are always asking questions.

7. *Translate into Greek:*

In a certain house, which has only one bath, live two young men, Xanthias and Orestes by name. Xanthias likes the bath, but Orestes is already washing in it. Xanthias says savagely to Orestes, " Get out of that bath, young man." Orestes, however, who is an insolent fellow and does not like Xanthias, does nothing but wash himself. Xanthias therefore seizes an axe with which he cuts off Orestes' head. Thus Orestes dies and Xanthias washes himself in the bath. Phew! What young men!

VII

1. *Give the Accusative Singular and Dative Plural of:*

βασιλεύς, ξίφος, βοῦς, ὁδός, νεανίας, ὑβριστής, σῶμα, δέσποινα, "Ελλην, στρατιώτης, αὕτη, ἑαυτό, γέρων, θρίξ, μέρος, κύων, σκέλος, πολίτης, γῆ, λουτρόν.

2. *Put into the Plural:*

ὁρᾷ, ἐθέλεις, ἀροῖ, ἀφικνοῦμαι, φαίνεται, νίκα, βλέπε, ἕπου, γιγνώσκω, λούῃ.

3. *Put the words in brackets into the appropriate case:*

μετὰ (οἱ στρατιῶται), διὰ (ὁ οὐρανός), ὄπισθε (ἡ τράπεζα), περὶ (ἡ γυνή), ἐκ (ἡ οἰκία), εἰς (ὁ ποταμός), ἐπὶ (οἱ πολέμιοι), ἀπὸ (τὸ ἄρμα), ἐπὶ (ἡ ἀσπίς), ἐν (τὸ πῦρ).

4. *ἄλλως Ἑλληνιστί:*

   1. ὁρῶ τὸν παῖδα· ὁ παῖς ἀφικνεῖται.
   2. οἱ πολῖται διαλέγονται· οἱ πολῖται ἀποτρέχουσιν.
   3. ὁ Ἀχιλλεὺς αἰτεῖται· πειθόμεθα τῷ Ἀχιλλεῖ.

4. ἄκουε τῶν θεῶν· αἱ θεοὶ διαλέγονται.
5. ἐπὶ τῆς ἀσπίδος βλέπομεν τοὺς πολεμίους· οἱ πολέμιοι μάχονται.

5. *Translate into Greek:*
   1. The youths are following the king.
   2. Surely you see the youths following the king?
   3. These women are conversing because they do not see their husbands.
   4. We hear these women conversing.
   5. Kings never run away when they fight.
   6. The gods always obey priests who seem good.
   7. We defend ourselves against our enemies with our swords.
   8. Stop fighting each other, boys.
   9. Give these swords to the soldiers as they follow the king.
   10. Don't run away from the bulls fighting in the field.

6. *Translate into Greek:*
   As I am arriving at my house I see three boys in the road following one another. The second follows the first, and the third follows the second. As I arrive I see the same boys fighting and defending themselves against one another. The second pulls the first's ear, while the first is seizing hold of his hair. The third, since he sees this happening, runs away. As the others are fighting their dogs are barking. I shout at them in my gruff voice and they stop fighting. The dogs are quiet again.

VIII

1. *Give the Dative Singular and the Nominative Plural of:*
   ἱερεύς, πόλις, σκέλος, πολίτης, θάλαττα, κύων, ἰχθύς, σεαυτόν, θρίξ, ἀγρός, αὕτη, μάθημα, ὄναρ, ἰσχύς, δόρυ, γραῦς, ἀσπίς, ὅ, τέλος, ἐγώ.

2. *Put into the Singular:*

λύεσθε, νικῶσι, δηλοῦσθε, δειπνοῦμεν, ἐστέ, ἀποκρίνονται, κάμνετε, ἐρωτῶμεν, δάκνουσι, γίγνεσθε.

3. *Give the other degrees of comparison:*

φοβερός, μωρότερον, εὖ, κάλλιστος, ὑπερφρονέστατα, κάκιον, φίλτερος, ῥᾷστος, σώφρων, σοφώτερον.

4. ἄλλως Ἑλληνιστί:

1. ὁ κύων ἀκούει τοῦ παιδός· ὁ παῖς δακρύει.
2. ἐν ᾧ προσχωροῦμεν, γέροντάς τινας ὁρῶμεν.
3. οἱ ἄνδρες ἀγρόν τινα ἀροῦσιν· βλέπω τοὺς ἄνδρας.
4. αἱ παρθένοι σιγῶσιν· αἱ παρθένοι χορεύουσιν.
5. οἱ στρατιῶται μάχονται τοῖς πολεμίοις· οἱ πολέμιοι βάλλουσι τὰ δόρατα.

5. *Translate into Greek:*

1. Do you hear someone talking?
2. Be suspicious of a man always laughing.
3. The boys hear the old woman's story in silence.
4. Although he has only one sandal, Jason easily reaches the city.
5. Carrying the old woman, Jason crosses the river, although it is flowing dreadfully.
6. Always obey old women giving orders.
7. Fish see the feet of men crossing a river and bite them.
8. As I return I meet no-one who is a citizen of this city.
9. We learn by asking questions.
10. The old man always answers my questions, but the old woman is always ordering me to be quiet.

6. *Translate into Greek:*

An old woman, who lives in this city, has two children. These children do nothing but eat, and cry because the old woman is always giving them fish, which they do not like.

The old woman, therefore, orders them to eat in silence, but one of the two, although only a child, does not obey her commands, but runs away to the priest, who lives in the same city. The priest, however, sends the boy to the old woman, with orders not to give him any food. The boy returns in tears, and goes to sleep without saying a word.

IX

1. *Give the Genitive Singular and Dative Plural of:*

   ἰχθύς, κυβερνήτης, σύ, ὁ, ὄρνις, ἔργον, ἀνήρ, τοῦτο, θεός, πάθημα, οὖς, γραῦς, βοῦς, μέρος, ἄναξ, ὁδός, ἥρως, θάλαττα, γέρων, σκέλος

2. *Put into the Plural:*

   δηλοῦ, πολῖτα, νηΐ, βασιλέα, ποιῇ, τιμῶ, ξίφος, λούομαι, σώματι, θρίξ

3. *Put after ὁ παῖς ὁρᾷ:*

   1. ὁ βοῦς τρέχει.
   2. γέροντές τινες παρὰ τῇ νηΐ καθίζονται.
   3. ἡ τοῦ Ἀγαμέμνονος γυνὴ σιγᾷ.
   4. ἡ "Ηρα αἱρεῖται τὸ μῆλον τὸ χρυσοῦν.
   5. αἱ θεοὶ δηλοῦσι τῷ Παρίδι τὰ δῶρα.

4. *τί ἐστι τὸ ἐναντίον;*

   κάκιστος, γέρων, ἀνήρ, ῥᾴδιος, σοφός, νεανίας, δεσπότης, πείθομαι, ἄρχομαι, διὰ τί;

5. *Put in the Accents:*

   δεινως, ἀφικνουμεθα, κυβερνατε, γυναιξι, βλεπουσαι, ποιεισθαι, οὐσων, ἡρωα, τριακοντα, ἐμοι, εἰναι.

6. *Translate into Greek:*

   1. You must not cry; it is not right for boys to cry.
   2. Old women are always ordering boys to be quiet.

3. Boys must obey the old women when they give these orders.
4. We can escape by performing these tasks.
5. It is fitting for a king to rule well.
6. The ships, which they are building, seem beautiful.
7. Order the helmsman not to steer between those rocks.
8. It is never right for a soldier to run away on seeing the enemy.
9. Do you see the birds flying through the trees?
10. Comrades, you must get into the ship and row as quickly as possible to that island.

7. *Translate into Greek:*

Jason wants to become king of Iolcus but Pelias orders him first to fetch the Golden Fleece from Colchis. Obeying this man's commands, Jason calls together certain heroes and orders them to build a ship as quickly as possible. For it is fitting for heroes to undertake such terrible tasks. First of all they must sail through the rocks called the Symplegades. Jason therefore orders his helmsman to steer through these rocks as they run together. The comrades only just escape but they do not weep since it is never right for heroes to do that.

X

1. *Give the Dative Singular and Accusative Plural of:*

χώρα, πολίτης, μάθημα, πῦρ, ναῦς, θυγάτηρ, ἥρως, κυβερνήτης, ἑαυτήν, ἥ, σκέλος, πλοῖον, πόνος, ὄρνις, ὄναρ, γυνή, βασιλεύς, αὕτη, δράκων, νεανίας.

2. *Put into the Singular:*

νικῶμεν, ἀνδράσι, καθίζεσθε, χρυσᾶ, λύετε, φιλοῦσαι, σκελῶν, ἱερῆς, ἀροῦτε, ὡσί, οὖσι, οἵ τ' εἰσι, ἀποκρίνεσθε, δηλοῦμεν, νεῶν, ὁρῶντα, ἰχθῦς, ποιούντων, ξίφη, αἶστισι.

3. *Put in the Accents:*

ὁδους, φυλαττουσι, ἰσχυς, γραι, φοβεραις, ποι, ἐπεσθε, ἡγου-
μεθα, ὑβριστου, νικα.

4. *Give the other degrees of comparison:*

ῥᾴδιος, σοφώτατα, σωφρόνως, ἄμεινον, ὀλίγος, μωρότερον,
κάκιστος, ὑπέρφρων, φίλτατος, κάλλιον.

5. *Put after ὁ γέρων κελεύει:*

1. σιγᾶτε, ὦ παῖδες, μηδὲ θόρυβον ποιεῖτε.

2. πάρεχέ μοι τὸ ξίφος, ὦ νεανία.

3. ὦ θύγατερ, μὴ καθίζου ἐν τούτῳ τῷ θρόνῳ.

4. ὦ κυβερνῆτα, κυβέρνα τὴν ναῦν.

5. ὦ Ἰᾶσον, ἆρου ἐκεῖνον τὸν ἀγρόν.

6. *Give the Greek for:*

7th, 15, 100th, 600, 15,496 women, how many apples are
there?, as cautious as possible, with the old man, after a
short time, of course.

7. *Translate into Greek:*

Look at the horns of those bulls, which are rushing out
into this field. How dreadful they seem! You must look,
too, at the fire which is pouring from their nostrils. But
there is no need to be afraid. It is not right for us to run
away when we see such things. For we are heroes and
companions of Jason. Here is a woman who is trying to help
us to defend ourselves against the bulls. She gladly gives us
the ointment, which we use to anoint ourselves. Now the
bulls cannot hurt us. They are running away from us as we
anoint ourselves.

XI

1. *Give the Genitive Singular and the Accusative Plural of:*

   πόνος ῥᾴδιος, ἄνθρωπος σώφρων, νεανίας ἀμείνων, σῶμα μικρόν, βασιλεὺς σοφός, τοῦτο τὸ ὕδωρ, πατὴρ κελεύων, βοῦς δεινός, παῖς ὑπέρφρων, μέρος κάλλιον.

2. *Put into the Future and the Aorist:*

   τιμᾷς, ἀκούομεν, ποιοῦσι, δηλοῖ, πέμπεις, κελεύετε, βλάπτω, πληροῦτε, λούεσθε, ἐστί.

3. *Put into the Future:*

   1. τίς ἐστιν οὗτος; τί λέγει;
   2. αἱ Δαναΐδες οὐ τιμῶσι τὸν πατέρα.
   3. ἆρ' ἀκούετε τῶν βοῶν οἳ ἐξορμῶσιν;
   4. ὁ Ζεὺς πέμπει τὸν Ἑρμῆν πρὸς τὴν γῆν.
   5. βλέπομεν τὰς τῶν ὀλβίων νήσους, ὅπου οἰκοῦσιν οἱ ἥρωες.

4. *τί ἐστι τὸ ἐναντίον:*

   χαλεπός, Ἠλύσιον, γῆ, θεός, παρθένος, δακρύω, γραῦς, κεφαλή, σιγῶ, πρότερον.

5. *Translate into Greek:*

   1. The old man ordered the boys to be quiet.
   2. They will never stop talking.
   3. They did wrong and the king justly condemned them.
   4. Do not run away; no-one will hurt you.
   5. I sent some slaves to the river, where they filled a jar with water.
   6. Zeus will send the wicked to Tartarus, but the good will live in Elysium.
   7. What did he say? I did not hear because my father sent me away.
   8. I will try to do what you ordered me to do.
   9. Did you wash your neck? No, but I will wash it immediately.

10. The helmsman will never be able to steer the ship through those rocks.

6. *Translate into Greek:*

The daughters of Danaus were very wicked. They honoured their father but not their husbands. They cut off their husbands' heads during the night. Are you going to ask me why they did this? You need not ask me, because I will tell you the story. They did wrong in obedience to their father's orders. And now they must toil in Tartarus for ever. Alas, what a task! They will try to fill a jar with water, but they will never fill it, because the water always flows out again. Zeus ordered them to toil like this for ever.

XII

1. *Give the Accusative Singular and the Genitive Plural of:*

πᾶς ὁ μῦθος, ἀνὴρ ὑπέρφρων, θυγάτηρ πονηρά, ξίφος μακρόν, πούς ἀριστερός, αὕτη ἡ ναῦς, γραῦς ἀδικήσασα, θεὸς ἀμείνων, πολίτης σοφώτατος, ἄναξ ἄδικος.

2. *Put into (a) the Future and (b) the Aorist:*

τιμῶμεν, ἀδικῶ, ἐξηγεῖσθε, ἀπαντᾷς, χρῶνται, δηλοῖ, νικᾷς, βλάπτουσι, φιλοῦμεν, ἐστέ.

3. *Put into the Plural:*

ἄνακτος, βασιλεῦ, νηΐ, πατρός, βοῦν, ἐμαυτῷ, πυρί, οὖς, σοῦ, ὅν, ἔκλεψας, ἦσθα, λῦσαι, ποίησαι, πειράσῃ, ἐδηλώσω, ἀροῖ, ἐστί, λῦσον, ἔσῃ.

4. *ἄλλως Ἑλληνιστί:*

1. ἐπειδὴ ταῦτ᾽ ἐποίησεν, ὁ ποιμὴν ἐσίγησεν.
2. ἐπεὶ ἡ Μήδεια ἔβλεψε τὸν Ἰάσονα, εὐθὺς ἐφίλησεν αὐτόν.
3. ἐπειδὴ ἠρώτησαν, οὐδὲν ἐλέξαμεν αὐτοῖς.

4. αἱ Δαναΐδες ἠδίκησαν καὶ ὁ Ζεὺς κατεδίκασεν αὐτῶν.

5. ἡ Ἥρα ἠτήσατο καὶ ὁ Σίσυφος πάντα ἐδήλωσεν αὐτῇ.

5. *Put in the Accents:*

θυγατηρ, λυσασι, λυσαι, ποιησεσθε, νεως, ἐμε, διοτι, πασι, ἠν, ποσιν.

6. *Translate into Greek, using Participles:*

 1. When we have done this, we shall meet the king.
 2. Having done this, we met the king.
 3. They have heard a little and now they want to hear the whole story.
 4. What have you done to suffer like this, mother?
 5. I don't like this man who stole my daughter.
 6. What did the hero want to do when he ordered the soldiers to run away?
 7. When you have shown me the way, I shall tell you a story.
 8. I am angry with you for doing this.
 9. When a priest has ordered you to be quiet, you must obey him at once.
 10. Although you have done wrong, I shall not condemn you.

7. *Translate into Greek:*

The story which you told me does not please me. On the contrary, I am angry with you. You went into a field before I did, and stole all the apples which were on the trees. When you had stolen them, you carried them off into your house. You stole them yourself: it is no use crying. You ought not to have done wrong. And, what is more, although you did this wrong yourself, you want to condemn me, who did nothing. What an injustice! Keep quiet now and don't try to escape by asking questions. I shall punish you because you did wrong. You will not steal apples again.

XIII

1. *Give the Dative Singular and the Accusative Plural of:*
   πολίτης ἀγαθός, σκέλος δεξιόν, βασιλεὺς φεύγων, γυνὴ καλλίστη, νεανίας μῶρος, γέρων ἐρωτήσας, ἥδε ἡ ὁδός, ὄναρ κάκιον, στρατιώτης σώφρων, τοῦτο τὸ οὖς.

2. *Put into the Imperfect and the Aorist:*
   λύετε, βάλλεις, πάσχουσι, δηλοῖ, ἐσθίω, ποιεῖται, βοῶσι, μανθάνεις, λαμβάνεσθε, ἔχουσι.

3. *Give the Present Middle and the Aorist Active Paradigms of:*
   κελεύω, αἰτῶ, λαμβάνω, αἱρῶ, ὁρῶ.

4. *Give all Infinitives of:*
   λύω, τιμῶ, λείπω, βάλλω, βλάπτω.

5. *Join the following sentences, using a Participle:*
   1. οἱ παῖδες ἥμαρτον· οἱ παῖδες ἀπῆλθον ἀπὸ τῆς πόλεως.
   2. ὁ φύλαξ εἶδε τοὺς βοῦς· οἱ βόες ἀπέφευγον.
   3. αἱ Δαναΐδες κακὰ ἔπαθον· αἱ Δαναΐδες ἀπέθανον.
   4. οἱ στρατιῶται ἐφύλαττον τὸν βασιλέα· ὁ βασιλεὺς ἀφίκετο.
   5. ταῦτ᾽ ἐστὶ τὰ σώματα τὰ τῶν ὁπλιτῶν· οἱ ὁπλῖται ἀπέθανον.

6. *Translate into Greek:*
   1. Tantalus was cutting up his son with his sword.
   2. Tantalus cut up his son and having cut him up gave him to the gods.
   3. Zeus always used to punish the wicked.
   4. Zeus punished Tantalus by sending him to Tartarus.
   5. We saw a man who made a mistake in telling his story.
   6. Why did you keep on doing wrong?
   7. When they had learnt what was happening, the women told the whole story to their husbands.
   8. Is it possible for us to capture the villain and kill him?
   9. Why did you take those grapes and eat them?
   10. You were doing wrong in eating the fish.

7. *Translate into Greek:*

Yesterday I saw a man who was doing wrong. He got hold of a boy and was cutting him up into thirty pieces. He threw away his hands and feet. When he had cut him up he threw him into some hot water and then ate him. After eating the boy he took a bowl and drank some wine. After that he fell down and slept. What wickedness! Men ought not to do such things. Tomorrow I shall tell the whole story to the king, and perhaps, when he has learnt what I saw, he will punish this wicked man. Surely Zeus will send him to Tartarus?

XIV

1. *Give the Genitive Singular and the Dative Plural of:*

μεγάλη λίμνη, ἡ δεξιὰ χείρ, ἀδίκημα κάκιον, ἱερεὺς ὑπέρφρων, πατὴρ πονηρός, ὁπλίτης ἀνδρεῖος, κύων εὐγενής, ναῦς πολεμία, γίγας τις μείζων, σκέλος μακρόν.

2. *Put into the Passive:*

ἔλυες, ποιοῦσι, ἐτιμῶμεν, ἐδήλουν, πέμπεις, ἠδίκει, πληροῦτε, ὑποπτεύω, ἔκλεπτες, νικᾷ.

3. *Put into the Passive:*

1. ὁ ἄνθρωπος τύπτει τὸν κύνα.
2. ὁ κύων δάκνει τὸν ἄνθρωπον.
3. ὁ κλέπτης ἀφαιρεῖ τὰ μῆλα.
4. οἱ πολέμιοι νικῶσιν ἡμᾶς.
5. νικῶμεν τοὺς πολεμίους.
6. τὰ παιδία ἔτυπτε τὸν ἄνδρα.
7. οἱ ἄνδρες ἔτυπτον τὰ παιδία.
8. ὁ γίγας ἐπίεζε τὸν ἥρωα.
9. ἡ μήτηρ φιλεῖ τὸν παῖδα.
10. ὁ παῖς οὐκ ἐφίλει τὴν μητέρα.

4. *Give the Present and Aorist Paradigms Active and Middle:*
   λύω, τιμῶ, βάλλω, κλέπτω, πληρῶ.

5. *Parse:*
   ἔπαθες, τιμῶν, ἦσθα, δηλῶσαι, ἰδεῖν, κατατεμούσης, φυγούσαις,
   ἀροῖ, ἐκαλέσω, ἔδη.

6. *Translate into Greek:*
   1. The large house is being built by the citizens.
   2. The old woman was being beaten by the old man.
   3. We are never conquered by our enemies.
   4. The guards were being hit by big stones.
   5. The messengers are being sent by the king to the enemy.
   6. The bull was being cut up with a large sword.
   7. While he was being beaten the boy wept.
   8. Wise men sleep all night long, not during the day.
   9. He was being beaten for not telling the truth.
   10. Since he had no food, on the third day he was becoming
       very weak.

7. *Translate into Greek:*
   Look! those weak little boys are being beaten by a giant
   with his huge hand, and being beaten they are shouting
   dreadfully. Do you ask me why they are being beaten on
   this fourth day? I cannot tell you the true story today. But
   although they have done no wrong, they are being overcome
   by that great giant. The giant is not liked by these boys.
   But you ought not to ask such questions all day and all night.
   You ought to help the weak little boys who are being wronged
   like this by that wicked giant. I shall tell you the whole story
   tomorrow. When you have heard the truth, you will want to
   punish that giant.

XV

1. **Give the Dative Singular and the Genitive Plural of:**

   γίγας παχύς, μῦθος ἀληθής, πολίτης μέγας, παῖς ἀσθενής, γυνὴ λυθεῖσα, ξίφος χρυσοῦν, πόνος βαρύς, ὄναρ δεινότερον, ἄναξ καλλίων, γραῦς σώφρων.

2. **Put into the Passive:**

   λύσεις, ἐνίκησαν, ἐκελεύσατε, πέμψομεν, δουλώσει, ἐποιήσω, τιμησάσαις, λύσασθαι, ἐδήλου, λῦσον.

3. **Give the Aorist Paradigm Active and Passive:**

   λύω, ποιῶ, νικῶ, ἐξαπατῶ, λαμβάνω.

4. **Put into (a) the Aorist and (b) the Future:**

   1. δώδεκα πόνοι ποιοῦνται ὑπὸ τοῦ Ἡρακλέους.
   2. κελευόμεθα ὑπὸ τοῦ διδασκάλου σιγᾶν.
   3. ὁ Ἡρακλῆς δουλοῦται ὑπὸ τοῦ βασιλέως.
   4. ὁ ἥρως λύεται ὑπὸ τοῦ Εὐρυσθέως.
   5. νικῶνται ὑπὸ τῶν πολεμίων.

5. **Give the Comparative and Superlative of:**

   πονηρός, μέγας, ἀληθής, ταχύς, μικρός.

6. **Give the Greek for:**

   8th, 70, 100th, 500, 3,333, not yet, as easily as possible, for a short time, on the tenth day, not only . . . but also, after the war, from that place, on the right, no longer, towards the hero.

7. **Translate into Greek:**

   1. They were enslaved by the enemy.
   2. The soldiers were ordered by the king to fight bravely.
   3. Heracles will be ordered by Zeus to go down into Hades.
   4. These stories will always be loved by children.
   5. We shall soon be released by the guard.
   6. Having been released we shall never be enslaved again.
   7. Those big apples will be taken by the fat giant.

8. The foolish young man was seen by the old woman.

9. A messenger will be sent by Zeus to Tartarus.

10. Those true stories have been told by a very clever man.

8. *Translate into Greek:*

Heracles was enslaved for ten years by Eurystheus. Having been enslaved he did as he was ordered by the king. He wished, however, to be released quickly. For twelve tasks must be done by him. After this he will become immortal. This at any rate was the story told by him. Is it true? I do not believe it. It seems to me to be a trick. Tricks were often devised by Heracles, but I was never deceived by them. I am wiser than Heracles and I shall not easily be defeated by him. But Heracles is a hero, I am not.

XVI

1. *Give the Accusative Singular and the Nominative Plural of:*

ὄναρ ψευδές, μήτηρ φιλοῦσα, στρατιώτης παχύς, μεγάλη νῆσος, ἥρως ὑπέρφρων, ἰχθὺς τοσοῦτος, βασιλεὺς ἄδικος, δεινὸς λέων, ταχὺς πούς, πόλις ἰσχυροτέρα.

2. *Put into (a) the Future and (b) the Aorist:*

τιμᾷς, ἀκούω, πειρώμεθα, εἶ, γιγνώσκει, κελεύουσι, ὁρῶσι εὑρίσκεται, δουλούμεθα, ἐσθίεις.

3. *Give the Comparative and Superlative of:*

ἀληθής, πολύς, χαλεπῶς, καλός, εὖ.

4. *Parse:*

ἔπαθες, τιμηθῆναι, οἴσῃ, λύθητε, βαλούσαις, νικῶν, δουλωθή- σεσθε, γνῶθι, ἰδόντι, ἀποθανούμεθα.

5. *Give the Greek for:*

9, 9th, 90, 900, 4,444, while running, with me, although only a woman, behind the house, during the night, for ten days, not yet, to the king, too much water, we must run.

6. *Translate into Greek:*
   1. Are you wiser than me?
   2. Having heard the boy's story, the old man beat him again.
   3. You must not throw stones at the old women.
   4. Although I have been ordered to kill the slave, I shall not obey the king.
   5. Can you see the soldiers who are helping the enemy?
   6. Don't try to run away: you will be enslaved again.
   7. The general ordered the soldiers to kill the enemy as quickly as possible.
   8. These apples were stolen by someone. Who stole them?
   9. I tried to show the young man the road, but he threw me into the river.
   10. Since I was ill I stayed at home for five days.

7. *Translate into Greek:*

During the night I had many terrible dreams. While I slept, sometimes I cried, sometimes I laughed, and sometimes I was a soldier who conquered the enemy, while at other times I was conquered by them. After this I saw three apples, and having seen them I ate them quickly. Then I saw a great giant coming towards me, but when he was near me he became a vulture who was trying to eat me. Perhaps a wiser man than I can tell me what all these things mean. I shall not want to go to sleep tonight. I shall never eat or drink too much again. Oh dear! how ill I am!

XVII

1. *Give the Genitive Singular and the Dative Plural of:*

τόδε τὸ ἄστυ, μέγα βιβλίον, ἱερὰ πόλις, σοφός τις ποιητής, βραδεῖα ναῦς, μείζων λύρα, στρατιώτης γεραιός, εὐγενὴς πατήρ, ὁδὸς μακρά, λίθος βαρύς.

2. *Give all the Infinitives of:*
    βαίνω, ὁρῶ, νικῶ, πάσχω, βάλλω.

3. *Give the Present Paradigm Active and Middle of:*
    ποιῶ, δουλῶ, εἰμί, κωλύω, πέμπω.

4. *Give the Comparative and Superlative of:*
    ἀσφαλής, δεινῶς, ταχέως, μάλα, ἀγαθός.

5. *Parse:*
    ἀποθανόντι, βλάψῃ, ἐνέγκας, ἔστων, πείσῃ, δραμεῖσθαι, φαγού-
    σαις, ἄγαγε, ᾖσε, προσφάναι.

6. *Give the Greek for:*
    7th, 20, 100, 400th, 6,000, with seven others, yesterday, early,
    where did you come from?, not long afterwards, through the
    town, let him speak himself, on the fifteenth day, moreover,
    we learn by experience.

7. *Translate into Greek:*
    1. Old men are so weak that they harm no-one.
    2. Jason was so brave that Medea loved him.
    3. The cities are so small that the enemy can easily take
       them.
    4. The thunder was so loud that all the women were afraid.
    5. Aphrodite was so beautiful that Paris gave her the golden
       apple.
    6. No-one is too old to work hard.
    7. The boy ran home so quickly that he fell down.
    8. I shall tell you the truth provided that you say nothing to
       your wife.
    9. The general is too cautious to make mistakes.
    10. The rivers are so deep that no-one can cross them.

8. *Translate into Greek:*
    Next day, although I did not wish to see horrible dreams,
    I was so tired that I fell asleep quickly. Suddenly I saw a

man who looked so huge that I shouted out. Moreover, this man tried to kill me but I ran away too quickly to be caught by him. After this I saw a stone too big for me to lift with my hands, but such as I was able to push with my body. Seeing me pushing this stone towards him, this man fled so quickly that he fell into a river and died. I was so frightened that I woke up, and behold there was a corpse near my bed. Surely you are not so foolish as to believe my story? You are too wise to do that.

XVIII

1. *Give the Dative Singular and the Accusative Plural of:*

   τοῦτο τὸ ἔπος, καλλίστη θυγάτηρ, εὐγενὴς ποιμήν, μέγας τις ποταμός, ὀξὺ ξίφος, ἐλάττων ἀνήρ, βραδὺς ἡμίονος, ἀργυρᾶ κόρυς, κάκιον πάθημα, προμηθὴς θεός.

2. *Put into (a) the Present Subjunctive and (b) the Aorist Subjunctive:*

   λύεις, λύουσι, τιμᾷ, ποιοῦμεν, δηλοῦτε, λύομαι, λυόμεθα, τιμᾶσθε, ποιῇ, δηλοῦνται.

3. *Put into (a) the Present Subjunctive and (b) the Present Optative:*

   πέμπω, πάσχετε, ἐστί, δουλοῖς, βάλλομεν, ἀποκτείνουσι, ἴμεν, ἐγειρόμεθα, κελεύῃ, οἰκοδομεῖται.

4. *Give the Present Paradigm Middle of:*

   ἀποβάλλω, τιμῶ, φέρω, αἱρῶ, γίγνομαι.

5. *Parse:*

   νικῶμεν, μισῆτε, ἰόντων, ᾔει, ἦγον, βάλετε, γνόν, εἴη, τεμούσαις, λαβεῖν.

6. *Give the Greek for:*

   64, 87th, 110, 10,000, where are you going to?, as slowly as possible, on the left, during the night, near the ship, to-morrow, let us go immediately, after the battle, does this please you?, to that place, in vain.

7. *Translate into Greek:*

1. We are going down to the river to wash ourselves.
2. The girls went down to the river to wash the clothes.
3. The mule runs away so as not to be captured.
4. The king sent a slave to carry the wine to the strangers.
5. We shall follow the man to kill him.
6. We learn Greek in order to read the poems of Homer.
7. Zeus sent Hermes to take Thrasymachus to Hades.
8. Thrasymachus went to Hades to learn about the dead.
9. Poets write poems to teach men.
10. Men first built ships in order to cross the sea.

8. *Translate into Greek:*

1. Send a slave to take away the corpse.
2. The general commanded the soldiers to run in order to kill the enemy.
3. They fought in order to take the city.
4. The general was too clever to be captured by the enemy.
5. He ran quickly in order not to be captured by the guards.
6. The king orders the maid-servants to keep quiet so that they can run faster.
7. We worked hard yesterday in order to enjoy ourselves today.
8. We worked so hard yesterday that we are tired today.
9. He ate a lot of food in order not to be hungry.
10. He ate so quickly that he did not sleep all night.

9. *Translate into Greek:*

We kept quiet in order to hear the tale which the poet was telling. "There was," he said, " in Phaeacia a king, who kept mules to draw his cart, a daughter to wash his clothes, and slaves to bring him wine. One day he wanted to go down to the sea-shore in order to catch fish. So he ordered his

---

daughter to wash his clothes, the slaves to bring him wine, and the mules to pull the cart as quickly as possible. But the slaves stole his clothes, his daughter drank the wine, and the mules ran away in order not to be caught by the king. On hearing this the king was so angry that in a short time he died."

XIX

1. *Give the Accusative Singular and the Nominative Plural of:*
γλυκὺς οἶνος, κάκιον ὄναρ, μείζων γίγας, ὅδε ὁ ἀνήρ, ἀσπὶς μεγάλη, ὁ σὸς πατήρ, αἰδοία γραῦς, ἀβλαβὴς κύων, σχέτλιος γύψ, ὀξὺ ξίφος.

2. *Put into (a) the Subjunctive and (b) the Optative:*
τρέχουσι, ἀκολουθοῦμεν, κατέρχεται, ἄγεις, ἐξαπατᾶτε. ἐκώλυσε, ἐκλαύσαμεν, ἠδίκησαν, ἐλύσω, ἐπαύσασθε.

3. *Give all the Infinitives of:*
βαίνω, λείπω, γιγνώσκω, ἀφικνοῦμαι, ἐσθίω.

4. *Give the Aorist Paradigm Active of:*
κελεύω, δειπνῶ, μανθάνω, λαμβάνω, ἐγείρω.

5. *Parse:*
ἴτε, ἐγένου, δηλοίη, παθῆτε, ἀφικνοῖο, ὁρωσῶν, ἔδεσθαι, βλάψειαν, κλέψαι, ἐλᾷς.

6. *Give the Greek for:*
7th, 20, 90, 200th, 18,674, in my opinion, neither . . . nor, rather quickly, no longer, under the protection of Zeus, near the waves, at a short distance, outside the house, here and there, through the sky.

7. *Translate into Greek:*
  1. Whenever he sees you, he pities you.
  2. Whenever the old woman saw a beggar, she pitied him.
  3. The king always did whatever he wished.

4. If girls see strangers, they run away shrieking.
5. We shall keep quiet until the man is no longer afraid.
6. He was loved by all who heard him speak.
7. If ever you fail to do what I command, I shall punish you.
8. The poet told a story whenever the citizens were willing to listen.
9. We shall fight the enemy until the city is captured.
10. Whenever a stranger came to Phaeacia, Alcinous gave him food and sweet wine.

8. *Translate into Greek:*

1. I shall wait at home until you arrive.
2. I waited at home until you arrived.
3. The boy ran home to fetch the apples which he had left behind.
4. Let us always help any beggar we meet in the street.
5. The mother sent her daughters to the beach to wash the clothes.
6. They were so foolish that they left behind the clothes which they had washed.
7. Whenever Nausicaa's brothers had no clothes, they were angry with her.
8. A man who has no friends is not worthy of being loved.
9. He ran to the beach so quickly that he was able to rescue the man from the waves.
10. If ever you meet a giant, don't be afraid for your life but kill him quickly.

9. *Translate into Greek:*

Whenever the king begins to speak, all the slaves are afraid. They are afraid because once upon a time the king did not wait until all the slaves were quiet, but began to speak straightaway. He was angry with the slaves who wer chattering. Accordingly he ordered all the slaves who were chattering to be killed, and the soldiers, who always obeyed the king and did whatever he commanded, killed those slaves. Now, therefore, all the slaves who live in the king's palace are always afraid when he begins to speak, and are angry with all the maidservants who do not keep quiet.

XX

1. *Give the Genitive Singular and the Dative Plural of:*

    τοσοῦτο ἄστυ, κακίων ἵππος, ἀσθενὴς στρατιώτης, ξυλίνη ναῦς, φοβερώτερος βασιλεύς, τὸ ἐμὸν ὄνομα, βραδὺς ἀοιδός, ἥρως κλαίων, μεῖζον δένδρον, πᾶσα γυνή.

2. *Put into (a) the Subjunctive and (b) the Optative:*

    σιγῶσι, ᾠκοδόμησα, ἥδεται, εἴδετε, πάρεστι, ἤκουσας, φησί, ἐξέβην, ἀποκρινόμεθα.

3. *Give all the Participles of:*

    κελεύω, ἀκούω, ὁρῶ, λαμβάνω, αἰσθάνομαι.

4. *Give the Aorist Paradigm Middle of:*

    κωλύω, τιμῶ, φέρω, βάλλω, διδάσκω.

5. *Parse:*

    ἄπιτε, ἀποκριναμένῳ, σιγώσαις, βαῖτε, ἰδόν, λήσῃ, μείζοσι, δουλοῖο, ἐπαύσω, ἀδικησασῶν.

6. *Give the Greek for:*

    4, 14th, 40, 400th, 4444, after this, with me, across the sea, near the city, not long afterwards, as big as possible, behind the tree, either . . . or, still more, and moreover.

7. *Translate into Greek:*

    1. Don't be afraid that these dogs will bite you.
    2. We were not afraid that the dogs would bite us.
    3. The stranger was afraid that the king would not give him any wine.

4. The citizens are afraid that the soldiers will not obey the king.
5. I am afraid that no-one will be able to help me.
6. He was afraid that he would be beaten by the slaves.
7. We ought not to be afraid that the gods will harm us.
8. The old man was afraid that he would die during the night.
9. I am afraid that I shall never return home.
10. Afraid that someone would be thirsty, Arete gave her daughter some sweet wine.

8. *Translate into Greek:*

1. The old woman was afraid that the thieves would steal her belongings.
2. Nausicaa was afraid that her maidservants would not wash the clothes well.
3. Are you not afraid that someone will hear you speaking?
4. The generals are afraid that the ships will sink.
5. Hera was afraid that Paris would give the golden apple to Aphrodite.
6. Heracles was afraid that Atlas would never return.
7. Sisyphus is afraid that he will never reach the top of the hill.
8. Medea was afraid that the bulls would kill Jason, whom she loved.
9. The Danaids are afraid that they will never fill their jar with water.
10. I am afraid that Achilles will never like Agamemnon.

9. *Translate into Greek:*

The citizens, who had fled into the city, were afraid that the enemy would attack the walls during the night. Since they were so frightened that they wanted to run away, the king

ordered them to stay in their houses. " Do not be afraid,"
he said, " that we shall be defeated by the enemy. Whenever
they approach the walls, the soldiers will throw down stones
and hot water on to their heads. Let us, then, not be afraid
that the enemy will be able to enter the city, but let us fight
bravely. For if we are brave, we shall easily defeat them."

XXI

1. *Translate into Greek:*
    1. All the slaves ran away from the house.
    2. He said that all the slaves had run away from the house.
    3. The king will punish the soldiers.
    4. They say that the king will punish the soldiers.
    5. Odysseus suffered many hardships.
    6. The minstrel said that Odysseus had suffered many
       hardships.
    7. The enemy fled in order not to be killed.
    8. The messenger announced that the enemy had fled in
       order not to be killed.
    9. Medea is a wicked woman, who killed her children.
    10. Poets say that Medea was a wicked woman who killed her
        children.

2. *Translate into Greek:*
    1. The Trojans said that the Greeks would not capture the
       city.
    2. The stranger said that he was hiding his head in order
       not to be recognised.
    3. I think that dogs are wiser than horses.
    4. Who will tell the king that I am here?
    5. Did you say that the slave had opened the gate?
    6. I perceived that the old man was dying.

7. We perceive that some of the boys are crying and others are laughing.
8. He said that he would not be frightened by the enemy.
9. The Trojans thought that the wooden horse was a gift of the gods.
10. He told me that he had not eaten any food for many days.

3. *Translate into Greek:*

Once upon a time an old man had two sons named Philip and Alexander. As he was dying, he said that he would give one of them all his money and the other all his fields. Hearing this, Philip replied that he had never toiled in the fields but would gladly take the money. Alexander, however, said that his brother was a fool and would soon become a beggar, but that he himself would gladly plough the fields. Not long afterwards Philip asked Alexander for money, saying that he no longer had the money which his father had given him. Alexander, however, replied that he was a scoundrel and deserved to go hungry.

XXII

1. *Translate into Greek:*

1. The minstrel sang with such skill that all were delighted.
2. Whenever I heard father talking, I kept quiet and obeyed him.
3. The enemy will run away in order not to be killed in battle.
4. We are not afraid that our neighbours will take the apples which are on our trees.
5. Odysseus spoke at great length in order to console his comrades who were in tears.
6. The general said that he would soon attack the city by land.

7. I am afraid that I will not be able to give you and your mother equal gifts.

8. The Greeks besieged Troy for many years but were not able to capture it.

9. Whenever we see the leaves on the trees, we perceive that the flowers will soon appear.

10. The Greeks got out of the wooden horse in order to open the gates of the city.

2. *Translate into Greek:*

1. Let us go to my brother's house to dine with him.

2. Whenever a man did brave deeds, he was always honoured by the Greeks.

3. The Greeks' horses were bigger than the Trojans' horses but not faster.

4. The king asked the stranger who he was and where he came from.

5. Whenever my mother heard about the sufferings of a stranger, she could not restrain her tears.

6. The general was afraid that the enemy would attack the ships.

7. To the goddess's question Paris replied that Athena was not the most beautiful of the goddesses but Aphrodite was.

8. They left the ship on the shore and went on foot to look for water.

9. Afraid that he would be bitten by the dogs, he fled as quickly as possible.

10. Jason gathered together many heroes in order to sail to Colchis in safety.

3. *Translate into Greek:*

Near this house live two neighbours who have a large,

fierce bull. Whenever the bull comes out from its house, everyone is afraid and runs away. One day my dogs went towards the bull because they wanted to attack it, but when the bull saw that the dogs were trying to attack him, he became very angry. Some of the dogs ran away, the others stayed near the bull. I was afraid that the bull could easily kill the dogs and I called my dogs and ordered them to be quiet. They were so afraid of me that they obeyed me immediately. When the dogs went away, the bull was so pleased that he slept the whole day on the ground. I was pleased because my dogs were unharmed; my neighbours were pleased because the bull had not killed the dogs.

XXIII

1. *Rewrite the following sentences, using participles:*

   1. ἐπειδὴ οἱ ἄλλοι ἀπέπλευσαν, ἡμεῖς ἐν τῇ ἠπείρῳ ἐμείναμεν.
   2. ἐν ᾧ οἱ ἑταῖροι ἐρέττουσιν, γίγνεται νύξ.
   3. ἐπειδὴ ὁ ἄνεμος πνεῖ, φέρει τὰς ναῦς πρὸς τὴν νῆσον.
   4. ἐν ᾧ καθιζόμεθα, ἐρέττομεν.
   5. ἐπειδὴ αἱ νῆες ἠνέχθησαν πρὸς τὴν γῆν, ἐξέβημεν.
   6. ἐν ᾧ ὁ ἄνεμος ἔπνει, οὐκ ἠρέσαμεν.
   7. ἐν ᾧ ὁ κυβερνήτης κυβερνᾷ τὴν ναῦν, βλέπομεν αὐτόν.
   8. ἐπειδὴ οἱ θεοὶ ἐχθροὶ ἐγένοντο ἡμῖν, πολλά τε καὶ κακὰ ἐπάθομεν.
   9. ἐπειδὴ οἱ ξένοι ἀφίκοντο, παρεῖχον αὐτοῖς λωτόν.
   10. ἐπειδὴ ἐγένετο νύξ, οὐδὲν εἴδομεν.

2. *Translate into Greek, using participles where possible:*

   1. When the king welcomed him, Odysseus cheered up.
   2. Since you have such glory, you ought not to grieve.
   3. While his companions were suffering, he was laughing.

4. Having seen the citizens we killed them.

5. When the city had been captured, they took many slaves.

6. When day dawned, we sailed from the mainland to the island.

7. When all his comrades had been killed, Odysseus sat on the shore and wept.

8. Having captured Troy the Greeks returned home.

9. When the general ordered them to advance, the soldiers obeyed.

10. After suffering all these things the Achaeans no longer thought that they would return home safe.

3. *Translate into Greek:*

Seeing the land the steersman steered the ship towards it, and when the ship had arrived, they disembarked on the beach as quickly as possible. When they had disembarked, they killed a lot of sheep and ate them. But while they were eating, their neighbours came and stole all the wine, which they had brought in the ships. Since the neighbours had stolen all the wine, they were sad, and being afraid that something else would be stolen, they embarked again and sailed away sorrowing.

XXIV

1. *Rewrite the following, using an Accusative Absolute:*

1. ἐπειδὴ ἔξεστιν ἡμῖν ἀποφεύγειν, ταχέως ἀπίωμεν.

2. ἐπεὶ προσήκει ἡγεμόσιν ἀνδρείοις εἶναι, ἀνδρεῖος ἴσθι.

3. ἐπεὶ ἐξῆν ἐρέττειν, τὰ ἱστία καθείλομεν.

4. ἐπεὶ ἔδοξε τῷ στρατηγῷ τοῖς πολεμίοις εὐθὺς μάχεσθαι, ἐκέλευσε τοὺς στρατιώτας λαβεῖν τὰ ὅπλα.

5. ἐπεὶ δεῖ ἡμᾶς ὡς τάχιστα ἀποπλεῖν ἀπὸ τῆς νήσου, εἰς τὰς ναῦς εἰσβαίνωμεν.

2. *Translate into Greek:*

1. Since it was necessary to return home, Odysseus and his men sailed away from Phaeacia.

2. Although it was possible to save their comrades from the waves, they did not try to save them.

3. Since it is fitting for men to die bravely, do not be afraid of the enemy.

4. Since it was decided to go to the cave, they left the ships on the shore.

5. Since it is not possible to march on foot, let us find horses.

6. The wind blew so terribly that all my comrades stopped rowing.

7. They said that they had never been to that city.

8. Whenever we see a stranger, we try to help him.

9. The soldiers were afraid that they would be killed fighting on foot.

10. These sufferings are too terrible for us to forget them quickly.

3. *Translate into Greek:*

When the messengers announced that the enemy would reach the city next day, the citizens were so afraid that they all wanted to run away. But since it was necessary to defend the city, the king ordered the men to take their weapons and go to the city gates, and the women and children to stay at home. Although the men were weak, they fought so bravely to defend the gates that the enemy could not capture the city. When the enemy had retreated, the king, calling the citizens together, told them that although three hundred men had been killed, their land had been saved.

XXV

1. *Translate into Greek:*

   1. We have already suffered many terrible things on the sea.
   2. They have stopped doing wrong, and we ought not to punish them.
   3. We have already built a large ship in which we shall sail to the mainland.
   4. Has that dog drunk all the milk and eaten all the cheese?
   5. My mother ordered me to do many things but I have already forgotten them.
   6. We have come, not to harm you, but to help you.
   7. I have stopped treating you well since you insulted me.
   8. The dead feel no pain in Hades.
   9. Since you have arrived, tell me what you want.
   10. You have deceived me and I will not trust you again.

2. *Translate into Greek:*

   1. Have you seen my brother today?
   2. The old man has died but the old woman still lives.
   3. We are obeying the king who ordered us to follow him.
   4. They have found three golden apples which have been thrown away by Atlas.
   5. I have told the slave that I cannot remain here any longer.
   6. My daughter has married the king's brother.
   7. Zeus has given his orders and all men must obey him.
   8. Although I have come to see the general, I am unable to wait for him any longer.
   9. Why have you left your helmet at home? You have brought your shield.
   10. Has your father returned from the city? Tell me when he has come back.

3. *Translate into Greek:*

I have now called you together, men, so that I may bid you be of good cheer. The enemy are few; we are many. They have left behind their city, their wives and their children. They have been terrified by the winds and the waves and are afraid that they will never return home again. You, however, have remained at home, and for this reason are strong and able to fight without fear. Fight bravely, then, and not only will you yourselves be unharmed but the city also will be saved.

XXVI

1. *Translate into Greek:*
    1. I shall not go away until my father arrives.
    2. Do not cry before you are hurt.
    3. You must finish this before you go home.
    4. Why do you punish the slave before he has done wrong?
    5. He never went out of his house before lighting the fire.
    6. The giant did not go to sleep until he had drunk all the sweet wine.
    7. I shall not marry until I am an old man.
    8. They stole ten sheep before we saw what they were doing.
    9. Will you condemn me before you have heard what I say?
    10. The general called together the soldiers before they began fighting.
2. *Translate into Greek:*
    1. Order the helmsman to steer towards the mainland.
    2. Since we must go away early in the morning, let us go to sleep at once.
    3. They said that they would never forget their friends.

4. You will suffer many things before you see your home again.

5. The minstrel sings so well that I cannot restrain my tears.

6. This man says that he saw you when he was sailing to Athens.

7. Who can deny that women are wiser than men?

8. That soldier wants to go home to see his mother, who is ill.

9. Let us not be afraid that we shall be defeated by the enemy.

10. Since it was impossible to row at night, they used sails.

3. *Translate into Greek:*

Until we build ships we shall never be able to attack the enemy at sea. Now they dare to abuse us and say that we are weak, and I fear that they will conquer us before we can collect our soldiers. Yet we ought to attack them first before they attack us. We must sail to the mainland before the enemy try to sail to this island, where we live. Is anyone so foolish as to believe that the enemy will spare us?

XXVII

1. *Translate into Greek:*

1. The giant is living in the cave.

2. They gave him some wine because he was thirsty.

3. Give the dog a bone and let him go.

4. We will show you where the money is.

5. Nausicaa and her maidens are standing near the sea.

6. The enemy will attack us at dawn.

7. Did you show your mother your beautiful clothes?

8. The heroes set up the mast in the ship.

9. Why did you give that beggar not only money but food as well?

10. The soldiers threw away their weapons and said they would not fight.

2. *Translate into Greek:*

1. The maidens put the flowers on the table and gave them to me.

2. When the sheep had been placed on the stone, the priest began to sacrifice.

3. Whenever the Greeks attacked the enemy, they won.

4. The ship that was sent out sank, men and all.

5. Before he gave me this, he got up from his chair.

6. Don't show them the book I gave you.

7. He stationed guards in order that the enemy should not anticipate him in attacking.

8. Are you so foolish as to throw away the apples which mother gave us?

9. The general got up and began to put some wine in the bowl.

10. The old man told his sons not to let go the sheep which the citizens had given them.

3. *Translate into Greek:*

The Greeks sailed to Troy in many ships in order to attack that city. When they arrived, they were unable to capture it. Accordingly, being angry because the enemy would not be beaten, some said they would return home immediately, but others made an extraordinary plan. They set up a wooden horse near the city. When the Greeks had sailed away, the Trojans came out of the city. They saw the horse standing on the beach, and showing it to one another said that the gods had given it to the city. For no one knew that some of the Greeks were lying inside the horse.

XXVIII

1. *Translate into Greek:*

   1. Surely you will not betray your native land?

   2. Tomorrow we shall show you the ships in the harbour.

   3. This is the sword which my father gave me.

   4. He was lying near the fire and trying to put something on it.

   5. The enemy attacked us unawares but could not defeat us.

   6. Why did you let the thief go?

   7. You are always able to talk but never able to work.

   8. I cannot find the books which you showed to me yesterday.

   9. We are about to besiege the city with ten thousand soldiers.

  10. He promised he would hang the man at dawn.

2. *Translate into Greek:*

   1. When he had said this the general dismissed the soldiers.

   2. I will not let you go until you give me some sheep.

   3. Our city is so large that the enemy will not dare to attack us.

   4. I did not show the stranger my cloak for fear that he would steal it.

   5. The old man, because he was blind, had to grope about with outstretched hands.

   6. The general ordered the men to attack in groups of twenty.

   7. When all the guests were seated, the king bade the minstrel rise and sing.

   8. When all the guests were seated, a slave gave them sweet wine.

   9. Let us not stop until we have put all these things together.

10. Nausicaa told her father that her maids had got up and run away as Odysseus approached.

3. *Translate into Greek:*

The following day I was walking through the fields alone. Suddenly I saw a man stretched out on his back on the ground. I was so frightened that at first I was going to run away, but some god would not let me go. I decided therefore to help the man. " What is happening, stranger? " I asked. " Why are you lying there? Who put you beneath that tree? " To my questions the man replied that he had been driven out of the city because he was ill. I gave the sick man some water and told him to remain there until I returned. When, however, I came back with some friends in order to carry him home, I found him dead.

XXIX

1. *Translate into Greek:*

1. If you say that, you are mistaken.
2. If you do not work, you will fare badly.
3. If he said this, he was mistaken.
4. If I give you this, do not show it to your father.
5. If you drink so much wine, you will have a pain in your stomach.
6. If he ran away from the battle, he was a coward.
7. If we build a ship, we shall be able to sail to the mainland.
8. If I send you away, you will never return.
9. If we fight bravely, we shall conquer the king and all his generals.
10. If he helped you, you ought to help him.

2. *Translate into Greek:*

1. If we do not build strong walls, our city will be captured.
2. If we conquer the mainland, we shall become so rich that we shall never work again.
3. If you betray me to the enemy, you know that I shall be killed.
4. If he is faring badly in this city, why does he not go home?
5. If you give the soldiers money, they will not destroy your cattle.
6. If he said such things, he was most unjust.
7. If they conquer the city, we know that we ourselves shall be killed.
8. If he was blind, why did he say that he knew who I was?
9. If you are ill, you ought not to go to the city today.
10. If the soldiers march to the sea during the night, they will be unable to fight tomorrow.

3. *Translate into Greek:*

" If I give you this sword, my son, will you promise to fight bravely when you become a man? " " Yes, father. If the enemy attack the city, I shall never betray you but I will fight until they are all driven out." " If our king leads us against the enemy's city, you must follow him and never run away." " But, father, mother has told me never to leave home. If I leave her, she will grieve." " If she said that, she was foolish. You must always obey the king if ever he orders you to fight for your native land."

XXX

1. *Translate into Greek:*
   1. If he had said this, he would have been wrong.
   2. If you didn't help your friend, you would appear base.
   3. If you had gone home, you would not have suffered.
   4. If you ran away now, you would not see the sailor.
   5. If we were to run away, we should soon be caught.
   6. If the giant had not had six heads, I should not have been afraid.
   7. If you put wax into my ears, I would not be able to hear.
   8. If they were to steer the ship towards the rocks, they would be shipwrecked.
   9. If he were to drink some wine, he would gasp.
   10. If I had heard you singing, I would have perished.

2. *Translate into Greek:*
   1. If Polyphemus drinks that wine, he will soon sleep.
   2. If they had not all fallen into the sea, they would have been saved.
   3. If you fought in the war against the Trojans, you suffered many terrible things.
   4. Would you do me a good turn, if I were to tell you her name?
   5. If you haven't taken my book, where is it?
   6. If you lived in Greece, you would know that Homer told the truth.
   7. If I were you, I wouldn't say that there are no gods.
   8. If Odysseus had been wiser, he would have returned to Ithaca more quickly.
   9. What would have happened if the Trojans had defeated the Greeks?
   10. If you come to Athens tomorrow, you will see my friend before he sails.

3. *Translate into Greek:*

If Odysseus had not sailed from Ithaca to Troy, he would not have fought for ten years always hoping to defeat the Trojans. If the Greeks had not won, Odysseus would have died in that city and would never have returned home. However, he journeyed from Troy for ten years and in the course of his voyage saw many people and came to many cities. If we sailed for ten years, we should never see the things he saw. But if we read the stories which Homer wrote, we shall know what the heroes suffered. If we are sensible, we can learn many things from the poets. But if Homer had never written these stories, we should never have known how clever and how wise poets are.

XXXI

1. *Translate into Greek:*

1. If only the Greeks had never sailed to Troy!
2. If only Hector had not been killed by Achilles!
3. If only I were able to find the books which my father gave me!
4. Where are we to go to look for the golden apples?
5. What was Odysseus to do when Cyclops closed the exit with a huge stone?
6. If only he would speak the truth! I am afraid that he will tell a lie.
7. What are our soldiers to do if the enemy are far more numerous?
8. May they not discover that we left our shields behind!

9. If only he had not tried to deceive the general by that trick!

10. What were we to say when they asked us for money?

2. *Translate into Greek:*

1. May you never be persuaded to betray your native land!

2. If only my friends were here now to help me!

3. When are we to set out in our ship to sail to the mainland?

4. May you always fare well when fighting against the enemy!

5. What am I to say? If I speak the truth, you will not believe me.

6. If only I knew where my brother has gone!

7. Would that Odysseus and his men had never entered Polyphemus' cave!

8. May you never be deceived by your friends!

9. If only we had gone home before the sun set!

10. If only Paris had not given the golden apple to Aphrodite!

3. *Translate into Greek:*

Once a mother, who was now an old woman, was talking to her two sons about the war. To the one, who was a soldier, she said, " My son, may you be even braver than your father! Fight well in all the battles against the enemy. May you die rather than appear a coward! But what am I to do if you die? Where shall I turn? If only the enemy had never invaded this country which we all love! " To the other, who was still a young boy, she said, " My son, may you always love your mother and remain with her at home. If you were to leave me, I should die alone. If only the war would end before you become a man! "

XXXII

1. *Translate into Greek:*

1. We said that we were Greeks and not slaves, but they did not listen to us.

2. If they find out that we have taken the gold, shall we not be punished?

3. We were all afraid that he would suffer some harm fighting like that without a shield.

4. You, who are richer than other men, have done many base deeds for the sake of money.

5. The general decided to advance at once before the enemy could attack.

6. If you were to come with me to Greece, you would see many beautiful islands.

7. Next day such a great tempest arose that they could not see where they were going.

8. They sailed away with orders to do whatever seemed best for their country.

9. When the citizens saw the enemy in the town, they fled, some to the harbour, others to their houses.

10. He suffered so many misfortunes on that journey that he died at home in the same year.

2. *Translate into Greek:*

1. Our army is larger than that of the Athenians, but they have many more ships. If only we had more ships!

2. When she asked if her husband had arrived, the slaves said that they had not seen him.

3. After this the general sent out messengers to tell everyone to come to the help of the city.

4. If you were to sail to the island with us, you would find many large trees near the mountains.

5. They marched twelve days until they arrived at the city where they found food and water.

6. The Spartans set out at dawn in order to attack the enemy's camp as quickly as possible.

7. They did not know who he was or where he was going. They thought he was not telling the truth.

8. If these men ask you for money, do not give them either silver or gold.

9. Some men remained in the city, others went out from there to look for food.

10. After the war there were so many children that there was not enough food in that land.

3. *Translate into Greek:*

When Polyphemus saw Odysseus and one of his men, he called out in a loud voice, " Strangers, who are you? Where have you come from and why have you come to my land? " For he thought they were robbers and feared that they would steal his sheep and goats. When they heard the giant, both were afraid. The other man kept silent, but Odysseus dared to tell the giant that they were Greeks who, having fought for ten years in Troy, were travelling homewards. " I beg you therefore in heaven's name," he said, " not to harm us but to give us food. If you help us, Zeus himself will help you. If you were to harm us, the gods would punish you." When Polyphemus heard this, he laughed at them both.

λόγοι

Words marked with an asterisk are poetical

I

A

1. *Ἀιδης-ου, ὁ Hades
2. ἀκούω I hear
3. ἀλλά but
4. ἄνθρωπος-ου, ὁ man, human
5. ἆρα; ?
6. ἀστραπή-ῆς, ἡ lightning
7. βλέπω I look at, watch
8. βροντή-ῆς, ἡ thunder
9. γάρ for
10. δέ but
11. δεῦρο hither, here
12. διά + Acc. because of
13. διὰ τί; why?
14. διδάσκω I teach
15. διότι because
16. ἐγώ I
17. εἰμί I am
18. εἰς + Acc. into
19. ἐνδύω I put on
20. Ἑρμῆς-οῦ, ὁ Hermes
21. Ζεύς-Διός, ὁ Zeus
22. ἥκω I have come
23. θεός-οῦ, ὁ or ἡ god

24. Θρασύμαχος-ου, ὁ Thrasymachus
25. ἱμάτιον-ου, τό tunic (pl. clothes)
26. καθεύδω I sleep
27. καί and
28. καταβαίνω I go down
29. κελεύω I order
30. κομίζω I take, escort
31. λέγω I say, speak
32. μή don't
33. νεκρός-οῦ, ὁ corpse
34. ὁ-ἡ-τό the
35. οἰκία-ας, ἡ house
36. οἴμοι oh dear me!
37. οὐ not
38. οὖν therefore
39. παιδίον-ου, τό child
40. παρέχω I give, provide
41. περί + Gen. about, concerning
42. σύ you
43. τίς-τίς-τί; who?
44. φωνή-ῆς, ἡ voice
45. χαίρω I rejoice.

B

1. ἀεί always
2. δεινός-ή-όν terrible
3. εἰσβαίνω I go in, enter
4. ἐρέττω I row
5. ἔχω I have
6. ἡμεῖς we
7. θάλαττα-ης, ἡ sea
8. ἱστίον-ου, τό sail
9. ἱστός-οῦ, ὁ mast

10. καταδύω I make sink
11. κώπη-ης, ἡ oar
12. μέν . . . δέ (contrast)
13. μιαρός-ά-όν gruff, grim
14. ὀβολός-οῦ, ὁ obol
15. οὐχί no!
16. πλοῖον-ου, τό boat
17. ποῖ where to?
18. ποῖος-α-ον; of what kind?

164

19. ποταμός-οῦ, ὁ river
20. σαθρός-ά-όν rotten
21. τε . . . καί both . . . and

22. φέρω I carry
23. Χάρων Charon

II

A

1. Αἰακός-οῦ, ὁ Aeacus
2. ἄλλος-η-ο other, another
3. ἀναβαίνω I go up
4. ἀπό + Gen. from, away from
5. ἀποθνῄσκω I die
6. ἀποκτείνω I kill
7. αὖθις again
8. αὐχήν-ένος, ὁ neck
9. γῆ-γῆς, ἡ earth, land
10. δακρύω I cry
11. δή indeed, very
12. δίς twice
13. εἷς-μία-ἕν one
14. ἐκ, ἐξ + Gen. out of
15. ἐν + Dat. in
16. ἕξ six
17. ἐπί + Acc. towards, against, onto
18. ἐπί + Gen. on
19. ἐπιτρέχω I run towards
20. κατέχω I grip, hold

21. Κέρβερος-ου, ὁ Cerberus
22. κεφαλή-ῆς, ἡ head
23. κύων-κυνός, ὁ or ἡ dog
24. λείπω I leave
25. μόνον only
26. νῦν now
27. ὀσμή-ῆς, ἡ smell
28. οὖς-ὠτός, τό ear
29. ὀφθαλμός-οῦ, ὁ eye
30. πόσοι-αι-α; how many?
31. πρός + Acc. towards
32. πῶς; how
33. πῶς γὰρ οὔ; of course
34. στόμα-ατος, τό mouth
35. σῶμα-ατος, τό body
36. τις-τις-τι (enclitic) a, a certain
37. τρεῖς-τρεῖς-τρία three
38. τρίς three times
39. ὑμεῖς-ῶν you (Plural)
40. φυλάττω I guard

B

1. ἀγαθός-ή-όν good
2. ἄναξ-ακτος, ὁ king, ruler
3. ἀνάσσω + Gen. I rule
4. 'Αχέρων-οντος, ὁ Acheron
5. διά + Gen. through
6. καὶ δὴ καί and moreover
7. κακός-ή-όν bad
8. καλός-ή-όν good, beautiful
9. κρίνω I judge
10. Κωκυτός-οῦ, ὁ Cocytus
11. Λήθη-ης, ἡ Lethe

12. ὄνομα-ατος, τό name
13. οὐδείς-οὐδεμία-οὐδέν no-one
14. πέμπω I send
15. περιέχω I surround
16. Πλούτων-ωνος, ὁ Pluto
17. ποῦ; where?
18. Πυριφλεγέθων-οντος, ὁ Pyriphlegethon
19. Στύξ-Στυγός, ἡ Styx
20. φεῦ alas! oh dear me!
21. χώρα-ας, ἡ land

III

1. ἀλγῶ (ε) I have a pain
2. ἅμα at the same time
3. ἀνήρ-ἀνδρός, ὁ man
4. ἀργυροῦς-ᾶ-οῦν silver
5. ἄροτρον-ου, τό plough
6. ἀρχή-ῆς, ἡ beginning, cause
7. ἀρῶ (ο) I plough
8. γελῶ (α) I laugh
9. γυνή-γυναικός, ἡ woman
10. δειπνῶ (ε) I dine
11. δένδρον-ου, τό tree
12. δηλῶ (ο) I show, reveal
13. δρέπω I pick, gather
14. ἐθέλω I wish, want
15. Ἕκτωρ-ορος, ὁ Hector
16. Ἑλένη-ης, ἡ Helen
17. ἐρωτῶ (α) I ask, enquire
18. ἤ or
19. ἥλιος-ου, ὁ sun
20. θαυμάσιος-α-ον wonderful
21. καρπός-οῦ, ὁ fruit
22. κόρυς-υθος, ἡ helmet
23. μανθάνω I learn, understand
24. νῆσος-ου, ἡ island
25. οἰκῶ (ε) I live, dwell

26. ὄλβιος-α-ον blessed
27. ὁρῶ (α) I see
28. οὐδαμῶς not at all
29. οὐδέ and not, nor
30. οὐδέποτε never
31. οὔτε ... οὔτε neither ... nor
32. παθήματα μαθήματα
experience teaches
33. παῖς-παιδός, ὁ, ἡ boy, girl
34. Πάρις-ιδος, ὁ Paris
35. πίπτω I fall
36. πιστεύω + Dat. I believe, trust
37. πλούσιος-α-ον rich
38. ποιῶ (ε) I do, make
39. πούς-ποδός, ὁ foot
40. προσχωρῶ (ε) I approach
41. σιγῶ (α) I am silent
42. σῖτος-ου, ὁ corn, food
43. τιμῶ (α) I honour
44. τράπεζα-ης, ἡ table
45. χρυσοῦς-ῆ-οῦν golden
46. χωλός-ή-όν lame
47. ὡς + Adjective/Adverb how!
48. ὥσπερ as, like

IV

1. ἄγριος-α-ον savage
2. Ἀθηνᾶ-ᾶς, ἡ Athena
3. αἱρῶ (ε) I take
4. ἀλλήλους-ας-α each other, one another
5. ἀναγιγνώσκω I read
6. ἀποκρίνομαι I answer
7. ἀποφεύγω I run away
8. ἄρχομαι I begin
9. Ἀφροδίτη-ης, ἡ Aphrodite
10. βάλλω I throw, strike, hit
11. βοῶ (α) I shout

12. Γανυμήδης-ου, ὁ Ganymede
13. γίγνομαι I become, am made
14. δεινὸν ποιοῦμαι I make a fuss
15. διαλέγομαι I converse
16. ἐγείρω I arouse, wake
17. ἕλκω I drag
18. ἐμός-ή-όν my, mine
19. ἐπεί since, when
20. ἔπειτα then
21. ἐρίζω I quarrel
22. Ἔρις-ιδος, ἡ Eris (Strife)

23. Ἥρα- ας, ἡ Hera
24. θρίξ-τριχός, ἡ hair
25. θρόνος-ου, ὁ chair, throne
26. θύρα-ας, ἡ door
27. καθίζομαι I sit
28. λαμβάνω I take, pick up
29. λαμβάνομαι + Gen. I seize hold of
30. λευκός-ή-όν white
31. μάχη-ης, ἡ battle
32. μάχομαι I fight
33. μέσος-η-ον middle
34. μῆλον-ου, τό apple
35. μόνον οὐ almost

36. νέμω I control, look after, tend, assign
37. οὐρανός-οῦ, ὁ sky, heaven
38. οὕτως, οὕτω thus, in this way
39. παρά + Dat. by, near
40. ποιμήν-ένος, ὁ shepherd
41. πρόβατα-ων, τά sheep, flocks
42. σώφρων-ων-ον cautious, prudent, reasonable
43. ὑπέρφρων-ων-ον proud, haughty
44. ὑψηλός-ή-όν high, lofty
45. φιλῶ (ε) I like, love
46. Φρυγία-ας, ἡ Phrygia

V

1. ἀγρός-οῦ, ὁ field
2. ἁμαρτάνω I make a mistake, err
3. ἀποβλέπω I look closely at
4. αὐτός-ή-ό self
5. αὐτόν-ήν-ό him, her, it
6. ἀφικνοῦμαι (ε) I arrive
7. γε at any rate
8. γιγνώσκω I recognise, know
9. δόξα-ης, ἡ reputation, glory
10. δῶρον-ου, τό gift
11. ἑαυτόν-ήν-ό himself, herself, itself
12. εἰ if
13. ἐκεῖνος-η-ο that, he, she, it
14. ἐν ᾧ while
15. ἐνταῦθα here
16. ἐπαίρω I raise
17. ἰδίᾳ privately
18. ἴσως perhaps

19. μὲν οὖν no! but rather
20. μηδέ and don't
21. μωρός-ά-όν foolish
22. ὅπλα-ων, τά armour
23. ὅτι that (conjunction)
24. οὗτος-αὕτη-τοῦτο this
25. πλοῦτος-ου, ὁ wealth
26. ῥῆμα-ατος, τό word
27. σεαυτόν-ήν yourself
28. σός-σή-σόν your
29. σοφία-ας, ἡ wisdom
30. σοφός-ή-όν wise
31. τέταρτος-η-ον fourth
32. φαίνομαι I appear, seem
33. φιλόνεικος-ος-ον warlike, strife-loving
34. φίλος-η-ον dear
35. φιλόσοφος-ου, ὁ philosopher, lover of wisdom

VI

1. αἷμα-ατος, τό blood
2. ἀξίνη-ης, ἡ axe

3. ἀναχωρῶ (ε) I return
4. ἄπειμι I am away, absent

5. ἀποκόπτω I cut off
6. ἀποκρύπτω I conceal
7. ἅρμα-ατος, τό chariot
8. γλῶττα-ης, ἡ tongue
9. δεσπότης-ου, ὁ master
10. ἑτοῖμος-η-ον ready
11. εὖγε hurrah!
12. ἤδη already
13. κρηπίς-ῖδος, ἡ sandal
14. λαμπρός-ά-όν brilliant, bright
15. λάμπω I shine
16. λουτρόν-οῦ; τό bath
17. λούω I wash
18. μαίνομαι I am mad
19. μακρός-ά-όν long
20. μετά + Gen. with
21. μισῶ (ε) I hate
22. νεανίας-ου, ὁ youth, young man
23. νικῶ (α) I conquer, win
24. ὁδός-οῦ, ἡ road, journey
25. ὄπισθε + Gen. behind
26. ὅς-ἥ-ὅ who

27. ὅσπερ-ἥπερ-ὅπερ who
28. ὅστις-ἥτις-ὅ τι who
29. πάρειμι I am present
30. πάσχω I suffer
31. πολίτης-οῦ, ὁ citizen
32. πῦρ-πυρός, τό fire
33. σημαίνω I signify, mean
34. στρατιώτης-ου, ὁ soldier
35. τοσοῦτος-τοσαύτη-τοσοῦτο so big, such
36. τραγῳδία-ας, ἡ tragedy
37. ὑβρίζω I am haughty, boast
38. ὑβριστής-οῦ,ὁbraggart,boaster
39. φύλαξ-ακος, ὁ guard
40. χαλκοῦς-ῆ-οῦν bronze, brazen
41. ᾿Αγαμέμνων-ονος, ὁ Agamemnon
42. ῞Ελλην -ηνος, ὁ Greek (Noun)
43. ῾Ελληνικός-ή-όν Greek (Adj.)
44. Κλυταιμνήστρα-ας, ἡ Clytaemnestra
45. Μυκηναί-ῶν, αἱ Mycenae
46. Τροία-ας, ἡ Troy

VII

1. αἰτῶ (ε) I ask
2. ἄλλος-η-ο τε καί especially
3. ἀμύνω I ward off, resist
   ἀμύνομαι + Dat. I defend
4. ἀναμιμνήσκομαι + Gen. I remember
5. ἀσπίς-ίδος, ἡ shield
6. βασιλεύς-έως, ὁ king
7. βοῦς-βοός, ὁ or ἡ ox, bull, cow
8. γέρων-οντος, ὁ old man
9. δέσποινα-ης, ἡ mistress
10. δεύτερος-α-ον second
11. δόρυ-δόρατος, τό spear
12. ἕπομαι + Dat. I follow
13. θόρυβος-ου, ὁ din, noise

14. ἱερεύς-έως, ὁ priest
15. ἱερεύω I sacrifice
16. ἰσχυρός-ά-όν strong
17. καίπερ +Partic. although
18. κλέπτης-ου, ὁ thief
19. κλέπτω I steal
20. κνημίς-ῖδος, ἡ greave
21. κόρυς-υθος, ἡ helmet
22. λέων-οντος, ὁ lion
23. μέρος-ους, τό part, share
24. ξίφος-ους, τό sword
25. οἶνος-ου, ὁ wine
26. παρθένος-ου, ἡ maiden
27. παύομαι I cease, finish
28. πείθομαι + Dat. I obey

29. πέμπτος-η-ον fifth
30. πίνω I drink
31. πολέμιος-α-ον hostile
    πολέμιος-ου, ὁ enemy
32. πρῶτος-η-ον first
33. σκέλος-ους, τό leg

34. τέλος-ους, τό end
35. τόξον-ου, τό bow
36. τρίτος-η-ον third
37. φοβερός-ά-όν frightening
38. χορεύω I dance

VIII

1. ἀπαντῶ (α) + Dat. I meet
2. ἀποδημῶ (ε) I live abroad
3. ἀποστερῶ (ε) I deprive
4. βασιλεύω + Gen. I rule
5. βοηθῶ (ε) + Dat. I help
6. γραῦς-γραός, ἡ old woman
7. δάκνω I bite
8. δέρας-ατος, τό skin, fleece
9. διαβαίνω I cross
10. ἕνεκα + Gen. on account of
11. ἐξαίφνης suddenly
12. ἔργον-ου, τό work
13. ἕτερος-α-ον one of two, the other
14. ἰσχύς-ύος, ἡ strength
15. ἰχθύς-ύος, ὁ fish
16. κάμνω I toil, am tired
17. καταπίπτω I fall down
18. λόγῳ μέν . . . ἔργῳ δέ
    seemingly . . . but in fact
19. ὀλίγος-η-ον small, (pl. few)
    (ἐλάττων-ἐλάχιστος)

20. ὄναρ-ὀνείρατος, τό dream
21. ὀρθός-ή-όν upright, right,
    straight
22. πάγχρυσος-ος-ον of solid gold
23. πόλις-εως, ἡ city
24. ῥᾴδιος-α-ον easy
25. ῥέω I flow
26. σφόδρα very
27. τελευτῶ (α) I finish, end
28. τλήμων-ων-ον unhappy,
    unfortunate
29. τοιοῦτος-αύτη-οῦτο such
30. ὕβρις-εως, ἡ insolence
31. ὑποπτεύω I suspect
32. ὕστερον later
33. φεύγω I flee
34. φοιτῶ (α) I visit, frequent
35. Ἀπόλλων-ωνος, ὁ Apollo
36. Ἰάσων-ονος, ὁ Jason
37. Ἰωλκός-οῦ, ἡ Iolcus
38. Κολχίς-ίδος, ἡ Colchis

IX

1. ἀποτρέχω I run away
2. ἄσμενος-η-ον willing, glad
3. δεῖ + Acc. it is necessary
4. δοκεῖ + Dat. it seems
5. δράκων-οντος, ὁ dragon
6. ἐκπέμπω I send out
7. ἔξεστι + Dat. it is possible
8. ἔσχατος-η-ον extreme, end
9. ἑταῖρος-ου, ὁ companion

10. εὐθύς immediately
11. ἥρως-ἥρωος, ὁ hero
12. θαυμάζω I am amazed, admire,
    wonder
13. κέρκος-ου, ἡ tail
14. κυβερνήτης-ου, ὁ helmsman
15. κυβερνῶ (α) I steer
16. ναῦς-νεώς, ἡ ship
17. ὀδούς-όντος, ὁ tooth

18. οἶός τ' εἰμί I am able
19. δι' ὀλίγου after a short time
20. ὅμως nevertheless
21. ὄρνις-ὄρνιθος, ὁ or ἡ bird
22. οὐ μόνον... ἀλλὰ καὶ not only
    ...but also
23. πειρῶμαι (α) I try
24. πέτομαι I fly
25. πέτρα-ας, ἡ rock
26. πλέω I sail
27. πόνος-ου, ὁ hard work
28. πονῶ (ε) I toil
29. πρέπει + Dat. it is fitting, right
30. προσήκει + Dat. it is fitting

31. πρότερον previously, before
32. σπείρω I sow
33. συγκαλῶ (ε) I call together
34. συντρέχω I run together
35. χρή + Acc. it is necessary
36. ὡς as
37. ὡς + Superlative, as ... as
    possible
    e.g. ὡς τάχιστα as quickly
    as possible
38. Αἰήτης-ου, ὁ Aeëtes
39. Συμπληγάδες-ων, αἱ
    Symplegades
40. Τῖφυς-έως, ὁ Tiphys

X

1. ἄγγελος-ου, ὁ messenger
2. ἆθλον-ου, τό prize
3. ἀλείφω I anoint
4. ἀλοιφή-ῆς, ἡ ointment
5. ἀνδρεῖος-α-ον manly, brave
6. ἄνεμος-ου, ὁ wind
7. ἀποπλέω I sail away
8. ἀριστερός-ά-όν left
9. αὐτοῖς τοῖς ὅπλοις arms
   and all
10. βλάπτω I harm
11. δεξιός-ά-όν right
12. δοῦλος-ου, ὁ slave, servant
13. ἐξελαύνω I drive out
14. ἐξορμῶ (α) I rush out, charge
15. ἐπιβάλλω I throw on, put on,
    fix on
16. ἔρχομαι I go, come
17. ζυγόν-οῦ, τό yoke

18. ἡγοῦμαι (ε) + Dat. I lead
19. θυγάτηρ-θυγατρός, ἡ daughter
20. κέρας-κέρατος, τό horn, wing
    of army
21. λίθος-ου, ὁ stone
22. οἷος-α-ον of what a kind, what!
23. ὁπλίτης-ου, ὁ heavy-armed
    soldier
24. ὀργίζομαι I am angry
25. πείθω I urge, persuade
26. ῥίς-ῥινός, ἡ nostril, nose
27. σπῶ (α) I draw (a sword)
28. τρέχω I run
29. ὑπό + Gen. under
30. φέρομαι I win
31. φοβοῦμαι (ε) I fear
32. χρῶμαι (α) + Dat. I use
33. Μήδεια-ας, ἡ Medea

XI

1. ἀδίκημα-ατος, τό wrongdoing,
   wicked deed
2. ἀδικῶ (ε) I do wrong
3. ἅλις + Gen. enough

4. Δαναΐς-ίδος, ἡ daughter of
   Danaus
5. δίκαιος-α-ον just
6. δίκη-ης, ἡ justice, lawsuit,
   penalty
7. δίκην λαμβάνω + Gen. I exact
   a penalty for
8. ἐγγύς + Gen. near
9. εἰσαεί for ever
10. εἰσβάλλω I throw in
11. ἐκεῖσε to that place
12. ἐκρέω I flow out
13. ζητῶ (ε) I look for, seek
14. καταδικάζω + Gen. I condemn
15. κρατήρ-ῆρος, ὁ jar, bowl
16. λυπῶ (ε) I grieve

17. μάτην in vain
18. μένω I remain, stay
19. μικρός-α-όν small
20. μῦθος-ου, ὁ story
21. νύξ-νυκτός, ἡ night
22. πάλιν again
23. πληρῶ (ο) + Acc. + Gen. I fill...
    with
24. πονηρός-ά-όν wicked
25. πόσος-ή-όν; how big, how
    great, how much?
26. προσέρχομαι I go towards, I
    come towards, I approach
27. ὕδωρ-ὕδατος, τό water
28. χρόνος-ου, ὁ time

XII

1. ἀδικία-ας, ἡ injustice
2. ἄδικος-ος-ον unjust
3. ἄκρος-α-ον topmost, top of
4. ἀνωθῶ (ε)-ἀνώσω-ἀνέωσα
   I push up
5. ἀποφέρω-ἀποίσω-ἀπήνεγκα
   I carry away, carry off
6. ἀρέσκω-ἀρέσω-ἤρεσα + Dat.
   I please
7. ἐξηγοῦμαι (ε)-ἐξηγήσομαι-
   ἐξηγησάμην I narrate, tell,
   explain
8. ἐπί + Dat. at, on
9. λόφος-ου, ὁ hill, peak
10. μόνος-η-ον alone
11. νοσῶ (ε)-νοσήσω-ἐνόσησα
    I am ill
12. ὅδε-ἥδε-τόδε this

13. ὁμολογῶ (ε)-ὁμολογήσω-
    ὡμολόγησα + Dat. I agree
    with
14. ὀργή-ῆς, ἡ anger
    δι' ὀργῆς ἔχω I am angry
    with
15. ὄφελος, τό use, profit
16. πᾶς-πᾶσα-πᾶν each, whole, all
17. πεδίον-ου, τό plain
18. ποτε (enclitic), at some time,
    once, once upon a time
19. Σίσυφος-ου, ὁ Sisyphus
20. ὑστερῶ (ε)-ὑστερήσω-
    ὑστέρησα + Dat. I am too
    late for, anticipated by
21. φθάνω-φθήσομαι-ἔφθασα
    I get ahead of, anticipate

XIII

1. ἄμπελος-ου, ἡ vine
2. ἀνεγείρω-ἀνεγερῶ (ε)-
   ἀνήγειρα I wake, arouse
3. ἀποβάλλω-ἀποβαλῶ (ε)-
   ἀπέβαλον I throw away
4. ἀπορῶ (ε)-ἀπορήσω-ἠπόρησα
   I am at a loss, in difficulties
5. αὔριον tomorrow
6. βότρυς-υος, ὁ bunch of grapes
7. βούλομαι-βουλήσομαι-
   ἐβουλόμην I wish, am
   willing
8. γένος-ους, τό race, type, kind
9. δεῖπνον-ου, τό feast, banquet
10. δέομαι-δεήσομαι-ἐδεήθην
    I need
11. Δημήτηρ-Δήμητρος, ἡ
    Demeter
12. διψῶ (α/η)-διψήσω-ἐδίψησα
    I am thirsty

13. ἐσθίω-ἔδομαι-ἔφαγον I eat
14. ζῶ (α-η) I live, am alive
15. θερμός-ή-όν hot
16. ἰδού look! see!
17. κατατέμνω-κατατεμῶ (ε)-
    κατέτεμον I cut up
18. λίμνη-ης, ἡ lake, pool, marsh
19. ὁποῖος-α-ον of what sort (indirect question)
20. παρά +Gen. from (of persons)
21. πεινῶ (α-η)-πεινήσω-
    ἐπείνησα I am hungry
22. Πέλοψ-Πέλοπος, ὁ Pelops
23. πολλάκις often
24. Τάνταλος-ου, ὁ Tantalus
25. τήμερον today
26. υἱός-οῦ, ὁ son
27. χείρ-χειρός, ἡ hand
28. χθές yesterday

XIV

1. ἀληθής-ής-ές true
2. ἀπέχω-ἀφέξω (ἀποσχήσω)-
   ἀπέσχον I am distant, away
   from
3. ἀσθενής-ής-ές weak
4. Ἄτλας-αντος, ὁ Atlas
5. ἀφαιρῶ (ε)-ἀφαιρήσω-
   ἀφεῖλον I take away, remove
6. γίγας-αντος, ὁ giant
7. γύψ-γυπός, ὁ vulture
8. δεσμός-οῦ, ὁ chain
9. ἐκβάλλω-ἐκβαλῶ (ε)-
   ἐξέβαλον I throw out, expel
10. ἐκεῖθεν from that place
11. ἐνιαυτός-οῦ, ὁ year
12. ἐρώτημα-ατος, τό question
13. ἑσπέρα-ας, ἡ evening

14. Ἑσπερίδες-ων, αἱ Hesperides
15. εὐγενής-ής-ές nobly born, noble
16. εὑρίσκω-εὑρήσω-ηὗρον I find
17. Εὐρυσθεύς-έως, ὁ Eurystheus, king of Tiryns
18. ἡμέρα-ας, ἡ day
19. ἧπαρ-ἥπατος, τό liver
20. Ἡρακλῆς-έους, ὁ Hercules
21. κατατείνω-κατατενῶ (ε)-
    κατέτεινα I stretch out
22. κῆπος-ου, ὁ garden
23. κλαίω-κλαύσομαι-ἔκλαυσα
    I weep, cry
24. λαλῶ (ε)-ήσω-ησα I chatter
25. μέγας-μεγάλη-μέγα big, great
26. οὗτος you there!

172

27. πιέζω-πιέσω-ἐπίεσα I squeeze, press, throttle
28. πόποι alas!
29. πορεύομαι-πορεύσομαι-ἐπορεύθην I march, go, journey, travel
30. Προμηθεύς-έως, ὁ Prometheus
31. προμηθής-ής-ές having foreknowledge, far-sighted
32. σαφής-ής-ές clear
33. τύπτω-τυπτήσω-ἐτύπτησα I strike, hit
34. ψευδής-ής-ές false, untrue
35. ὡς + Acc. towards (of persons)

XV
1. ἀθάνατος-ος-ον immortal
2. ἀνέχω-ἀνέξω-ἀνέσχον I hold up, support
3. ἅπας-ἅπασα-ἅπαν every, all, whole
4. ἀπέρχομαι-ἄπειμι-ἀπῆλθον I go away
5. βαρύς-βαρεῖα-βαρύ heavy
6. βαρέως φέρω I take hardly, am annoyed
7. δουλῶ (ο)-δουλώσω-ἐδούλωσα I enslave
8. ἐξαπατῶ (α)-ἐξαπατήσω-ἐξηπάτησα I deceive, cheat
9. ἔτι even, still, yet
10. κτῶμαι (α)-κτήσομαι-ἐκτησάμην I get, obtain, acquire
11. κωλύω-κωλύσω-ἐκώλυσα I prevent
12. μέλει + Dat. + Gen. I care for, am concerned about
13. μέλλω-μελλήσω-ἐμέλλησα I delay, waste time
14. μηχάνημα-ατος, τό device, idea, scheme
15. μηχανῶμαι (α)-μηχανήσομαι-ἐμηχανησάμην I devise, scheme
16. μωρία-ας, ἡ folly, stupidity
17. ὅπου where (Indirect)
18. οὐκέτι no longer
19. οὔπω not yet
20. παχύς-παχεῖα-παχύ thick, stout, stupid
21. προσκεφαλαῖον-ου, τό pillow, cushion
22. σφαῖρα-ας, ἡ ball, sphere
23. ταχύς-ταχεῖα-ταχύ quick, swift
24. χάριν ἔχω + Dat. I thank
25. ὦμος-ου, ὁ shoulder

XVI
1. ἄγαν too much
2. ἄγω-ἄξω-ἤγαγον I lead
3. ἄλλοτε μέν ... ἄλλοτε δέ sometimes ... at other times
4. ἀνά + Acc. up
5. ἀσφαλής-ής-ές safe
6. γαμῶ (ε)-γαμῶ (ε)-ἔγημα I marry
7. εἰσέρχομαι-εἴσειμι-εἰσῆλθον I go in, enter
8. ἐκεῖ there, in that place
9. ἐνύπνιος-ος-ον in sleep
10. ἤ ... ἤ either ... or
11. ἦν δ' ἐγώ, ἦ δ' ὅς, ἦ δ' ἦ I said, he said, she said
12. θεῖος-α-ον divine, heaven-sent

13. καιρός-οῦ, ὁ right time, due season
14. καλῶ (ε)-καλῶ (ε)-ἐκάλεσα I call, call out
15. κατέρχομαι-κάτειμι-κατῆλθον I go down, come down, descend
16. κλίνη-ης, ἡ bed

17. μήτηρ-μητρός, ἡ mother
18. οἴκοι at home
19. ὄνειρος-ου, ὁ dream
20. πατήρ-πατρός, ὁ father
21. πολύς-πολλή-πολύ much, many
22. φημί-φήσω-ἔφησα (Imperf. ἔφην) I say

XVII

1. ᾄδω-ᾄσομαι-ᾖσα I sing, recite
2. ἄστυ-ἄστεως, τό town
3. βαδίζω-βαδιοῦμαι (ε)-ἐβάδισα I walk
4. βιβλίον-ου, τό small book
5. βραδύς-βραδεῖα-βραδύ slow
6. γεραιός-ά-όν aged, old
7. ἐπειδή when, since
8. ἔπος-ἔπους, τό word, poem
9. ἐφ' ᾧτε on condition that
10. θαρσῶ (ε)-θαρσήσω-ἐθάρσησα I am confident, take heart
11. ἱερός-ά-όν holy, sacred
12. κατακλίνομαι-οῦμαι (ε)-κατεκλίθην I lie down
13. λύρα-ας, ἡ lyre
14. μηδείς-μηδεμία-μηδέν no-one, nothing
15. οἴκαδε to home, homewards

16. Ὅμηρος-ου, ὁ Homer
17. ὅσος-η-ον as great, as big, as much
18. πλανῶμαι (α)-ἠσομαι-ἐπλανήθην I wander, roam
19. ποιητής-οῦ, ὁ poet
20. πόθεν from what place? where from?
21. πολύτροπος-ος-ον versatile, much-travelled
22. Ποσειδῶν-ῶνος, ὁ Poseidon
23. πρόσφημι-προσφήσω-προσέφην I address
24. πρωΐ early
25. πως (enclitic) somewhat, rather
26. ὕπνος-ου, ὁ sleep
27. ὑστεραία-ας, ἡ next day
28. ὥστε so that (Consecutive)

XVIII

1. αἰγιαλός-οῦ, ὁ shore
2. αἰδοῖος-α-ον modest, reverent
3. ἀκολουθῶ (ε)-ήσω-ησα + Dat. I follow, accompany
4. Ἀλκίνοος-ου, ὁ Alcinous
5. ἅμαξα-ης, ἡ waggon, cart
6. ἀμφίπολος-ου, ἡ maidservant
7. γλυκύς-εῖα-ύ sweet

8. γυμνός-ή-όν naked
9. εἶμι I am going, shall go
10. εἰσπίπτω-πεσοῦμαι (ε)-ἔπεσον I fall into
11. ἐλαύνω-ἐλῶ (α)-ἤλασα I drive
12. ἔνθα (ἔνθα καὶ ἔνθα) where (here and there)
13. ἡμίονος-ου, ὁ or ἡ mule

174

14. ἡνία-ας, ἡ rein
15. θάλπω-θάλψω-ἔθαλψα I warm, dry
16. ἵνα + Subjunctive/Optative, in order to, in order that
17. κῦμα-ατος, τό wave
18. Ναυσικάα-ας, ἡ Nausicaa
19. ξένος-ου, ὁ stranger, guest
20. ὀξύς-εῖα-ύ sharp, bitter, piercing
21. ὅπως + Subjunctive/Optative, in order to, in order that

22. πάππα daddy
23. παρασκευάζω-άσω-ασα I get ready, prepare
24. τείνω-τενῶ (ε)-ἔτεινα I stretch, spread
25. τέρπομαι-τέρψομαι-ἐτερψά- μην I enjoy myself
26. τηλικοῦτος-αύτη-οῦτο of such an age, such
27. Φαιακία-ας, ἡ Phaeacia
28. ὡς + Future Participle, in order to, intending to

XIX

1. ἀβλαβής-ής-ές unharmed, harmless
2. ἀλλότριος-α-ον belonging to another, foreign
3. ἄν + Subjunctive (General sentences)
4. Ἄρτεμις-ιδος, ἡ Artemis, the goddess of hunting
5. ἄρτι recently, lately
6. βίος-ου, ὁ life
7. ἐάν + Subjunctive, if (ever)
8. ἐκτός + Gen. outside
9. ἕως while, until
10. καταλείπω-λείψω-ἔλιπον I leave behind
11. καταπέμπω-πέμψω-ἔπεμψα I send down

12. μηκέτι no longer
13. οἰκτείρω-οἰκτερῶ (ε)-ᾤκτειρα I pity
14. ὁμοῖος-α-ον like, similar to
15. ὅταν + Subjunctive, whenever
16. πότερον ... ἤ; (whether) ... or?
17. πρός + Gen. under the protection of, in the care of
18. πτωχός-οῦ, ὁ beggar
19. σιτία-ων, τά food, provisions
20. σχέτλιος-α-ον hard-hearted, wicked, wretched
21. σῴζω-σώσω-ἔσωσα I save, preserve
22. χρήματα-ων, τά money, possessions, property

XX

1. Ἀρήτη-ης, ἡ Arete, wife of Alcinous
2. αὐλή-ῆς, ἡ courtyard
3. γόνυ-γόνατος, τό knee
4. δέχομαι-δέξομαι-ἐδεξάμην I receive

5. ἐπανέρχομαι-ἐπάνειμι-ἐπαν- ῆλθον I return, return home
6. Ἥφαιστος-ου, ὁ Hephaestus, god of smiths
7. κακὰ λέγω + Acc. I speak ill of, abuse, insult

8. μεταξύ + *Participle* while, at the moment of
9. μηδέποτε never
10. πατρίς-ίδος, ἡ native land
11. πρό + *Gen.* in front of
12. στερῶ (ε)-στερήσω-ἐστέρησα + *Acc.* + *Gen.* I deprive
13. τεῖχος-ους, τό wall
14. τέχνη-ης, ἡ art, craft, skill

15. τίκτω-τέξομαι-ἔτεκον I give birth to
16. τοκεύς-έως, ὁ parent
17. φανερός-ά-όν clear, obvious, apparent
18. χρυσός-οῦ, ὁ gold
19. ὠφελῶ (ε)-ὠφελήσω-ὠφέλησα I help

XXI

1. αἰσθάνομαι-αἰσθήσομαι-ᾐσθόμην I perceive, realise
2. {ἀνοίγω / ἀνοίγνυμι-ἀνοίξω-ἀνέῳξα I open
3. ἀδελφός-οῦ, ὁ brother
4. ἀοιδός-οῦ, ὁ singer, minstrel, bard
5. ἀσπάζομαι-άσομαι-ᾐσπασάμην I welcome, greet
6. ἔρομαι-—-ᾐρόμην I ask
7. ἔτος-ἔτους, τό year
8. ἥδομαι-ἡσθήσομαι-ἥσθην + *Dat.* I am pleased, enjoy
9. ἵππος-ου, ὁ horse

10. καλύπτω-καλύψω-ἐκάλυψα I cover, conceal
11. λανθάνω-λήσω-ἔλαθον I escape notice
12. νομίζω-ιῶ(ε)-ἐνόμισα I think
13. ξύλινος-η-ον wooden, of wood
14. Ὀδυσσεύς-έως, ὁ Odysseus (Ulysses)
15. πολιορκῶ (ε) -ήσω-ησα I besiege, blockade
16. πρόσωπον-ου, τό face
17. πύλη-ης, ἡ gate
18. Τρῶες-ώων, οἱ Trojans
19. χλαῖνα-ης, ἡ cloak

XXII

1. ἄνθος-ους, τό flower, bloom
2. ἄφρων-ων-ον foolish, senseless
3. *βουλυτός-οῦ, ὁ time for unyoking oxen, evening
   *βουλυτόνδε towards evening
4. γείτων-ονος, ὁ neighbour
5. δαμῶ (α) -δαμάσω-ἐδάμασα I conquer, subdue
6. διαιρῶ (ε) -ήσω-διεῖλον I divide, share out
7. διαφθείρω-φθερῶ(ε)-διέφθειρα I destroy

8. ἕκαστος-η-ον each
9. ἐπέρχομαι-ἔπειμι-ἐπῆλθον + *Dat.* I attack, meet
10. *εὐκνήμις-ιδος well-greaved
11. ἐχθρός-ά-όν hostile
    ἐχθρός-οῦ, ὁ enemy
12. *ἦμος when
13. Ἴλιος-ου, ἡ Ilium, Troy
14. Ἴσμαρος-ου, ὁ Ismarus, city in Thrace

15. ἴσος-η-ον equal
16. Κίκονες-ων, οἱ Cicones
17. κλίνω-κλινῶ (ε) -ἔκλινα I lean, press on
18.* μετανίσσομαι I pass over, across
19. μῆλον-ου, τό sheep
20.* μόρος-ου, ὁ fate, death
21. ὄλλυμι-ὀλῶ (ε) -ὤλεσα I destroy
ὄλλυμαι-ὀλοῦμαι (ε) -ὠλόμην I perish

22. παραμυθοῦμαι (ε) -ήσομαι-ησάμην I console, cheer
23. πεζῇ on foot, by land
24. συλλέγω-συλλέξω-συνέλεξα I gather, collect
25. σφάζω-σφάξω-ἔσφαξα I slaughter, slay
26. φύλλον-ου, τό leaf
27. ὥρα-ας, ἡ season, time

XXIII

1.* αἶψα immediately
2. ἄλλως otherwise, differently
3. ἅλς-ἁλός, ἡ sea
4. ἀπαγγέλλω-ἀπαγγελῶ (ε) -ἀπήγγειλα I announce, report
5. βία-ας, ἡ force, violence.
6. γαλήνη-ης, ἡ calm, stillness
7. διασχίζω-διασχίσω-διέσχισα I split, break to pieces
8.* ἕζομαι I sit down
9. ἔθος-ἔθους, τό custom, habit
10. ἐπιλανθάνομαι-ἐπιλήσομαι-ἐπελαθόμην + Gen. I forget
11.* ἑξῆς in order, in turn
12. ἐποτρύνω-ῶ (ε) -ἐπώτρυνα I stir up
13.* ἐρέπτομαι I feed on

14. ἐρετμός-οῦ, ὁ oar
15. ἤπειρος-ου, ἡ mainland
16. καρτερός-ά-όν strong
17. κατά + Acc. according to
18. κλείς (κληΐς)-κλειδός, ἡ key, rowing bench
19. Λωτόφαγοι-ων, οἱ Lotuseaters
20. λωτός-οῦ, ὁ lotus
21.* μελιηδής-ής-ές honey-sweet
22.* νέομαι I go, come, return
23. νεφέλη-ης, ἡ cloud
24. νήπιος-α-ον childish, foolish
25. νόστος-ου, ὁ homecoming, return
26. πολιός-ά-όν grey
27. πνέω-πνεύσομαι-ἔπνευσα I breathe, blow

XXIV

1. ἄγγος-ους, τό jar, pail
2. αἴξ-αἰγός, ὁ or ἡ goat
3. ἄντρον-ου, τό cave
4. ἀσκός-οῦ, ὁ bag, wine-skin
5. ἅτε + Participle as, since, because
6. γάλα-γάλακτος, τό milk

7. εὐρύς-εῖα-ύ broad, wide
8. ἡγεμών-όνος, ὁ leader, guide
9.* ἠριγένεια Adjective early-rising (dawn)
10.* ἠώς-ἠοῦς = ἕως-ἕω, ἡ dawn
11. κινδυνεύω I run risks

177

12. λιμήν-ένος, ὁ harbour
13. οὗ where
14. περιμένω-μενῶ (ε) -έμεινα
   I wait for, expect
15. πλήρης-ης-ες + Gen, full (of)

16.*ῥοδοδάκτυλος-ος-ον rosy-
   fingered (dawn)
17. σελήνη-ης, ἡ moon
18. τράγος-ου, ὁ he-goat
19. τυρός-οῦ, ὁ cheese

XXV

1.*αἰγίοχος-ος-ον aegis-bearing
2.*ἀλέγω I heed
3. ἀμέλγω-ἀμέλξω-ἤμελξα
   I milk
4. δείδω-δείσω-ἔδεισα I fear
5. ἐκκύπτω-ψω-ψα I peep
   out
6. ἔμπορος-ου, ὁ merchant
7. ἔξοδος-ου, ἡ exit, way out
8.*ἦτορ-τό heart
9. καίω-καύσω-ἔκαυσα-
   κέκαυκα-κέκαυμαι-ἐκαύθην
   I burn, set fire to
10. κατακγῶ (α) -άσω-κατέκλασα
   I shatter
11. κινῶ (ε) -ήσω-ἐκίνησα-
   κεκίνηκα-κεκίνημαι-
   ἐκινήθην I move
12. κλείω-κλείσω-ἔκλεισα-
   κέκλεικα-κέκλεισμαι-
   ἐκλείσθην I shut

13. Κύκλωψ-Κύκλωπος, ὁ
   Cyclops
14. λάσιος-α-ον hairy, shaggy
15. ληστής-οῦ, ὁ pirate, robber
16. μάκαρ-μάκαρος Adjective,
   blessed
17. μόλις, μόγις scarcely, with
   difficulty
18. ὀνομάζω-άσω-ὠνόμασα-
   ὠνόμακα-ὠνόμασμαι-
   ὠνομάσθην I name, call
19. ὀστοῦν-οῦ, τό bone
20. πάνυ very, exceedingly
21. πέλωρος-η-ον huge, monstrous
22. προχωρῶ (ε) -ήσω-ησα I go
   forward, advance
23. στῆθος-στήθους, τό chest
24. τηλόθεν from afar
25.*φέρτερος-α-ον stronger, more
   powerful
26. φθόγγος-ου, ὁ voice, sound

XXVI

1. ἄκων-ἄκουσα-ἄκον unwilling
2.*ἀμείβομαι-ψομαι-ἠμειψάμην
   I exchange, answer
3. ἀπορία-ας, ἡ difficulty, trouble
4. ἀριστῶ (α) -ήσω-ησα I have
   breakfast
5. ἔγκατα-ων, τά entrails

6. ἐλάττων-ων-ον smaller, less
7. ἕως-ἕω, ἡ dawn
8.*ἠδέ and
9. θυμός-οῦ, ὁ soul, spirit,
   heart
10. κεῖμαι I lie
11.*κικλήσκω I call by name

178

12. λέων-οντος, ὁ lion
13. μεθύω I am drunk
14.*μετά +Dat. with, over and above
15.*μυελόεις-εσσα-εν full of marrow
16.*νηλεής-ής-ές pitiless, ruthless
17. ξένιον/ξείνιον/ξεινήϊον-ου, τό gift to a friend or guest
18. ὀξύνω-ὀξυνῶ (ε) -ώξυνα I sharpen
19.*ὀρεσίτροφος-ος-ον mountainbred

20. Οὖτις-τινος, ὁ Noman, Nobody
21. πρίν before, until
22.*πύματος-η-ον last
23. ῥόπαλον-ου, τό club, stake
24. σάρξ-σαρκός, ἡ flesh
25.*τοι =σοι to you
26. τολμῶ (α) -ήσω-ησα I dare
27. ὕπτιος-α-ον on one's back
28. φείδομαι-φείσομαι-ἐφεισάμην +Gen. I spare, pardon

XXVII

1. ἀνίημι-ἀνήσω-ἀνῆκα-ἀνεῖκα-ἀνεῖμαι-ἀνείθην I send up, let slip
2. ἀνίστημι-στήσω-ἔστησα or ἔστην-ἔστηκα-ἔσταμαι-ἐστάθην I set up, raise, stand
3.*ἀπαμείβομαι-ψομαι-ἀπημείφθην I answer
4.*ἄϋπνος-ος-ον sleepless
5. ἀφίημι-ἀφήσω-ἀφῆκα-ἀφεῖκα-ἀφεῖμαι-ἀφείθην I send away, let go, set free
6. βάπτω-βάψω-ἔβαψα-βέβαμμαι-ἐβάφην I dip (in water)
7.*βροτός-οῦ, ὁ mortal
8. δείκνυμι-δείξω-ἔδειξα-δέδειχα-δέδειγμαι-ἐδείχθην I show
9. διαφαίνω-φανῶ(ε)-ἔφηνα I glow, shine through
10. δινῶ(ε)-ήσω-ησα I spin round
11. δίδωμι-δώσω-ἔδωκα-δέδωκα-δέδομαι-ἐδόθην I give
12. δόλος-ου, ὁ trickery, deceit, guile

13. δύναμαι-δυνήσομαι-ἐδυνήθην I am able
14.*ἐλαΐνεος-α-ον of olive wood
15. ἐπιτίθεμαι-θήσομαι-εθέμην + Dat. I apply myself, attack
16. ἦ; can it be that?
17. θράσος-ους, τό courage, daring
18.*ἰάχω-ἰαχήσω I hiss
19. ἵστημι-στήσω-ἔστησα or ἔστην-ἔστηκα-ἔσταμαι-ἐστάθην I stand
20. κράτος-ους, τό power, might, force
21. μοχλός-οῦ, ὁ stake, bar
22. οἰμώζω-οἰμώξω-ᾤμωξα I groan
23. πέλεκυς-εως, ὁ axe
24. σίδηρος-ου, ὁ iron
25. σίζω I hiss, sizzle
26. σκέπαρνον-ου, τό adze
27.*σμερδαλέος-α-ον terrible
28. τίθημι-θήσω-ἔθηκα-τέθηκα-κεῖμαι-ἐτέθην I place
29. τρύπανον-ου, τό drill

30. φαρμάττω-ξω-ξα I temper (of metals)
31. χαλκεύς-έως, ὁ blacksmith

32. χλωρός-ά-όν green, pale
33. ψυχρός-ά-όν cold

XXVIII

1. ἅπτομαι-ἅψομαι-ἡψάμην + Gen. I touch
2. γαστήρ-γαστρός, ἡ stomach
3. δέω-δήσω-ἔδησα-δέδεκα-δέδεμαι-ἐδέθην I bind, tie
4. ἑκατέρωθεν on each side
5. *ἐξαλαῶ(ο)-ώσω-ωσα I blind
6. ἔριον-ου, τό wool (pl. fleece)
7. ἑσπέριος-α-ον of the evening
8. θύραζε out of doors, outside
9. κατά + Acc. (of numbers) in groups of, at a time
10. κρεμάννυμι-κρεμῶ (α)-ἐκρέμασα-ἐκρεμάσθην I hang
11. κριός-οῦ, ὁ ram
12. *λιλαίομαι I long for, desire
13. λυγρός-ά-όν mournful, mischievous, cowardly
14. ναύτης-ου, ὁ sailor
15. νέμω-νεμῶ(ε)-ἔνειμα I tend (Middle graze)
16. νῶτον-ου, τό back
17. οἶς-οἰός, ὁ or ἡ sheep
18. παίω-παίσω-ἔπαισα-πέπαικα or πέπληγα I strike
19. *πάρος formerly, before, until, previously
20. *πέπον my dear, my pet

21. πετάννυμι-πετῶ(α)-ἐπέτασα-πέπταμαι-ἐπετάσθην I spread out
22. ποθῶ(ε)-ήσω-ησα I desire, miss, regret
23. *ποίη-ης, ἡ =πόα-πόας, ἡ grass
24. προδίδωμι-δώσω-προύδωκα-δέδωκα-δέδομαι-προυδόθην I betray
25. *ῥοή-ῆς, ἡ stream
26. *σεύω-ἔσσευα (ἐσσύμην Epic Middle) I move, urge (Middle rush)
27. σπέος-ους, τό cave
28. σταθμός-οῦ, ὁ stable, fold
29. συντίθημι-θήσω-ἔθηκα I put together,
30. *τέρην-τέρεινα-τέρεν smooth, soft, delicate
31. τυφλός-ή-όν blind
32. ὑπισχνοῦμαι(ε)-ὑποσχήσομαι-ὑπεσχόμην I promise
33. ὑποτίθημι-θήσω-ἔθηκα I put under
34. φρήν-φρενός, ἡ mind, heart
35. *ψηλαφῶ(α)-ήσω-ησα I grope, feel my way

XXIX

1. *ἄκικυς-υος, ὁ or ἡ weak, feeble
2. ἀπορρήγνυμι-ἀπορρήξω-

ἀπέρρηξα-ἀπέρρωγα-ἀπέρρηγμαι-ἀπερράγην I break off

3. ἀποχωρῶ(ε)-ήσω-ησα I depart, go away
4. ἀπωθῶ(ε)-ἀπώσω-ἀπέωσα I push away, thrust off
5. ἄρα it seems, indeed, then
6. Ἰθάκη-ης, ἡ Ithaca
7. κακὰ ποιῶ(ε)-ήσω-ησα +Acc. I harm, wrong
8.*κλύζω-κλύσω-ἐκλύσθην I surge up
9. κόντος-ου, ὁ pole
10. κορυφή-ῆς, ἡ peak
11. Λαέρτης-ου, ὁ Laertes, Odysseus' father
12. οἶδα-εἴσομαι-ἤδη I know
13.*οὐτιδανός-ή-όν worthless, good-for-nothing

14.*παλιρρόθιος-α-ον flowing back again
15. πράττω-πράξω-ἔπραξα-πέπραγα-πέπραγμαι-ἐπράχθην I do, fare
16. προστίθημι-θήσω-ἔθηκα + Dat. I add to
17. πρότερος-α-ον former, one before
18. πρῷρα-ας, ἡ prow of a ship
19. τυγχάνω-τεύξομαι-ἔτυχον-τετύχηκα +Gen. I hit
20. τυφλῶ(ο)-ώσω-ωσα I blind
21.*φώς-φωτός, ὁ mortal, man
22. χρησμός-οῦ, ὁ oracle
23. ὧδε thus, in this way

XXX

1.*ἄγραυλος-ος-ον from the fields
2. αἰσχρός-ά-όν (αἰσχίων-αἴσχιστος) shameful, foul
3. ἁλιεύς-έως-ὁ fisherman
4.*ἀσπαίρω I pant, gasp, writhe
5. δέδοικα-δέδια I fear
6. δίνη-ης, ἡ whirlpool
7.*εἶδαρ-εἴδατος, τό food, bait
8. ἐλπίζω-ἐλπιῶ(ε)-ἤλπισα I hope, expect
9. ἡδύς-εῖα-ύ (ἡδίων-ἤδιστος) sweet, pleasant
10. θαρραλέος-α-ον confident, bold
11. θύραζε outside
12. κῆρος-ου, ὁ wax
13. Κίρκη-ης, ἡ Circe, enchantress of Aeaea
14. μεταβάλλω-βαλῶ(ε)-έβαλον I change
15. ναυαγῶ (ε)-ήσω-ησα I am shipwrecked

16. οἰκτρός-ά-όν piteous, pitiable
17. ὀφρύς-ύος, ἡ eyebrow
18. παραινῶ(ε)-παραινέσω-παρήνεσα +Dat. I advise
19. παρελαύνω-ελῶ(α)-ήλασα I drive past
20.*περιμήκης-ης-ες very long
21. πόντος-ου, ὁ open sea
22. πρόβολος-ου, ὁ jutting rock, promontory
23. προΐημι-ήσω-ῆκα I cast out, let go
24. ῥάβδος-ου, ἡ staff, wand, rod
25. ῥίπτω-ῥίψω-ἔρριψα-ἔρριφα-ἔρριμμαι-ἐρρίφθην I hurl
26. Σειρῆνες-ήνων, αἱ Sirens
27. Σκύλλη-ης, ἡ Scylla
28. στίχος-ου, ὁ line, row
29. τέρας-ατος, τό monster, portent
30. ὗς-ὑός, ὁ or ἡ swine
31. φάρμακον-ου, τό drug
32. Χάρυβδις-εως, ἡ Charybdis

XXXI

1.*ἀμοιβή-ῆς, ἡ recompense, return
2.*ἄμυδις = ἅμα together
3. ἀμφότεροι-αι-α both
4. ἄντλος-ου, ὁ hold, bilge-water
5.*ἀποαίνυμαι = ἀπαίνυμαι I take away
6.*ἀχλύω-σω I grow dark
7. βροντῶ(α)-ήσω-ησα I thunder
8.*γαῖα = γῆ-γῆς earth
9.*γλαφυρός-ά-όν hollow
10. δίκας δίδωμι-δώσω-ἔδωκα I pay the penalty, am punished
11. δύω-δύσω-ἔδυσα, ἔδυν I sink
12. εἰ γάρ if only
13. εἴθε if only
14.*ἐλελίζω-ξω-ξα-ἐλελίχθην I whirl round
15. ἐμβάλλω-βαλῶ(ε)-ἐνέβαλον-ἐμβέβληκα + *Dat.* I throw at, into, fall on
16.*ἐμφορῶ(ε)-ήσω-ησα I bear in, carry about
17. ἐπιεικής-ής-ές fit, suitable, fair
18. ἐῶ(α)-ἐάσω-εἴασα-εἴακα (*Impf.* εἴων) I allow
19. Ζέφυρος-ου, ὁ West wind
20. θάνατος-ου, ὁ death
21.*θεῖον *or* θέειον-ου, τό sulphur
22. θέω-θεύσομαι I run
23. θύελλα-ης, ἡ storm, hurricane
24. θύω-θύσω-ἔθυσα I rush
25.*ἴκελος-η-ον like
26. καταχέω-χεῶ(ε)-έχεα-εχύθην I pour out, throw down
27. κεραυνός-οῦ, ὁ thunderbolt
28.*κλάζω-κλάγξω-ἔκλαγξα-κέκληγα I rattle, rustle, shriek
29. κορώνη-ης, ἡ crow, raven, sea-crow
30. Κρονίων-ίωνος, ὁ son of Cronos, Zeus
31.*κυάνεος-α-ον blue, dark
32.*λαίλαψ-απος, ἡ tempest, storm, hurricane
33. μέλας-μέλαινα-μέλαν black
34. νέκυς-υος, ὁ corpse
35. νύμφη-ης, ἡ bride, young maiden, nymph
36. ὀπίσω behind, backwards
37. ὅτε when
38. πίμπλημι-πλήσω-ἔπλησα-πέπληκα-πέπλησμαι-ἐπλήσθην I fill
39. πλήττω-πλήξω-ἔπληξα-πέπληγα-πέπληγμαι-ἐπλήγην I strike
40. προσέχω-έξω-έσχον-έσχηκα I put in a ship (*Trans. & Intrans.*)
41. προσνέω-νεύσομαι-ένευσα I swim towards
42. πρότονος-ου, ὁ forestay, halyard
43. πρύμνα-ης, ἡ stern
44. ῥήγνυμι-ῥήξω-ἔρρηξα-ἔρρωγα-ἔρρηγμαι-ἐρράγην I break
45.*συναράττω-ξω-ξα I dash together, crush
46. σχεδία-ας, ἡ raft
47. τίνω-τίσω-ἔτισα-τέτικα-τέτισμαι-ἐτίσθην I pay the penalty, make recompense
48. τότε then
49. Τρινακρία-ας, ἡ Trinacria, [Sicily

50. ὑπέρ + *Gen.* above, on behalf of
51. *φαείνω = φαίνω I shine, give
    light

52. 'Ωγυγία-ας, ἡ Ogygia, island
    home of Calypso

XXXII

1. *ἀΐδηλος-ος-ον destructive
2. ἀναγκάζω-σω-ἠνάγκασα-
   ἠνάγκασμαι-ἠναγκάσθην
   I compel
3. ἀναλύω-σω-σα I undo
4. 'Αντίνοος-όου, ὁ Antinous, a
   haughty suitor
5. ἀπαλλάττω-ξω-ἤλλαξα-
   ἤλλαχα-ἤλλαγμαι-ηλλάγην
   I get rid of
6. *αὐτάρ but
7. βιάζω-άσω-ασα-βεβίασμαι-
   ἐβιάσθην I press hard, treat
   violently
8. βίβλος-ου, ἡ papyrus, a book
9. βλέφαρον-ου, τό eyelid
10. *διογενής-ής-ές born of Zeus
11. *δῖος-α-ον godlike, excellent
12. *ἕ, οὗ, οἵ (*enclitic*) him, her, it
13. εἰσορῶ(α)-όψομαι-εῖδον I look
    at, behold
14. εἰσφέρω-οίσω-ήνεγκα I carry
    in
15. *ἐνέπω-ἐνίψω-ἔνισπον I tell,
    relate
16. ἐξευρίσκω-ευρήσω-ηὗρον
    I find out
17. ἔοικα-εῖξω-ἐῴκη + *Dat.* I am
    like
18. *ἐρατεινός-ή-όν lovely
19. καταγελῶ(α)-γελάσομαι-
    εγέλασα + *Gen.* I laugh at
20. καταλέγω-λέξω-έλεξα
    I recount in detail
21. κῆδος-ους, τό grief, care

22. κοιμῶ(α)-ήσω-ησα I lull to
    rest
23. *μέγαρον-ου, τό large room, (*pl.*
    house, palace)
24. *μνηστήρ-ῆρος, ὁ suitor
25. *μογῶ(ε)-ήσω-ησα I toil, suffer
26. *ὀϊζύω-ύσω-υσα I wail,
    lament, suffer
27. *ὀϊστός-οῦ, ὁ arrow
28. ὅμιλος-ου, ὁ crowd
29. ὀνειδίζω-ιῶ(ε)-ισα I reproach,
    taunt, abuse
30. πέπλος-ου, ὁ robe
31. Πηνελόπη-ης, ἡ Penelope,
    wife of Odysseus
32. πρᾶγμα-ατος, τό deed, matter,
    affair
33. συγγράφω-ψω-ψα I write,
    compose
34. σφάλλω-σφαλῶ(ε)-
    ἔσφηλα-ἔσφαλκα-
    ἔσφαλμαι-ἐσφάλην I trip
    up, deceive (*Passive* I fail)
35. τέρπομαι-ψομαι-ψάμην-
    ἐτέρφθην *or* ἐτάρπην I enjoy
    myself
36. Τηλέμαχος-ου, ὁ Telemachus,
    Odysseus' son
37. ὑφαίνω-ὑφανῶ(ε)-ὕφηνα-
    ὕφασμαι-ὑφάνθην I weave
38. φάσκω-ἔφασκον (*Used as Impf.*
    φημί) I say, tell
39. φιλότης-τητος, ἡ love, affec-
    tion

GREEK ACCIDENCE

The Article

$$\acute{o} - \acute{\eta} - \tau\acute{o} = the$$

Nom.	ὁ	ἡ	τό
Acc.	τόν	τήν	τό
Gen.	τοῦ	τῆς	τοῦ
Dat.	τῷ	τῇ	τῷ

Nom.	οἱ	αἱ	τά
Acc.	τούς	τάς	τά
Gen.	τῶν	τῶν	τῶν
Dat.	τοῖς	ταῖς	τοῖς

The Dual is

N.A.	τώ – τώ – τώ
G.D.	τοῖν – τοῖν – τοῖν

First Declension

	Feminine: φωνή = voice θάλαττα = sea οἰκία = house			Masculine: πολίτης = citizen νεανίας = young man	
Nom.	φωνή	θάλαττα	οἰκία	πολίτης	νεανίας
Voc.	φωνή	θάλαττα	οἰκία	πολῖτα	νεανία
Acc.	φωνήν	θάλατταν	οἰκίαν	πολίτην	νεανίαν
Gen.	φωνῆς	θαλάττης	οἰκίας	πολίτου	νεανίου
Dat.	φωνῇ	θαλάττῃ	οἰκίᾳ	πολίτῃ	νεανίᾳ
Nom.	φωναί	θάλατται	οἰκίαι	πολῖται	νεανίαι
Voc.	φωναί	θάλατται	οἰκίαι	πολῖται	νεανίαι
Acc.	φωνάς	θαλάττας	οἰκίας	πολίτας	νεανίας
Gen.	φωνῶν	θαλαττῶν	οἰκιῶν	πολιτῶν	νεανιῶν
Dat.	φωναῖς	θαλάτταις	οἰκίαις	πολίταις	νεανίαις

The Dual is

N.V.A.	φωνά	θαλάττα	οἰκία	πολίτα	νεανία
G.D.	φωναῖν	θαλάτταιν	οἰκίαιν	πολίταιν	νεανίαιν

Note that Ἑρμῆς = Hermes has a Vocative Ἑρμῆ.

Second Declension

<table>
<tr><td></td><td colspan="2">Masculine:</td><td></td><td colspan="2">Neuter:</td></tr>
<tr><td></td><td>ἄνθρωπος = man</td><td>νεώς = temple</td><td></td><td>παιδίον = child</td><td></td></tr>
<tr><td></td><td>νοῦς = mind</td><td></td><td></td><td>ὀστοῦν = bone</td><td></td></tr>
<tr><td>Nom.</td><td>ἄνθρωπος</td><td>νεώς</td><td>νοῦς</td><td>παιδίον</td><td>ὀστοῦν</td></tr>
<tr><td>Voc.</td><td>ἄνθρωπε</td><td>νεώς</td><td>νοῦ</td><td>παιδίον</td><td>ὀστοῦν</td></tr>
<tr><td>Acc.</td><td>ἄνθρωπον</td><td>νεών</td><td>νοῦν</td><td>παιδίον</td><td>ὀστοῦν</td></tr>
<tr><td>Gen.</td><td>ἀνθρώπου</td><td>νεώ</td><td>νοῦ</td><td>παιδίου</td><td>ὀστοῦ</td></tr>
<tr><td>Dat.</td><td>ἀνθρώπῳ</td><td>νεῴ</td><td>νῷ</td><td>παιδίῳ</td><td>ὀστῷ</td></tr>
<tr><td>Nom.</td><td>ἄνθρωποι</td><td>νεῴ</td><td>νοῖ</td><td>παιδία</td><td>ὀστᾶ</td></tr>
<tr><td>Voc.</td><td>ἄνθρωποι</td><td>νεῴ</td><td>νοῖ</td><td>παιδία</td><td>ὀστᾶ</td></tr>
<tr><td>Acc.</td><td>ἀνθρώπους</td><td>νεώς</td><td>νοῦς</td><td>παιδία</td><td>ὀστᾶ</td></tr>
<tr><td>Gen.</td><td>ἀνθρώπων</td><td>νεών</td><td>νῶν</td><td>παιδίων</td><td>ὀστῶν</td></tr>
<tr><td>Dat.</td><td>ἀνθρώποις</td><td>νεώς</td><td>νοῖς</td><td>παιδίοις</td><td>ὀστοῖς</td></tr>
</table>

The Dual is

<table>
<tr><td>N.V.A.</td><td>ἀνθρώπω</td><td>νεώ</td><td>νώ</td><td>παιδίω</td><td>ὀστώ</td></tr>
<tr><td>G.D.</td><td>ἀνθρώποιν</td><td>νεῴν</td><td>νοῖν</td><td>παιδίοιν</td><td>ὀστοῖν</td></tr>
</table>

Some nouns in – ος are Feminine. Note especially βίβλος = book, ἤπειρος = mainland, νῆσος = island, νόσος = disease, ὁδός = road, way, παρθένος = maiden, ῥάβδος = staff, τάφρος = ditch and ψῆφος = pebble, vote. ἕως – ἕω = dawn (Acc. S. ἕω) is also Feminine. Words like νεώς are called the *Attic Declension*.

Note that the nominative in – ος is sometimes used for the vocative in ε e.g. ὦ φίλος = friend! ὦ θεός = O God.

Third Declension

(i) *Consonant Stems*:

	Masculine and Feminine:		Neuter:
	φύλαξ = *guard*	πατρίς = *native land*	σῶμα = *body*
Nom.	φύλαξ	πατρίς	σῶμα
Voc.	φύλαξ	πατρίς	σῶμα
Acc.	φύλακα	πατρίδα	σῶμα
Gen.	φύλακος	πατρίδος	σώματος
Dat.	φύλακι	πατρίδι	σώματι
Nom.	φύλακες	πατρίδες	σώματα
Voc.	φύλακες	πατρίδες	σώματα
Acc.	φύλακας	πατρίδας	σώματα
Gen.	φυλάκων	πατρίδων	σωμάτων
Dat.	φύλαξι (ν)	πατρίσι (ν)	σώμασι (ν)

The Dual is

N.V.A.	φύλακε	πατρίδε	σώματε
G.D.	φυλάκοιν	πατρίδοιν	σωμάτοιν

The only difficulty is in the Dative Plural where the final consonant of the stem comes into contact with the ending σι. Note that

κ, γ, χ   followed by σι become ξι
π, β, φ   followed by σι become ψι
τ, δ, θ, ν   are omitted before σι

and λ and ρ suffer no change. Note that – οντσι becomes – ουσι.
e.g. λέων – λέοντος, *lion* becomes in the Dative Plural λέουσι(ν).

(ii) *Stems in* σ:

	Neuter:		Δημοσθένης = *Demosthenes*
	ξίφος = *sword*		Περικλῆς = *Pericles*
Nom.	ξίφος	ξίφη	Δημοσθένης	Περικλῆς
Voc.	ξίφος	ξίφη	Δημόσθενες	Περίκλεις
Acc.	ξίφος	ξίφη	Δημοσθένη	Περικλέα
Gen.	ξίφους	ξιφῶν	Δημοσθένους	Περικλέους
Dat.	ξίφει	ξίφεσι (ν)	Δημοσθένει	Περικλεῖ

The Dual is
N.V.A.	ξίφει
G.D.	ξιφοῖν

(iii) *Vowel Stems*:

	πόλις – εως = city	ἰχθύς – ύος = fish	ἄστυ – εως = town	βασιλεύς – έως = king
Nom.	πόλις	ἰχθύς	ἄστυ	βασιλεύς
Voc.	πόλι	ἰχθύ	ἄστυ	βασιλεῦ
Acc.	πόλιν	ἰχθύν	ἄστυ	βασιλέα
Gen.	πόλεως	ἰχθύος	ἄστεως	βασιλέως
Dat.	πόλει	ἰχθύι	ἄστει	βασιλεῖ
Nom.	πόλεις	ἰχθύες	ἄστη	βασιλῆς
Voc.	πόλεις	ἰχθύες	ἄστη	βασιλῆς
Acc.	πόλεις	ἰχθῦς	ἄστη	βασιλέας
Gen.	πόλεων	ἰχθύων	ἄστεων	βασιλέων
Dat.	πόλεσι (ν)	ἰχθύσι (ν)	ἄστεσι (ν)	βασιλεῦσι (ν)

The Dual is

N.V.A.	πόλει	ἰχθύε	ἄστει	βασιλέε
G.D.	πολέοιν	ἰχύοιν	ἀστέοιν	βασιλέοιν

	βοῦς – βοός = bull, cow		ναῦς – νεώς = ship		γραῦς – γραός = old woman	
	Singular	Plural	Singular	Plural	Singular	Plural
Nom.	βοῦς	βόες	ναῦς	νῆες	γραῦς	γρᾶες
Voc.	βοῦ	βόες	—	—	γραῦ	γρᾶες
Acc.	βοῦν	βοῦς	ναῦν	ναῦς	γραῦν	γραῦς
Gen.	βοός	βοῶν	νεώς	νεῶν	γραός	γραῶν
Dat.	βοΐ	βουσί (ν)	νηΐ	ναυσί (ν)	γραΐ	γραυσί (ν)

The Dual is

N.V.A.	βόε	νῆε	γρᾶε
G.D.	βοοῖν	νεοῖν	γραοῖν

(iv) *Irregular Nouns*:

	πατήρ – πατρός = father		ἀνήρ – ἀνδρός = man		θρίξ – τριχός = hair	
	Singular	Plural	Singular	Plural	Singular	Plural
Nom.	πατήρ	πατέρες	ἀνήρ	ἄνδρες	θρίξ	τρίχες
Voc.	πάτερ	πατέρες	ἄνερ	ἄνδρες	θρίξ	τρίχες
Acc.	πατέρα	πατέρας	ἄνδρα	ἄνδρας	τρίχα	τρίχας
Gen.	πατρός	πατέρων	ἀνδρός	ἀνδρῶν	τριχός	τριχῶν
Dat.	πατρί	πατράσι (ν)	ἀνδρί	ἀνδράσι (ν)	τριχί	θριξί (ν)

The Dual is

N.V.A.	πατέρε	ἄνδρε	τρίχε
G.D.	πατέροιν	ἀνδροῖν	τριχοῖν

	δόρυ – ατος = spear		ἔαρ – ῆρος = spring
	Singular	Plural	Singular
Nom.	δόρυ	δόρατα	ἔαρ
Voc.	δόρυ	δόρατα	ἔαρ
Acc.	δόρυ	δόρατα	ἔαρ
Gen.	δόρατος	δοράτων	ἦρος
Dat.	δόρατι	δόρασι (ν)	ἦρι

The Dual is

N.V.A.	δόρατε
G.D.	δοράτοιν

	πειθώ – οῦς = persuasion	αἰδώς – οῦς = respect
	Singular	Singular
Nom.	πειθώ	αἰδώς
Voc.	πειθοῖ	αἰδώς
Acc.	πειθώ	αἰδῶ
Gen.	πειθοῦς	αἰδοῦς
Dat.	πειθοῖ	αἰδοῖ

Note that μήτηρ – μητρός, ἡ = *mother*, θυγάτηρ – θυγατρός, ἡ = *daughter* are declined like πατήρ; γόνυ – γόνατος, τό = *knee* is declined like δόρυ; and ἠχώ – οῦς, ἡ = *echo* and the names 'Αργώ – οῦς, ἡ = *Argo* and Καλυψώ – οῦς, ἡ = Calypso like πειθώ.

(v) *Peculiarities of the Third Declension*:

(a) The following nouns have a shortened Vocative singular:

γέρων – οντος, ὁ = *old man* (γέρον), γίγας – αντος, ὁ = *giant* (γίγαν), δαίμων – ονος, ὁ = *spirit* (δαῖμον), ἐλπίς – ίδος, ἡ = *hope* (ἐλπί), λέων – οντος, ὁ = *lion* (λέον), παῖς – παιδός, ὁ – ἡ = *boy or girl* (παῖ), ῥήτωρ – ῥήτορος, ὁ = *orator* (ῥῆτορ), σωτήρ – σωτῆρος, ὁ = *saviour* (σῶτερ), τυραννίς – ίδος, ἡ = *tyranny* (τυραννί) and other nouns similarly declined and also many names e.g. Ἄρτεμις – ιδος, ἡ = *Artemis* (Ἄρτεμι) and Σωκράτης – ους, ὁ = *Socrates* (Σώκρατες).

(b) ἀστήρ – έρος, ὁ = *star* has Voc. S. ἄστερ and Dat. Pl. ἀστράσι.

γάλα – γάλακτος, τό = *milk*.

γέλως – ωτος, ὁ = *laughter* has Acc. S. γέλων as well as γέλωτα.

γυνή – γυναικός, ἡ = *woman, wife* has Voc. S. γύναι and Dat. Pl. γυναιξί.

δένδρον – ου, τό = *tree* has Dat. Pl. δένδρεσι.

ἔρις – ἔριδος, ἡ = *strife* has Acc. S. ἔριν as well as ἔριδα.

Ζεύς – Διός, ὁ = *Zeus* is declined Ζεύς, Ζεῦ, Δία, Διός, Διΐ (Ionic and poetical Ζῆνα, Ζηνός, Ζηνί).

ἧπαρ – ἥπατος, τό = *liver*.

κάρα, τό = *head* is declined κάρα, κάρα, κάρα, —, κάρᾳ. Poetical κάρα, κρᾶτα, κρατός, κρατί.

κέρας – κέρατος, τό = *horn* is declined κέρας, κέρας, κέρατος, κέρατι, κέρατα, κέρατα, κεράτων, κέρασι. There are also Gen. Sing. and Dat. Sing. κέρως, κέραι and κέρᾳ and Nom. and Acc. Pl. κέρα, Gen. Pl. κερῶν.

κνέφας – κνέφους, ὁ = darkness is declined κνέφας, κνέφας, κνέφους, κνέφᾳ. No Pl. or Dual.

κρέας – κρέως, τό = flesh is declined κρέας, κρέας, κρέως, κρέᾳ, κρέα, κρέα, κρεῶν, κρέασι.

κύων – κυνός, ὁ – ἡ = dog is declined κύων, κύον, κύνα, κυνός, κυνί, κύνες, κύνας, κυνῶν, κυσί. Dual κύνε, κυνοῖν.

μάρτυς – μάρτυρος, ὁ = witness has Dat. Pl. μάρτυσι.

οἶς – οἰός, ἡ = sheep is declined οἶς, οἶ, οἶν, οἰός, οἰί, οἶες, οἶς, οἰῶν, οἰσί.

ὄναρ – ὀνείρατος, τό = dream.

ὄρνις – ιθος, ὁ – ἡ = bird has Acc. S. ὄρνιν as well as ὄρνιθα. Poetical Plural ὄρνεις, ὄρνεις or ὄρνις, ὄρνεων.

ὄσσε, τώ = eyes (Dual) has Gen. Pl. ὄσσων and Dat. Pl. ὄσσοις and ὄσσοισι.

οὖς – ὠτός, τό = ear.

πούς – ποδός, ὁ = foot.
πρέσβυς – εως, ὁ = old man, elder is declined πρέσβυς, πρέσβυ, πρέσβυν, πρέσβεως, πρέσβει. Plural πρέσβεις, πρέσβεις, πρέσβεων, πρέσβεσι. In the Plural it frequently means ambassadors.

πῦρ – πυρός, τό = fire has Dat. Pl. πυροῖς.

ὕδωρ – ὕδατος, τό = water.

υἱός – οῦ, ὁ = son is declined regularly as a Second Declension noun. It also has Third Declension forms υἱέος, υἱεῖ, υἱεῖς, υἱεῖς, υἱέων, υἱέσι, υἱεῖ, υἱέοιν.

φῶς – φωτός, τό = light is also declined φάος, φάος, φάους, φάει.

χείρ – χειρός, ἡ = hand has the Dat. Pl. χερσί and in the Poets all cases may be formed from the stem χερ –.

The Adjective

First and Second Declension:

καλός – καλή – καλόν = good, beautiful

	Masculine	Feminine	Neuter
Nom.	καλός	καλή	καλόν
Voc.	καλέ	καλή	καλόν
Acc.	καλόν	καλήν	καλόν
Gen.	καλοῦ	καλῆς	καλοῦ
Dat.	καλῷ	καλῇ	καλῷ
Nom.	καλοί	καλαί	καλά
Voc.	καλοί	καλαί	καλά
Acc.	καλούς	καλάς	καλά
Gen.	καλῶν	καλῶν	καλῶν
Dat.	καλοῖς	καλαῖς	καλοῖς

The Dual is

N.V.A.	καλώ	καλά	καλώ
G.D.	καλοῖν	καλαῖν	καλοῖν

μικρός – ά – όν = small and ἄξιος – ἀξία – ἄξιον = worthy and other adjectives ending in ρος and ιος are declined like καλός but with an α in the Feminine Singular instead of η.

χρυσοῦς – ῆ – οῦν = golden

	Masculine	Feminine	Neuter
Nom.	χρυσοῦς	χρυσῆ	χρυσοῦν
Voc.	χρυσοῦς	χρυσῆ	χρυσοῦν
Acc.	χρυσοῦν	χρυσῆν	χρυσοῦν

then like καλός – ή – όν but with a circumflex accent on the last syllable throughout. Similarly ἀργυροῦς – ᾶ – οῦν silver, χαλκοῦς – ῆ—οῦν, bronze, brazen and σιδηροῦς – ᾶ – οῦν iron, made of iron.

Note that compound adjectives, e.g. ἄδικος – ος – ον = unjust usually have no separate Feminine endings.

A few adjectives, e.g. ἵλεως – ἵλεως – ἵλεων = gracious are declined like nouns of the Attic Declension. Apart from πλέως – πλέα – πλέων they have no separate Feminine endings.

Third Declension:

σώφρων – σώφρων – σῶφρον = prudent, reasonable

Nom.	σώφρων	σώφρων	σῶφρον
Voc.	σῶφρον	σῶφρον	σῶφρον
Acc.	σώφρονα	σώφρονα	σῶφρον
Gen.	σώφρονος	σώφρονος	σώφρονος
Dat.	σώφρονι	σώφρονι	σώφρονι

Nom.	σώφρονες	σώφρονες	σώφρονα
Voc.	σώφρονες	σώφρονες	σώφρονα
Acc.	σώφρονας	σώφρονας	σώφρονα
Gen.	σωφρόνων	σωφρόνων	σωφρόνων
Dat.	σώφροσι (ν)	σώφροσι (ν)	σώφροσι (ν)

The Dual is:

N.V.A.	σώφρονε	σώφρονε	σώφρονε
G.D.	σωφρόνοιν	σωφρόνοιν	σωφρόνοιν

Comparatives ending in – ων – ων – ον e.g. μείζων – μείζων – μεῖζον, are declined like σώφρων. There are additional abbreviated forms μείζω for μείζονα and μείζους for μείζονες and μείζονας.

ἀληθής – ἀληθής – ἀληθές = true

Nom.	ἀληθής	ἀληθής	ἀληθές
Voc.	ἀληθές	ἀληθές	ἀληθές
Acc.	ἀληθῆ	ἀληθῆ	ἀληθές
Gen.	ἀληθοῦς	ἀληθοῦς	ἀληθοῦς
Dat.	ἀληθεῖ	ἀληθεῖ	ἀληθεῖ

Nom.	ἀληθεῖς	ἀληθεῖς	ἀληθῆ
Voc.	ἀληθεῖς	ἀληθεῖς	ἀληθῆ
Acc.	ἀληθεῖς	ἀληθεῖς	ἀληθῆ
Gen.	ἀληθῶν	ἀληθῶν	ἀληθῶν
Dat.	ἀληθέσι (ν)	ἀληθέσι (ν)	ἀληθέσι (ν)

The Dual is

N.V.A.	ἀληθεῖ	ἀληθεῖ	ἀληθεῖ
G.D.	ἀληθοῖν	ἀληθοῖν	ἀληθοῖν

First and Third Declension:

$$\tau\alpha\chi\acute{u}s - \tau\alpha\chi\epsilon\hat{\imath}\alpha - \tau\alpha\chi\acute{u} = quick$$

Nom.	ταχύς	ταχεῖα	ταχύ	ταχεῖς	ταχεῖαι	ταχέα
Voc.	ταχύ	ταχεῖα	ταχύ	ταχεῖς	ταχεῖαι	ταχέα
Acc.	ταχύν	ταχεῖαν	ταχύ	ταχεῖς	ταχείας	ταχέα
Gen.	ταχέος	ταχείας	ταχέος	ταχέων	ταχειῶν	ταχέων
Dat.	ταχεῖ	ταχείᾳ	ταχεῖ	ταχέσι (ν)	ταχείαις	ταχέσι (ν)

The Dual is

N.V.A.	ταχεῖ	ταχεία	ταχεῖ
G.D.	ταχέοιν	ταχείαιν	ταχέοιν

$$\mu\acute{\epsilon}\lambda\alpha s - \mu\acute{\epsilon}\lambda\alpha\iota\nu\alpha - \mu\acute{\epsilon}\lambda\alpha\nu = black$$

Nom.	μέλας	μέλαινα	μέλαν	μέλανες	μέλαιναι	μέλανα
Voc.	μέλαν	μέλαινα	μέλαν	μέλανες	μέλαιναι	μέλανα
Acc.	μέλανα	μέλαιναν	μέλαν	μέλανας	μελαίνας	μέλανα
Gen.	μέλανος	μελαίνης	μέλανος	μελάνων	μελαινῶν	μελάνων
Dat.	μέλανι	μελαίνῃ	μέλανι	μέλασι	μελαίναις	μέλασι

The Dual is

N.V.A.	μέλανε	μελαίνα	μέλανε
G.D.	μελάνοιν	μελαίναιν	μελάνοιν

$$\pi\hat{\alpha}s - \pi\hat{\alpha}\sigma\alpha - \pi\hat{\alpha}\nu = whole, each, all$$

Nom.	πᾶς	πᾶσα	πᾶν	πάντες	πᾶσαι	πάντα
Voc.	πᾶς	πᾶσα	πᾶν	πάντες	πᾶσαι	πάντα
Acc.	πάντα	πᾶσαν	πᾶν	πάντας	πάσας	πάντα
Gen.	παντός	πάσης	παντός	πάντων	πασῶν	πάντων
Dat.	παντί	πάσῃ	παντί	πᾶσι	πάσαις	πᾶσι

Participles:

Present Active

Nom.	λύων	λύουσα	λῦον	λύοντες	λύουσαι	λύοντα
Voc.	λύων	λύουσα	λῦον	λύοντες	λύουσαι	λύοντα
Acc.	λύοντα	λύουσαν	λῦον	λύοντας	λυούσας	λύοντα
Gen.	λύοντος	λυούσης	λύοντος	λυόντων	λυουσῶν	λυόντων
Dat.	λύοντι	λυούσῃ	λύοντι	λύουσι (ν)	λυούσαις	λύουσι (ν)

The Dual is

	N.V.A.	λύοντε	λύουσα	λύοντε
	G.D.	λυόντοιν	λυούσαιν	λυόντοιν

Similarly

τιμῶν	τιμῶσα	τιμῶν	τιμῶντες	τιμῶσαι	τιμῶντα
ποιῶν	ποιοῦσα	ποιοῦν	ποιοῦντες	ποιοῦσαι	ποιοῦντα
δηλῶν	δηλοῦσα	δηλοῦν	δηλοῦντες	δηλοῦσαι	δηλοῦντα

Nom.	τιθείς	τιθεῖσα	τιθέν	τιθέντες	τιθεῖσαι	τιθέντα
Voc.	τιθείς	τιθεῖσα	τιθέν	τιθέντες	τιθεῖσαι	τιθέντα
Acc.	τιθέντα	τιθεῖσαν	τιθέν	τιθέντας	τιθείσας	τιθέντα
Gen.	τιθέντος	τιθείσης	τιθέντος	τιθέντων	τιθεισῶν	τιθέντων
Dat.	τιθέντι	τιθείσῃ	τιθέντι	τιθεῖσι (ν)	τιθείσαις	τιθεῖσι (ν)

The Dual is

	N.V.A.	τιθέντε	τιθεῖσα	τιθέντε
	G.D.	τιθέντοιν	τιθείσαιν	τιθέντοιν

Similarly

διδούς	διδοῦσα	διδόν	διδόντες	διδοῦσαι	διδόντα
δεικνύς	δεικνῦσα	δεικνύν	δεικνύντες	δεικνῦσαι	δεικνύντα
ἱστάς	ἱστᾶσα	ἱστάν	ἱστάντες	ἱστᾶσαι	ἱστάντα
λύσας	λύσασα	λῦσαν	λύσαντες	λυσᾶσαι	λύσαντα
λυθείς	λυθεῖσα	λυθέν	λυθέντες	λυθεῖσαι	λυθέντα

Perfect Active

Nom.	λελυκώς	λελυκυῖα	λελυκός	λελυκότες	λελυκυῖαι	λελυκότα
Voc.	λελυκώς	λελυκυῖα	λελυκός	λελυκότες	λελυκυῖαι	λελυκότα
Acc.	λελυκότα	λελυκυῖαν	λελυκός	λελυκότας	λελυκυίας	λελυκότα
Gen.	λελυκότος	λελυκυίας	λελυκότος	λελυκότων	λελυκυιῶν	λελυκότων
Dat.	λελυκότι	λελυκυίᾳ	λελυκότι	λελυκόσι	λελυκυίαις	λελυκόσι

The Dual is

N.V.A.	λελυκότε	λελυκυία	λελυκότε
G.D.	λελυκότοιν	λελυκυίαιν	λελυκότοιν

Irregular Adjectives:

	μέγας – μεγάλη – μέγα = great, big			πολύς – πολλή – πολύ = much, many		
Nom.	μέγας	μεγάλη	μέγα	πολύς	πολλή	πολύ
Acc.	μέγαν	μεγάλην	μέγα	πολύν	πολλήν	πολύ
Gen.	μεγάλου	μεγάλης	μεγάλου	πολλοῦ	πολλῆς	πολλοῦ
Dat.	μεγάλῳ	μεγάλῃ	μεγάλῳ	πολλῷ	πολλῇ	πολλῷ
Nom.	μεγάλοι	μεγάλαι	μεγάλα	πολλοί	πολλαί	πολλά
Acc.	μεγάλους	μεγάλας	μεγάλα	πολλούς	πολλάς	πολλά
Gen.	μεγάλων	μεγάλων	μεγάλων	πολλῶν	πολλῶν	πολλῶν
Dat.	μεγάλοις	μεγάλαις	μεγάλοις	πολλοῖς	πολλαῖς	πολλοῖς

The Dual is

N.V.A.	μεγάλω	μεγάλα	μεγάλω
G.D.	μεγάλοιν	μεγάλαιν	μεγάλοιν

χαρίεις – χαρίεσσα – χαρίεν = pleasing, graceful is declined like τιθείς but with a double sigma in the Feminine.

Comparison of Adjectives

(i) The usual endings are:

for the Comparative $-\tau\epsilon\rho\sigma s$ $-\tau\epsilon\rho a$ $-\tau\epsilon\rho\sigma v$

for the Superlative $-\tau a\tau\sigma s$ $-\tau\acute{a}\tau\eta$ $-\tau a\tau\sigma v$

which are added to masculine stem of the Positive Adjective:

δεινός (stem δεινο –) terrible δεινότερος – α – ον δεινότατος – η – ον

μέλας (μελαν –) black μελάντερος μελάντατος

ἀληθής (ἀληθεσ –) true ἀληθέστερος ἀληθέστατος

γλυκύς (γλυκυ –) sweet γλυκύτερος γλυκύτατος

but

ἄξιος (ἀξιο –) worthy ἀξιώτερος ἀξιώτατος

πλούσιος (πλουσιο –) rich πλουσιώτερος πλουσιώτατος

and other adjectives with a short penultimate syllable of the stem.

Adjectives in $-\omega v$ (stem $-\sigma v-$) insert $-\epsilon\sigma-$ before the Comparative and Superlative endings:

σώφρων (σωφρον –) prudent σωφρονέστερος σωφρονέστατος

Some adjectives drop the final $-\sigma$ of the stem:

γεραιός (γεραιο –) old γεραίτερος γεραίτατος

παλαιός (παλαιο –) ancient παλαίτερος παλαίτατος

φίλος (φιλο –) dear $\begin{cases}\phi\acute{\iota}\lambda\tau\epsilon\rho\sigma s \\ \mu\hat{a}\lambda\lambda\sigma v \ \phi\acute{\iota}\lambda\sigma s\end{cases}$ $\begin{cases}\phi\acute{\iota}\lambda\tau a\tau\sigma s \\ \mu\acute{a}\lambda\iota\sigma\tau a \ \phi\acute{\iota}\lambda\sigma s\end{cases}$

Note

χαρίεις (χαριετ –) pleasing χαριέστερος χαριέστατος

πένης (πενητ –) poor πενέστερος πενέστατος

(πρό before) πρότερος πρῶτος

— ὕστερος later ὕστατος last

(ii) Less usual endings are:

for the Comparative $-\iota\omega v$ $-\iota\omega v$ $-\iota\sigma v$

for the Superlative $-\iota\sigma\tau\sigma s$ $-\iota\sigma\tau\eta$ $-\iota\sigma\tau\sigma v$

αἰσχρός shameful αἰσχίων αἴσχιστος

ἐχθρός hostile ἐχθίων ἔχθιστος

ἡδύς pleasant, sweet ἡδίων ἥδιστος

καλός good, beautiful καλλίων κάλλιστος

Note

ἀγαθός	good	$\begin{cases}\text{ἀμείνων}\\\text{βελτίων}\\\text{κρείττων}\end{cases}$	ἄριστος βέλτιστος κράτιστος
κακός	bad	$\begin{cases}\text{κακίων}\\\text{χείρων}\\\text{ἥττων}\end{cases}$	κάκιστος χείριστος
μέγας	big	μείζων	μέγιστος
μικρός	small	$\begin{cases}\text{μικρότερος}\\\text{ἐλάττων}\\\text{μείων}\end{cases}$	μικρότατος ἐλάχιστος
ὀλίγος	little, few	ἐλάττων	$\begin{cases}\text{ἐλάχιστος}\\\text{ὀλίγιστος}\end{cases}$
πολύς	much, many	πλείων	πλεῖστος
ῥᾴδιος	easy	ῥᾴων	ῥᾷστος
ταχύς	quick	θάττων	τάχιστος

Adverbs and Comparison of Adverbs

Adverbs are regularly formed from adjectives by changing the ν of the Genitive Masculine Plural to ς

e.g.

δεινός	terrible	δεινῶν	δεινῶς	terribly
σώφρων	sensible	σωφρόνων	σωφρόνως	sensibly
ἀληθής	true	ἀληθῶν	ἀληθῶς	truly

In some cases the Accusative Neuter Singular or Plural may be used adverbially, e.g. πολύ and πολλά = *much*, μόνον = *only*.

Note μάλα = *very* εὖ = *well*.

For the Comparative Adverb the *Accusative Neuter Singular* of the Comparative Adjective is used, e.g. δεινότερον *more terribly*.

For the Superlative Adverb the *Accusative Neuter Plural* of the Superlative Adjective is used, e.g. δεινότατα *most terribly*.

Note	μάλα	*very*	μᾶλλον	μάλιστα
	εὖ	*well*	ἄμεινον	ἄριστα
	ἄνω	*above*	ἀνωτέρω	ἀνωτάτω

198

Numbers

	Sign	Cardinal	Ordinal	Adverb
1	α΄	εἷς – μία – ἕν one	πρῶτος first	ἅπαξ once
2	β΄	δύο – δύο – δύο two	δεύτερος second	δίς twice
3	γ΄	τρεῖς – τρεῖς – τρία	τρίτος	τρίς
4	δ΄	τέτταρες – ες – α	τέταρτος	τετράκις
5	ε΄	πέντε	πέμπτος	πεντάκις
6	ς΄	ἕξ	ἕκτος	ἑξάκις
7	ζ΄	ἑπτά	ἕβδομος	ἑπτάκις
8	η΄	ὀκτώ	ὄγδοος	ὀκτάκις
9	θ΄	ἐννέα	ἔνατος	ἐνάκις
10	ι΄	δέκα	δέκατος	δεκάκις
11	ια΄	ἕνδεκα	ἑνδέκατος	ἑνδεκάκις
12	ιβ΄	δώδεκα	δωδέκατος	δωδεκάκις
13	ιγ΄	τρεῖς καὶ δέκα	τρίτος καὶ δέκατος	
14	ιδ΄	τέτταρες καὶ δέκα	τέταρτος καὶ δέκατος	
15	ιε΄	πεντεκαίδεκα	πεντεκαιδέκατος	
16	ις΄	ἑκκαίδεκα	ἑκκαιδέκατος	
17	ιζ΄	ἑπτακαίδεκα	ἑπτακαιδέκατος	
18	ιη΄	ὀκτωκαίδεκα	ὀκτωκαιδέκατος	
19	ιθ΄	ἐννεακαίδεκα	ἐννεακαιδέκατος	
20	κ΄	εἴκοσι (ν)	εἰκοστός	εἰκοσάκις
21	κα΄	εἷς καὶ εἴκοσι εἴκοσι (καὶ) εἷς	πρῶτος καὶ εἰκοστός	
30	λ΄	τριάκοντα	τριακοστός	τριακοντάκις
40	μ΄	τετταράκοντα	τετταρακοστός	τετταρακοντάκις
50	ν΄	πεντήκοντα	πεντηκοστός	πεντηκοντάκις
60	ξ΄	ἑξήκοντα	ἑξηκοστός	ἑξηκοντάκις
70	ο΄	ἑβδομήκοντα	ἑβδομηκοστός	ἑβδομηκοντάκις
80	π΄	ὀγδοήκοντα	ὀγδοηκοστός	ὀγδοηκοντάκις
90	ϟ΄	ἐνενήκοντα	ἐνενηκοστός	ἐνενηκοντάκις
100	ρ΄	ἑκατόν	ἑκατοστός	ἑκατοντάκις
200	σ΄	διακόσιοι – αι – α	διακοσιοστός	διακοσιάκις
300	τ΄	τριακόσιοι – αι – α	τριακοσιοστός	τριακοσιάκις
400	υ΄	τετρακόσιοι – αι – α	τετρακοσιοστός	
500	φ΄	πεντακόσιοι – αι – α	πεντακοσιοστός	
600	χ΄	ἑξακόσιοι – αι – α	ἑξακοσιοστός	
700	ψ΄	ἑπτακόσιοι – αι – α	ἑπτακοσιοστός	
800	ω΄	ὀκτακόσιοι – αι – α	ὀκτακοσιοστός	
900	ϡ΄	ἐνακόσιοι – αι – α	ἐνακοσιοστός	

	Sign	Cardinal	Ordinal	Adverb
1,000	͵α	χίλιοι – αι – α	χιλιοστός	χιλιάκις
2,000	͵β	δισχίλιοι – αι – α	δισχιλιοστός	
3,000	͵γ	τρισχίλιοι – αι – α	τρισχιλιοστός	
10,000	͵ι	μύριοι – αι – α	μυριοστός	μυριάκις
20,000	͵κ	δισμύριοι – αι – α	δισμυριοστός	
30,000	͵λ	τρισμύριοι – αι – α	τρισμυριοστός	

Nom.	εἷς	μία	ἕν	δύο	δύο	δύο
Acc.	ἕνα	μίαν	ἕν	δύο	δύο	δύο
Gen.	ἑνός	μιᾶς	ἑνός	δυοῖν	δυοῖν	δυοῖν
Dat.	ἑνί	μιᾷ	ἑνί	δυοῖν	δυοίν	δυοῖν

Nom.	τρεῖς	τρεῖς	τρία	τέτταρες	τέτταρες	τέτταρα
Acc.	τρεῖς	τρεῖς	τρία	τέτταρας	τέτταρας	τέτταρα
Gen.	τριῶν	τριῶν	τριῶν	τεττάρων	τεττάρων	τεττάρων
Dat.	τρισί	τρισί	τρισί	τέτταρσι	τέτταρσι	τέτταρσι

οὐδείς – οὐδεμία – οὐδέν and μηδείς – μηδεμία – μηδέν *no-one, nothing* are declined like εἷς.

ἥμισυς – ἡμίσεια – ἥμισυ = *a half*.

ἄμφω – ἀμφοῖν and ἀμφότεροι – αι – α are used for *both*.

Note that the signs for 6, 90 and 900 are the obsolete letters Vau or Digamma (ϛ *or* F), Koppa (ϙ) and Sampi or San (ϡ).

Pronouns

(i) Personal Pronouns:

	ἐγώ = *I*	ἡμεῖς = *we*	σύ = *you* (*S.*)		ὑμεῖς = *you* (Pl.)
Nom.	ἐγώ	ἡμεῖς	συ		ὑμεῖς
Acc.	ἐμέ με	ἡμᾶς	σέ	σε	ὑμᾶς
Gen.	ἐμοῦ ͺου	ἡμῶν	σοῦ	σου	ὑμῶν
Dat.	ἐμοί μοι	ἡμῖν	σοί	σοι	ὑμῖν

Dual	N.A.	νώ	Dual	N.A.	σφώ
	G.D.	νῷν		G.D.	σφῷν

The accented forms are used (a) when there is emphasis on the pronoun and (b) with prepositions.

αὐτόν – ἥν – ό = *him, her, it*				αὐτούς – άς – ά = *them*		
Acc.	αὐτόν	αὐτήν	αὐτό	αὐτούς	αὐτάς	αὐτά
Gen.	αὐτοῦ	αὐτῆς	αὐτοῦ	αὐτῶν	αὐτῶν	αὐτῶν
Dat.	αὐτῷ	αὐτῇ	αὐτῷ	αὐτοῖς	αὐταῖς	αὐτοῖς

Dual	Acc.	αὐτώ	αὐτώ	αὐτώ
	G.D.	αὐτοῖν	αὐτοῖν	αὐτοῖν

The nominative *he, she, it, they* is either unexpressed or expressed by a Demonstrative Pronoun. e.g. ἐκεῖνος, οὗτος *or* ὁ δέ

(ii) Reflexive Pronouns:

	myself	*yourself*	*himself, herself, itself*
Nom.	(ἐγὼ αὐτός – ή)	(σὺ αὐτός – ή)	(αὐτός – ή)
Acc.	ἐμαυτόν – ήν	σεαυτόν – ήν	ἑαυτόν – ήν
Gen.	ἐμαυτοῦ – ῆς	σεαυτοῦ – ῆς	ἑαυτοῦ – ῆς
Dat.	ἐμαυτῷ – ῇ	σεαυτῷ – ῇ	ἑαυτῷ – ῇ

Nom.	(ἡμεῖς αὐτοί – αί)		(ὑμεῖς αὐτοί – αί)		(αὐτοί – αί)	
Acc.	ἡμᾶς	αὐτούς – άς	ὑμᾶς	αὐτούς – άς	ἑαυτούς – άς	
Gen.	ἡμῶν	αὐτῶν – ῶν	ὑμῶν	αὐτῶν – ῶν	ἑαυτῶν – ῶν	
Dat.	ἡμῖν	αὐτοῖς – αῖς	ὑμῖν	αὐτοῖς – αῖς	ἑαυτοῖς – αῖς	

(iii) Possessive Adjectives and Pronouns:

ἐμός – ἐμή – ἐμόν = my, mine   ἡμέτερος – a – ον = our, ours
σός – σή – σόν   = your, yours   ὑμέτερος – a – ον = your, yours

These Possessives are always preceded by the article

e.g. φιλεῖ τὸν ἐμὸν πατέρα = He loves my father

There is no Possessive Adjective of the Third Person. The Genitive
of the Personal Pronoun or Reflexive Pronoun is used instead

e.g. φιλῶ τὸν πατέρα αὐτοῦ = I love his father
     φιλεῖ τὸν ἑαυτοῦ πατέρα = He loves his own father

(iv) Demonstrative Pronouns:

οὗτος – αὕτη – τοῦτο = this

Nom.	οὗτος	αὕτη	τοῦτο	οὗτοι	αὗται	ταῦτα
Voc.	οὗτος	αὕτη	τοῦτο	οὗτοι	αὗται	ταῦτα
Acc.	τοῦτον	ταύτην	τοῦτο	τούτους	ταύτας	ταῦτα
Gen.	τούτου	ταύτης	τούτου	τούτων	τούτων	τούτων
Dat.	τούτῳ	ταύτῃ	τούτῳ	τούτοις	ταύταις	τούτοις

Dual N.A. τούτω
     G.D. τούτοιν

ὅδε – ἥδε – τόδε = this

Nom.	ὅδε	ἥδε	τόδε	οἵδε	αἵδε	τάδε
Acc.	τόνδε	τήνδε	τόδε	τούσδε	τάσδε	τάδε
Gen.	τοῦδε	τῆσδε	τοῦδε	τῶνδε	τῶνδε	τῶνδε
Dat.	τῷδε	τῇδε	τῷδε	τοῖσδε	ταῖσδε	τοῖσδε

Dual N.A. τώδε
     G.D. τοῖνδε

ἐκεῖνος – ἐκείνη – ἐκεῖνο = that

is declined like καλός.

Similarly	τοιόσδε	τοιάδε	τοιόνδε	= such
	τοσόσδε	τοσήδε	τοσόνδε	= so great
	τηλικόσδε	τηλικήδε	τηλικόνδε	= so old
But	τοιοῦτος	τοιαύτη	τοιοῦτο	= such
	τοσοῦτος	τοσαύτη	τοσοῦτο	= so big
	τηλικοῦτος	τηλικαύτη	τηλικοῦτο	= so old

are declined like οὗτος.

(v) Interrogative and Indefinite Pronouns:

τίς = who?   τις = a certain, a

Nom.	τίς	τις	τι
Acc.	τίνα	τινα	τι
Gen.	τίνος	τινος	τινος
Dat.	τίνι	τινι	τινι
Nom.	τίνες	τινες	τινα
Acc.	τίνας	τινας	τινα
Gen.	τίνων	τινων	τινων
Dat.	τίσι (ν)	τισι (ν)	τισι (ν)

Dual   N.A. τίνε   G.D. τίνοιν

τίς = who? always has an acute accent.

τις = a certain is an enclitic and so where possible throws its accent back on to the previous word. When it is impossible to do this, it retains its accent on the second syllable of those forms which have two syllables, but loses it in the case of monosyllables.

e.g. ἄνθρωπός τις, φωνή τις, ἄνθρωποί τινες
but ἀνθρώπους τινάς, φωνῶν τινῶν, ποταμοῦ τινὸς δεινοῦ, ἄναξ τις.

(vi) Relative Pronouns:

ὅς – ἥ – ὅ = who

Nom.	ὅς	ἥ	ὅ	οἵ	αἵ	ἅ
Acc.	ὅν	ἥν	ὅ	οὕς	ἅς	ἅ
Gen.	οὗ	ἧς	οὗ	ὧν	ὧν	ὧν
Dat.	ᾧ	ᾗ	ᾧ	οἷς	αἷς	οἷς

Dual   N.A. ὥ   G.D. οἷν

Similarly ὅσπερ – ἥπερ – ὅπερ = who
and ὅστις – ἥτις – ὅ τι = who

Nom.	ὅστις	ἥτις	ὅ τι	οἵτινες	αἵτινες	ἅτινα / ἅττα
Acc.	ὅντινα	ἥντινα	ὅ τι	οὕστινας	ἅστινας	ἅτινα / ἅττα
Gen.	οὗτινος / ὅτου	ἧστινος	οὗτινος / ὅτου	ὧντινων / ὅτων	ὧντινων	ὧντινων / ὅτων
Dat.	ᾧτινι / ὅτῳ	ᾗτινι	ᾧτινι / ὅτῳ	οἷστισι / ὅτοις	αἷστισι	οἷστισι / ὅτοις

Dual   N.A. ὥτινε   G.D. οἷντινοιν ὅτοιν

(vii) Intensive Pronoun:

αὐτός – αὐτή – αὐτό = *self* is an intensive pronoun or adjective (cf. Latin *ipse-a-um*).

When, however, αὐτός is preceded by the Article it means *the same*. Note that ὁ αὐτός, ἡ αὐτή and τὸ αὐτό are sometimes written αὑτός, αὑτή, ταὐτό. Distinguish ταῦτα (from οὗτος) and ταὐτά (from ὁ αὐτός) and αὕτη (from οὗτος) and αὐτή (from ὁ αὐτός).

(viii) Other Pronouns:

> ἄλλος – ἄλλη – ἄλλο = *other, another*
> ἕτερος – ἑτέρα – ἕτερον = *one of two, other of two*
> ἀλλήλους – ἀλλήλας – ἄλληλα = *one another*

are declined like καλός – ή – όν.

VERBS

λύω

ACTIVE

		Indicative	Subjunctive	Optative	Imperative	Infinitive	Participle
Present	S. 1	λύω	λύω	λύοιμι	—	λύειν	λύων – ουσα – ον
	2	λύεις	λύῃς	λύοις	λῦε		
	3	λύει	λύῃ	λύοι	λυέτω		
	Pl. 1	λύομεν	λύωμεν	λύοιμεν	—		
	2	λύετε	λύητε	λύοιτε	λύετε		
	3	λύουσι (ν)	λύωσι (ν)	λύοιεν	λυόντων		
	D. 2	λύετον	λύητον	λύοιτον	λυέτον		
	3	λύετον	λύητον	λυοίτην	λυέτων		
Imperfect	S. 1	ἔλυον					
	2	ἔλυες					
	3	ἔλυε (ν)					
	Pl. 1	ἐλύομεν					
	2	ἐλύετε					
	3	ἔλυον					
	D. 2	ἐλύετον					
	3	ἐλυέτην					

Future

		Indicative	Optative	Infinitive	Participle
S.	1	λύσω	λύσοιμι	λύσειν	λύσων – ουσα – ον
	2	λύσεις	λύσοις		
	3	λύσει	λύσοι		
Pl.	1	λύσομεν	λύσοιμεν		
	2	λύσετε	λύσοιτε		
	3	λύσουσι (ν)	λύσοιεν		
D.	2	λύσετον	λύσοιτον		
	3	λύσετον	λυσοίτην		

Weak Aorist

		Indicative	Subjunctive	Optative	Imperative	Infinitive	Participle
S.	1	ἔλυσα	λύσω	λύσαιμι	—	λῦσαι	λύσας – ασα – αν
	2	ἔλυσας	λύσῃς	λύσαις (λύσειας)	λῦσον		
	3	ἔλυσε (ν)	λύσῃ	λύσαι (λύσειε (ν))	λυσάτω		
Pl.	1	ἐλύσαμεν	λύσωμεν	λύσαιμεν	—		
	2	ἐλύσατε	λύσητε	λύσαιτε	λύσατε		
	3	ἔλυσαν	λύσωσι (ν)	λύσαιεν (λύσειαν)	λυσάντων		
D.	2	ἐλύσατον	λύσητον	λύσαιτον	λύσατον		
	3	ἐλυσάτην	λύσητον	λυσαίτην	λυσάτων		

		Indicative	Subjunctive	Optative	Imperative	Infinitive	Participle
Perfect	S. 1	λέλυκα	λελύκω[1]	λελύκοιμι[2]		λελυκέναι	λελυκώς – υῖα – ός
	2	λέλυκας	λελύκῃς	λελύκοις			
	3	λέλυκε (ν)	λελύκῃ	λελύκοι			
	Pl. 1	λελύκαμεν	λελύκωμεν	λελύκοιμεν			
	2	λελύκατε	λελύκητε	λελύκοιτε			
	3	λελύκασι (ν)	λελύκωσι (ν)	λελύκοιεν			
	D. 2	λελύκατον	λελύκητον	λελύκοιτον			
	3	λελύκατον	λελύκητον	λελυκοίτην			
Pluperfect	S. 1	ἐλελύκη					
	2	ἐλελύκης					
	3	ἐλελύκει					
	Pl. 1	ἐλελύκεμεν					
	2	ἐλελύκετε					
	3	ἐλελύκεσαν					
	D. 2	ἐλελύκετον					
	3	ἐλελυκέτην					

[1] Rare. More commonly λελυκώς ὦ, ᾖς etc.
[2] Rare. More commonly λελυκώς εἴην, εἴης etc.

λύω
MIDDLE

		Indicative	Subjunctive	Optative	Imperative	Infinitive	Participle
Present	S. 1	λύομαι	λύωμαι	λυοίμην	—	λύεσθαι	λυόμενος – η – ον
	2	λύῃ (λύει)	λύῃ	λύοιο	λύου		
	3	λύεται	λύηται	λύοιτο	λυέσθω		
	Pl. 1	λυόμεθα	λυώμεθα	λυοίμεθα	—		
	2	λύεσθε	λύησθε	λύοισθε	λύεσθε		
	3	λύονται	λύωνται	λύοιντο	λυέσθων		
	D. 2	λύεσθον	λύησθον	λύοισθον	λύεσθον		
	3	λύεσθον	λύησθον	λυοίσθην	λυέσθων		
Imperfect	S. 1	ἐλυόμην					
	2	ἐλύου					
	3	ἐλύετο					
	Pl. 1	ἐλυόμεθα					
	2	ἐλύεσθε					
	3	ἐλύοντο					
	D. 2	ἐλύεσθον					
	3	ἐλυέσθην					

		Indicative	Subjunctive	Optative	Imperative	Infinitive	Participle
Future	S. 1	λύσομαι		λυσοίμην		λύσεσθαι	λυσόμενος – η – ον
	2	λύσῃ (λύσει)		λύσοιο			
	3	λύσεται		λύσοιτο			
	Pl. 1	λυσόμεθα		λυσοίμεθα			
	2	λύσεσθε		λύσοισθε			
	3	λύσονται		λύσοιντο			
	D. 2	λύσεσθον		λύσοισθον			
	3	λύσεσθον		λυσοίσθην			
Weak Aorist	S. 1	ἐλυσάμην	λύσωμαι	λυσαίμην	—	λύσασθαι	λυσάμενος – η – ον
	2	ἐλύσω	λύσῃ	λύσαιο	λῦσαι		
	3	ἐλύσατο	λύσηται	λύσαιτο	λυσάσθω		
	Pl. 1	ἐλυσάμεθα	λυσώμεθα	λυσαίμεθα	—		
	2	ἐλύσασθε	λύσησθε	λύσαισθε	λύσασθε		
	3	ἐλύσαντο	λύσωνται	λύσαιντο	λυσάσθων		
	D. 2	ἐλύσασθον	λύσησθον	λύσαισθον	λύσασθον		
	3	ἐλυσάσθην	λύσησθον	λυσαίσθην	λυσάσθων		

Perfect

	Indic.	Subj.	Opt.	Imperative	Infinitive	Participle
S. 1	λέλυμαι	λελυμένος ὦ	λελυμένος εἴην	—	λελύσθαι	λελυμένος – η – ον
2	λέλυσαι	ἦς	εἴης	λέλυσο		
3	λέλυται	ἦ	εἴη	λελύσθω		
Pl. 1	λελύμεθα	λελυμένοι ὦμεν	λελυμένοι εἶμεν	—		
2	λέλυσθε	ἦτε	εἶτε	λέλυσθε		
3	λέλυνται	ὦσι	εἶεν	λελύσθων		
D. 2	λέλυσθον	λελυμένω ἦτον	λελυμένω εἶτον	λέλυσθον		
3	λέλυσθον	ἦτον	εἴτην	λελύσθων		

Pluperfect

	Indic.
S. 1	ἐλελύμην
2	ἐλέλυσο
3	ἐλέλυτο
Pl. 1	ἐλελύμεθα
2	ἐλέλυσθε
3	ἐλέλυντο
D. 2	ἐλέλυσθον
3	ἐλελύσθην

λύω

PASSIVE

The Passive has the same forms as the Middle in all Tenses except the Aorist and the Future

		Indicative	Subjunctive	Optative	Imperative	Infinitive	Participle
Weak Aorist	S. 1	ἐλύθην	λυθῶ	λυθείην	—	λυθῆναι	λυθείς – εῖσα – έν
	2	ἐλύθης	λυθῇς	λυθείης	λύθητι		
	3	ἐλύθη	λυθῇ	λυθείη	λυθήτω		
	Pl. 1	ἐλύθημεν	λυθῶμεν	λυθεῖμεν	—		
	2	ἐλύθητε	λυθῆτε	λυθεῖτε	λύθητε		
	3	ἐλύθησαν	λυθῶσι (ν)	λυθεῖεν	λυθέντων		
	D. 2	ἐλύθητον	λυθῆτον	λυθεῖτον	λύθητον		
	3	ἐλυθήτην	λυθῆτον	λυθείτην	λυθήτων		
Future	S. 1	λυθήσομαι		λυθησοίμην		λυθήσεσθαι	λυθησόμενος – η – ον
	2	λυθήσῃ (ει)		λυθήσοιο			
	3	λυθήσεται		λυθήσοιτο			
	Pl. 1	λυθησόμεθα		λυθησοίμεθα			
	2	λυθήσεσθε		λυθήσοισθε			
	3	λυθήσονται		λυθήσοιντο			
	D. 2	λυθήσεσθον		λυθήσοισθον			
	3	λυθήσεσθον		λυθησοίσθην			

Tenses

The *Augment* is used to indicate *Past time* and is found only in the Indicative Mood of the Imperfect, Aorist and Pluperfect.

(*a*) ε is prefixed to verbs which begin with a consonant: ἔλυσα, ἔγραψα. (Note ρ after ε is doubled e.g. ἔρριψα from ῥίπτω.)

(*b*) In the case of verbs beginning with a vowel or diphthong, the initial vowel is lengthened e.g. ἤγγειλα from ἀγγέλλω, ηὔξησα from αὐξάνω.

Reduplication is found in the Perfect and Pluperfect Tenses and the occasional Future Perfect.

(*a*) If the verb stem begins with a single consonant (except ρ) this consonant is repeated with ε and the syllable thus formed is prefixed to the verb stem, e.g. πιστεύω – πεπίστευκα.

(*b*) If the verb stem begins with γ, κ, χ, β, π, φ, δ, τ, θ followed by λ μ, ν or ρ then only the first consonant is reduplicated, e.g. γράφω – γέγραφα, πλέω – πέπλευκα.

In both cases an initial θ, φ or χ is changed to τ, π or κ before reduplication occurs, e.g. φεύγω – πέφευγα.

In the case of verbs which begin with a vowel, a ρ or two consonants other than those in (*b*), the Perfect is formed with an *Augment* rather than with reduplication, e.g. ἀγγέλλω – ἤγγελκα, ψεύδομαι – ἔψευσμαι.

In compound verbs beginning with a preposition the Augment and the Reduplication are prefixed to the basic verb, e.g. ἐκλύω – ἐξέλυσα.

Strong Forms

The Aorist Active, Middle and Passive and the Perfect and Pluperfect Active have two forms each which do not necessarily differ in meaning:

(i) *Weak* — formed with the endings – σα, – σάμην, – θην, – κα and – κη.

(ii) *Strong* — formed without these consonantal endings, e.g. βλάπτω — Aorist Passive ἐβλάβην.

Most verbs have the weak forms; very few have both strong and weak.

e.g. ἐκρύφθην and ἐκρύφην from κρύπτω.

Strong Aorist Active: βάλλω, *I throw, hit.*

Indicative	Subjunctive	Optative	Imperative	Infinitive	Participle
ἔβαλον	βάλω	βάλοιμι	βάλε	βαλεῖν	βαλών – οῦσα – όν

Strong Aorist Middle: βάλλω, *I throw, hit*

ἐβαλόμην	βάλωμαι	βαλοίμην	βαλοῦ	βαλέσθαι	βαλόμενος – η – ον

Strong Aorist Passive: φαίνω, *I show.*

ἐφάνην	φανῶ	φανείην	φάνηθι	φανῆναι	φανείς – εῖσα – έν

Strong Perfect Active: πράττω, *I do, fare*

πέπραγα	πεπραγὼς ὦ	πεπραγὼς εἴην	–	πεπραγέναι	πεπραγώς – υῖα – ός

Other Strong Aorist Forms are:

Strong Aorist Active: βαίνω, *I walk*

ἔβην	βῶ	βαίην	βῆθι	βῆναι	βάς – βᾶσα – βάν

Strong Aorist Active: γεγνώσκω, *I know, recognise*

ἔγνων	γνῶ	γνοίην	γνῶθι	γνῶναι	γνούς – γνοῦσα – γνόν

Strong Aorist Passive: ἁλίσκομαι, *I am taken*

ἑάλων	ἁλῶ	ἁλοίην	–	ἁλῶναι	ἁλούς – οῦσα – όν

Consonantal Stems

Verbs with consonant stems suffer certain changes when the consonant of the stem comes in contact with the consonant of verb endings. This is perhaps most marked in the Perfect Active and Passive. e.g. δείκνυμι, *I show*; λείπω, *I leave*; πείθω, *I persuade*; φαίνω, *I show*.

Perfect Active

Indicative

δέδειχα	λέλοιπα	πέποιθα	πέφηνα
δέδειχας	λέλοιπας	πέποιθας	πέφηνας
δέδειχε	λέλοιπε	πέποιθε	πέφηνε
δεδείχαμεν	λελοίπαμεν	πεποίθαμεν	πεφήναμεν
δεδείχατε	λελοίπατε	πεποίθατε	πεφήνατε
δεδείχασι	λελοίπασι	πεποίθασι	πεφήνασι

Subjunctive

δεδείχω	λελοίπω	πεποίθω	πεφήνω

Optative

δεδείχοιμι	λελοίποιμι	πεποίθοιμι	πεφήνοιμι

Imperative

—	—	—	—

Infinitive

δεδειχέναι	λελοιπέναι	πεποιθέναι	πεφηνέναι

Participle

δεδειχώς	λελοιπώς	πεποιθώς	πεφηνώς
υῖα – ός	υῖα-ός	υῖα-ός	υῖα-ός

Pluperfect

ἐδεδείχη	ἐλελοίπη	ἐπεποίθη	ἐπεφήνη
ἐδεδείχης	ἐλελοίπης	ἐπεποίθης	ἐπεφήνης
ἐδεδείχει	ἐλελοίπει	ἐπεποίθει	ἐπεφήνει
ἐδεδείχεμεν	ἐλελοίπεμεν	ἐπεποίθεμεν	ἐπεφήνεμεν
ἐδεδείχετε	ἐλελοίπετε	ἐπεποίθετε	ἐπεφήνετε
ἐδεδείχεσαν	ἐλελοίπεσαν	ἐπεποίθεσαν	ἐπεφήνεσαν

Perfect Passive

Indicative

δέδειγμαι	λέλειμμαι	πέπεισμαι	πέφασμαι
δέδειξαι	λέλειψαι	πέπεισαι	πέφανσαι
δέδεικται	λέλειπται	πέπεισται	πέφανται
δεδείγμεθα	λελείμμεθα	πεπείσμεθα	πεφάσμεθα
δέδειχθε	λέλειφθε	πέπεισθε	πέφανθε
δεδειγμένοι	λελειμμένοι	πεπεισμένοι	πεφασμένοι
εἰσί	εἰσί	εἰσί	εἰσί

Subjunctive

δεδειγμένος	λελειμμένος	πεπεισμένος	πεφασμένος
ὦ	ὦ	ὦ	ὦ

Optative

δεδειγμένος	λελειμμένος	πεπεισμένος	πεφασμένος
εἴην	εἴην	εἴην	εἴην

Imperative

δέδειξο	λέλειψο	πέπεισο	πέφανσο

Infinitive

δεδείχθαι	λελείφθαι	πεπείσθαι	πεφάνθαι

Participle

δεδειγμένος	λελειμμένος	πεπεισμένος	πεφασμένος

Pluperfect

ἐδεδείγμην	ἐλελείμμην	ἐπεπείσμην	ἐπεφάσμην
ἐδέδειξο	ἐλέλειψο	ἐπέπεισο	ἐπέφανσο
ἐδέδεικτο	ἐλέλειπτο	ἐπέπειστο	ἐπέφαντο
ἐδεδείγμεθα	ἐλελείμμεθα	ἐπεπείσμεθα	ἐπεφάσμεθα
ἐδέδειχθε	ἐλέλειφθε	ἐπέπεισθε	ἐπέφανθε
δεδειγμένοι	λελειμμένοι	πεπεισμένοι	πεφασμένοι
ἦσαν	ἦσαν	ἦσαν	ἦσαν

τιμῶ (α) I honour

ACTIVE

		Indicative	Subjunctive	Optative	Imperative	Infinitive	Participle
Present	S. 1	τιμῶ	τιμῶ	τιμῴην	—	τιμᾶν	τιμῶν – ῶσα – ῶν
	2	τιμᾷς	τιμᾷς	τιμῴης	τίμα		
	3	τιμᾷ	τιμᾷ	τιμῴη	τιμάτω		
	Pl. 1	τιμῶμεν	τιμῶμεν	τιμῷμεν	—		
	2	τιμᾶτε	τιμᾶτε	τιμῷτε	τιμᾶτε		
	3	τιμῶσι (ν)	τιμῶσι	τιμῷεν	τιμώντων		
	D. 2	τιμᾶτον	τιμᾶτον	τιμῷτον	τιμᾶτον		
	3	τιμᾶτον	τιμάτων	τιμῴτην	τιμάτων		
Imperfect	S. 1	ἐτίμων					
	2	ἐτίμας					
	3	ἐτίμα					
	Pl. 1	ἐτιμῶμεν					
	2	ἐτιμᾶτε					
	3	ἐτίμων					
	D. 2	ἐτιμᾶτον					
	3	ἐτιμάτην					

Rules for Contraction $a + e$ sound (ϵ, η, $\epsilon\iota$, η) becomes a
$a + o$ sound (o, ω, ov, $o\iota$) becomes ω
Any iota involved becomes subscript.

MIDDLE AND PASSIVE

		Indicative	Subjunctive	Optative	Imperative	Infinitive	Participle
Present	S. 1	τιμῶμαι	τιμῶμαι	τιμῴμην	—	τιμᾶσθαι	τιμώμενος – η – ον
	2	τιμᾷ	τιμᾷ	τιμῷο	τιμῶ		
	3	τιμᾶται	τιμᾶται	τιμῷτο	τιμάσθω		
	Pl. 1	τιμώμεθα	τιμώμεθα	τιμῴμεθα	—		
	2	τιμᾶσθε	τιμᾶσθε	τιμῷσθε	τιμᾶσθε		
	3	τιμῶνται	τιμῶνται	τιμῷντο	τιμάσθων		
	D. 2	τιμᾶσθον	τιμᾶσθον	τιμῷσθον	τιμᾶσθον		
	3	τιμᾶσθον	τιμᾶσθον	τιμῴσθην	τιμάσθων		
Imperfect	S. 1	ἐτιμώμην					
	2	ἐτιμῶ					
	3	ἐτιμᾶτο					
	Pl. 1	ἐτιμώμεθα					
	2	ἐτιμᾶσθε					
	3	ἐτιμῶντο					
	D. 2	ἐτιμᾶσθον					
	3	ἐτιμάσθην					

Active

	Indicative	Subjunctive	Optative	Imperative	Infinitive	Participle
Future	τιμήσω		τιμήσοιμι		τιμήσειν	τιμήσων – ουσα – ον
Weak Aorist	ἐτίμησα	τιμήσω	τιμήσαιμι	τίμησον	τιμῆσαι	τιμήσας – ασα – αν
Perfect	τετίμηκα	τετιμήκω	τετιμήκοιμι		τετιμηκέναι	τετιμηκώς – υῖα – ός
Pluperfect	ἐτετιμήκη					

Middle

	Indicative	Subjunctive	Optative	Imperative	Infinitive	Participle
Future	τιμήσομαι		τιμησοίμην		τιμήσεσθαι	τιμησόμενος
Weak Aorist	ἐτιμησάμην	τιμήσωμαι	τιμησαίμην	τίμησαι	τιμήσασθαι	τιμησάμενος

Middle and Passive

	Indicative	Subjunctive	Optative	Imperative	Infinitive	Participle
Perfect	τετίμημαι	τετιμημένος ὦ	τετιμημένος εἴην	τετίμησο	τετιμῆσθαι	τετιμημένος
Pluperfect	ἐτετιμήμην					

Passive

	Indicative	Subjunctive	Optative	Imperative	Infinitive	Participle
Weak Aorist	ἐτιμήθην	τιμηθῶ	τιμηθείην	τιμήθητι	τιμηθῆναι	τιμηθείς – εῖσα – έν
Future	τιμηθήσομαι		τιμηθησοίμην		τιμηθήσεσθαι	τιμηθησόμενος – η – ον

ποιῶ (ε), *I do, make*

ACTIVE

	Indicative	Subjunctive	Optative	Imperative	Infinitive	Participle
Present S. 1	ποιῶ	ποιῶ	ποιοίην	—	ποιεῖν	ποιῶν – οῦσα – οῦν
2	ποιεῖς	ποιῇς	ποιοίης	ποίει		
3	ποιεῖ	ποιῇ	ποιοίη	ποιείτω		
Pl. 1	ποιοῦμεν	ποιῶμεν	ποιοῖμεν	—		
2	ποιεῖτε	ποιῆτε	ποιοῖτε	ποιεῖτε		
3	ποιοῦσι(ν)	ποιῶσι	ποιοῖεν	ποιούντων		
D. 2	ποιεῖτον	ποιῆτον	ποιοῖτον	ποιεῖτον		
3	ποιεῖτον	ποιῆτον	ποιοίτην	ποιείτων		
Imperfect S. 1	ἐποίουν					
2	ἐποίεις					
3	ἐποίει					
Pl. 1	ἐποιοῦμεν					
2	ἐποιεῖτε					
3	ἐποίουν					
D. 2	ἐποιεῖτον					
3	ἐποιείτην					

Rules for Contraction ε + ε becomes ει
ε + ο becomes ου
ε before a long vowel or diphthong disappears.

MIDDLE AND PASSIVE

Present	S. 1	ποιοῦμαι	ποιῶμαι	ποιοίμην	—	ποιεῖσθαι	ποιούμενος – η – ον
	2	ποιῇ	ποιῇ	ποιοῖο	ποιοῦ		
	3	ποιεῖται	ποιῆται	ποιοῖτο	ποιείσθω		
	Pl. 1	ποιούμεθα	ποιώμεθα	ποιοίμεθα	—		
	2	ποιεῖσθε	ποιῆσθε	ποιοῖσθε	ποιεῖσθε		
	3	ποιοῦνται	ποιῶνται	ποιοῖντο	ποιείσθων		
	D. 2	ποιεῖσθον	ποιῆσθον	ποιοῖσθον	ποιεῖσθον		
	3	ποιεῖσθον	ποιῆσθον	ποιοίσθην	ποιείσθων		
Imperfect	S. 1	ἐποιούμην					
	2	ἐποιοῦ					
	3	ἐποιεῖτο					
	Pl. 1	ἐποιούμεθα					
	2	ἐποιεῖσθε					
	3	ἐποιοῦντο					
	D. 2	ἐποιεῖσθον					
	3	ἐποιείσθην					

	Indicative	Subjunctive	Optative	Imperative	Infinitive	Participle
Active						
Future	ποιήσω		ποιήσοιμι		ποιήσειν	ποιήσων – ουσα – ον
Weak Aorist	ἐποίησα	ποιήσω	ποιήσαιμι	ποίησον	ποιῆσαι	ποιήσας – ασα – αν
Perfect	πεποίηκα	πεποιήκω	πεποιήκοιμι		πεποιηκέναι	πεποιηκώς – υῖα – ός
Pluperfect	ἐπεποιήκη					
Middle						
Future	ποιήσομαι		ποιησοίμην		ποιήσεσθαι	ποιησόμενος – η – ον
Weak Aorist	ἐποιησάμην	ποιήσωμαι	ποιησαίμην	ποίησαι	ποιήσασθαι	ποιησάμενος – η – ον
Middle and Passive						
Perfect	πεποίημαι	πεποιημένος ὦ	πεποιημένος εἴην	πεποίησο	πεποιῆσθαι	πεποιημένος – η – ον
Pluperfect	ἐπεποιήμην					
Passive						
Aorist	ἐποιήθην	ποιηθῶ	ποιηθείην	ποιηθητι	ποιηθῆναι	ποιηθείς – εἶσα – έν
Future	ποιηθήσομαι		ποιηθησοίμην		ποιηθήσεσθαι	ποιηθησόμενος – η – ον

δηλῶ (ο), I make clear

ACTIVE

Present	S. 1	δηλῶ	δηλῶ	δηλοίην	—	δηλοῦν	δηλῶν – οὖσα – οῦν
	2	δηλοῖς	δηλοῖς	δηλοίης	δήλου		
	3	δηλοῖ	δηλοῖ	δηλοίη	δηλούτω		
	Pl. 1	δηλοῦμεν	δηλῶμεν	δηλοῖμεν	—		
	2	δηλοῦτε	δηλῶτε	δηλοῖτε	δηλοῦτε		
	3	δηλοῦσι(ν)	δηλῶσι	δηλοῖεν	δηλούντων		
	D. 2	δηλοῦτον	δηλῶτον	δηλοῖτον	δηλοῦτον		
	3	δηλοῦτον	δηλῶτον	δηλοίτην	δηλούτων		
Imperfect	S. 1	ἐδήλουν					
	2	ἐδήλους					
	3	ἐδήλου					
	Pl. 1	ἐδηλοῦμεν					
	2	ἐδηλοῦτε					
	3	ἐδήλουν					
	D. 2	ἐδηλοῦτον					
	3	ἐδηλούτην					

Rules for Contraction ο + ε or ο or ου becomes ου
ο + η or ω becomes ω
ο + ει or οι or η becomes οι.

MIDDLE AND PASSIVE

		Indicative	Subjunctive	Optative	Imperative	Infinitive	Participle
Present	S. 1	δηλοῦμαι	δηλῶμαι	δηλοίμην	—	δηλοῦσθαι	δηλούμενος – η – ον
	2	δηλοῖ	δηλοῖ	δηλοῖο	δηλοῦ		
	3	δηλοῦται	δηλῶται	δηλοῖτο	δηλούσθω		
	Pl. 1	δηλούμεθα	δηλώμεθα	δηλοίμεθα	—		
	2	δηλοῦσθε	δηλῶσθε	δηλοῖσθε	δηλοῦσθε		
	3	δηλοῦνται	δηλῶνται	δηλοῖντο	δηλούσθων		
	D. 2	δηλοῦσθον	δηλῶσθον	δηλοῖσθον	δηλοῦσθον		
	3	δηλοῦσθον	δηλῶσθον	δηλοίσθην	δηλούσθων		
Imperfect	S. 1	ἐδηλούμην					
	2	ἐδηλοῦ					
	3	ἐδηλοῦτο					
	Pl. 1	ἐδηλούμεθα					
	2	ἐδηλοῦσθε					
	3	ἐδηλοῦντο					
	D. 2	ἐδηλοῦσθον					
	3	ἐδηλούσθην					

Active

Future	δηλώσω		δηλώσοιμι		δηλώσειν	δηλώσων –, ουσα – ον
Weak Aorist	ἐδήλωσα	δηλώσω	δηλώσαιμι	δήλωσον	δηλῶσαι	δηλώσας –, ασα – αν
Perfect	δεδήλωκα	δεδηλώκω	δεδηλώκοιμι		δεδηλωκέναι	δεδηλωκώς –, υῖα – ός
Pluperfect	ἐδεδηλώκη					

Middle

Future	δηλώσομαι		δηλωσοίμην		δηλώσεσθαι	δηλωσόμενος –, η – ον
Weak Aorist	ἐδηλωσάμην	δηλώσωμαι	δηλωσαίμην	δήλωσαι	δηλώσασθαι	δηλωσάμενος –, η – ον

Middle and Passive

Perfect	δεδήλωμαι	δεδηλωμένος ὦ	δεδηλωμένος εἴην	δεδήλωσο	δεδηλῶσθαι	δεδηλωμένος –, η – ον
Pluperfect	ἐδεδηλώμην					

Passive

Aorist	ἐδηλώθην	δηλωθῶ	δηλωθείην	δηλώθητι	δηλωθῆναι	δηλωθείς –, εῖσα – έν
Future	δηλωθήσομαι		δηλωθησοίμην		δηλωθήσεσθαι	δηλωθησόμενος –, η – ον

ἵστημι, I set up, stand

ACTIVE

	Indicative	Subjunctive	Optative	Imperative	Infinitive	Participle
Present					ἱστάναι	ἱστάς – ᾶσα – άν
S. 1	ἵστημι	ἱστῶ	ἱσταίην	—		
2	ἵστης	ἱστῇς	ἱσταίης	ἵστη		
3	ἵστησι (ν)	ἱστῇ	ἱσταίη	ἱστάτω		
Pl. 1	ἵσταμεν	ἱστῶμεν	ἱσταῖμεν	—		
2	ἵστατε	ἱστῆτε	ἱσταῖτε	ἵστατε		
3	ἱστᾶσι (ν)	ἱστῶσι	ἱσταῖεν	ἱστάντων		
D. 2	ἵστατον	ἱστῆτον	ἱσταῖτον	ἵστατον		
3	ἵστατον	ἱστῆτον	ἱσταίτην	ἱστάτων		
Imperfect						
S. 1	ἵστην					
2	ἵστης					
3	ἵστη					
Pl. 1	ἵσταμεν					
2	ἵστατε					
3	ἵστασαν					
D. 2	ἵστατον					
3	ἱστάτην					

Strong Aorist

	Indicative	Subjunctive	Optative	Imperative	Infinitive	Participle
S. 1	ἔστην	στῶ	σταίην	—	στῆναι	στάς – στᾶσα – στάν
2	ἔστης	στῇς	σταίης	στῆθι		
3	ἔστη	στῇ	σταίη	στήτω		
Pl. 1	ἔστημεν	στῶμεν	σταῖμεν	—		
2	ἔστητε	στῆτε	σταῖτε	στῆτε		
3	ἔστησαν	στῶσι	σταῖεν	στάντων		
D. 2	ἔστητον	στῆτον	σταῖτον	στῆτον		
3	ἐστήτην	στῆτον	σταίτην	στήτων		

	Indicative	Subjunctive	Optative	Imperative	Infinitive	Participle
Future	στήσω		στήσοιμι		στήσει	στήσων
Weak Aorist	ἔστησα	στήσω	στήσαιμι	στῆσον	στῆσαι	στήσας
Perfect	ἕστηκα	ἑστήκω	ἑστήκοιμι		{ ἑστηκέναι / ἑστάναι	{ ἑστηκώς / ἑστώς
Pluperfect	εἱστήκη					

MIDDLE AND PASSIVE

		Indicative	Subjunctive	Optative	Imperative	Infinitive	Participle
Present	S. 1	ἵσταμαι	ἱστῶμαι	ἱσταίμην	—	ἵστασθαι	ἱστάμενος – η – ον
	2	ἵστασαι	ἱστῇ	ἱσταῖο	ἵστασο		
	3	ἵσταται	ἱστῆται	ἱσταῖτο	ἱστάσθω		
	Pl. 1	ἱστάμεθα	ἱστώμεθα	ἱσταίμεθα	—		
	2	ἵστασθε	ἱστῆσθε	ἱσταῖσθε	ἵστασθε		
	3	ἵστανται	ἱστῶνται	ἱσταῖντο	ἱστάσθων		
	D. 2	ἵστασθον	ἱστῆσθον	ἱσταῖσθον	ἵστασθον		
	3	ἵστασθον	ἱστῆσθον	ἱσταίσθην	ἱστάσθων		
Imperfect	S. 1	ἱστάμην					
	2	ἵστασο					
	3	ἵστατο					
	Pl. 1	ἱστάμεθα					
	2	ἵστασθε					
	3	ἵσταντο					
	D. 2	ἵστασθον					
	3	ἱστάσθην					

There is no Strong Aorist Middle

Middle

Future	στήσομαι	στησοίμην		στήσεσθαι	στησόμενος
Perfect	ἕσταμαι		ἕστασο	ἑστάσθαι	ἑστάμενος
Pluperfect	—				
Weak Aorist	(ἐστησάμην	στησαίμην	στῆσαι	στήσασθαι	στησάμενος)
(*Verse only*)	στήσωμαι				

Passive

Aorist	ἐστάθην	σταθείην	στάθητι	σταθῆναι	σταθείς
	σταθῶ				
Future	σταθήσομαι	σταθησοίμην		σταθήσεσθαι	σταθησόμενος

Note that the tenses of the Middle, except the Weak Aorist Middle, are intransitive as also is the Strong Aorist Active.

τίθημι, *I set, place*

ACTIVE

		Indicative	Subjunctive	Optative	Imperative	Infinitive	Participle
Present	S. 1	τίθημι	τιθῶ	τιθείην	—	τιθέναι	τιθείς – εῖσα – έν
	2	τίθης	τιθῇς	τιθείης	τίθει		
	3	τίθησι (ν)	τιθῇ	τιθείη	τιθέτω		
	Pl. 1	τίθεμεν	τιθῶμεν	τιθεῖμεν	—		
	2	τίθετε	τιθῆτε	τιθεῖτε	τίθετε		
	3	τιθέασι (ν)	τιθῶσι	τιθεῖεν	τιθέντων		
	D. 2	τίθετον	τιθῆτον	τιθεῖτον	τίθετον		
	3	τίθετον	τιθῆτον	τιθείτην	τιθέτων		
Imperfect	S. 1	ἐτίθην					
	2	ἐτίθεις					
	3	ἐτίθει					
	Pl. 1	ἐτίθεμεν					
	2	ἐτίθετε					
	3	ἐτίθεσαν					
	D. 2	ἐτίθετον					
	3	ἐτιθέτην					

		Strong					θείς – θεῖσα – θέν
						θεῖναι	
S.	1	ἔθηκα	θῶ	θείην	—		
	2	ἔθηκας	θῇς	θείης	θές		
	3	ἔθηκε	θῇ	θείη	θέτω		
Pl.	1	ἔθεμεν	θῶμεν	θεῖμεν	—		
	2	ἔθετε	θῆτε	θεῖτε	θέτε		
	3	ἔθεσαν	θῶσι	θεῖεν	θέντων		
D.	2	ἔθετον	θῆτον	θεῖτον	θέτον		
	3	ἐθέτην	θῆτον	θείτην	θέτων		

Aorist — *Weak* / *Strong* (Strong)

Future	θήσω		θήσοιμι	θήσειν	θήσων
Perfect	τέθηκα	τεθήκω	τεθήκοιμι	τεθηκέναι	τεθηκώς
Pluperfect	ἐτεθήκη				

MIDDLE AND PASSIVE

	Indicative	Subjunctive	Optative	Imperative	Infinitive	Participle
Present					τίθεσθαι	τιθέμενος – η – ον
S. 1	τίθεμαι	τιθῶμαι	τιθείμην	—		
2	τίθεσαι	τιθῇ	τιθεῖο	τίθεσο		
3	τίθεται	τιθῆται	τιθεῖτο	τιθέσθω		
Pl. 1	τιθέμεθα	τιθώμεθα	τιθείμεθα	—		
2	τίθεσθε	τιθῆσθε	τιθεῖσθε	τίθεσθε		
3	τίθενται	τιθῶνται	τιθεῖντο	τιθέσθων		
D. 2	τίθεσθον	τιθῆσθον	τιθεῖσθον	τίθεσθον		
3	τίθεσθον	τιθῆσθον	τιθείσθην	τιθέσθων		
Imperfect						
S. 1	ἐτιθέμην					
2	ἐτίθεσο					
3	ἐτίθετο					
Pl. 1	ἐτιθέμεθα					
2	ἐτίθεσθε					
3	ἐτίθεντο					
D. 2	ἐτίθεσθον					
3	ἐτιθέσθην					

Aorist Middle Strong

	Indic.	Subj.	Opt.	Imper.	Infin.	Partic.
S. 1	ἐθέμην	θῶμαι	θείμην	—		
2	ἔθου	θῇ	θεῖο	θοῦ		
3	ἔθετο	θῆται	θεῖτο	θέσθω	θέσθαι	θέμενος – η – ο
Pl. 1	ἐθέμεθα	θώμεθα	θείμεθα	—		
2	ἔθεσθε	θῆσθε	θεῖσθε	θέσθε		
3	ἔθεντο	θῶνται	θεῖντο	θέσθων		
D. 2	ἔθεσθον	θῆσθον	θεῖσθον	θέσθον		
3	ἐθέσθην	θῆσθον	θείσθην	θέσθων		

Middle

	Indic.	Opt.	Imper.	Infin.	Partic.
Future	θήσομαι	θησοίμην		θήσεσθαι	θησόμενος
Perfect	(κεῖμαι)		(κεῖσο)	(κεῖσθαι)	(κείμενος)
Pluperfect	(ἐκείμην)				

Passive

	Indic.	Subj.	Opt.	Imper.	Infin.	Partic.
Aorist	ἐτέθην	τεθῶ	τεθείην	τέθητι	τεθῆναι	τεθείς
Future	τεθήσομαι		τεθησοίμην		τεθήσεσθαι	τεθησόμενος

δίδωμι, I give
ACTIVE

		Indicative	Subjunctive	Optative	Imperative	Infinitive	Participle
Present	S. 1	δίδωμι	διδῶ	διδοίην	—	διδόναι	διδούς – οῦσα – όν
	2	δίδως	διδῷς	διδοίης	δίδου		
	3	δίδωσι (ν)	διδῷ	διδοίη	διδότω		
	Pl. 1	δίδομεν	διδῶμεν	διδοῖμεν	—		
	2	δίδοτε	διδῶτε	διδοῖτε	δίδοτε		
	3	διδόασι (ν)	διδῶσι	διδοῖεν	διδόντων		
	D. 2	δίδοτον	διδῶτον	διδοῖτον	δίδοτον		
	3	δίδοτον	διδῶτον	διδοίτην	διδότων		
Imperfect	S. 1	ἐδίδουν					
	2	ἐδίδους					
	3	ἐδίδου					
	Pl. 1	ἐδίδομεν					
	2	ἐδίδοτε					
	3	ἐδίδοσαν					
	D. 2	ἐδίδοτον					
	3	ἐδιδότην					

		Indicative	Subjunctive	Optative	Imperative	Infinitive	Participle
			Strong			δοῦναι	δούς – οὖσα – όν
Aorist — **Weak**	S. 1	ἔδωκα	δῶ	δοίην	—		
	2	ἔδωκας	δῷς	δοίης	δός		
	3	ἔδωκε (ν)	δῷ	δοίη	δότω		
Strong	Pl. 1	ἔδομεν	δῶμεν	δοῖμεν	—		
	2	ἔδοτε	δῶτε	δοῖτε	δότε		
	3	ἔδοσαν	δῶσι	δοῖεν	δόντων		
	D. 2	ἔδοτον	δῶτον	δοῖτον	δότον		
	3	ἐδότην	δῶτον	δοίτην	δότων		
Future		δώσω		δώσοιμι		δώσειν	δώσων
Perfect		δέδωκα	δεδώκω	δεδώκοιμι		δεδωκέναι	δεδωκώς
Pluperfect		ἐδεδώκη					

MIDDLE AND PASSIVE

		Indicative	Subjunctive	Optative	Imperative	Infinitive	Participle
						δίδοσθαι	διδόμενος – η – ον
Present	S. 1	δίδομαι	διδῶμαι	διδοίμην	—		
	2	δίδοσαι	διδῷ	διδοῖο	δίδοσο		
	3	δίδοται	διδῶται	διδοῖτο	διδόσθω		
	Pl. 1	διδόμεθα	διδόμεθα	διδοίμεθα			
	2	δίδοσθε	διδῶσθε	διδοῖσθε	δίδοσθε		
	3	δίδονται	διδῶνται	διδοῖντο	διδόσθων		
	D. 2	δίδοσθον	διδῶσθον	διδοῖσθον	δίδοσθον		
	3	δίδοσθον	διδῶσθον	διδοῖσθην	διδόσθων		
Imperfect	S. 1	ἐδιδόμην					
	2	ἐδίδοσο					
	3	ἐδίδοτο					
	Pl. 1	ἐδιδόμεθα					
	2	ἐδίδοσθε					
	3	ἐδίδοντο					
	D. 2	ἐδίδοσθον					
	3	ἐδιδόσθην					

Aorist Middle
Strong

	Indic.	Subj.	Opt.	Imper.	Infin.	Part.
S. 1	ἐδόμην	δῶμαι	δοίμην	—	δόσθαι	δόμενος – η – ον
2	ἔδου	δῷ	δοῖο	δοῦ		
3	ἔδοτο	δῶται	δοῖτο	δόσθω		
Pl. 1	ἐδόμεθα	δώμεθα	δοίμεθα	—		
2	ἔδοσθε	δῶσθε	δοῖσθε	δόσθε		
3	ἔδοντο	δῶνται	δοῖντο	δόσθων		
D. 2	ἔδοσθον	δῶσθον	δοῖσθον	δόσθον		
3	ἐδόσθην	δῶσθον	δοίσθην	δόσθων		

Middle

	Indic.	Subj.	Opt.	Imper.	Infin.	Part.
Future	δώσομαι		δωσοίμην		δώσεσθαι	δωσόμενος
Perfect	δέδομαι					
Pluperfect	ἐδεδόμην					

Passive

	Indic.	Subj.	Opt.	Imper.	Infin.	Part.
Aorist	ἐδόθην	δοθῶ	δοθείην	δόθητι	δοθῆναι	δοθείς – εῖσα – έν
Future	δοθήσομαι		δοθησοίμην		δοθήσεσθαι	δοθησόμενος

δείκνυμι, I show

ACTIVE

		Indicative	Subjunctive	Optative	Imperative	Infinitive	Participle
Present	S. 1	δείκνυμι	δεικνύω	δεικνύοιμι	—	δεικνύναι	δεικνύς – ῦσα – ύν
	2	δείκνυς	δεικνύῃς	δεικνύοις	δείκνυ		
	3	δείκνυσι (ν)	δεικνύῃ	δεικνύοι	δεικνύτω		
	Pl. 1	δείκνυμεν	δεικνύωμεν	δεικνύοιμεν	—		
	2	δείκνυτε	δεικνύητε	δεικνύοιτε	δείκνυτε		
	3	δεικνύασι (ν)	δεικνύωσι	δεικνύοιεν	δεικνύντων		
	D. 2	δείκνυτον	δεικνύητον	δεικνύοιτον	δείκνυτον		
	3	δείκνυτον	δεικνύητον	δεικνυοίτην	δεικνύτων		
Imperfect	S. 1	ἐδείκνυν					
	2	ἐδείκνυς					
	3	ἐδείκνυ					
	Pl. 1	ἐδείκνυμεν					
	2	ἐδείκνυτε					
	3	ἐδείκνυσαν					
	D. 2	ἐδείκνυτον					
	3	ἐδεικνύτην					

MIDDLE AND PASSIVE

Present

					Infinitive	Participle
S. 1	δείκνυμαι	δεικνύωμαι	δεικνυοίμην	—	δείκνυσθαι	δεικνύμενος – η – ον
2	δείκνυσαι	δεικνύῃ	δεικνύοιο	δείκνυσο		
3	δείκνυται	δεικνύηται	δεικνύοιτο	δεικνύσθω		
Pl. 1	δεικνύμεθα	δεικνυώμεθα	δεικνυοίμεθα	—		
2	δείκνυσθε	δεικνύησθε	δεικνύοισθε	δείκνυσθε		
3	δείκνυνται	δεικνύωνται	δεικνύοιντο	δεικνύσθων		
D. 2	δείκνυσθον	δεικνύησθον	δεικνύοισθον	δείκνυσθον		
3	δείκνυσθον	δεικνύησθον	δεικνυοίσθην	δεικνύσθων		

Imperfect

S. 1	ἐδεικνύμην
2	ἐδείκνυσο
3	ἐδείκνυτο
Pl. 1	ἐδεικνύμεθα
2	ἐδείκνυσθε
3	ἐδείκνυντο
D. 2	ἐδείκνυσθον
3	ἐδεικνύσθην

	Indicative	Subjunctive	Optative	Imperative	Infinitive	Participle
Active						
Future	δείξω		δείξοιμι		δείξειν	δείξων – ουσα – ον
Weak Aorist	ἔδειξα	δείξω	δείξαιμι	δεῖξον	δεῖξαι	δείξας – ασα – αν
Perfect	δέδειχα	δεδείχω	δεδείχοιμι		δεδειχέναι	δεδειχώς – υῖα – ός
Pluperfect	ἐδεδείχη					
Middle						
Future	δείξομαι		δειξοίμην		δείξεσθαι	δειξόμενος – η – ον
Weak Aorist	ἐδειξάμην	δείξωμαι	δειξαίμην	δεῖξαι	δείξασθαι	δειξάμενος – η – ον
Middle and Passive						
Perfect	δέδειγμαι			δέδειξο	δεδεῖχθαι	δεδειγμένος – η – ον
Pluperfect	ἐδεδείγμην					
Passive						
Aorist	ἐδείχθην	δειχθῶ	δειχθείην	δείχθητι	δειχθῆναι	δειχθείς – εῖσα – έν
Future	δειχθήσομαι		δειχθησοίμην		δειχθήσεσθαι	δειχθησόμενος – η – ον

Other –μι Verbs

(i) **ἵημι, *I send, let go*** **is declined just like *τίθημι* without *τ* or *θ*.**

Present	*Future*	*Aorist*	*Perfect*	*Perfect Middle*	*Aorist Passive*
ἵημι	ἥσω	ἧκα	εἷκα	εἷμαι	εἵθην

(ii) *φημί, I say.*

		Indicative	Subjunctive	Optative	Imperative	Infinitive	Participle
Present	S. 1	φημί	φῶ	φαίην	—	φάναι	(φάς)
	2	φής (φῄς)	φῇς	φαίης	φάθι		φάσκων
	3	φησί (ν)	φῇ	φαίη	φάτω		
	Pl. 1	φαμέν	φῶμεν	φαῖμεν	—		
	2	φατέ	φῆτε	φαῖτε	φάτε		
	3	φασί (ν)	φῶσι	φαῖεν	φάντων		
	D. 2	φατόν	φῆτον	φαῖτον	φάτον		
	3	φατόν	φῆτον	φαίτην	φάτον		
Past	S. 1	ἔφην					
	2	ἔφησθα		Future: φήσω			
	3	ἔφη					
	Pl. 1	ἔφαμεν					
	2	ἔφατε					
	3	ἔφασαν					
	D. 2	ἔφατον					
	3	ἐφάτην					

(iii) **ἠμί, *I say*** **is only found in 1st and 3rd persons of the Past and is used parenthetically like *inquam, inquit* in Latin.**

ἦν δ' ἐγώ *I said* ἦ δ' ὅς *he said* ἦ δ' ἥ *she said*

(iv) εἰμί, *I am*

		Indi-cative	Sub-junctive	Optative	Imperative	Infinitive	Participle
Present	S. 1	εἰμί	ὦ	εἴην	—	εἶναι	ὤν –
	2	εἶ	ᾖς	εἴης	ἴσθι		οὖσα –
	3	ἐστί (ν)	ᾖ	εἴη	ἔστω		ὄν
	Pl. 1	ἐσμέν	ὦμεν	εἶμεν	—		
	2	ἐστέ	ἦτε	εἶτε	ἔστε		
	3	εἰσί (ν)	ὦσι	εἶεν	ἔστων		
	D. 2	ἐστόν	ἦτον	εἶτον	ἔστον		
	3	ἐστόν	ἦτον	εἴτην	ἔστων		

Past	S. 1	ἦν (ἦ)
	2	ἦσθα
	3	ἦν
	Pl. 1	ἦμεν
	2	ἦτε
	3	ἦσαν
	D. 2	ἦστον
	3	ἤστην

Future	S. 1	ἔσομαι		ἐσοίμην	ἔσεσθαι	ἐσόμενος
	2	ἔσῃ				– η – ον
	3	ἔσται				
	Pl. 1	ἐσόμεθα				
	2	ἔσεσθε				
	3	ἔσονται				
	D. 2	ἔσεσθον				
	3	ἔσεσθον				

(v) εἶμι, *I go, will go*

		Indi- cative	Sub- junctive	Optative	Imperative	Infinitive	Participle
Present	S. 1	εἶμι	ἴω	ἴοιμι	—	ἰέναι	ἰών –
	2	εἶ	ἴῃς	ἴοις	ἴθι		ἰοῦσα –
	3	εἶσι (ν)	ἴῃ	ἴοι	ἴτω		ἰόν
	Pl. 1	ἴμεν	ἴωμεν	ἴοιμεν	—		
	2	ἴτε	ἴητε	ἴοιτε	ἴτε		
	3	ἴασι (ν)	ἴωσι	ἴοιεν	ἰόντων		
	D. 2	ἴτον	ἴητον	ἴοιτον	ἴτον		
	3	ἴτον	ἴητον	ἰοίτην	ἴτων		

Past	S. 1	ᾖα
	2	ᾔεισθα
	3	ᾔει
	Pl. 1	ᾖμεν
	2	ᾖτε
	3	ᾖσαν (ᾔεσαν)
	D. 2	ᾖτον
	3	ᾔτην

Defective Verbs

(i) οἶδα, *I know*

	Indicative	Subjunctive	Optative	Imperative	Infinitive	Participle
S. 1	οἶδα	εἰδῶ	εἰδείην	—	εἰδέναι	εἰδώς –
2	οἶσθα	εἰδῇς	εἰδείης	ἴσθι		υἶα – ός
3	οἶδε (ν)	εἰδῇ	εἰδείη	ἴστω		

Present

Pl. 1	ἴσμεν	εἰδῶμεν	εἰδεῖμεν	—
2	ἴστε	εἰδῆτε	εἰδεῖτε	ἴστε
3	ἴσασι (ν)	εἰδῶσι	εἰδεῖεν	ἴστων

D. 2	ἴστον	εἰδῆτον	εἰδεῖτον	ἴστον
3	ἴστον	εἰδῆτον	εἰδείτην	ἴστων

S. 1	ᾔδη
2	ᾔδησθα
3	ᾔδει

Future: εἴσομαι

Past

Pl. 1	ᾖσμεν
2	ᾖστε
3	ᾖσαν (ᾔδεσαν)

D. 2	ᾖστον
3	ᾔστην

(ii) δέδοικα, δέδια *I fear*

	Present	Past	Impera-tive	Infinitive	Participle
S. 1	δέδοικα *or* δέδια	ἐδεδοίκη	—	δεδοικέναι	δεδοικώς –
2	δέδοικας	ἐδεδοίκης	δέδιθι	*or*	υἷα – ός
3	δέδοικε δέδιε	ἐδεδοίκει		δεδιέναι	δεδιώς –
					υἷα – ός
Pl. 1	δεδοίκαμεν δέδιμεν	ἐδέδιμεν			
2	δεδοίκατε δέδιτε	ἐδέδιτε		Future:	δείσω
3	δεδοίκασι δεδίασι	ἐδέδισαν		Aorist:	ἔδεισα

(iii) ἔοικα, *I am like*

	Present	Past	Sub-junctive	Optative	Infinitive	Participle
S. 1	ἔοικα	ἐῴκη	ἐοίκω	ἐοίκοιμι	εἰκέναι	ἐοικώς –
2	ἔοικας	ἐῴκης	*or*	*or*		υἷα – ός
3	ἔοικε (ν)	ἐῴκει (ν)	εἰκώς ὦ	εἰκὼς εἴην		*or*
						εἰκώς – υἷα
Pl. 1	ἔοιγμεν	ἐῴκεμεν				– ός
2	ἐοίκατε	ἐῴκετε			Future:	εἴξω
3	εἴξασι (ν)	ἐῴκεσαν				
D. 2	ἐοίκατον	ἐῴκετον				
3	ἐοίκατον	ἐῳκέτην				

PRINCIPAL PARTS

Present	Future	Aorist	Perfect Active	Perfect Middle and Passive	Aorist Passive
ἀγγέλλω, announce	ἀγγελῶ (ε)	ἤγγειλα	ἤγγελκα	ἤγγελμαι	ἠγγέλθην
ἀγείρω, collect		ἤγειρα			ἠγέρθην
ἄγω, lead	ἄξω	ἤγαγον	ἦχα	ἦγμαι	ἤχθην
αἰνῶ (ε), praise	αἰνέσω	ᾔνεσα	ᾔνεκα	ᾔνημαι	ᾐνέθην
αἴρω, raise	ἀρῶ (ε)	ἦρα	ἦρκα	ἦρμαι	ἤρθην
αἱρῶ (ε), take	αἱρήσω	εἷλον	ᾕρηκα	ᾕρημαι	ᾑρέθην
αἰσθάνομαι, perceive	αἰσθήσομαι	ᾐσθόμην		ᾔσθημαι	
ἀκούω, hear	ἀκούσομαι	ἤκουσα	ἀκήκοα		ἠκούσθην
ἁλίσκομαι, am caught	ἁλώσομαι	ἑάλων	ἑάλωκα		
ἁμαρτάνω, am mistaken	ἁμαρτήσομαι	ἥμαρτον	ἡμάρτηκα	ἡμάρτημαι	ἡμαρτήθην
ἀμύνω, ward off	ἀμυνῶ (ε)	ἤμυνα			
ἀναλίσκω, spend	ἀναλώσω	ἀνήλωσα	ἀνήλωκα	ἀνήλωμαι	ἀνηλώθην
ἀνοίγνυμι, open	ἀνοίξω	ἀνέῳξα		ἀνέῳγμαι	ἀνεῴχθην
ἀπαντῶ (α), meet	ἀπαντήσομαι	ἀπήντησα	ἀπήντηκα		
ἀποθνῄσκω, die	ἀποθανοῦμαι (ε)	ἀπέθανον	τέθνηκα		
ἀποκρίνομαι, answer	ἀποκρινοῦμαι (ε)	ἀπεκρινάμην		ἀποκέκριμαι	
ἀπόλλυμι, destroy	ἀπολῶ (ε)	{ ἀπώλεσα / ἀπωλόμην	{ ἀπολώλεκα / ἀπόλωλα		

ἀυλίζομαι, encamp		ηὐλισάμην			ηὐλίσθην
αὐξάνω, increase	αὐξήσω	ηὔξησα	ηὔξηκα	ηὔξημαι	ηὐξήθην
ἀφικνοῦμαι (ε), arrive	ἀφίξομαι	ἀφικόμην		ἀφῖγμαι	
βαδίζω, walk	βαδιοῦμαι (ε)	ἐβάδισα			
βαίνω, go	βήσομαι	ἔβην	βέβηκα		
βάλλω, throw, strike	βαλῶ (ε)	ἔβαλον	βέβληκα	βέβλημαι	ἐβλήθην
βλάπτω, harm	βλάψω	ἔβλαψα	βέβλαφα	βέβλαμμαι	ἐβλάφθην
βλώσκω, go	μολοῦμαι (ε)	ἔμολον	μέμβλωκα		
βούλομαι, wish	βουλήσομαι			βεβούλημαι	ἐβουλήθην
γαμῶ (ε), marry	γαμῶ (ε)	ἔγημα	γεγάμηκα	γεγάμημαι	
γελῶ (α), laugh	γελάσομαι	ἐγέλασα			ἐγελάσθην
γίγνομαι, become	γενήσομαι	ἐγενόμην	γέγονα	γεγένημαι	
γιγνώσκω, get to know	γνώσομαι	ἔγνων·	ἔγνωκα	ἔγνωσμαι	ἐγνώσθην
γράφω, write	γράψω	ἔγραψα	γέγραφα	γέγραμμαι	ἐγράφην
δάκνω, bite	δήξομαι	ἔδακον		δέδηγμαι	ἐδήχθην
δείκνυμι, show	δείξω	ἔδειξα	δέδειχα	δέδειγμαι	ἐδείχθην
δέχομαι, receive	δέξομαι	ἐδεξάμην		δέδεγμαι	
δέω, want, lack	δεήσω	ἐδέησα			

Present	Future	Aorist	Perfect Active	Perfect Middle and Passive	Aorist Passive
δέομαι, need, ask	δεήσομαι			δεδέημαι	ἐδεήθην
δέω, bind	δήσω	ἔδησα	δέδεκα	δέδεμαι	ἐδέθην
δηλῶ (ο), show, make clear	δηλώσω	ἐδήλωσα	δεδήλωκα	δεδήλωμαι	ἐδηλώθην
διαλέγομαι, converse	διαλέξομαι			διείλεγμαι	διελέχθην
διαφθείρω, destroy	διαφθερῶ (ε)	διέφθειρα	διέφθαρκα	διέφθαρμαι	διεφθάρην
διδάσκω, teach	διδάξω	ἐδίδαξα	δεδίδαχα	δεδίδαγμαι	ἐδιδάχθην
δίδωμι, give	δώσω	ἔδωκα	δέδωκα	δέδομαι	ἐδόθην
δοκῶ (ε), seem	δόξω	ἔδοξα		δέδογμαι	
δύναμαι, am able	δυνήσομαι			δεδύνημαι	ἐδυνήθην
ἐγείρω, arouse	ἐγερῶ (ε)	ἤγειρα	ἐγρήγορα		ἠγέρθην
ἐθέλω, wish	ἐθελήσω	ἠθέλησα	ἠθέληκα		
εἰμί, am	ἔσομαι	ἦν			
ἐλαύνω, drive	ἐλῶ (α)	ἤλασα	ἐλήλακα	ἐλήλαμαι	ἠλάθην
ἕλκω, drag	ἕλξω	εἵλκυσα	εἵλκυκα	εἵλκυσμαι	εἱλκύσθην
ἐπαινῶ (ε), praise	ἐπαινέσομαι	ἐπῄνεσα	ἐπῄνεκα		ἐπῃνέθην
ἐπιλανθάνομαι, forget	ἐπιλήσομαι	ἐπελαθόμην		ἐπιλέλησμαι	
ἕπομαι, follow	ἕψομαι	ἑσπόμην			
ἔρομαι, ask questions	ἐρήσομαι	ἠρόμην			
ἔρχομαι, go, come	εἶμι	ἦλθον	ἐλήλυθα		
ἐρωτῶ (α), ask questions	ἐρωτήσω	{ ἠρώτησα / ἠρόμην	ἠρώτηκα	ἠρώτημαι	ἠρωτήθην

ἐσθίω, eat	ἔδομαι	ἔφαγον	ἐδήδοκα		
εὑρίσκω, find	εὑρήσω	ηὗρον	ηὕρηκα	ηὕρημαι	ηὑρέθην
ἔχω, have	{ἕξω / σχήσω}	ἔσχον	ἔσχηκα	–ἔσχημαι	
ἐῶ (α), allow	ἐάσω	εἴασα	εἴακα	εἴαμαι	εἰάθην
ζεύγνυμι, yoke	ζεύξω	ἔζευξα		ἔζευγμαι	ἐζεύχθην
ζῶ (α), live	βιώσομαι	ἐβίων	βεβίωκα		
ἥδομαι, rejoice, enjoy	ἡσθήσομαι				ἥσθην
θάπτω, bury	θάψω	ἔθαψα		τέθαμμαι	ἐτάφην
θαυμάζω, wonder (at)	θαυμάσομαι	ἐθαύμασα	τεθαύμακα	τεθαύμασμαι	ἐθαυμάσθην
ἵημι, send, let go	ἥσω	ἧκα	εἷκα	εἷμαι	εἵθην
ἵστημι, stand	στήσω	{ἔστησα / ἔστην}	ἕστηκα	ἕσταμαι	ἐστάθην
καθεύδω, sleep	καθευδήσω				
καθίζω, seat, sit	καθιῶ (ε)	ἐκάθισα		κάθημαι	
καθέζομαι, sit	καθεδοῦμαι (ε)	ἐκαθεζόμην			
καίω, burn	καύσω	ἔκαυσα	κέκαυκα	κέκαυμαι	ἐκαύθην
καλῶ (ε), call	καλῶ (ε)	ἐκάλεσα	κέκληκα	κέκλημαι	ἐκλήθην

Present	Future	Aorist	Perfect Active	Perfect Middle and Passive	Aorist Passive
κάμνω, toil	καμοῦμαι (ε)	ἔκαμον	κέκμηκα		
κελεύω, order	κελεύσω	ἐκέλευσα	κεκέλευκα	κεκέλευσμαι	ἐκελεύσθην
κλαίω, weep	κλαύσομαι	ἔκλαυσα		κέκλαυμαι	
κλείω, close	κλείσω	ἔκλεισα	κέκλεικα	κέκλειμαι	ἐκλείσθην
κλέπτω, steal	κλέψω	ἔκλεψα	κέκλοφα	κέκλεμμαι	ἐκλάπην
κλίνω, bend	κλινῶ (ε)	ἔκλινα	κέκλικα	κέκλιμαι	ἐκλίθην
κομίζω, convey	κομιῶ (ε)	ἐκόμισα	κεκόμικα	κεκόμισμαι	ἐκομίσθην
κόπτω, cut, strike	κόψω	ἔκοψα	κέκοφα	κέκομμαι	ἐκόπην
κρίνω, judge	κρινῶ (ε)	ἔκρινα	κέκρικα	κέκριμαι	ἐκρίθην
κρύπτω, hide	κρύψω	ἔκρυψα	κέκρυφα	κέκρυμμαι	ἐκρύφθην / ἐκρύφην
κτείνω, kill	– κτενῶ (ε)	– ἔκτεινα	– ἔκτονα		
κτάομαι (α), acquire	κτήσομαι	ἐκτησάμην		κέκτημαι	ἐκτήθην
λαγχάνω, obtain (by lot)	λήξομαι	ἔλαχον	εἴληχα	εἴληγμαι	ἐλήχθην
λαμβάνω, take	λήψομαι	ἔλαβον	εἴληφα	εἴλημμαι	ἐλήφθην
λανθάνω, escape notice	λήσω	ἔλαθον	λέληθα		
λέγω, say	λέξω / ἐρῶ (ε)	ἔλεξα / εἶπον	εἴρηκα	εἴρημαι	ἐλέχθην / ἐρρήθην
λείπω, leave	λείψω	ἔλιπον	λέλοιπα	λέλειμμαι	ἐλείφθην
λύω, release	λύσω	ἔλυσα	λέλυκα	λέλυμαι	ἐλύθην

Present	Future	Aorist	Perfect	Perfect Mid./Pass.	Aorist Passive
μανθάνω, learn	μαθήσομαι	ἔμαθον	μεμάθηκα	μεμάθημαι	ἐμαθήθην
μάχομαι, fight	μαχοῦμαι (ε)	ἐμαχεσάμην		μεμάχημαι	
μέλει, it concerns	μελήσει	ἐμέλησε	μεμέληκε		
μέλλω, am about to	μελλήσω	ἐμέλλησα			
μέμφομαι, blame	μέμφομαι	ἐμεμψάμην		μεμεμψ...	ἐμέμφθην
μένω, remain	μενῶ (ε)	ἔμεινα	μεμένηκα	μεμένημαι	
μείγνυμι, mix	μείξω	ἔμειξα		μέμειγμαι	ἐμείχθην
μιμνήσκω, remind	—	—		μέμνημαι	ἐμνήσθην
νέμω, allot, assign	νεμῶ (ε)	ἔνειμα	νενέμηκα	νενέμημαι	ἐνεμήθην
νομίζω, think	νομιῶ (ε)	ἐνόμισα	νενόμικα	νενόμισμαι	ἐνομίσθην
οἶδα, know	εἴσομαι	ᾔδη			
οἴομαι / οἶμαι, think	οἰήσομαι				ᾠήθην
οἴχομαι, am gone	οἰχήσομαι	ᾠχόμην			
— ὄλλυμι, destroy, lose	— ὀλῶ (ε)	{ — ὤλεσα / — ὠλόμην	{ — ὀλώλεκα / — ὄλωλα		
ὄμνυμι, swear	ὀμοῦμαι (ε)	ὤμοσα	ὀμώμοκα		
ὀξύνω, sharpen	ὀξυνῶ (ε)	ὤξυνα	ὤξαγκα	ὤξυμμαι	ὠξύνθην
ὀργίζομαι, become angry	ὀργιοῦμαι (ε)			ὤργισμαι	ὠργίσθην

Present	Future	Aorist	Perfect Active	Perfect Middle and Passive	Aorist Passive
ὁρμίζω, *moor*	ὁρμιῶ (ε)	ὥρμισα		ὥρμισμαι	ὡρμίσθην
ὁρμῶμαι, *surge forward*	ὁρμήσομαι			ὥρμημαι	ὡρμήθην
ὁρῶ (α), *see*	ὄψομαι	εἶδον	ἑόρακα	ἑόραμαι	ὤφθην
ὀφείλω, *owe*		ὤφελον			
ὀφλισκάνω, *incur (a charge, debt)*	ὀφλήσω	ὦφλον	ὤφληκα		
παίω / τύπτω } *strike*	παίσω / πατάξω	ἔπαισα / ἐπάταξα	πέπληγα	πέπληγμαι	ἐπλήγην
παρέχω, *provide*	παρέξω / παρασχήσω	παρέσχον	παρέσχηκα	παρέσχημαι	
πάσχω, *suffer*	πείσομαι	ἔπαθον	πέπονθα		
πείθω, *urge, persuade*	πείσω	ἔπεισα	πέπεικα (*tr.*) / πέποιθα (*intr.*)	πέπεισμαι	ἐπείσθην
πείθομαι, *obey*	πείσομαι	ἐπιθόμην			
πεινῶ (α), *am hungry*	πεινήσω	ἐπείνησα	πεπείνηκα		
πέμπω, *send*	πέμψω	ἔπεμψα	πέπομφα	πέπεμμαι	ἐπέμφθην
πετάννυμι, *spread out*	πετῶ (α)	ἐπέτασα		πέπταμαι	ἐπετάσθην
πέτομαι, *fly*	πτήσομαι	ἐπτόμην			
πήγνυμι, *fix*	πήξω	ἔπηξα	πέπηγα		ἐπάγην
πίμπλημι, *fill*	πλήσω	ἔπλησα	πέπληκα	πέπλησμαι	ἐπλήσθην
πίμπρημι, *burn*	– πρήσω	– ἔπρησα		– πέπρη(σ)μαι	– ἐπρήσθην
πίνω, *drink*	πίομαι	ἔπιον	πέπωκα	πέπομαι	ἐπόθην
πίπτω, *fall*	πεσοῦμαι (ε)	ἔπεσον	πέπτωκα		

πλέκω, *weave*	πλέξω	ἔπλεξα	πέπλεχα	πέπλεγμαι	ἐπλέχθην
πλέω, *sail*	πλεύσομαι / πλευσοῦμαι (ε)	ἔπλευσα	πέπλευκα		
πνέω, *breathe*	πνεύσομαι	ἔπνευσα	πέπνευκα		
ποιῶ (ε), *make, do*	ποιήσω	ἐποίησα	πεποίηκα	πεποίημαι	ἐποιήθην
πράττω, *do, fare*	πράξω	ἔπραξα	πέπραχα (*tr.*) / πέπραγα (*intr.*)	πέπραγμαι	ἐπράχθην
πυνθάνομαι, *ascertain*	πεύσομαι	ἐπυθόμην		πέπυσμαι	
πωλῶ (ε) / ἀποδίδομαι } *sell* / πιπράσκω	πωλήσω / ἀποδώσομαι	ἐπώλησα / ἀπεδόμην	πέπρακα	πέπραμαι	ἐπράθην
ῥέω, *flow*	ῥυήσομαι	ἐρρύην	ἐρρύην		
ῥήγνυμι, *break*	ῥήξω	ἔρρηξα	ἔρρωγα		ἐρράγην
ῥίπτω, *hurl*	ῥίψω	ἔρριψα	ἔρριφα	ἔρριμμαι	ἐρρίφθην
σβέννυμι, *quench*	σβέσω	ἔσβεσα	ἔσβηκα	ἔσβεσμαι	ἐσβέσθην
σείω, *shake*	σείσω	ἔσεισα	σέσεικα	σέσεισμαι	ἐσείσθην
σιγῶ (α), *am silent*	σιγήσομαι	ἐσίγησα	σεσίγηκα	σεσίγημαι	ἐσιγήθην
σκεδάννυμι, *scatter*	σκεδῶ (α)	ἐσκέδασα		ἐσκέδασμαι	ἐσκεδάσθην

Present	Future	Aorist	Perfect Active	Perfect Middle and Passive	Aorist Passive
σπείρω, sow	σπερῶ (ε)	ἔσπειρα	ἔσπαρκα	ἔσπαρμαι	ἐσπάρην
σπένδω, pour out	σπείσω	ἔσπεισα		ἔσπεισμαι	
σπουδάζω, am busy	σπουδάσομαι	ἐσπούδασα	ἐσπούδακα	ἐσπούδασμαι	ἐσπουδάσθην
στέλλω, equip	στελῶ (ε)	ἔστειλα	ἔσταλκα	ἔσταλμαι	ἐστάλην
στρέφω, turn, wheel	στρέψω	ἔστρεψα		ἔστραμμαι	ἐστράφην
σφάλλω, cause to slip	σφαλῶ (ε)	ἔσφηλα	ἔσφαλκα	ἔσφαλμαι	ἐσφάλην
σώζω, save	σώσω	ἔσωσα	σέσωκα	σέσωσμαι	ἐσώθην
τείνω, stretch	τενῶ (ε)	ἔτεινα	τέτακα	τέταμαι	ἐτάθην
τελῶ (ε), accomplish	τελῶ (ε)	ἐτέλεσα	τετέλεκα	τετέλεσμαι	ἐτελέσθην
τέμνω, cut	τεμῶ (ε)	ἔτεμον	τέτμηκα	τέτμημαι	ἐτμήθην
τίθημι, place	θήσω	ἔθηκα	τέθηκα	κεῖμαι	ἐτέθην
τίκτω, give birth to	τέξομαι	ἔτεκον	τέτοκα		
τιμῶ (α), honour	τιμήσω	ἐτίμησα	τετίμηκα	τετίμημαι	ἐτιμήθην
τίνω, pay, pay the penalty	τίσω / τείσω	ἔτισα / ἔτεισα	τέτικα	τέτισμαι	ἐτίσθην
πιτρώσκω, wound	τρώσω	ἔτρωσα		τέτρωμαι	ἐτρώθην
τρέπω, turn	τρέψω	ἔτρεψα (ἐτραπόμην)	τέτροφα	τέτραμμαι	ἐτράπην
τρέφω, nourish, rear	θρέψω	ἔθρεψα	τέτροφα	τέθραμμαι	ἐτράφην
τρέχω / θέω } run	δραμοῦμαι / θεύσομαι (ε)	ἔδραμον	δεδράμηκα		

τρίβω, rub	τρίψω	ἔτριψα		τέτριμμαι	ἐτρίβην
τυγχάνω, hit, happen	τεύξομαι	ἔτυχον	τετύχηκα		
ὑπισχνοῦμαι (ε), promise	ὑποσχήσομαι	ὑπεσχόμην		ὑπέσχημαι	
φαίνω, show	φανῶ (ε)	ἔφηνα	{ πέφαγκα (tr.) / πέφηνα (intr.) }	πέφασμαι	{ ἐφάνθην (tr.) / ἐφάνην (intr.) }
φέρω, carry, bear	οἴσω	{ ἤνεγκον / ἤνεγκα }	ἐνήνοχα	ἐνήνεγμαι	ἠνέχθην
φεύγω, flee	φεύξομαι	ἔφυγον	πέφευγα		
φημί, say	ἐρῶ (ε)	εἶπον	εἴρηκα	εἴρημαι	ἐρρήθην
φθάνω, anticipate	φθήσομαι	{ ἔφθασα / ἔφθην }	ἔφθακα		
φθίνω, waste away	φθίσω	{ ἔφθισα / ἐφθίμην }		ἔφθιμαι	
φοβοῦμαι (ε), fear	φοβήσομαι			πεφόβημαι	ἐφοβήθην
χαίρω, rejoice	χαιρήσω				ἐχάρην
χέω, pour	χεύσω	ἔχεα	κέχυκα	κέχυμαι	ἐχύθην
χρή, it is necessary	χρήσει	ἐχρῆν, χρῆν			
χρῶμαι (α), use	χρήσομαι	ἐχρησάμην		κέχρημαι	ἐχρήσθην
ψεύδω, deceive	ψεύσω	ἔψευσα		ἔψευσμαι	ἐψεύσθην
ὠνοῦμαι (ε), buy	ὠνήσομαι	ἐπριάμην		ἐώνημαι	ἐωνήθην

SYNTAX

A. NOUNS

The Greeks gave nouns different endings, to show whether they were singular or plural, and also what part they played in the sentence. These endings are called Cases, and there are five of them in the Singular and five in the Plural.

1 **Basic Use of Cases**

The Greeks used the *Nominative*
to show the Subject, i.e. who or what performs the action of the verb:

ὁ ἀνὴρ ὀβολὸν ἔχει. *The man has a penny.*

They used the *Vocative*
to call someone's attention:

ὦ Θρασύμαχε, ἆρα ὀβολὸν ἔχεις;
Thrasymachus, have you a penny?

They used the *Accusative*
to show the Direct Object, i.e. who or what undergoes the action of the verb:

ὁ ἀνὴρ ὀβολὸν ἔχει. *The man has a penny.*

They used the *Genitive*
to show who or what owns something:

ὁ ἀνὴρ τὸν τοῦ παιδίου ὀβολὸν ἔχει.
The man has the boy's penny.

They used the *Dative*
(a) To show who receives what is given:
ὁ ἀνὴρ ὀβολὸν παρέχει τῷ παιδίῳ.
The man gives a penny to the boy.
(b) To show the instrument with which an action is performed:
ὁ ἀνὴρ τύπτει τὸ παιδίον τῇ χειρί.
The man hits the boy with his hand.
(c) With some part of εἶναι, to show who or what owns something:
ὀβολός ἐστι τῷ ἀνδρί. *The man has a penny.*

B. ADJECTIVES

2   (a) Adjectives agree with (i.e. go into the same case as) the noun which they describe:

δεινός ἐστιν ὁ ποταμός.   *The river is terrible.*
δεινὸν ποταμὸν ὁρῶ.   *I see a terrible river.*
δεινή ἐστιν ἡ φωνή.   *The voice is terrible.*

Adjectives therefore have all the case-endings in all three genders.

3   (b) An adjective may sometimes describe two or more nouns of different gender.

(i) If the nouns denote Persons, the adjective is usually Plural and Masculine:

ὁ πατὴρ καὶ ἡ μήτηρ εἰσὶ σοφοί. *Father and mother are wise.*

(ii) But the adjective may always agree with the noun nearest it:

τὸ δένδρον καὶ ὁ καρπός ἐστι καλός.
The tree and the fruit are beautiful.

4   (c) Sometimes the Greeks used a noun like an adjective in describing another noun. We say that such a noun is "in apposition". It agrees with the noun it describes in number and case:

ὁρῶμεν τὰ παιδία, τοὺς τοῦ Ἰάσονος υἱούς.
We see the children, sons of Jason.

C. THE ARTICLE

The Greeks used a Definite Article in the same way as we use "the", and for other purposes also.

5   (a) The Article agrees with (i.e. goes into the same case as) the noun which it defines:

ἀκούω τοῦ θεοῦ.   *I hear the god.*
λέγω τῇ φωνῇ.   *I speak with the voice.*

6   (b) The Article is used:

(i) To define or lay emphasis on a particular person or thing:

παιδίον ὁρῶ.   *I see a child.*
τὸ παιδίον ὁρῶ.   *I see the (one particular) child.*

(ii) To denote a whole class or species:
τὰ παιδία ἀεὶ ταῦτα ποιεῖ.
Children (as a class) always do this.

(iii) Instead of the Possessive Adjective (*my, your, etc.*):
ἐνδύω τὰ ἱμάτια.　　*I put on my clothes.*

(iv) With any part of speech, making it equivalent to a noun:

τὸ ἀγαθόν	*the good*
οἱ πάλαι	*the ancients*
τὰ οἴκοι	*things at home*
ὁ τοῦτο ποιήσας	*the man who did this*

7 (c) When two nouns are joined together by the verb *to be*, the Article is used only with the noun which is the Subject:

οὗτος ὁ ἀνήρ ἐστιν Ἰάσων.	*This man is Jason.*
τὸ φοβεῖσθαι ἦν ἀρχὴ τοῦ κακοῦ.	*Fear was the beginning of the trouble.*

(d) Article, Adjective and Noun together:

8 (i) When both an Article and an Adjective describe a Noun, the Adjective either comes between the Article and the Noun, or the Article is repeated:

τὰ καλὰ ἱμάτια
τὰ ἱμάτια τὰ καλά　} *the beautiful clothes*

9 (ii) By using the Article as in (d) (i) almost any part of speech or any phrase can be made to serve as an Adjective:

οἱ τῶν Ἑλλήνων στρατιῶται	*the Greek(s') soldiers*
ἡ γυνὴ ἡ ἐν τῷ ἅρματι	*the woman in the chariot*

10 (iii) Note especially the usage with ἄκρος, μέσος, ἔσχατος, μόνος:

ἡ μέση νῆσος	*the middle island*
μέση ἡ νῆσος	*the middle of the island*
ὁ μόνος υἱός	*the only son*
ὁ υἱὸς μόνος	*the son alone*

But πᾶς is used differently:

ἡ πᾶσα πόλις	*the city as a whole*
πᾶσα ἡ πόλις	*the whole city*
ὁ πᾶς χρόνος	*eternity*
πᾶς ὁ χρόνος	*all the time*

D. PRONOUNS

11 (a) All Pronouns go into the same case as the Noun which they
stand for:

οὗτός ἐστιν ἀνήρ. ἄνδρα ὁρῶ. *This is a man. I see a man.*
οὗτός ἐστιν ἀνήρ. αὐτὸν ὁρῶ. *This is a man. I see him.*

12 (b) The Relative Pronoun links two simple sentences:

γυναῖκα ὁρῶ. ἡ γυνὴ παιδίον φέρει.
I see a woman. The woman is carrying a child.
γυναῖκα ὁρῶ ἣ παιδίον φέρει.
I see a woman who is carrying a child.

In such a sentence ἥ can be regarded as standing for καὶ αὕτη.

ἡ γυνὴ παιδίον φέρει. τὴν γυναῖκα ὁρῶ.
The woman is carrying a child. I see the woman.
ἡ γυνή, ἣν ὁρῶ, παιδίον φέρει.
The woman, whom I see, is carrying a child.

In such a sentence ἥν can be regarded as standing for καὶ αὐτήν.

13 (c) οὗτος, ὅδε and ἐκεῖνος are always used with the Article:

οὗτος ὁ ἀνὴρ βασιλεύς ἐστι.   *This man is a king.*
ἆρα ὁρᾷς ἐκεῖνον τὸν ποταμόν;   *Do you see that river?*

14 (d) αὐτός when used with the Article has a special meaning:

(i) ἡ αὐτὴ γυνή *the same woman*
(ii) αὐτὴ ἡ γυνή or ἡ γυνὴ αὐτή   *the woman herself*

Note: αὐτός when used with the Article in the Dative case
conveys the meaning *together with*: ἡ ναῦς καταδύει αὐτοῖς
τοῖς ναύταις. *The ship sinks, sailors and all.*

(e) αὐτὸς τέταρτος ἦλθεν. *He came with three others.*

E. PREPOSITIONS

15 (a) Prepositions take a case suited to their meaning. The use of
cases for most prepositions may be summarised as:

"to" or "through"   "at"   "from".

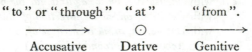

Accusative   Dative   Genitive

e.g. εἰσῆλθον παρὰ τοὺς φίλους.   *They went in to their friends.*
καθίζεται παρὰ τῷ πυρί.   *He sits down by the fire.*
ἀφικνεῖται παρὰ βασιλέως.   *He comes from the King.*
πλανᾶται ἀνὰ (κατὰ) πᾶσαν τὴν χώραν.
He wanders all over the country.

εἰς τὴν πόλιν	*into the city*
ἐν τῇ πόλει	*in the city*
ἀπὸ τῆς πόλεως	*from the city*
ἐκ τῆς πόλεως	*out of the city*

(b) The following usages are also common:

16   (i) With the *Accusative*:
ἀμφί, around; ἀνά, up; παρά, beside, along, contrary to; ὡς, to (with persons).

17   (ii) With the *Genitive*:
ἀντί, instead of; πρό, before, in front of.
Also several adverbs when used as prepositions:
ἄνω, above; κάτω, below;
ἐντός, εἴσω, inside; ἐκτός, ἔξω, outside;
ἔμπροσθεν, in front of; ὄπισθεν, behind;
ἐγγύς, near; μεταξύ, between; ἐναντίον, opposite;
ἄνευ, without; ἕνεκα, because of; χάριν, for the sake of;
μέχρι, up to, until; πλήν, except.

18   (iii) With the *Dative*:
ἅμα, ὁμοῦ, σύν, together with.

19   (iv) With the *Accusative* or the *Genitive*:
διά   with Accusative, *because of*
       with Genitive, *through (place)*
κατά with Accusative, *down, according to, in groups of*
       with Genitive, *down from, against*
μετά with Accusative, *after*
       with Genitive, *together with*
ὑπέρ with Accusative, *beyond*
       with Genitive, *over, on behalf of.*

20   (v) With the *Accusative, Genitive* or *Dative*:
ἐπί   with Accusative, *on to, against, for the purpose of*
       with Genitive, *on, in the direction of, during*
       with Dative, *on, at, near, because of, on condition that*
περί with Accusative, *around (of motion)*
       with Genitive, *concerning*
       with Dative, *about (place)*
πρός with Accusative, *towards*
       with Genitive, *facing, on the side of, by*
       with Dative, *near, in addition to*

21 (c) Note the following idioms:

ἅμ' ἕῳ, at dawn; ἅμα τῷ ἦρι, at the beginning of spring;
ἀνὰ πᾶσαν τὴν ἡμέραν, all day long; ἀνὰ τρεῖς, by threes;
ἀφ' ἵππου μάχεσθαι, to fight on horseback;
ἀφ' ἵππων μάχεσθαι, to fight in a chariot;
διὰ πολλοῦ, at a great distance, after a long time;
διὰ τριῶν ἐτῶν, every three years;
εἰς ἑκατόν, up to a hundred;
ἐκ τούτου, as a result of this;
οἱ ἐκ δεξιᾶς, those on the right; ἐξ ἴσου, on equal terms;
ἐν καιρῷ, at the right moment; ἐν τούτῳ, meanwhile;
ὡς ἐπὶ τὸ πολύ, for the most part; τὸ ἐπ' ἐμέ, for my part;
ἐπὶ τούτοις, on these conditions; ἐπὶ τῷ Κύρῳ, in Cyrus' power;
κατὰ γῆν καὶ κατὰ θάλατταν, by land and sea;
κατὰ τοὺς νόμους, in accordance with the laws;
καθ' ἡμέραν, daily; κατὰ κράτος, by force;
κατὰ δύναμιν, to the best of one's ability;
τὸ κατ' ἐμέ, as far as I am concerned;
τὰ κατὰ γῆς, things below the earth;
κατά τινος λέγειν, to accuse;
παρ' ὀλίγον ἀπέθανε, he nearly died;
παρὰ βασιλεῖ, at the king's court;
οἱ περὶ τὸν Κριτίαν, Critias and his party;
περὶ πολλοῦ ποιεῖσθαι, to think highly of;
πρὸς βίαν, forcibly; πρὸς θεῶν, in heaven's name;
πρὸς τούτοις, in addition to this;
σὺν τοῖς θεοῖς, with the help of the gods;
ὑπὸ νύκτα, just before night.

F. VERBS

1. Persons

22 (a) The ending of a verb in any Active or Middle tense shows who
performs the action; the ending in any Passive tense shows
who undergoes the action:

ὁρῶ. *I see.*   ὄψονται. *They will see.*   ὤφθη. *He was seen.*

23 (b) The Greeks used endings in the *Singular* to show that *only
one person* performs (or undergoes) the action of the verb.
They used endings in the *Plural* to show that *more than one
person* performs (or undergoes) the action of the verb.

Note: The Greeks generally used a *Singular* ending with a *Neuter Plural Subject.* e.g.
τὰ μῆλα πίπτει *The apples fall.*

24 (c) They also used a special set of endings to show that *two people together* perform (or undergo) the action of the verb. This set of endings is called the *Dual,* and was not frequently used.
e.g. δακρύει. *He is crying.*   δακρύουσι. *They are crying.*
δακρύετον. *They are both crying.*

2. Voices

25 (a) The *Active* shows an action which a person does:
ἔλουσα τὸ παιδίον. *I washed the child.*

The *Passive* shows an action which a person undergoes:
τὸ παιδίον ἐλούθη ὑπ' ἐμοῦ. *The child was washed by me.*

The *Middle* shows an action which a person does to or for himself:
τὸ παιδίον ἐλούσατο. *The child washed himself.*
(With many verbs, or parts of verbs, this reflexive use of the Middle has become obscured.)

26 (b) In a sentence whose verb is in the Active, the person performing the action is shown by a noun in the Nominative. The same sense can be expressed in a sentence whose verb is in the Passive. In such a sentence the *person by whom* the action is performed is shown by a noun in the *Genitive with ὑπό*:
ὁ Ζεὺς πέμπει τὸν γῦπα.   *Zeus sends the vulture.*
ὁ γὺψ πέμπεται ὑπὸ τοῦ Διός. *The vulture is sent by Zeus.*

3. Tenses

The Greeks used verbs in various tenses to show when the action happened:

27 (a) The *Present* indicates:
   (i) An action now happening:
     γράφω. *I write, am writing.*
   (ii) A state now existing:
     χαλεπόν ἐστι τὸ ἔργον. *The task is difficult.*
   (iii) An action begun in the past and still continuing:
     νῦν τε καὶ πάλαι λέγω. *I said before, and I still say.*

28 (b) The *Imperfect* indicates:
    (i) An action which went on for some time in the past:
        ἔγραφον. *I was writing.*
    (ii) A state which existed in the past:
        ἡ ὁδὸς πρὸς λόφον τινὰ ἔφερεν ὑφ᾽ ᾧ ἦν πόλις.
        The road led to a hill beneath which was a town.
    (iii) An action which happened often in the past:
        ἐκέλευέ με τοῦτο ποιεῖν. *He kept on telling me to do this.*
    (iv) An action begun or attempted in the past:
        ἔπειθον αὐτὸν τοῦτο ποιεῖν.
        They began to (tried to) persuade him to do this.

29 (c) The *Future* indicates:
    An action about to happen or a state about to exist:
        γράψω. *I shall write.*
        περὶ τούτων ἔσται ὁ μῦθος. *The story will be about this.*

30 (d) The *Aorist* indicates:
    (i) An action which happened at a particular moment in the
        past:
        μετὰ δὲ ταῦτα ἤκουσα τί ἔλεγον, καὶ ἀπέφυγον.
        After that I heard what they were saying, and ran away.
    (ii) An action already completed before some other action in
        the past (where the English would use a Pluperfect).
        ἐπεὶ ταῦτ᾽ ἤκουσεν, ἀπέφυγε.
        When he had heard this, he ran away.
    (iii) The expression of a proverbial truth:
        οὐδεὶς ἐπλούτησεν ταχέως δίκαιος ὤν.
        No one who is honest gets rich quickly.

31 (e) The *Perfect* indicates:
    The present result of an action which happened in the
    past:
        τέθνηκεν. *He is dead.*

32 (f) The *Pluperfect* indicates:
    A past state as a result of some action which had already
    happened in the past:
        ἐγεγράφη τὴν ἐπιστολήν. *I had finished writing the letter.*
    Note: The Pluperfect is rarely used: the Aorist takes the place
    of what would be a Pluperfect in Latin or English.

33 (g) (i) In the Present and the Aorist the remarks on tense (above) apply to the Indicative only. In the other parts of the verb the tense indicates *how* rather than *when* the action is done. The Present in these parts of the verb indicates that the action goes on for some time or repeatedly; the Aorist that it is done immediately or once only. e.g.:

λέξον μηδὲ σίγα. *Speak at once and don't keep silent.*

34 (ii) The *Present Participle* indicates an action going on at the same time as the Main Verb:

ἐπ' ἀκρὸν τὸν λόφον ἀφικνούμενος πάλιν κατέπεσεν.
Just as he was reaching the top of the hill he fell down again.
The *Aorist Participle* indicates an action which happened before the Main Verb:

ἐπ' ἀκρὸν τὸν λόφον ἀφικόμενος πάλιν καταπίπτει.
After he has reached the top of the hill he falls down again.

4. Verbs taking unusual cases

35 (a) With the following verbs the Object is usually in the *Genitive* instead of the Accusative;

(i) ἀναμιμνήσκομαι, I remember; ἐπιλανθάνομαι, I forget; μέλει μοι, I am concerned about; ἀμελῶ, I am unconcerned about; φείδομαι, I spare; δέομαι, I lack; τυγχάνω, I light upon, hit; ἁμαρτάνω, I miss; σφάλλομαι, I fail; ἅπτομαι, I touch; λαμβάνομαι, I lay hold of; ἄρχω, I rule; ἄρχομαι, I begin; παύομαι, I cease; and other verbs of similar meaning.

(ii) Some verbs denoting the operation of the senses, e.g. αἰσθάνομαι, I perceive; ἀκούω, I hear; πυνθάνομαι, I learn about.
ἀνθρώπου ἀκούω. *I hear a man.*
πυνθάνομαι τῆς τοῦ Ἰάσονος μάχης. *I learn about Jason's fight.*
Note: The thing actually heard is denoted by an ordinary Accusative of the Direct Object:
ἀνθρώπου φωνὴν ἀκούω. *I hear a man's voice.*

(iii) Some compound verbs, e.g.
καταγελῶσί μου. *They are laughing at me.*

36 (b) With the following verbs the Object is usually in the *Dative*:
   (i) πείθομαι, I obey; πιστεύω, I believe;
      ἀμύνω, I defend; βοηθῶ, I help; τιμωρῶ, I avenge;
      ἀρέσκω, I please; χρῶμαι, I use;
   (ii) Verbs which themselves denote *association with*:
      ἕπομαι, ἀκολουθῶ, I follow; κεράννυμι, I mix;
      μάχομαι, I fight; ἐρίζω, I quarrel;
   (iii) Some compound verbs, e.g.
      προσέβαλον τοῖς πολεμίοις. *They attacked the enemy.*

5. **The Infinitive**

   The Infinitive is used as a Neuter Noun. It occurs as:

37 (a) The Object of certain verbs:
   δύναμαι, οἷός τ' εἰμί, I am able;
   βούλομαι, ἐθέλω, I desire; εὔχομαι, I pray;
   τολμῶ, I dare; φοβοῦμαι, I fear; αἰσχύνομαι, I am ashamed;
   βουλεύομαι, I resolve; διανοοῦμαι, μέλλω, I intend;
   ἐπιχειρῶ, πειρῶμαι, I try; φιλῶ, I am accustomed;
   μανθάνω, I learn; διδάσκω, I teach; ἐπίσταμαι, I know.

38 (b) The Subject of Impersonal Verbs:
   ἔδοξεν αὐτῷ πλεῖν. *It seemed right to him to set sail.*

   These Impersonal Verbs are:
   (i) With the Accusative: δεῖ, χρή με, I must.
   (ii) With the Dative: ἔξεστι, οἷόν τ' ἐστί, It is possible;
      πρέπει, It befits.

G. COMPARISON

39 (a) When two things are compared with one another, to show if the
   one is *better* or *worse* or *bigger* or *smaller* etc. than the other, the
   Adjective describing one of these things is in the Comparative,
   and the idea of the English *than* is expressed either
   (i) by ἤ:
      ὁ βοῦς ἀγριώτερός ἐστιν ἢ ὁ κύων (ἐστίν).
      The bull is fiercer than the dog.
      φιλῶ σε μᾶλλον ἢ αὐτόν (φιλῶ).
      I love you more than him.
   Note: The case of the noun in the second part of the sentence
   depends on the second verb, which is usually omitted.
   or (ii) by the Genitive:
      ὁ βοῦς ἀγριώτερός ἐστι τοῦ κυνός.

40 (b) Sometimes the Comparative Adjective or Adverbs conveys the idea of " too " rather than " more ":

ὁ βοῦς ἐστὶν ἀγριώτερος. *The bull is too fierce.*

41 (c) The idea of the English *than so as to* or more simply *too. . . . to* is expressed by ἢ ὥστε with the Infinitive:

ὁ βοῦς ἀγριώτερός ἐστιν ἢ ὥστε λαβεῖν.
The bull is too fierce to catch.

H. EXPRESSION OF TIME

42 (a) A specific moment in time is expressed by:
(i) The *Dative with* ἐν:

ἐν τούτῳ ἐπορεύθησαν πρὸς τοὺς Ἀθηναίους.
At this moment they marched against the Athenians.

(ii) The *Dative without* ἐν if the definite point in time is shown by a noun which itself indicates time, e.g. ἡμέρᾳ, νυκτί etc.:

τῇ δ' αὐτῇ ἡμέρᾳ ἀφίκοντο. *They arrived on the same day.*

43 (b) Time *how long* is expressed by the *Accusative*:

πᾶσαν τὴν ἡμέραν ἐνταῦθα ἔμενεν.
He stayed here all day long.

44 (c) Time *within* or *during* which is expressed by the Genitive:

οὐ μαχεῖται δέκα ἡμερῶν. *He will not fight within ten days.*
τῆς νυκτὸς ἀπέπλευσαν. *They sailed away during the night.*

I. EXPRESSION OF PLACE

45 (a) Distance is expressed by the *Accusative*:

μακρὰν ὁδὸν πορεύονται. *They are going a long way.*

46 (b) Other aspects of place are expressed by a Preposition with the appropriate case. (See 16–21)

47 (c) Certain words and the names of some towns have special endings to indicate aspects of place:

	At	To	From
home	οἴκοι	οἴκαδε	οἴκοθεν
ground	χαμαί	χαμᾶζε	χαμᾶθεν
Athens	Ἀθήνησι	Ἀθήναζε	Ἀθήνηθεν

J. COMMANDS AND PROHIBITIONS

48 (a) The Greeks gave commands by using either:
  (i) The Imperative:
    γράφε, γράφετε, γραφέτω, etc.
    Note: The Greeks used an Imperative in the Third Person quite commonly, while the Romans did not.
  (ii) ὅπως with the Future Indicative:
    ὅπως ἔσεσθε ἄνδρες. *Behave like men.*
  (iii) More politely by the Optative with ἄν:
    γράφοις ἄν. *Please write.*

49 (b) The Greeks made prohibitions, forbidding action to be taken, by:
  (i) Adding μή to the *Present* Imperative (and *only* to the Present):
    μὴ γράφε, μὴ γράφετε, μὴ γραφέτω, etc. *Don't write, etc.*
  (ii) Using μή with the *Aorist* Subjunctive:
    μὴ γράψητε.
  (iii) Using ὅπως μή with the Future Indicative:
    ὅπως μὴ γράψετε.

50 (c) Commands and Prohibitions in the First Person Plural were made by using a Subjunctive:
    γράφωμεν. μὴ γράψωμεν. *Let us write. Don't let us write.*

K. WISHES

51 (a) A wish for something to happen in the Future is expressed by the Optative, usually with εἴθε or εἰ γάρ:
    εἴθε τοῦτο ποιήσειε. *If only he were to do this.*

52 (b) A wish for something to happen in the Present is expressed by the Imperfect Indicative with εἴθε or εἰ γάρ:
    εἰ γὰρ τοῦτο ἐποίει. *If only he were doing (did) this.*

53 (c) A wish for something to have happened in the Past is expressed by the Aorist Indicative with εἴθε or εἰ γάρ:
    εἰ γὰρ τοῦτο ἐποίησεν. *If only he had done this.*

54 (d) For a negative wish μή is added:
    εἰ γὰρ μὴ τοῦτο ἐποίησεν. *If only he had not done this.*

L. COMPLEX SENTENCES

55 Simple sentences contain only one verb in one clause:

αὕτη ἐστὶν ἡ ἐμὴ γυνή. *This is my wife.*

It is natural to join together two or more simple sentences to make one Compound or Complex Sentence. There are several ways of doing this. Compound and Complex Sentences like the following cause little difficulty, since the verbs in them are used in the same way as they would be in English:

αὕτη ἐστὶν ἡ ἐμὴ γυνή, καὶ αὐτὴν ἔγημα.
This is my wife, and I married her.

αὕτη ἐστὶν ἡ ἐμὴ γυνή, ἀλλ' αὐτὴν ἔγημα.
This is my wife, but I married her.

αὕτη ἐστὶν ἡ ἐμὴ γυνή, ἣν ἔγημα.
This is my wife, whom I married.

αὕτη ἐστὶν ἡ ἐμὴ γυνή, ἐπεὶ αὐτὴν ἔγημα.
This is my wife, since I married her.

There are in Greek several other types of Complex Sentence in which the Subjunctive, Optative or Infinitive is used. These sentences are dealt with below.

1. Purpose

56 (a) To express the idea of doing one thing in order to achieve another, the Greeks used a verb in the Subjunctive to show what they were trying to achieve. When the verb in the main clause was Past, they sometimes, but not always, used the Optative in the other clause. They joined the two clauses by ἵνα or ὅπως; ἵνα μή or ὅπως μή;

αἱ γυναῖκες ἀποφέρουσι τὰ ἱμάτια ἵνα λούσωσιν.
The women carry off the clothes to wash them.

αἱ γυναῖκες ἀπήνεγκαν τὰ ἱμάτια ὅπως λούσωσιν (or λούσαιεν).
The women carried off the clothes to wash them.

ἀποφεύγουσιν ἵνα (ὅπως) μὴ ληφθῶσιν.
They run away in order not to be captured.

57 (b) Other ways of expressing purpose are:

(i) The Future Participle with or without ὡς:

αἱ γυναῖκες ἀποφέρουσι τὰ ἱμάτια ὡς λούσουσαι.

(ii) The Relative Pronoun with the Future Indicative:

αἱ γυναῖκες, αἳ λούσουσι τὰ ἱμάτια, ἀποφέρουσιν αὐτά.

(iii) δίδωμι, λαμβάνω, αἱροῦμαι, πέμπω, φέρω and similar verbs may be followed by the Infinitive:

δός μοι πιεῖν. *Give me something to drink.*

2. Consecutives

In expressing the idea that one action follows as the result of another, the Greeks indicated (a) a result which actually happened, in a different way from (b) a result which might possibly happen.

58 (a) The *actual* result is expressed by ὥστε with the Indicative. (negative οὐ):

οὕτω γέραιος ἦν ὥστε βραδέως ἐβάδιζεν.

He was so old that he walked slowly.

59 (b) The *possible* result is expressed by ὥστε with the Infinitive (negative μή):

οὕτως ἀσθενὴς ἦν ὥστε βλάπτειν μηδένα.

He was so weak that there was no possibility of his harming anyone.

Note: If the Subject of the verb in the Infinitive is not the same as that of the Main Verb, it is expressed by a noun in the Accusative:

οὕτως ἀσθενής ἐστιν ὥστε πάντας θαυμάζειν.

He is so weak that everyone is likely to be astonished.

60 (c) There are various ways of expressing the English *so* or *such*:

(i) οὕτω with an Adjective, Adverb or Verb:

οὕτω σοφός ἐστιν ὥστε πάντα δύνασθαι μαθεῖν.

He is so wise that he can learn everything.

οὕτω ταχέως ἔδραμεν ὥστε ῥᾳδίως ἀπέφυγεν.

He ran so quickly that he easily escaped.

οὕτως ἔκαμνεν ὥστ' ἐθέλειν καθεύδειν.

He was so tired as to want to sleep.

(ii) τοιοῦτος with a Noun:

τοιαύτη ἐστὶν ἡ γυνὴ ὥστε πάντες φιλοῦσιν αὐτήν.

Such is the woman that everyone loves her.

(iii) τοσοῦτος, meaning *so big, so many*:

τοσαύτη ἦν ἡ βροντὴ ὅσην οὐδεὶς οὐδέποτε ἤκουσεν.

The thunder was such as no one had ever heard.

3. Definite and Indefinite

When joining a Subordinate Clause to the Main Clause by such words as ἐπεί, ἕως, ὅτε etc., the Greeks made a distinction between the action in the Subordinate Clause happening (a) at a *definite* and (b) at an *indefinite* time.

61 (a) When the action happened at a *Definite* time, they used the *Indicative*:

ἐπεὶ ἅλις ἔφαγεν, ἀπέβη.
When he had eaten enough, he went away.

ἔμειναν, ἕως ἀφίκοντο αἱ νῆες.
They waited, until the ships arrived.

ἀπέφυγε τῆς νυκτός, ὅτε πάντες ἐκάθευδον.
He escaped at night, when everyone was asleep.

62 (b) When the action happened at an *Indefinite* time, they used the Subjunctive with ἄν joined to a Present or Future Main Verb, or the Optative without ἄν joined to a Past Main Verb (negative μή):

πάντες φοβοῦνται ὅταν μὴ δύνωνται ὁρᾶν.
All men are afraid whenever they cannot see.

ἐσίγα ἕως πᾶσαι αἱ ἀμφίπολοι ἀποφύγοιεν.
He kept quiet until all the maidservants should run away.

σιγᾷ ἕως ἂν πᾶσαι αἱ ἀμφίπολοι ἀποφύγωσιν.
He keeps quiet until such time as all the maidservants have run away.

ἐπειδὰν ἅπαντα ἀκούσητε, κρίνατε.
Only after such a time as you have heard all should you judge.

63 (c) The same distinction is made with Relatives like ὅς, ὅπου, ὅποι, etc.:

ἐποίησαν ἅπερ ἐκέλευσα.
They did exactly what I told them.

ἀεὶ ἐποίησαν ἅπερ κελεύσαιμι.
They always did whatever I told them.

ὅποι ἂν ἔλθῃς, ἀκολουθήσω σοι.
Wherever you go I will follow you.

64 (d) In a Future Conditional sentence, which is complete in itself, (see 74), since the time in the " if " clause is usually Indefinite, εἰ is usually used with ἄν and the Subjunctive:

ἐάν μοι βοηθῇς, οἱ θεοὶ βοηθήσουσί σοι.
If (ever) you help me, the gods will help you.

65 (e) The Greeks used πρίν in a special way:

(i) If the Main Clause does not contain οὐ or μή, the verb with πρίν in the Subordinate Clause is in the Infinitive:

ὁ Κύκλωψ ἠγέρθη πρὶν γίγνεσθαι τὴν ἡμέραν.
The Cyclops awoke before the day dawned.

(ii) If the Main Clause contains οὐ or μή, the same distinction is made as in (a) and (b) above:

οὐκ ἐτολμῶμεν οὐδὲν ποιεῖν πρὶν ἐκάθευδεν ὁ Κύκλωψ.

We dared not do anything, until the Cyclops was actually asleep.

οὐ παρέξω σοι τὸν οἶνον πρὶν ἂν μαθῶ τὸ σὸν ὄνομα.

I will not give you the wine, until such time as I have learnt your name.

οὐκ ἀπῆλθε πρὶν ἀποκρίναιντο.

He did not go away until they answered.

4. Indirect Speech

66 (a) οἱ ἄνδρες οἰκίαν οἰκοδομοῦσι ⎫ These are Direct Statements,
οἱ ἄνδρες οἰκίαν οἰκοδομήσουσι ⎪ in the words
οἱ ἄνδρες οἰκίαν ᾠκοδόμησαν ⎬ of
οἰκίαν ᾠκοδόμησα. ⎭ the original speaker.

When such statements are reported by another speaker, using a verb like λέγω, they are commonly introduced by ὅτι or ὡς:

ἔλεγεν ὅτι οἱ ἄνδρες οἰκίαν ᾠκοδόμησαν.

He said that the men had built a house.

λέγουσιν ὡς οἱ ἄνδρες οἰκίαν οἰκοδομοῦσι.

They say that the men are building a house.

λέγω ὅτι οἰκίαν ᾠκοδόμησα.

I say that I built a house.

Note: There is no change of tense in the verb in the Indirect Speech.

67 (b) With the verb φημί the verb in the Indirect Statement is more commonly used in the Infinitive, without ὅτι. Its subject is usually in the Accusative, and must be expressed by a pronoun, if there is no noun in the Direct Statement. (The Negative is οὐ, which is taken out of the Indirect Statement and attached to φημί.):

ἔφη τοὺς ἄνδρας οἰκίαν οἰκοδομῆσαι.

φᾶσι τοὺς ἄνδρας οἰκίαν οἰκοδομεῖν.

οὔ φημι αὐτοὺς οἰκίαν οἰκοδομεῖν.

I say that they are not building a house.

68 (c) With the verbs αἰσθάνομαι and οἶδα a Participle in the Accusative is commonly used:

οἶδα τοὺς ἄνδρας οἰκίαν οἰκοδομήσαντας.

I know that the men built a house.

69 (d) In (b) and (c) above, if the speaker is also the subject of the verb in the Indirect Statement, the Nominative (instead of the Accusative) is used with the Infinitive or the Nominative of the Participle or the subject may be omitted altogether:

φασιν αὐτοὶ οἰκίαν οἰκοδομεῖν.
They say that they themselves are building a house.
οἶδα οἰκίαν οἰκοδομήσας. *I know that I have built a house.*

70 (e) Whatever Main Verb is used for reporting the speech, verbs in all kinds of Subordinate Clause within the Indirect Speech retain (apart from changing the person to make sense) the same tense that they had in the Direct Speech:

οἱ ἄνδρες, οὓς ὄψομαι, ταύτην τὴν οἰκίαν ᾠκοδόμησαν.
The men, whom I shall see, built this house.
φησὶ τοὺς ἄνδρας, οὓς ὄψεται, ταύτην τὴν οἰκίαν οἰκοδομῆσαι.
He says that the men, whom he will see, built this house.
οἱ ἄνδρες ταύτην τὴν οἰκίαν, ἣν οἰκοδομῶ, εἶδον.
The men saw this house, which I am building.
εἶπεν ὅτι οἱ ἄνδρες ταύτην τὴν οἰκίαν, ἣν οἰκοδομεῖ, εἶδον.
He said that the men saw the house, which he was building.
οἱ ἄνδρες οἰκοδομοῦσι ταύτην τὴν οἰκίαν, ἵν' ἐν αὐτῇ οἰκῶσιν.
The men are building this house, to live in.
ἔφη τοὺς ἄνδρας οἰκοδομεῖν ταύτην τὴν οἰκίαν, ἵν' ἐν αὐτῇ οἰκῶσιν.
He said the men were building this house, to live in.

71 (f) With λέγω in the Past Tenses the Optative may be used in the Indirect Speech in both Main and Subordinate Clauses:

εἶπεν ὅτι οἱ ἄνδρες, οὓς ὄψοιτο, ταύτην τὴν οἰκίαν οἰκοδομήσαιεν.

72 (g) All verbs in Indirect Speech, whether Indicative, Infinitive, Optative, Subjunctive or Participle, retain the tense of the Direct Speech.

73 (h) Similarly in *Indirect Questions* the verb is always in the Indicative and retains the tense of the Direct Question:

περὶ τίνος ᾄδει; ἠρόμην περὶ τίνος ᾄδει.
What is he singing about? *I asked what he was singing about.*
περὶ τίνος ᾄσεται; ἠρόμην περὶ τίνος ᾄσεται.
What will he sing about? *I asked what he would sing about.*

5. Conditionals

Conditional sentences are of two types, (a) those which make complete sense in themselves, and (b) those whose sense is incomplete unless a clause, which is implied, is added.

74 (a) Complete.

In this type the verb in both clauses is in the Indicative. The verbs in Greek are used in the same way as those in English. Usually, when the sentence refers wholly to the Future, the clause containing εἰ is treated as Indefinite (see 64):

ἐὰν ἀκούῃ σου βοῶντος, εἴσεται ὅπου ἐσμέν.

If he hears you shouting, he will know where we are.

75 (b) Incomplete.

In this type the time to which the whole sentence refers is implied in the additional clause:

Future.

If you were to say this you would tell a lie (implying " but you will not say it "). The tense in the implied clause is Future, and the usage in Greek is:

εἰ with Optative, Optative with ἄν.

εἰ τοῦτο λέγοις, ψεύδοιο ἄν.

Present.

If you said this, you would tell a lie (implying " but you do not say it "). The tense in the implied clause is Present, and the usage in Greek is:

εἰ with Imperfect Indicative, Imperfect Indicative with ἄν.

εἰ τοῦτο ἔλεγες, ἐψεύδου ἄν.

Past.

If you had said this, you would have told a lie (implying " but you did not say it "). The tense in the implied clause is Past, and the usage in Greek is:

εἰ with Aorist Indicative, Aorist Indicative with ἄν.

εἰ τοῦτο εἶπας, ἐψεύσω ἄν.

76 (c) With εἰ the negative is always μή.

6. Verbs of Fearing

77 Verbs like φοβοῦμαι, δέδοικα and ἀπορῶ are followed by a verb in the Subjunctive. When φοβοῦμαι etc. are in a Past tense they are sometimes, but not always, followed by a verb in the Optative. The two clauses are joined by μή:

φοβοῦμαι μὴ κακὰ λέγωσί με.
I am afraid they will abuse me.
ἐφοβεῖτο μὴ οὐ δέχοιτο (δέχηται) ὑπὸ τοῦ βασιλέως.
He was afraid that he would not be received by the king.

When the fear is for the past or present the Indicative is used:

ἐφοβεῖτο μὴ ὁ βασιλεὺς τέθνηκεν.
He was afraid that the king was dead.
φοβοῦμαι is also used with an Infinitive:
ἐφοβεῖτο ἀποτρέχειν.
He was afraid to run away.

M. THE ABSOLUTE CONSTRUCTION

78 (a) The Greeks often used a Participle in agreement with a noun in the Genitive as a phrase detached grammatically from the rest of the sentence. This phrase is called a *Genitive Absolute*. It was used to express the idea of *time* (" when ", " while ", " after ", etc., according to the tense of the Participle), *cause* (" since ") or *concession* (" although "):

ἀποθνησκόντων τῶν ἑταίρων ἐλυπούμεθα.
While our companions were dying, we were sad.

This could also be expressed as:
ἐν ᾧ οἱ ἑταῖροι ἀπέθνησκον, ἐλυπούμεθα.

ἀποθανόντων τῶν ἑταίρων, ἐλυπήθην.
When my companions died, I was sad.

This could also be expressed as:
ἐπεὶ οἱ ἑταῖροι ἀπέθανον, ἐλυπήθην.

τεθνηκότων τῶν ἑταίρων, λυπούμεθα.
Now that our companions are dead, we are sad.

This could also be expressed as:
ἐπεὶ οἱ ἑταῖροι τεθνήκασιν, λυπούμεθα.

τεθνηκότων τῶν ἑταίρων, οὐ λυπούμεθα.
Although our companions are dead, we are not sad (see 82).

γενομένης δὲ τῆς νυκτὸς ὁ ἄνεμος δεινῶς ἔπνει.
After dusk the wind blew strong.

79 (b) When the Participle of an *Impersonal Verb* occurs in such a phrase, it is used in the Accusative Neuter Singular, and the noun that goes with it remains in the case appropriate to the impersonal verb:

ἐπεὶ ἔδει ἡμᾶς λιπεῖν τὰς ναῦς ... δέον ἡμᾶς λιπεῖν τὰς ναῦς ...

Since we had to leave the ships ...

ἐπεὶ ἔξεστί σοι τοῦτο ποιεῖν ... ἔξον σοι τοῦτο ποιεῖν ...

Since you may do this ...

N. CONCESSION

The idea that a point is conceded, in argument etc., is expressed:

80 (a) By an Imperative:

ἔστω. *Be it so.*

81 (b) By εἰ καί, ἐὰν καί, καὶ εἰ or καὶ ἐάν, with a verb used as in a Conditional (negative μή):

εἰ καὶ μὴ σοφὸς εἶ, δύνασαι τοῦτο ποιεῖν.

Although you are not clever, you can do this.

καὶ ἐὰν μῶρος ᾖ, οὔ σοι μέλει.

Even although he is a fool, it is no affair of yours.

82 (c) More commonly by καίπερ with a participle, either forming a Genitive Absolute (see 78) or governed by the Main Verb:

καίπερ οὐ σοφὸς ὤν, δύνασαι τοῦτο ποιεῖν.

Although you are not wise, you can do this.

καίπερ αὐτοῦ μώρου ὄντος, οὔ σοι μέλει.

Although he is foolish, it is no concern of yours.

O. DELIBERATIVE QUESTIONS

83 (a) Sometimes a question is asked, not expecting an answer, but to express bewilderment. This is shown in Greek by the Subjunctive (negative μή):

πῶς θάνατον φύγωμεν; *How are we to escape death?*

μὴ ἀποκρίνωμαι; *Am I not to answer?*

84 (b) In the past this idea is expressed by ἔχρην or ἔδει with the Infinitive:

τί ἔδει με ποιεῖν; *What was I to do?*

P. THE NEGATIVES

85 (a) οὐ is used in expressing facts, μή in expressing emotions. οὐ is used with the Indicative or a Participle, μή with the Imperative, Subjunctive, Optative (without ἄν) and Infinitive (except in Indirect Speech). μή is also used with εἰ in Conditionals.

86 (b) μή is used with a Participle as equivalent to a Conditional or Indefinite:

μὴ τοῦτο ποιήσας, οὐ νικήσεις.
If you don't do this, you won't win.
ὁ μὴ τοῦτο ποιήσας ἥμαρτεν.
Whoever did not do this was wrong.

87 (c) The οὐ may be repeated any number of times, emphasising the negative and not destroying its effect, as long as it is used the last time in a compound word:

οὐκ ἀποθανεῖται οὐδείς. *No one will be killed.*
οὐδεὶς οὐκ ἀποθανεῖται. *Everyone will be killed.*

88 (d) With verbs like κωλύω, ἀντέχω etc., meaning *prevent* or *resist*, which normally take an Infinitive, μή can be used with the Infinitive without changing the sense:

ἐκώλυσεν αὐτὸν μὴ τοῦτο ποιεῖν.
He prevented him from doing this.

89 (e) When such a main verb is itself negatived, the οὐ is repeated with the Infinitive without changing the sense:

οὐκ ἐκώλυσεν αὐτὸν μὴ οὐ τοῦτο ποιεῖν.
He did not prevent him from doing this.

90 (f) Similarly when a verb that governs an Infinitive joined with μὴ is itself negatived, the οὐ is often repeated with the Infinitive without change of sense:

ἐδύνατο μὴ τοῦτο ποιεῖν. *He was able not to do this.*
οὐκ ἐδύνατο μὴ οὐ τοῦτο ποιεῖν.
He was not able not to do this. i.e. He could not help doing this.

Q. ACCENTS

91 1. *Pronunciation*

(a) An acute accent (´) over a vowel shows that the pitch of the voice is raised while pronouncing that vowel.

(b) A circumflex accent (˜) over a vowel shows that the pitch of the voice is raised and lowered again while pronouncing it.

(c) A grave accent (`) shows that although the vowel normally has an acute accent the voice, on this occasion, is not raised.

92 2. *Position*

(a) The acute must be on one of the last three syllables of a word, the circumflex on one of the last two.

(b) If the last syllable is long, an acute accent, which otherwise falls on the third syllable from the end, moves to the second:

   ἄνθρωπος   ἀνθρώπου

and a circumflex on the second syllable from the end becomes acute: δῶρον   δώρου

(c) A circumflex can only stand on a long vowel or a diphthong.

(d) An acute accent on the last syllable is changed to a grave when followed by another word in the same sentence:

   βλέπω ἀστραπήν but ἀστραπὴν βλέπω.

But τίς = who? always retains an acute accent in all its cases, even when followed by another word in the same sentence.

93 3. *Atona*

The following words, since they are pronounced almost as part of the word which comes after them, have no accent:

   ὁ ἡ οἱ αἱ: εἰς (ἐς) ἐν ἐκ (ἐξ):
   εἰ, ὡς, οὐ (οὐκ, οὐχ).

94 4. *Enclitics*

(a) The following words, since they are pronounced almost as part of the preceding word, transfer their accent, as an acute, to its last syllable if that is not already accented:

με	μου	μοι	σε	σου	σοι
που	ποι	ποθεν	ποτε	πως (Indefinite)
γε	νυν	πω	τε		

All forms of τις Indefinite.

The Present Indicative of εἰμι (unemphatic) and of **φημι**, (except εἶ and φής).

e.g.   ἔλυσά ποτε.   δῶρόν τι.   ἔν τε τῇ ὁδῷ.

(b) If the last syllable of the preceding word already has an accent, or if the last but one has an acute accent, the accent of the enclitic is not transferred, but disappears:

ὁρῶ σε.   λόγος τις (not λόγός τις).

(c) When, however, an enclitic of two syllables, follows a word with an acute accent on the last syllable but one, it retains an accent on its own second syllable:

λόγοι τινές   λόγων τινῶν

(d) An acute accent on the last syllable of a word remains acute in front of an enclitic:

ἀστραπή τις.

GREEK-ENGLISH VOCABULARY

ἀβλαβής-ής-ές unharmed, harmless
ἀγαθός-ή-όν good
Ἀγαμέμνων-ονος, ὁ Agamemnon, king of Mycenae
ἄγαν too much
ἀγγέλλω I announce
ἄγγελος-ου, ὁ messenger
ἄγγος-ους, τό jar, pail
ἀγείρω I collect
ἀγήραντος-ος-ον ageless
ἁγιάζω I hallow, make sacred
ἀγορά-ᾶς, ἡ meeting-place, market-place
ἀγράμματος-ος-ον illiterate
ἄγραυλος-ος-ον of the fields
ἄγριος-α-ον savage
ἀγρός-οῦ, ὁ field
ἄγω I lead, take
ἀδελφός-οῦ, ὁ brother
ἀδίκημα-ατος, τό wrongdoing
ἀδικία-ας, ἡ injustice
ἄδικος-ος-ον unjust
ἀδικῶ (ε) I do wrong
ᾄδω I sing, recite
ἀεί always
ἀθάνατος-ος-ον immortal
Ἀθηνᾶ-ᾶς or Ἀθήνη-ης, Athena, goddess of wisdom
Ἀθηναῖοι-ων, οἱ Athenians
ἆθλον-ου, τό prize
Αἰακός-οῦ, ὁ Aeacus, a judge in the underworld
αἰγιαλός-οῦ, ὁ shore
αἰγίοχος-ος-ον aegis-bearing
ἀΐδηλος-ος-ον destructive
Ἄιδης-ου, ὁ Hades, god of the underworld

αἰδοῖος-α-ον modest, reverent
αἰδώς-οῦς, ἡ shame, respect
Αἰήτης-ου, ὁ Aeëtes, king of Colchis
αἷμα-ατος, τό blood, bloodshed
αἰνῶ (ε) I praise
αἴξ -αἰγός, ὁ or ἡ goat
αἴρω I raise, take up, set sail
αἱρῶ (ε) I take (Middle—I choose)
αἰσθάνομαι I perceive, realise
αἰσχρός-ά-όν base, shameful
αἰσχύνομαι I am ashamed
αἰτία-ας, ἡ cause, reason
αἰτῶ (ε) I ask, beseech, ask for
αἶψα immediately
ἄκικυς-υος weak, feeble
ἀκολουθῶ (ε) + Dat. I follow, accompany
ἀκούω I hear, listen to
ἄκρος-α-ον topmost, top of
ἄκων-ουσα-ον unwilling
ἄλγος-ους, τό pain, grief
ἀλγῶ (ε) I have a pain, grieve
ἀλέγω I heed, care about
ἀλείφω I anoint
ἀληθής-ής-ές true
τἀληθῆ λέγω I speak the truth
ἁλιεύς-έως, ὁ fisherman
ἅλις + Gen. enough
ἁλίσκομαι I am caught, captured
Ἀλκίνοος-ου, ὁ Alcinous, king of Phaeacia
ἀλλά but
ἀλλήλους-ας-α each other, one another
ἄλλοι μέν . . . ἄλλοι δέ . . . some . . . others
ἄλλος-η-ο other, another

ἄλλος ... ἄλλος ... one ...
another.., some ... others
ἄλλος-η-ο τε καί especially
ἄλλοτε μέν ... ἄλλοτε δέ ... some-
times ... at other times ...
ἀλλότριος-α-ον belonging to
another, foreign
ἄλλως in another way, otherwise
ἀλοιφή-ῆς, ἡ ointment
ἅλς-ἁλός, ἡ sea
ἅμα at the same time, together,
simultaneously
ἅμ' ἕῳ at dawn
ἅμα τῷ ἦρι at the beginning of
spring
ἅμαξα-ης, ἡ cart, waggon
ἁμαρτάνω I make a mistake, err,
sin, miss
ἀμείβομαι I answer
ἀμέλγω I milk
ἀμελῶ (ε) + Gen. I am uncon-
cerned about
ἀμοιβή-ῆς, ἡ recompense, return
ἄμπελος-ου, ἡ vine
ἀμπελών-ῶνος, ὁ vineyard
ἄμυδις = ἅμα together
ἀμύνω + Acc. + Dat. I ward off ...
from, defend ... against ...
ἀμύνομαι + Acc. I resist, defend
myself against
ἀμφί + Acc. around
ἀμφίπολος-ου, ἡ maidservant
ἀμφότεροι-αι-α both
ἄν (Used in indefinite or general
sentences and conditionals)
ἀνά + Acc. up
ἀνὰ τρεῖς by threes
ἀναβαίνω I go up
ἀναγιγνώσκω I read
ἀναγκάζω I compel

ἀναζῶ (α-η) I come to life
ἀναλίσκω I spend
ἀναλύω I undo
ἀναμιμνήσκω I remind
ἀναμιμνήσκομαι + Gen. I re-
member
ἄναξ-ἄνακτος, ὁ lord, ruler, king
ἀνάπαυσις-εως, ἡ ease, rest
ἀνάσσω I rule, am king
ἀναχωρῶ (ε) I retreat, return,
come back
ἀνδρεῖος-α-ον brave, manly
ἀνεγείρω I arouse, wake up
ἄνεμος-ου, ὁ wind
ἀνεξέταστος-ος-ον unexamined
ἄνευ + Gen. without
ἀνέχω hold up, support, endure
ἀνήρ-ἀνδρός, ὁ man, hero, husband
ἄνθος-ους, τό flower
ἄνθρωπος-ου, ὁ human being, man
ἀνίημι I send up, give out, let go
ἀνίστημι I set up, raise
ἀνίσταμαι I stand up
ἄνοια-ας, ἡ folly, madness
ἀνοίγνυμι I open
ἀνοίγω I open
ἀντανάγω I put out to sea against
ἀντί + Gen. instead of
'Αντίνοος-ου, ὁ Antinous, a
haughty suitor
ἀντίον opposite
ἄντλος-ου, ὁ hold, bilge-water
ἄντρον-ου, τό cave
ἄνω above
ἀνωθῶ (ε) I push up
ἀξίνη-ης, ἡ axe
ἄξιος-α-ον worthy
ἀοιδός-οῦ, ὁ minstrel, bard
ἀπαγγέλλω I announce, report
ἀπαλλάττω I get rid of

ἀπαμείβομαι I answer
ἀπαντῶ (α) + Dat. I meet
ἅπας-ἅπασα-ἅπαν all, the whole
ἀπειλή-ῆς, ἡ threat
ἄπειμι I am away, absent
ἀπέρχομαι I go away
ἀπέχω I am distant, away from
ἀπό + Gen. from
ἀποαίνυμαι = ἀπαίνυμαι I take
    away
ἀποβάλλω I throw away
ἀποβλέπω I look at
ἀποδημῶ (ε) I am away, go abroad
ἀποδίδωμι I give back, produce
    ἀποδίδομαι I sell
ἀποθνήσκω I die
ἀποκόπτω I cut off
ἀποκρίνομαι I answer, reply
ἀποκρύπτω I conceal, hide
ἀποκτείνω I kill
ἀπολαμβάνω I get back
ἀπόλλυμι I lose, destroy
    ἀπόλλυμαι I perish
Ἀπόλλων-ωνος, ὁ Apollo
ἀπονέμω I assign
ἀποπλέω I sail away
ἀπορία-ας, ἡ trouble, difficulty
ἀπορρήγνυμι I break off
ἀπορῶ (ε) I am in difficulties, at a
    loss
ἀποστερῶ (ε) I deprive
ἀποτίθημι I lay aside, bury
ἀποτρέχω I run away
ἀποφέρω I carry away
ἀποφεύγω I run away, flee, escape
ἀποχωρῶ (ε) I go away, depart
ἅπτομαι + Gen. I touch, grasp
ἀπωθῶ (ε) I thrust away
ἄρα indeed, then, it seems
ἆρα (asks a question)

ἀργυροῦς-ᾶ-οῦν silver, made of
    silver
Ἀργώ-οῦς, ἡ Argo, the Argonauts'
    ship
ἀρέσκω + Dat. I please
Ἀρήτη-ης, ἡ Arete, wife of
    Alcinous
Ἀριστείδης-ου, ὁ Aristides, an
    Athenian statesman
ἀριστερός-ά-όν left
ἄριστος-η-ον best
ἀριστῶ (α) I have breakfast
ἅρμα-ατος, τό chariot
ἄροτρον-ου, τό plough
Ἄρτεμις-ιδος, ἡ Artemis, goddess
    of hunting
ἄρτι recently, lately, just now
ἄρτος-ου, ὁ bread, loaf
ἀρχή-ῆς, ἡ beginning
ἀρχιερεύς-έως, ὁ high-priest
ἄρχομαι + Gen. I begin
    + Partic. I begin to
ἄρχων-οντος, ὁ archon, chief
    magistrate
ἀρῶ (ο) I plough
ἀσέληνος-ος-ον moonless
ἀσθενής-ής-ές weak
ἀσκός-οῦ, ὁ wine-bag, skin
ἄσμενος-η-ον glad
ἀσπάζομαι I welcome, greet
ἀσπαίρω I gasp, struggle, writhe
ἀσπίς-ίδος, ἡ shield
ἀστήρ-έρος, ὁ star
ἀστραπή-ῆς, ἡ lightning
ἄστυ-ἄστεως, τό town
ἀσφαλής-ής-ές safe
ἄσωτος-ος-ον abandoned, pro-
    fligate
ἅτε + Partic. since, because, as
ἀτελής-ής-ές unfinished, ineffective

Ἄτλας-αντος, ὁ Atlas, a giant
αὖ again
αὖθις again
αὐλή-ῆς, ἡ courtyard
αὐλίζομαι I encamp
αὐξάνω I increase
ἄϋπνος-ος-ον sleepless
αὔριον tomorrow
αὐτάρ but
αὖτε again
αὐτός-ή-ό self; him-her-it
  ὁ αὐτός the same; αὐτὸς ὁ self
  αὐτοῖς τοῖς ὅπλοις arms and all
αὐτόν-ήν-ό =ἑαυτόν-ήν-ό himself,
  herself, itself
αὐχήν-ένος, ὁ neck
ἀφαιρῶ (ε) I take away
ἀφίημι I let go, set free
ἀφικνοῦμαι (ε) I arrive
Ἀφροδίτη-ης, ἡ Aphrodite, the
  goddess of love
ἄφρων-ων-ον foolish, senseless
Ἀχέρων-οντος, ὁ Acheron, a river
  in Hades
ἄχθομαι I am burdened, vexed
Ἀχιλλεύς-έως, ὁ Achilles, a Greek
  hero
ἀχλύω I grow dark
ἄχρηστος-ος-ον useless

βαβαί ouch!
βαδίζω I walk
βαίνω I go
βακτηρία-ας, ἡ staff, rod
βάλλω I throw, hit
  βάλλ' ἐς κόρακας go to blazes!
βάπτω I dip (in water)
βαρύς-εῖα-ύ heavy
  βαρέως φέρω I am angry
βαρύκοτος-ος-ον angry, wrathful

βασιλεύς-έως, ὁ king
βασιλεύω + Gen. I rule, am king
βέβαιος α-ον firm, steady
βία-ας, ἡ force, violence
βιάζω I press hard, treat violently
βίαιος-α-ον forcible, violent
βιβλίον-ου, τό small book
βίβλος-ου, ἡ book
βίος-ου, ὁ life
βιωτός-ή-όν liveable, worth living
βλάπτω I hurt, harm
βλέπω I look at
βλέφαρον-ου, τό eyelid
βοηθῶ (ε) + Dat. I help
βόσκω I feed, pasture
βότρυς-υος, ὁ grape
βουκόλος-ου, ὁ cowherd, herdsman
βούλομαι I wish, want, am willing
βουλυτός-οῦ, ὁ unyoking the oxen,
  evening
βουλυτόνδε towards evening
βοῦς-βοός, ὁ-ἡ ox, bull, cow
βοῶ (α) I shout
βραδύς-εῖα-ύ slow
βραχύς-εῖα-ύ short
Βρισηΐς-ίδος, ἡ Briseis, Achilles'
  slave girl
βροντή-ῆς, ἡ thunder
βροντῶ (α) I thunder
βροτός-οῦ, ὁ mortal

γαῖα-ας, ἡ =γῆ earth
γάλα-γάλακτος, τό milk
γαλήνη-ης, ἡ calm, stillness
γαμῶ (ε) + Acc. I marry (of the
  man)
γαμοῦμαι (ε) + Dat. I marry (of
  the woman)
Γανυμήδης-ου, ὁ Ganymedes,
  Zeus' cupbearer

γάρ for
γαστήρ-γαστρός, ἡ stomach, belly
γε (enclitic) at any rate
γεγονώς-υῖα-ός born, aged
γείτων-ονος, ὁ neighbour
γελῶ (α) I laugh, smile
γέλως-ωτος, ὁ laughter
γεμίζω I fill
γένος-ους, τό race, type, kind
γεραιός-ά-όν aged, old
γέρων-οντος, ὁ old man
γεωργία-ας, ἡ farming
γεωργός-οῦ, ὁ farmer
γῆ-γῆς, ἡ earth, land
γίγας-αντος, ὁ giant
γίγνομαι I become, happen
γιγνώσκω I recognise, get to know
γλαυκῶπις-ιδος, ἡ grey-eyed or
   with glaring eyes
γλαφυρός-ά-όν hollow
γλυκύς-εῖα-ύ sweet
γλῶσσα-ης, ἡ =γλῶττα tongue,
   language
γόνυ-ατος, τό knee
γραῦς-γραός, ἡ old woman
γράφω I write
γυμνός-ή-όν naked
γυνή-αικός, ἡ woman, wife
γύψ-γυπός, ὁ vulture

δαίμων-ονος, ὁ spirit
δάκνω I bite
δακρύω I weep, cry
δακτύλιον-ου, τό ring
δαμῶ (α) I conquer, subdue
Δαναΐς-ίδος, ἡ Danaid, daughter
   of Danaus, king of Egypt
δαπανῶ (α) I spend
δέ but, and, on the other hand
δέδοικα-δέδια I fear

δεῖ + Acc. it is necessary, I must
δείδω I fear
δείκνυμι I show
δεινός-ή-όν terrible, clever
δεινὸν ποιοῦμαι (ε) I make a
   fuss, am angry
δεῖπνον-ου, τό meal, dinner
δειπνῶ (ε) I dine, feast
δέκα ten
δένδρον-ου, τό tree
δεξιός-ά-όν right
δέομαι + Gen. or Infin. I need,
   want, ask
δέρας-ατος, τό fleece
δεσμός-οῦ, ὁ chain
δέσποινα-ης, ἡ mistress
δεσπότης-ου, ὁ master, lord
δεῦρο hither, to this place
δεύτερος-α-ον second
δέχομαι I receive
δέω I bind, tie
δέω I lack, want
δή indeed, very
δηλῶ (ο) I show   [of agriculture
Δημήτηρ-τρος, ἡ Demeter, goddess
Δημόδοκος, Demodocus, the
   minstrel
δῆμος-ου, ὁ the people
Δημοσθένης-ους, ὁ Demosthenes,
   a Greek orator
διά + Acc. because of + Gen. through
   διὰ τί; why?
διαβαίνω I cross
διαιρῶ (ε) I divide
διακόσιοι-αι-α two-hundred
διαλέγομαι I converse
διανοοῦμαι (ε) I intend
διαριθμῶ·(ε) I reckon, count up
διασκορπίζω I scatter, waste
διασχίζω I shatter, split

282

διαφαίνω I glow, shine
διαφθείρω I destroy
διδάσκαλος-ου, ὁ schoolmaster
διδάσκω I teach
δίδωμι I give
διέχω I keep apart, divide, am distant
δίκαιος-α-ον just
δικαιοσύνη-ης, ἡ justice
δίκη-ης, ἡ justice, lawsuit, penalty
    δίκην (δίκας) δίδωμι I pay the penalty
    δίκην λαμβάνω I exact a penalty
δίνη-ης, ἡ whirlpool, eddy
δινῶ (ε) I spin round, whirl
διογενής-ής-ές born of Zeus
δῖος-α-ον godlike, mighty, excellent
διότι because
δίς twice
διψῶ (α-η) I am thirsty
διώκω I pursue, follow, harass
δοκῶ (ε) I seem
    δοκεῖ + Dat. it seems, it seems good, I decide
    ὡς ἔμοιγε δοκεῖ in my opinion
δόλος-ου, ὁ trick, deceit   [tion
δόξα-ης, ἡ opinion, glory, reputa-
δόρυ-ατος, τό spear
δουλεύω I serve, am a slave
δοῦλος-ου, ὁ slave
δουλῶ (ο) I enslave
δράκων-οντος, ὁ dragon
δρέπω I pick, gather
δύναμαι I am able
δύναμις-εως, ἡ power, ability
δύο-δύο-δύο two
δύω I sink
δώδεκα twelve
δωδέκατος-η-ον twelfth

δωδεκέτης-ου, ὁ twelve-years old
δῶρον-ου, τό gift

ἕ, οὗ, οἷ him, her, it (enclitic)
ἐάν + Subj. if (ever)
ἔαρ-ῆρος, τό spring
ἑαυτόν-ήν-ό himself, herself, itself
ἕβδομος-η-ον seventh
ἐγγίζω I bring near, draw near
ἐγγράφω I write down
ἐγγύς + Gen. near
ἐγείρω I arouse, wake up
ἔγκατα-ων, τά entrails
ἐγώ I
ἕζομαι I sit down
ἐθέλω I wish, want
ἔθος-ους, τό custom, habit
εἰ if
εἰ γάρ if only!
εἶδαρ-ατος, τό bait
εἴθε if only!
εἰμί I am
εἶμι I go, will go
εἶπον I said
εἰς + Acc. into
εἷς-μία-ἕν one
εἰσάγω I lead in
εἰσαεί for ever
εἰσαθρῶ (ε) I look at, gaze on
εἰσβαίνω I go in, enter
εἰσβάλλω I throw in
εἰσέρχομαι I go in, enter
εἰσορῶ (α) I look at, behold
εἰσπίπτω I fall into
εἰσφέρω I carry in
εἴσω + Gen. inside
εἴτε ... εἴτε whether ... or, either ... or
ἐκ, ἐξ + Gen. out of, out from
ἕκαστος-η-ον each

ἐκατέρωθεν on each side
ἑκατόν hundred
ἐκβάλλω I throw out, expel
ἐκεῖ there
ἐκεῖθεν from there
ἐκεῖνος-η-ο that
ἐκεῖσε to that place
ἐκκύπτω I peep out
ἐκπέμπω I send out
ἐκρέω I flow out
ἐκτός + Gen. outside
ἐκτρέφω I rear, bring up
ἐκφέρω I carry out
ἐλαΐνεος-α-ον made of olive-wood
ἔλαιον-ου, τό oil, olive oil
ἐλάττων-ων-ον smaller, less
ἐλαύνω I drive
ἐλάχιστος-η-ον least, smallest
ἐλελίζω I whirl round
Ἑλένη-ης, ἡ Helen
ἔλεος-ους, τό pity, mercy, compassion
ἐλευθερία-ας, ἡ freedom
ἕλκω I drag, pull
Ἑλλάς-άδος, ἡ Greece
Ἕλλην-ηνος, ὁ a Greek
Ἑλληνικός-ή-όν Greek
Ἑλλήσποντος-ου, ὁ the Hellespont
ἐλπίζω I hope
ἐλπίς-ίδος, ἡ hope
ἐμβάλλω I throw at, fall on
ἐμός-ή-όν my, mine
ἐμπνέω I breathe
ἔμπορος-ου, ὁ merchant, trader
ἔμπροσθεν + Gen. in front of
ἐμφορῶ (ε) I bear in, carry about
ἐν + Dat. in
ἐν ᾧ while
ἐναντίος-α-ον opposing, hostile, enemy

ἐναντίον + Gen. opposite
ἐνδέκατος-η-ον eleventh
ἐνδύω I put on
ἐνεγκεῖν see φέρω
ἔνειμι I am in
ἕνεκα Gen. + for the sake of
ἕνεκεν Gen. + for the sake of
ἐνέπω I tell, relate
ἔνθα there, where
ἔνθα καὶ ἔνθα here and there
ἐνθάδε here
ἐνιαυτός-οῦ, ὁ year
ἐννεός = ἐνεός-ά-όν dumb
ἐννοσίγαιος-ου, ὁ Earth-shaker, title of Poseidon, god of the sea
ἐνοχλοῦμαι (ε) I am troubled, fed up
ἐνταῦθα here, there, then
ἐντολή-ῆς, ἡ command
ἐντός + Gen. inside
ἐνύπνιος-ος-ον in sleep
ἐνώπιον + Gen. in presence of
ἐξ + Gen. out of, out from
ἕξ six
ἐξαίφνης suddenly
ἑξάκις six times
ἐξαλαῶ (ο) I blind
ἐξαπατῶ (α) I cheat, deceive
ἔξειμι I go out
ἐξελαύνω I drive out
ἐξεναντίας opposite, against
ἐξέρχομαι I go out
ἔξεστι + Dat. it is permitted, possible, I can
ἐξευρίσκω I find out
ἐξηγοῦμαι (ε) I narrate, tell, explain
ἐξήκοντα sixty
ἐξηκοντούτης sixty-years old
ἑξῆς in order, one after the other
ἔξοδος-ου, ἡ exit, way out

284

ἐξορμῶ (α) I dash forth
ἐξοστρακίζω I banish by ostracism
ἐξοστρακισμός-οῦ, ὁ banishment, ostracism
ἔξω + Gen. outside
ἔοικα + Dat. I am like
ἐπαινῶ (ε) I praise
ἐπαίρω I raise, lift up
ἐπανέρχομαι I return home
ἐπεί when, since
ἐπειδή when, since
ἔπειτα then, next
ἐπέρχομαι + Dat. I attack
ἐπήν = ἐπεί ἄν = ἐπειδὴ ἄν when (ever)
ἐπί + Acc. against, towards, onto
+ Gen. on
+ Dat. at, on, by
ἐπιβάλλω I throw on, impose attack, fall on, fall to
ἐπιγίγνομαι I happen next, come next, succeed
ἐπιεικής-ής-ές fit, suitable, fair
ἐπιθυμῶ (ε) + Gen. I am eager for
ἐπιλανθάνομαι + Gen. I forget
ἐπιπίπτω I fall upon
ἐπίσταμαι I understand, know
ἐπιστολή-ῆς, ἡ letter
ἐπιστρέφω I turn about, amend, correct, convert
ἐπιτίθεμαι + Dat. I attack
ἐπιτρέχω I run towards, attack
ἐπιφανής-ής-ές conspicuous, glorious, famous
ἐπιχειρῶ (ε) I take in hand, try
ἕπομαι + Dat. I follow, accompany
ἔπος-ους, τό word, poem
ἐποτρύνω I stir up, urge on
ἐρατεινός-ή-όν lovely
ἐργάζομαι I work, am busy

ἔργον-ου, τό work, task, deed
ἐρέπτομαι I feed on
ἐρετμός-οῦ, ὁ oar
ἐρέττω I row
ἐρίζω I quarrel
ἔριον-ου, τό wool (pl. fleece)
Ἔρις-ιδος, ἡ Eris, the goddess of strife
ἔριφος-ου, ὁ young goat, kid
Ἑρμῆς-οῦ, ὁ Hermes, the messenger god
ἔρομαι I ask (questions)
ἕρπω I creep, crawl
ἔρχομαι I go, come
ἐρῶ (ε) see λέγω
ἐρώτημα-ατος, τό question
ἐρωτῶ (α) I ask (questions)
ἐς + Acc. into
ἐσθίω I eat
ἑσπέρα-ας, ἡ evening
Ἑσπερίδες-ων, αἱ Hesperides, daughters of Evening
ἑσπέριος-α-ον in the evening
ἔσχατος-η-ον furthest, extreme, last
ἑταῖρος-ου, ὁ comrade, companion
ἕτερος-α-ον one (or other) of two
ἔτι still, even
ἑτοιμάζω I make ready, prepare
ἕτοιμος-η-ον ready, prepared
ἔτος-ους, τό year
εὖ well
εὖγε hurrah!
εὐγενής-ής-ές well-born, noble
εὐθύς immediately
ἐϋκνήμις-ιδος well-greaved
εὐλαβής-ής-ές cautious, careful
εὐλογία-ας, ἡ praise, glory
εὐλογῶ (ε) I praise, bless
εὑρίσκω I find

εὐρύς-εῖα-ύ broad, wide
Εὐρυσθεύς-έως, ὁ Eurystheus, king of Tiryns, taskmaster of Heracles
εὐφραίνω I cheer, gladden, rejoice
εὔχομαι I claim, boast, pray
ἐφ' ᾧτε on condition that
ἐχθρός-ά-όν hostile
ἐχθρός-οῦ, ὁ enemy
ἔχω I have
    καλῶς ἔχω I am well
ἐῶ (α) I allow
ἕως while, until
ἕως-ἕω, ἡ dawn

ζεύγνυμι I yoke
Ζεύς-Διός, ὁ Zeus, king of the gods
Ζέφυρος-ου, ὁ Zephyr, the West wind
ζητῶ (ε) I look for, seek
ζυγόν-οῦ, τό yoke
ζῶ (α-η) I live, am alive
ζωή-ῆς, ἡ living, life
ζῷον-ου, τό animal

ἦ; can it be that?
ἤ or
    ἤ ... ἤ either ... or
    ἤτε ... ἤτε either ... or
ἡγεμών-όνος, ὁ leader
ἡγοῦμαι (ε) + Dat. I lead
ἠδέ and
ἤδη already, by now, now
ἥδομαι I am pleased, enjoy
ἡδύς-εῖα-ύ sweet, welcome
ἥκω I have come
ἦλθον see ἔρχομαι
ἥλιος-ου, ὁ sun
ἡμεῖς-ῶν we

ἡμέρα-ας, ἡ day
ἡμίονος-ου, ὁ or ἡ mule
ἥμισυς-εια-υ half
ἦμος when
ἤν see! look!
ἤν see εἰμί
ἦν δ' ἐγώ, ἦ δ' ὅς I said, he said
ἡνία-ας, ἡ rein
ἧπαρ-ἥπατος, τό liver
ἤπειρος-ου, ἡ mainland
Ἥρα-ας, ἡ Hera, wife of Zeus
Ἡρακλῆς-έους, ὁ Heracles, Hercules
ἠριγένεια-ας early-born (dawn)
ἥρως-ἥρωος, ὁ hero
ἤτε ... ἤτε either ... or
ἦτορ-τό heart
ἥττων-ων-ον less, worse
Ἥφαιστος-ου, ὁ Hephaestus, god of smiths
ἠχώ-οῦς, ἡ echo
ἠώς-ἠοῦς, ἡ dawn

θάλασσα-ης, ἡ = θάλαττα
θάλαττα-ης, ἡ sea
θάλπω I warm, dry
θαμβῶ (ε) I wonder at, am amazed
θάνατος-ου, ὁ death
θάπτω I bury
θαρραλέως confidently, courageously
θαρρῶ (ε) I am confident
θαρσῶ = θαρρῶ
θαῦμα-ατος, τό wonder, marvel
θαυμάζω I wonder (at), admire
θαυμάσιος-α-ον wonderful, surprising
θέειον = θεῖον-ου, τό sulphur
θεῖος-α-ον divine, sent from gods
θέλω = ἐθέλω I wish, want

θεός-οῦ, ὁ-ἡ god, goddess
θερμός-ή-όν hot
θέω I run
θεωρῶ (ε) I look at, behold
θησαυρός-οῦ, ὁ treasure
θλίβω I press hard, oppress
θνήσκω I die
θόρυβος-ου, ὁ noise, din, tumult
θράσος-ους, τό courage, daring
θρίξ-τριχός, ἡ hair
θρόνος-ου, ὁ chair, throne
θυγάτηρ-θυγατρός, ἡ daughter
θύελλα-ης, ἡ storm, hurricane,
θυμός-οῦ, ὁ heart, spirit, soul
θύρα-ας, ἡ door
θύραζε outside, out (of the water)
θύω I rush
θύω I sacrifice

Ἰάσων-ονος, ὁ Jason, a hero
ἰάχω I hiss
ἴδιος-α-ον private
  ἰδίᾳ privately
ἰδού see! behold! look!
ἵεμαι I make for
ἱερεύς-εώς, ὁ priest
ἱερεύω I sacrifice
ἱερός-ά-όν sacred, holy
Ἱερουσαλήμ Jerusalem
ἵημι I send, let slip
Ἰθάκη-ης, ἡ Ithaca, island home of
  Odysseus
ἱκανός-ή-όν sufficient
ἴκελος-η-ον like
ἵλεως-ως-ων gracious
Ἴλιος-ου, ἡ Ilium, Troy
ἱμάτιον-ου, τό tunic, (pl. clothes)
ἵνα + Indicative where
  + Subjunctive in order to, to
ἵππος-ου, ὁ horse

Ἴσμαρος-ου, ὁ Ismarus, city of the
  Cicones in Thrace
ἴσος-η-ον equal
ἵστημι I set up, stand up
ἱστίον-ου, τό sail
ἱστός-οῦ, ὁ mast
ἰσχυρός-ά-όν strong
ἰσχύς-ύος, ἡ strength
ἴσως perhaps
ἰχθύς-ύος, ὁ fish
Ἰωλκός-οῦ, ἡ Iolcus, city in
  Thessaly, home of Jason

καθεύδω I sleep
καθίζω I make sit, I sit
καθίζομαι I sit
καθορῶ (α) I catch sight of
καί and, also, even
  καὶ δὴ καί moreover
καίπερ + Participle although
καιρός-οῦ, ὁ right time, due season
καίω I burn, set alight
καίομαι I burn, blaze
κακός-ή-όν bad
κακόν-οῦ, τό evil
κακὰ λέγω I slander, abuse,
  revile
κακὰ ποιῶ (ε) I treat badly
κακὰ (κακῶς) πράττω I am
  ill-treated, fare badly
καλός-ή-όν beautiful, good
καλύπτω I cover, conceal
καλῶ (ε) I call
κάμνω I toil, am weary
κάρα-κρατός, τό head
καρπός-οῦ, ὁ fruit
καρτερός-ά-όν strong, powerful
κασίγνητος-ου, ὁ brother
κατά + Acc. according to
  + Gen. down, down from

καθ' ἡμέραν by day, daily
κατὰ νύκτα by night
κατὰ τρεῖς three at a time
καταβαίνω I go down, descend
καταγελῶ (α) + Gen. I laugh to scorn
καταδικάζω + Gen. I condemn
καταδύω I sink (transitive)
 καταδύομαι I sink (intransitive)
κατακλίνομαι I lie down, recline
κατακλῶ (α) I break down, shatter
καταλέγω I recount in detail
καταλείπω I leave behind
καταπαύω I make rest, stop, rest
καταπέμπω I send down
καταπίπτω I fall down
κατασκάπτω I dig down
κατασκηνῶ (ο) I pitch camp, settle
κατάσκοπος-ου, ὁ scout, spy
κατατείνω I stretch out
κατατέμνω I cut up
καταφιλῶ (ε) I kiss tenderly
καταχέω I pour down, throw down
κατεργάζομαι I effect, accomplish, complete
κατέρχομαι I go down, come down, go back, return
κατεσθίω I eat up, devour
κατέχω I hold down, check, grip
κατοικῶ (ε) I dwell in, inhabit
κατορύσσω I bury, hide in ground
κάτω below
κεῖμαι (Perf. Midd. of τίθημι) I lie
κεῖνος-η-ο = ἐκεῖνος-η-ο that
κελεύω I order, command
κενός-ή-όν empty
κέντρον-ου, τό goad
κέρας-ατος (κέρως), τό horn
κεράτιον-ου, τό little horn, fruit of locust tree

κεραυνός-οῦ, ὁ thunderbolt
Κέρβερος-ου, ὁ Cerberus, watchdog of Hades
κέρκος-ου, ἡ tail
κεφαλή-ῆς, ἡ head
κῆδος-ους, τό grief, care
κῆπος-ου, ὁ garden
κῆρος-ου, ὁ wax
κικλήσκω I call by name
Κίκονες-ων, οἱ Cicones, inhabitants of Ismarus in Thrace
Κίλιξ-ικος, ὁ Cilician, inhabitant of Cilicia in Asia Minor
κινδυνεύω I run risks
κινῶ (ε) I move
Κίρκη-ης, ἡ Circe, daughter of Sun, enchantress of Aeaea
κλάζω I rattle, rustle, shriek
κλαίω I weep, cry
 κλαύσῃ λαλῶν you will regret your chattering [for rowers
κλείς (κλῆς)-κλειδός, ἡ key, bench
κλείω I close
κλέπτης-ου, ὁ thief
κλέπτω I steal
κλῖμαξ-ακος, ἡ ladder
κλίνη-ης, ἡ bed
κλίνω I lean, slope, rest, press against
κλύζω I wash, dash against
Κλυταιμνήστρα-ας, ἡ Clytaemnestra, wife of Agamemnon of Mycenae
κλυτός-ή-όν famous, renowned
κνέφας-ους, τό darkness
κνημίς-ῖδος, ἡ greave, shinguard
κοιλία-ας, ἡ belly
κοιμῶ (α) I lull to rest
κολλῶ (α) I glue, attach to

Κολχίς-ίδος, ἡ Colchis on the Black Sea
κομίζω I take, fetch, escort
κόντος-ου, ὁ pole
κόπτω I cut, strike
κόραξ-ακος, ὁ crow, raven
ἐς κόρακας to blazes!
κόρυς-υθος, ἡ helmet
κορυφή-ῆς, ἡ peak, top
κορώνη-ης, ἡ crow, raven, sea-crow
κρατήρ-ῆρος, ὁ mixing bowl, jar
κράτιστος-η-ον strongest, most excellent
κράτος-ους, τό strength, power, force
κρέας-κρέως, τό flesh, meat
κρεμάννυμι I hang
κρηπίς-ῖδος, ἡ sandal
κρίνω I distinguish, judge, decide
κριός-οῦ, ὁ ram
Κρονίων-ίονος(-ίωνος), ὁ son of Cronus, Zeus
κρύπτω I hide, conceal
κρύσταλλος-ου, ὁ ice
κτείνω I kill
κτῆνος-ους, τό property, cattle, flock
κτῶμαι (α) I get, obtain, acquire
κυάνεος-α-ον dark blue
κυβερνήτης-ου, ὁ helmsman, steersman
κυβερνῶ (α) I steer
κύκλος-ου, ὁ circle
Κύκλωψ-ωπος, ὁ Cyclops, a one-eyed giant
κῦμα-ατος, τό wave
κύριος-ου, ὁ owner, lord, master
κύων-κυνός, ὁ-ἡ dog
Κωκυτός-οῦ, ὁ Cocytus, river in Hades

κωλύω I prevent, hinder
κώπη-ης, ἡ oar

Λαέρτης-ου, ὁ Laertes, father of Odysseus
λαίλαψ-απος, ἡ tempest, storm, hurricane
Λακεδαιμόνιοι-ων, οἱ Spartans
λακτίζω I kick
λαλῶ (ε) I chatter, talk, tell
λαμβάνω I take, seize
λαμβάνομαι + Gen. I take hold of, seize hold of
λαμπρός-ά-όν shining, bright, brilliant
λάμπω I shine
λανθάνω + Participle I escape notice
λάξ with the heel or foot
λάσιος-α-ον hairy, bushy, shaggy
λέγω I speak, say, tell
λείπω I leave
λέων-οντος, ὁ lion
λευκός-ή-όν white
λευκώλενος-ος-ον white-armed
Λήθη-ης, ἡ Lethe, the river of forgetfulness in Hades
λῃστής-οῦ, ὁ robber, pirate
λίθος-ου, ὁ stone
λιλαίομαι I long for, desire
λιμήν-ένος, ὁ harbour
λίμνη-ης, ἡ pool, marsh
λιμός-οῦ, ὁ hunger, famine
λιπαίνω I anoint
λόγος-ου, ὁ word, story
λόγῳ μέν . . . ἔργῳ δέ . . . ostensibly . . . in fact
λοιπός-ή-όν remaining
λουτρόν-οῦ, τό bath
λούω I wash

λόφος-c ·, ὁ hill, peak
λυγρός-ά-όν sad, mischievous, weak, cowardly
λύκος-ου, ὁ wolf
λυπῶ (ε) I grieve, cause grief to
λυποῦμαι I grieve, lament
λύρα-ας, ἡ lyre
Λύσανδρος-ου, ὁ Lysander, Spartan naval commander at Aegospotami
λύω I free, release, loosen
λωτός-οῦ, ὁ lotus, an African fruit
Λωτόφαγοι-ων, οἱ Lotus-eaters, inhabitants of coast of Cyrenaica

μάθημα-ατος, τό learning
μαθητής-οῦ, ὁ pupil, student, disciple
μαίνομαι I am mad, madly angry
μάκαρ-αρος blessed
μακρός-ά-όν long, far away, distant
μακρότης-ητος, ἡ length
μάλα-μᾶλλον-μάλιστα very—more—most
μανθάνω I learn, know, realise, understand
μανία-ας, ἡ madness, fury, rage
Μαραθών-ῶνος, ἡ Marathon, a village and plain in Attica
μάρτυς-υρος, ὁ witness
μάτην in vain
μάχη-ης, ἡ battle
μάχομαι + Dat. I fight
μέγαρον-ου, τό large room, (pl. house, palace)
μέγας-μεγάλη-μέγα big, large, huge
μεθίημι + Gen. I let go of, release
μεθίστημι I change, remove, banish

μεθύσκω I make drunk
μεθύω I am drunk
μέλας-μέλαινα-μέλαν black
μέλει μοι + Gen. I am concerned about, care for
μελιηδής-ής-ές honey-sweet
μέλλω I delay, intend, am going to, am about to
μέμφομαι I blame
μέν . . . δέ on the one hand . . . on the other
μὲν οὖν on the contrary, rather
μένω I remain, stay, wait for, await
μέρος-ους, τό part, share, turn
μέσος-η-ον middle
μετά + Acc. after
   + Gen. with
μεταβάλλω I change, alter
μετανάστασις-εως, ἡ migration, banishment
μετανίσσομαι I pass over, across
μεταξύ + Participle in the middle of, while
μέτρον-ου, τό measure
μέχρι + Gen. up to, until
μή (+ Imperative) not (do not . . .)
μηδέ and not, nor
   μηδέ . . . μηδέ neither . . . nor
Μήδεια-ας, ἡ Medea, princess of Colchis
μηδείς-μηδεμία-μηδέν no-one
μηδέποτε never
μηκέτι no longer
μῆλον-ου, τό apple
μῆλον-ου, τό sheep (usually Plural)
μήτηρ-μητρός, ἡ mother
μηχάνημα-ατος, τό device, idea, scheme
μηχανῶμαι (α) I devise, scheme
μία (εἷς-μία-ἕν) one

μιαρός-ά-όν grim, gruff
μίγνυμι I mix
μικρός-ά-όν small
μιμνήσκω I remind
μιμνήσκομαι I remember
μίσθιος-ου, ὁ hired servant
μισῶ (ε) I hate
μνηστήρ-ῆρος, ὁ suitor
μόγις with difficulty
μογῶ (ε) I toil, suffer
μοῖρα-ας, ἡ fate
μόλις = μόγις with difficulty,
    scarcely
μόνον only
    μόνον οὐ almost
μόνος-η-ον alone
μόρος-ου, ὁ fate, destiny, death
μόσχος-ου, ὁ calf
μοχλός-οῦ, ὁ stake, bar
μυελόεις-εσσα-εν full of marrow
μῦθος-ου, ὁ story
Μυκῆναι-ων, αἱ Mycenae, in the
    Peloponnese
μύριοι-αι-α ten thousand
    μυρίοι-αι-α countless
μωρία-ας, ἡ folly, stupidity
μωρός-ά-όν foolish, stupid

ναί yes
ναυαγῶ (ε) I am shipwrecked
ναυμαχία-ας, ἡ naval engagement
ναῦς-νεώς, ἡ ship   [of Phaeacia
Ναυσικάα-ας, ἡ Nausicaa, princess
ναύτης-ου, ὁ sailor
νεανίας-ου, ὁ young man, youth
νεκρός-οῦ, ὁ corpse, dead
νέκυς-υος, ὁ corpse
νέμω I pasture, tend, care for,
    control, manage
νέομαι I come, go, return

νέος-α-ον new, young
νεφέλη-ης, ἡ cloud
νέω I swim
νεώς-νεώ, ὁ temple
νηλεής-ής-ές ruthless, pitiless
νηός =νεώς ship (Genitive)
νήπιος-α-ον stupid, childish, foolish
νῆσος-ου, ἡ island
νικῶ (α) I win, defeat, conquer
νομίζω I think
νοσῶ (ε) I am ill
νόσος-ου, ἡ disease
νοῦς-νοῦ, ὁ intelligence, mind
νύμφη-ης, ἡ a bride, young
    maiden, nymph
νῦν now
νύξ-νυκτός, ἡ night
νυστάζω I nod, snooze
νώ-νῷν we (two)
νῶτον-ου, τό back

ξείνιον =ξεινήιον =ξένιον-ου, τό
    gift of hospitality
ξεῖνος =ξένος-ου, ὁ stranger,
    foreigner, guest, friend
ξίφος-ους, τό sword
ξύλινος-η-ον wooden

ὁ-ἡ-τό the
ὀβολός-οῦ, ὁ obol, a small coin
ὀγδοήκοντα eighty
ὅδε-ἥδε-τόδε this
ὁδηγῶ (ε) I lead the way, guide
ὁδός-οῦ, ἡ road, journey, way, the
    Christian faith
ὀδούς-όντος, ὁ tooth
Ὀδυσσεύς-έως, ὁ king of Ithaca
οἱ enclitic to him, to himself
οἶδα I know
ὀϊζύω I wail, lament, suffer

οἴκαδε to home, homewards
οἰκία-ας, ἡ house, home
οἰκοδομῶ (ε) I build
οἴκοι at home
οἶκος-ου, ὁ house, home
οἰκτείρω I pity
οἰκτρῶς piteously
οἰκῶ (ε) I live, dwell
οἶμαι I think
οἴμοι alas! oh dear!
οἰμώζω I wail, lament, groan
οἶνος-ου, ὁ wine
οἴομαι =οἶμαι I think
οἷος-α-ον such, of such a kind, what!
οἷός τ' εἰμι I am able, can
οἶς-οἰός, ὁ or ἡ sheep
ὀϊστός-οῦ, ὁ arrow
οἴχομαι I am gone, have gone
ὄλβιος-α-ον blessed, fortunate
ὀλίγος-η-ον little, small (pl. few)
    δι' ὀλίγου after a short time, at a short distance
ὄλλυμι I destroy
    ὄλλυμαι I perish
Ὅμηρος-ου, ὁ Homer, the blind poet from Chios
ὅμιλος-ου, ὁ crowd, throng
ὄμμα-ατος, τό eye
ὄμνυμι I swear
ὁμοῖος-α-ον like
ὁμολογῶ (ε) +Dat. I agree with
ὁμοῦ +Dat. together with
ὅμως nevertheless
ὄναρ-ὀνείρατος, τό dream
ὀνειδίζω I reproach, taunt, abuse
ὄνειρος-ου, ὁ dream
ὄνομα-ατος, τό name
ὀνομάζω I name, call by name
    τῷ ὄντι in reality, really

ὀξύνω I sharpen, make a point
ὀξύς-εῖα-ύ sharp, piercing, bitter
ὄπισθε (ν) +Gen. behind
ὀπίσω behind, backwards
ὅπλα-ων, τά weapons, arms, equipment, gear
ὁπλίτης-ου, ὁ heavy-armed soldier
ὁπλόμαχος-ος-ον heavily-armed
ὁποῖος-α-ον of what sort (Indirect Question)
ὅπου where
ὅπως how
ὅπως +Subjunctive/Optative in order to
ὅπως =ὅτι that
ὄργανον-ου, τό instrument
ὀργή-ῆς, ἡ anger
    δι' ὀργῆς ἔχω I am angry with
ὀργίζομαι +Dat. I am angry with
ὀρεσίτροφος-ος-ον mountain-bred
ὀρθός-ή-όν straight, upright, right
ὁρμίζω I moor
ὁρμῶμαι (α) I charge, surge forward
ὄρνις-ὄρνιθος, ὁ-ἡ bird
ὁρῶ (α) I see
ὅς-ἥ-ὅ who, which
ὅς-ἥ-ὅν his, her (Homeric)
ὀσμή-ῆς, ἡ smell
ὅσος-η-ον as great
ὅσπερ-ἥπερ-ὅπερ who, which
ὄσσε-ὄσσων, τώ eyes
ὅστις-ἥτις-ὅ τι who, which
ὀστοῦν-οῦ, τό bone
ὄστρακον-ου, τό piece of earthenware, voting tablet
ὅταν (=ὅτε ἄν) whenever
ὅτε when
ὅτι that, because

ὀτρύνω I stir up, speed forward, urge on

οὐ, οὐκ, οὐχ not

οὗ where

οὐδαμῶς not at all, certainly not

οὐδέ and not, nor

οὐδέ ... οὐδέ neither ... nor

οὐδείς-οὐδεμία-οὐδέν no-one, nothing

οὐδέποτε never

οὐκέτι no longer

οὖν therefore, then, and so, accordingly

οὔπω not yet

οὐρανός-οῦ, ὁ heaven, sky

οὖς-ὠτός, τό ear

οὐσία-ας, ἡ property, substance

οὔτε ... οὔτε neither ... nor

οὐτιδανός-ή-όν useless, good-for-nothing

Οὖτις-τινος, ὁ Noman, Nobody

οὗτος-αὕτη-τοῦτο this

οὗτος you there!

οὕτω(ς) thus, so in this way

οὐχί no!

ὀφείλω I owe

ὄφελος (Indecl.) use, profit

οὐδὲν ὄφελός ἐστι it is no use

ὀφθαλμός-οῦ, ὁ eye

ὀφλισκάνω I incur a charge, debt

ὀφρύς-ύος, ἡ eye-brow

ὀχλῶ (ε) I disturb, trouble

ὀψέ late

πάγχρυσος-ος-ον all-gold, golden

πάθημα-ατος, τό suffering

παθήματα μαθήματα seeing's believing, experience teaches

παιδίον-ου, τό child

παιδίσκη-ης, ἡ young girl, young slave

παῖς-παιδός, ὁ-ἡ boy, girl, servant

παίω I strike

παλαιός-ά-όν ancient

πάλιν again

παλιρρόθιος-α-ον flowing back again

πανταχοῦ everywhere

πανταχόθεν from everywhere, from all sides

πάντοτε at all times

πάνυ very, exceedingly

πάππας-ου, ὁ daddy

πάππος-ου, ὁ grandfather

παρά + Acc. towards, to (of persons) along

+ Gen. from (of persons)

+ Dat. near, at, by

παραδίδωμι I hand over, betray

παραινῶ (ε) I advise

παρακαλῶ (ε) I call, summon, exhort, cheer

παραμυθοῦμαι (ε) I soothe, console, cheer up

παρασκευάζω I prepare

παρατάττω I draw up in battle

πάρειμι I am present, am here

παρελαύνω I drive past

παρέρχομαι I go past, transgress

παρέχω I provide, offer, give

παρθένος-ου, ἡ girl, maiden

Πάρις-ιδος, ὁ Paris, a prince of Troy

παροικῶ (ε) I live with, stay with

πάρος before, in former times

πάρος (=πρίν) before, until

πᾶς-πᾶσα-πᾶν each, whole, all

πάσχω I suffer

πατήρ-πατρός, ὁ father

πατρίς-ίδος, ή native land
πατῶ (ε) I tread
παύω + Acc. + Gen. I stop ... from
παύομαι + Gen. or Partic. I cease
παχύς-εῖα-ύ thick, stout, stupid
πεδίον-ου, τό plain
πέδον-ου, τό ground, earth
πεζῇ on foot, by land
πείθω + Acc. I persuade
πείθομαι + Dat. I obey
πειθώ-οῦς, ή persuasion
πεινῶ (α-η) I am hungry
πεῖρα-ας, ή attempt, trial
πειρῶμαι (α) I try
πέλεκυς-εως, ὁ axe
Πελοποννήσιοι-ων, οἱ Peloponnesians
Πέλοψ-οπος, ὁ Pelops, son of Tantalus
πέλωρος-α-ον huge, monstrous
πέμπτος-η-ον fifth
πέμπω I send
πένης-πένητος poor
πέντε five
πέπλος-ου, ὁ robe
πέπον my dear, my pet
πέρθω I sack, destroy
περί + Acc. around
     + Gen. concerning, about
     + Dat. round about, near
περιαστράπτω I flash around
περιέχω I surround
Περικλῆς-έους, ὁ Pericles, an Athenian statesman
περιμένω I wait for, expect
περιμήκης-ης-ες very long
περισσεύω I have an abundance, am superfluous
περιτειχίζω I build a wall around, invest

περιτίθημι I set around, impose upon
πετάννυμι I spread out
πέτομαι I fly
πέτρα-ας, ή rock
πέφυκα (Perfect) I am, have been born
πήγνυμι I fix
Πηνελόπη-ης, ή Penelope, wife of Odysseus
πιέζω I press, squeeze, throttle
πίμπλημι I fill
πίμπρημι I burn, set fire to
πίνω I drink
πιπράσκω I sell
πίπτω I fall
πιστεύω + Dat. I believe, trust
πλανῶμαι (α) I wander, roam
Πλαταιεύς-έως, ὁ inhabitant of Plataea, a city in Boeotia
πλέκω I weave
πλέω I sail
πλέως-πλέα-πλέων full
πλῆθος-ους, τό mass, throng, crowd
πλήν + Gen. except
πλήρης-ης-ες + Gen. full of
πληρῶ (ο) + Acc. + Gen. I fill ... with
πλησίον + Gen. near
πλήττω I strike
πλοῖον-ου, τό boat
πλοῦς-οῦ, ὁ voyage
πλούσιος-α-ον rich, wealthy
πλοῦτος-ου, ὁ wealth
πλουτῶ (ε) I am rich
Πλούτων-ωνος, ὁ Pluto (Hades), god of the underworld
πνέω I breathe, blow
πόθεν; from what place? where from?

ποθῶ (ε) I desire, miss, regret
ποῖ; to what place, where to?
ποίη-ης = ποία = πόα-ας, ἡ grass
ποιητής-οῦ, ὁ poet
ποιμαίνω I feed, tend, am a shepherd
ποιμήν-ένος, ὁ shepherd
ποῖος-α-ον; of what sort, what kind of?
ποιῶ (ε) I make, do
πολέμιος-α-ον hostile
πολέμιος-ου, ὁ enemy
πολιορκῶ (ε) I besiege, blockade
πολιός-ά-όν grey
πόλις-εως, ἡ city
πολίτης-ου, ὁ citizen
πολιτικός-ή-όν of a city, political
πολλάκις often
πολύς-πολλή-πολύ much, many
οὐ διὰ πολλοῦ not long after
πολύτροπος-ος-ον versatile
πολύφαγος-ος-ον voracious
πομπή-ῆς, ἡ escort, despatch
πονηρός-ά-όν wicked
πόνος-ου, ὁ toil, labour, hard work
πόντος-ου, ὁ open sea
πονῶ (ε) I toil, labour
πόποι alas!
πορεύομαι I go, journey, travel, march
πόρνη-ης, ἡ harlot
Ποσειδῶν-ῶνος, ὁ Poseidon, god of the sea
πόσος-η-ον; how big? how great?
πόσοι-αι-α; how many?
ποταμός-οῦ, ὁ river
ποτε (enclitic) at some time, once upon a time
πότε; when?
πότερον . . . ἤ (whether) . . . or?

ποτήριον-ου, τό wine-cup
ποῦ; where?
πούς-ποδός, ὁ foot
πρᾶγμα-ατος, τό deed, matter, affair
πράττω I do, manage, fare
πρέπει + Dat. it is fitting for, it befits
πρέσβυς-εως, ὁ old man, ambassador
πρεσβύτερος-α-ον, older, elder
πρεσβύτατος-η-ον oldest, eldest
πρίν before, until
πρό + Gen. in front of, before
πρόβατα-ων, τά sheep
πρόβολος-ου, ὁ jutting rock, reef
προδίδωμι I betray
προίημι I let go, cast
Προμηθεύς-έως, ὁ Prometheus, inventor of many arts
προμηθής-ής-ές far-sighted, forethinking
πρόπαππος-ου, ὁ great-grandfather
πρός + Acc. towards, to
+ Gen. under the protection of, in the name of
+ Dat. in addition to
προσέρχομαι I go towards, approach
προσέχω I put into land
προσήκει + Dat. it is fitting, it befits
προσήλυτος-ου, ὁ newcomer, stranger
προσκαλῶ (ε) I call to myself, summon
προσκεφαλαῖον-ου, τό pillow
προσνέω I swim towards
προστίθημι I add to, place against, apply
πρόσφημι I address

προσχωρῶ (ε) I go towards, approach
πρόσωπον-ου, τό face
προτείνω I stretch out, forward
πρότερος-α-ον former
πρότερον formerly, previously, first (of two actions)
πρότονος-ου, ὁ forestay, halyard
προχωρῶ (ε) I go forward
πρύμνα-ης, ἡ stern
πρωΐ early
πρῷρα-ας, ἡ prow
πρῶτος-η-ον first
πτωχός-οῦ, ὁ beggar
πύλη-ης, ἡ gate
πύματος-η-ον last
πυνθάνομαι I learn about, hear about, enquire
πῦρ-πυρός, τό fire, fire-beacon
Πυριφλεγέθων-οντος, ὁ Pyriphlegethon, river in the underworld
πωλῶ (ε) I sell
πως (enclitic) somehow, somewhat, rather
πῶς; how?
  πῶς γὰρ οὔ; of course, certainly

ῥάβδος-ου, ἡ staff, wand, fishing rod
ῥᾴδιος-α-ον easy
ῥέγκω I snore
ῥέω I flow
ῥήγνυμι I break
ῥῆμα-ατος, τό word
ῥήτωρ-ῥήτορος, ὁ orator, speaker
ῥίπτω I hurl, throw, cast
ῥίς-ῥινός, ἡ nostril, nose
ῥοδοδάκτυλος-ος-ον rosy-fingered

ῥοή-ῆς, ἡ stream, river, current
ῥόπαλον-ου, τό stake, club

Σάββατον-ου, τό the Jewish Sabbath
σαθρός-ά-όν rotten, rotting
σβέννυμι I quench
σάρξ-σαρκός, ἡ flesh
σαφής-ής-ές clear
σεαυτόν-ήν yourself
Σειρῆνες-ήνων, αἱ the Sirens
σείω I shake
σελήνη-ης, ἡ moon
σεύω I run, rush, dart
σῆμα-ατος, τό tomb
σημαίνω I indicate, mean, signify
σιγῶ (α) I am quiet, silent
σίδηρος-ου, ὁ iron
σίζω I hiss
Σίσυφος-ου, ὁ Sisyphus, king of Corinth, tormented in Hades for bad faith
σιτευτός-ή-όν fatted, fattened
σιτία-ων, τά food
σιτοποιός-οῦ, ὁ baker
σῖτος-ου, ὁ (pl. σῖτα-ων, τά) corn, food
σκάπτω I dig
σκεδάννυμι I scatter
σκέλος-ους, τό leg
σκέπαρνον-ου, τό adze
σκιά-ας, ἡ shadow, shade
σκληρός-ά-όν dry, hard, harsh
σκῦλα-ων, τά arms stripped from dead
Σκύλλη-ης, ἡ Scylla, a monster
σμερδαλέον terribly
σός-σή-σόν your
σοφία-ας, ἡ wisdom

σοφός-ή-όν wise
σπείρω I sow
σπένδω I pour out
σπέος-σπέους, τό cave
σπεύδω I hurry, strive after, promote good of
σπλαγχνίζομαι I feel pity, take compassion on
σπουδάζω I am busy
σπῶ (α) I draw (a sword)
στάδιον-ου, τό (pl. στάδιοι or στάδια) a stade, a furlong
σταθμός-οῦ, ὁ a stable, stall, halt, day's march
στέλλω I equip, despatch
στερῶ (ε) + Acc. + Gen. I deprive . . . of
στῆθος-ους, τό chest, breast
στίχος-ου, ὁ line, row
στόλη-ης, ἡ dress, robe
στόλος-ου, ὁ host, army
στόμα-ατος, τό mouth
στρατιώτης-ου, ὁ soldier
στρατός-οῦ, ὁ army
στρέφω I turn, wheel
Στύξ-Στυγός, ἡ Styx, a river in the underworld
σύ you (singular)
συγγράφω I write, compose
συγκαλῶ (ε) I call together
συλλέγω I gather, collect
συλῶ (α) I strip
σύμπας-πασα-παν all together, whole
Συμπληγάδες-ων, αἱ Symplegades, clashing rocks
συμφωνία-ας, ἡ harmony, symphony of music or voices
σύν + Dat. with, with the help of
συνάγω I collect

συναγωγή-ῆς, ἡ a gathering, congregation, synagogue
συναράττω I dash together, crush
συνέρχομαι I come together with
συνίημι I realise, understand
συνοδεύω I travel with
συντίθημι I put together
συντρέχω I run together with
συψέλιον-ου, τό bench
σφάζω I slaughter, slay
σφάλλω I trip up, deceive
σφάλλομαι I fail
σφαῖρα-ας, ἡ ball, globe
σφόδρα very, very much
σφώ-σφῶν Dual of σύ you two
σχεδία-ας, ἡ raft
σχέτλιος-α-ον hard-hearted, wicked, wretched
σώζω I save
Σωκράτης-ους, ὁ Socrates, an Athenian philosopher
σῶμα-ατος, τό body
σωτήρ-ῆρος, ὁ saviour
σώφρων-ων-ον moderate, cautious, discreet, sensible, prudent

Τάνταλος-ου, ὁ Tantalus, king of Phrygia and father of Pelops
Ταρσεύς-έως, ὁ a native of Tarsus in Cilicia
Τάρταρος-ου, ὁ (pl. Τάρταρα) Tartarus, place of torment in underworld
ταύτῃ here
τάφος-ου, ὁ tomb
τάφρος-ου, ἡ ditch
ταχύς-εῖα-ύ swift, quick
τε . . . καί both . . . and
τείνω I stretch

τεῖχος-ους, τό wall
τέκνον-ου, τό child
τελευτῶ (α) I end, complete, finish, die
τέλος-ους, τό end, limit (*Adverb* at last)
τελῶ (ε) I accomplish
τέμνω I cut
τέρας-ατος, τό sign, omen, portent
τέρην-εινα-εν smooth, delicate, soft
τέρπομαι I enjoy myself
τέταρτος-η-ον fourth
τετρακόσιοι-αι-α four hundred
τέχνη-ης, ἡ art, craft, skill
τῇδε here
Τηλέμαχος-ου, ὁ Telemachus, son of Odysseus and Penelope
τηλικόσδε-ήδε-όνδε so old, of such an age
τηλικοῦτος-αύτη-οῦτο so old, of such an age
τηλόθεν from afar, from a foreign land
τήμερον today
τηρῶ (ε) I watch for, watch over, guard
τί; what, why?
   διὰ τί why?
τίθημι I place
τίκτω I beget, give birth to
τιμῶ (α) I honour
τιμωρῶ (ε) I avenge
τίνω I pay the penalty, make recompense
τις-τις-τι a certain, a (*pl.* some)
τίς-τίς-τί; who, what?
τιτρώσκω I wound
Τῖφυς-υος, ὁ Tiphys, Jason's helmsman
τλήμων-ων-ον wretched, unhappy

τοι = σοι (*Homeric*)
τοι (*enclitic*) now, naturally, of course
τοιόσδε-ήδε-όνδε such, of such a kind
τοιοῦτος-αύτη-οῦτο such, of such a kind
τοῖχος-ου, ὁ wall
τοκεύς-έως, ὁ parent, father
τολμῶ (α) I dare
τόξον-ου, τό bow
τόπος-ου, ὁ place
τοσόσδε-ήδε-όνδε such, of such a size
τοσοῦτος-αύτη-οῦτο so great, so big
   τοσοῦτοι-αῦται-αῦτα so many
τότε then
τοφλαττοθράτ ti-tum-ti-tum
τράγος-ου, ὁ he-goat
τραγῳδία-ας, ἡ tragedy
τράπεζα-ης, ἡ table
τράχηλος-ου, ὁ throat, neck
τρεῖς-τρεῖς-τρία three
τρέμω I tremble
τρέπω I turn
τρέφω I nourish, rear, bring up
τρέχω I run
τριάκοντα thirty
τρίβος-ου, ἡ-ὁ path, road, track
Τρινακρία-ας, ἡ Trinacria = Sicily
τρίς three times
τρίτος-η-ον third
Τροία-ας, ἡ Troy
τρύπανον-ου, τό drill
Τρώς-Τρωός, ὁ Tros, legendary founder of Troy
Τρῶες-ώων, οἱ Trojans
τυγχάνω + *Gen.* I hit
   + *Participle* I happen to
   οἱ τυχόντες passers-by

298

τύπτω I strike, hit
τυραννίς-ίδος, ἡ tyranny
τυρός-οῦ, ὁ cheese
τυφλός-ή-όν blind
τυφλῶ (ο) I blind, make blind

ὑβρίζω I am insolent, haughty
ὕβρις-εως, ἡ insolence, insult, spiteful treatment
ὑβριστής-οῦ, ὁ haughty, insolent man, braggart
ὑγιαίνω I am healthy, sound
ὕδωρ-ὕδατος, τό water, rain
υἱός-υἱοῦ or υἱέος, ὁ son
ὑμεῖς-ὑμῶν you (plural)
ὑπέρ + Acc. beyond, above
+ Gen. on behalf of, for, above
ὑπερβαίνω I cross over
ὑπέρφρων-ων-ον haughty, conceited
ὑπισχνοῦμαι (ε) I promise
ὕπνος-ου, ὁ sleep
ὑπό + Gen. under, by
ὑπόδημα-ατος, τό sandal, shoe
ὑποζύγιον-ου, τό beast of burden
ὑποπτεύω I suspect, am suspicious
ὑποτίθημι I place under
ὕπτιος-α-ον on one's back
ὗς-ὑός, ὁ-ἡ pig, swine
ὕστατος-η-ον last
ὑστεραία-ας-ἡ next day
τῇ ὑστεραίᾳ on the next day
ὕστερος-α-ον later
ὕστερον later (adverb), afterwards
ὑστερῶ (ε) + Dat. I am too late for, I am anticipated by
ὑφαίνω I weave
ὑψηλός-ή-όν high

φαγεῖν see ἐσθίω
φαείνω = φαίνω I shine, give light
Φαιακία-ας, ἡ Phaeacia, island home of Alcinous
φαίνω I show
φαίνομαι I appear, seem
φανερός-ά-όν clear, obvious
φάρμακον-ου, τό drug, medicine
φαρμάσσω I temper (a metal)
φάσκω I say, assert
φείδομαι + Gen. I spare, pardon
φερέοικος-ος-ον carrying one's own house
φέρτερος-α-ον stronger, more powerful
φέρω I carry
φέρομαι I win
φεῦ phew! alas! dear me!
φεύγω I run away, flee from, escape
φημί I say
φθάνω I get ahead, anticipate
φθίνω I waste away
φθόγγος-ου, ὁ voice
φθόνος-ου, ὁ envy
φιλόνεικος-ος-ον loving strife
φίλος-η-ον dear, beloved
φίλος-ου, ὁ friend
φιλόσοφος-ου, ὁ lover of wisdom
φιλότης-ητος, ἡ love, affection
φιλῶ (ε) I love, like, am accustomed
φοβερός-ά-όν fearful, frightening
φόβος-ου, ὁ fear
φοβῶ (ε) I frighten
φοβοῦμαι (ε) I fear, am afraid
φοιτῶ (α) I roam, visit, frequent
φόνος-ου, ὁ murder, slaughter
φρήν-φρενός, ἡ mind, heart

φροντίς-ίδος, ἡ thought, care
οὔ μοι φροντίς I don't care
φρονῶ (ε) I think, am minded
μέγα φρονῶ I am presumptuous
φροῦδος-η-ον gone, vanished
Φρυγία-ας, ἡ Phrygia, north-west
Asia Minor
φυγάς-άδος, ὁ fugitive, exile
φύλαξ-ακος, ὁ guard
φυλάττω I guard
φύλλον-ου, τό leaf
φύσις-εως, ἡ nature
φύω I grow, become
πέφυκα I am
φωνή-ῆς, ἡ voice
φώς-φωτός, ὁ man, mortal
φῶς-φωτός or φάους, τό light

χαίρω I rejoice, am well
χαῖρε, χαίρετε hail, greetings!
χαιρέτω away with . . . !
χαλεπός-ή-όν hard, harsh, difficult
χαλκεύς-έως, ὁ blacksmith
χαλκοῦς-ῆ-οῦν bronze, made of
bronze
χαμαί on the ground
χαρίεις-εσσα-εν pleasing, graceful
χάριν + Gen. for the sake of
χάριν ἔχω + Dat. I thank
Χάρυβδις-εως, ἡ Charybdis, a
whirlpool
Χάρων-ωνος, ὁ Charon, the ferry-
man of the underworld
χειμέριος-α-ον wintry, stormy
χείρ-χειρός, ἡ hand
χειραγωγῶ (ε) I lead by the hand
χείρων-ων-ον worse
χείριστος-η-ον worst
χελιδών-όνος, ἡ swallow
Χερρόνησος-ου, ἡ the Chersonese,

a peninsula along the Helles-
pont
χθές yesterday
χίλιοι-αι-α a thousand
χλαῖνα-ης, ἡ cloak
χλόη-ης, ἡ tender shoot of plant,
foliage, verdure
χλωρός-ά-όν green, pale
χοῖρος-ου, ὁ pig, swine
χορεύω I dance
χορός-οῦ, ὁ dance
χρή + Acc. I must, ought
χρῆμα-ατος, τό thing
χρήματα-ων, τά money, goods,
wealth
χρησμός-οῦ, ὁ oracle
χρόνος-ου, ὁ time
χρυσός-οῦ, ὁ gold
χρυσοῦς-ῆ-οῦν of gold, golden
χρῶμαι (α-η) + Dat. I use
χωλός-ή-όν lame
χώρα-ας, ἡ country, land
χωρῶ (ε) I go, come

ψευδής-ής-ές false, untrue
τὰ ψευδῆ λέγω I tell lies
ψεύδω I deceive
ψεύδομαι I lie
ψηλαφῶ (α) I grope, feel my way
ψῆφος-ου, ἡ pebble, vote
ψυχρός-ά-όν cold, chilly

ὦ o
ὦ see εἰμί
Ὠγυγία-ας, ἡ Ogygia, island home
of the nymph Calypso
ὧδε thus, in this way
ὠθῶ (ε) I push
ὦμος-ου, ὁ shoulder
ὠνοῦμαι (ε) I buy

ὥρα-ας, ἡ season, time
ὡς as, when
ὡς = ὅτι that
ὡς + *Acc.* towards (*of persons*)
ὡς + *Adjective* how . . . !
ὡς + *Superlative* as . . . as possible

ὡς + *Future Participle* intending to, in order to
ὥσπερ like, as
ὥστε with the result that, so that
ὠφελῶ (ε) I help
ὤφθην *see* ὁρῶ

ENGLISH-GREEK VOCABULARY

a, a certain τις-τις-τι
able, I am οἷός τ᾽ εἰμι, δύναμαι
about περί + Gen.
about to, I am μέλλω
abuse, I κακὰ λέγω + Acc.
according to κατά + Acc.
accordingly οὖν (second or third
  word)
Achaeans Ἀχαιοί-ῶν, οἱ
Achilles Ἀχιλλεύς-έως, ὁ
advance, I πορεύομαι
advise, I παραινῶ(ε)
Aeacus Αἰακός-οῦ, ὁ
Aegisthus Αἴγισθος-ου, ὁ
afraid, I am φοβοῦμαι(ε), δέδοικα
afraid of, I am φοβοῦμαι(ε) +
  Acc.
afraid for, I am φοβοῦμαι περί +
  Gen.
after μετά + Acc.
after a short time δι᾽ ὀλίγου
  not long after οὐ διὰ πολλοῦ
again αὖθις, αὖ, πάλιν
against ἐπί + Acc.
Agamemnon Ἀγαμέμνων-ονος, ὁ
alas! φεῦ
Alcinous Ἀλκίνοος-όου, ὁ
Alexander Ἀλέξανδρος-ου, ὁ
all πάντες-πᾶσαι-πάντα [ταῖς ...
  ... and all αὐτοῖς τοῖς ..., αὐταῖς
almost μόνον οὐ
alone μόνος-η-ον
already ἤδη
also, too καί
although καίπερ + Participle
always ἀεί
am, I εἰμί
and καί

angry, I am δεινὸν ποιοῦμαι(ε),
  ὀργίζομαι
angry, I become
  δι᾽ ὀργῆς ἔχω + Acc., ὀργίζομαι
  + Dat.
announce, I ἀγγέλλω, ἀπαγγέλλω
anoint, I ἀλείφω
another ἄλλος-η-ο
answer, I ἀποκρίνομαι
anticipate, I φθάνω
Aphrodite Ἀφροδίτη-ης, ἡ
appear, I φαίνομαι
apple μῆλον-ου, τό
approach, I προσχωρῶ(ε)
arise, I γίγνομαι
army στρατός-οῦ, ὁ, στρατιά-ᾶς, ἡ
arrive, I ἀφικνοῦμαι(ε)
as ὥσπερ
  (=when) ἐπειδή or Participle
  (=because) διότι
as ... as possible ὡς + Superlative
ask (questions), I ἐρωτῶ(α), ἔρομαι
ask for, I αἰτῶ(ε) + Acc. + Acc.
asleep, I am καθεύδω
at, against ἐπί + Acc.
at any rate γε (Enclitic)
Athene Ἀθηνᾶ-ᾶς, ἡ, Ἀθήνη-ης, ἡ
Athenian Ἀθηναῖοι-ων, οἱ
Athens Ἀθῆναι-ῶν, αἱ
  to Athens Ἀθήναζε
Atlas Ἄτλας-αντος, ὁ
attack, I προσβάλλω, ἐπέρχομαι,
  ἐπιτίθεμαι + Dat.
axe ἀξίνη-ης, ἡ

back, on one's ὕπτιος-α-ον
bad κακός-ή-όν
bark, I βαῦ λέγω

base αἰσχρός-ά-όν
bath λουτρόν-οῦ, τό
battle μάχη-ης, ἡ
beach αἰγιαλός-οῦ, ὁ
beat, I (=strike) τύπτω
beat, I (=defeat) νικῶ(α)
beautiful καλός-ή-όν
because διότι, ὅτι
become, I γίγνομαι
bed κλίνη-ης, ἡ
befits, it πρέπει + Dat., προσήκει +
   Dat.
before πρίν
I do ... before ... φθάνω
beg, I αἰτῶ(ε)
beggar πτωχός-οῦ, ὁ
begin, I ἄρχομαι
begin to, I ἄρχομαι +Participle
behind ὄπισθε(ν) +Gen.
   leave behind, I καταλείπω
behold ἰδού
believe, I πιστεύω +Dat.
belongings χρήματα-ων, τά
   my belongings τὰ ἐμοῦ
beneath ὑπό +Gen.
besiege, I πολιορκῶ (ε)
best ἄριστος-η-ον
betray, I προδίδωμι
better ἀμείνων-ων-ον
between διά +Gen.
bid, I κελεύω
big μέγας-μεγάλη-μέγα
bind, I δέω
bird ὄρνις-ιθος, ὁ or ἡ
bite, I δάκνω
blind τυφλός-ή-όν
blind, I τυφλῶ (ο)
blood αἷμα-ατος, τό
blow, I πνέω
boat πλοῖον-ου, τό

body σῶμα-ατος, τό
bone ὀστοῦν-οῦ, τό
book βιβλίον-ου, τό, βίβλος-οῦ, ἡ
bowl κρατήρ-κρατῆρος, ὁ
boy παῖς-παιδός, ὁ, παιδίον-ου, τό
braggart ὑβριστής-οῦ, ὁ
brave ἀνδρεῖος-α-ον
bright λαμπρός-ά-όν
bring, I φέρω
broad εὐρύς-εῖα-ύ
brother ἀδελφός-οῦ, ὁ
build, I οἰκοδομῶ (ε)
bull βοῦς-βοός, ὁ
burn, I (trans.) καίω
but ἀλλά (first word), δέ (second
   word)
by ὑπό +Gen.

call, I καλῶ (ε)
call out, I βοῶ (α)
call together, I συγκαλῶ (ε)
called ὀνόματι, τὸ ὄνομα
calm γαλήνη-ης, ἡ
camp στρατόπεδον-ου, τό
can, I (=am able) οἷός τ' εἰμί,
   δύναμαι
can, I (=am permitted) ἔξεστι +
   Dat., πάρεστι +Dat.
capture, I λαμβάνω, αἱρῶ (ε)
carry, I φέρω
carry off, I ἀποφέρω
cart ἅμαξα-ης, ἡ
catch, I λαμβάνω
cattle βόες-βοῶν, οἱ
caught, I am ἁλίσκομαι
cautious σώφρων-ων-ον
cave ἄντρον-ου, τό
certain, a τις-τις-τι
chair θρόνος-ου, ὁ
Charon Χάρων-ωνος, ὁ

chatter, I λαλῶ (ε)
cheer up, I θαρρῶ (ε)
cheese τυρός-οῦ, ὁ
child παιδίον-ου, τό, παῖς-παιδός,
ὁ or ἡ
choose, I αἱροῦμαι (ε)
Circe Κίρκη-ης, ἡ
citizen πολίτης-ου, ὁ
city πόλις-πόλεως, ἡ
clever σοφός-ή-όν, δεινός-ή-όν
cloak χλαῖνα-ης, ἡ
close, I κλείω, κλῄω
clothes ἱμάτια-ων, τά
Clytaemnestra Κλυταιμνήστρα-ας,
ἡ
Colchis Κολχίς-ίδος, ἡ
collect, I συλλέγω
come, I ἥκω, προσχωρῶ (ε),
ἔρχομαι
come out, I ἐκβαίνω, ἐξέρχομαι
command, I κελεύω
companion ἑταῖρος-ου, ὁ
comrade ἑταῖρος-ου, ὁ, φίλος-ου, ὁ
concerning, where ... is concerned
περί + Gen.
condemn, I καταδικάζω + Gen.
on condition that ἐφ' ᾧτε, ἐφ' ᾧ
conquer, I νικῶ (α)
console, I παραμυθοῦμαι (ε)
on the contrary μὲν οὖν (second
word)
converse, I διαλέγομαι
corpse νεκρός-οῦ, ὁ
country χώρα-ας, ἡ
one's country πατρίς-ίδος, ἡ
of course πῶς γὰρ οὔ;
in the course of ἐν + Dat.
cover, I καλύπτω
coward, cowardly κακός-ή-όν
criticise, I κακὰ λέγω

cross, I διαβαίνω + Acc. or + διὰ +
Gen.
cry, I δακρύω, κλαίω
custom ἔθος-ους, τό
cut, I τέμνω
cut off, I ἀποκόπτω
cut up, I κατατέμνω
Cyclops Κύκλωψ-ωπος, ὁ

Danaïds Δαναΐδες-ων, αἱ
Danaus Δάναος-ου, ὁ
daughters of Danaus Δαναΐδες-
ων, αἱ
dare, I τολμῶ (α)
daughter θυγάτηρ-θυγατρός, ἡ
dawn ἕως-ἕω, ἡ
at dawn ἅμ' ἕῳ
day ἡμέρα-ας, ἡ
next day τῇ ὑστεραίᾳ
one day ποτε (enclitic)
day dawns, γίγνεται ἡμέρα
dead νεκρός-οῦ, ὁ
dead, I am τέθνηκα
deceive, I ἐξαπατῶ (α)
decide, I δοκεῖ μοι
deed ἔργον-ου, τό
deep βαθύς-εῖα-ύ
defeat, I νικῶ (α)
defend, I ... (against) ἀμύνω +
Dat. ... (+ Acc.)
defend myself, I ... (against)
ἀμύνομαι (+ Acc.)
delighted, I am ἥδομαι
deny, I οὔ φημι, ἀπαρνοῦμαι (ε)
depart, I ἀποχωρῶ (ε), ἀπέρχομαι
deserve, I ἄξιός εἰμι
desire (=miss), I ποθῶ (ε)
destroy, I διαφθείρω
devise, I μηχανῶμαι (α)
die, I ἀποθνῄσκω

difficulty ἀπορία-ας, ἡ
dine, I δειπνῶ (ε)
discover, I μανθάνω, πυνθάνομαι, εὑρίσκω
disembark, I ἐκβαίνω
dismiss, I ἀφίημι
do, I ποιῶ (ε)
do good (turn) to, I εὖ ποιῶ (ε)
do (=manage), I πράττω
do not μή
dog κύων-κυνός, ὁ or ἡ
draw, drag, I ἕλκω
dreadful δεινός-ή-όν, φοβερός-ά-όν
dream, ὄναρ-ὀνείρατος, τό
drink, I πίνω
drive out, I ἐκβάλλω
driven out, I am ἐκπίπτω
during Use a Participle

each ἕκαστος-η-ον
each other ἀλλήλους-ας-α
ear οὖς-ὠτός, τό
early πρωΐ
easily ῥᾳδίως
easy ῥᾴδιος-α-ον
eat, I ἐσθίω, δειπνῶ (ε)
either . . . or ἤ . . . ἤ, ἤτε . . . ἤτε
   (after a negative) οὔτε . . . οὔτε/
   μήτε . . . μήτε
else, something else ἄλλο τι
Elysium Ἡλύσιον-ου, τό
embark, I εἰσβαίνω
end, I (intrans.) παύομαι, τελευτῶ (α)
enemy πολέμιος-ου, ὁ
enjoy myself, I τέρπομαι
enough ἅλις +Gen.
enslave, I δουλῶ (ο)
enter, I εἰσβαίνω, εἰσέρχομαι

equal ἴσος-η-ον
escape, I ἐκφεύγω
escape notice, I λανθάνω +Participle
Eurystheus Εὐρυσθεύς-έως, ὁ
even ἔτι
ever ποτε
   no-one . . . ever οὐδεὶς . . . οὐδέποτε
ever (=always) ἀεί
   for ever εἰσαεί
everyone πᾶς-πᾶσα-πᾶν
exit ἔξοδος-ου, ἡ
experienced ἔμπειρος-α-ον
extraordinary δεινός-ή-όν
eye ὀφθαλμός-οῦ, ὁ

fall, fall down, I πίπτω, καταπίπτω
far, by far πολλῷ
fare, I πράττω
fast ταχύς-εῖα-ύ
fat παχύς-εῖα-ύ
father πατήρ-πατρός, ὁ
fear φόβος-ου, ὁ
fear, I φοβοῦμαι (ε)
feel pain, I λυποῦμαι (ε)
fetch, I κομίζω
few ὀλίγοι-αι-α
field ἀγρός-οῦ, ὁ
fifteenth πέμπτος καὶ δέκατος-η-ον
fight, I μάχομαι + Dat.
fill, I (with) πληρῶ (ο) + Acc. (+ Gen.)
find, I εὑρίσκω
find out, I μανθάνω, πυνθάνομαι
   try to find, I ζητῶ (ε)
finish, I (=complete) τελευτῶ (α)
finish, I (=cease) παύομαι +Participle
fire πῦρ-πυρός, τό

first πρῶτος-η-ον
first of all (*Adverb*) πρῶτον
first . . . next πρῶτον μὲν . . .
            ἔπειτα δέ . . .
fish ἰχθύς-ύος, ὁ
fitting, it is πρέπει + *Dat.*, προσήκει
  + *Dat.*
five πέντε
flee, I φεύγω
flow, I ῥέω
flow out, I ἐκρέω
flower ἄνθος-ους, τό
fly, I πέτομαι
follow, I ἕπομαι + *Dat.*
  on the following day τῇ
  ὑστεραίᾳ
food σῖτος-ου, ὁ
fool, foolish μῶρος-α-ον
foot πούς-ποδός, ὁ
  on foot, by land πεζῇ
for γάρ (*second word*)
for (=on behalf of) ὑπέρ + *Gen.*
force βία-ας, ἡ
forget, I ἐπιλανθάνομαι + *Gen.*
former πρότερος-α-ον
forty τετταράκοντα
four τέτταρες-ες-α
four hundred τετρακόσιοι-αι-α
four hundredth τετρακοσιοστός-ή-
  όν
four thousand τετρακισχίλιοι-
  αι-α
fourth τέταρτος-η-ον
friend φίλος-ου, ὁ
frighten, I φοβῶ (ε)
frightened, I am φοβοῦμαι (ε)
from, away from ἀπό + *Gen.*
from (=out of) ἐκ + *Gen.*
fruit καρπός-οῦ, ὁ
full (of) πλήρης-ης-ες (+ *Gen.*)

Ganymede Γανυμήδης-ου, ὁ
gasp, I ἀσπαίρω
gather, I συλλέγω
gate πύλη-ης, ἡ
gather, I (of crops) δρέπω
general στρατηγός-οῦ, ὁ
get in, I εἰσβαίνω
get out, I ἐκβαίνω
get up, I ἀνίσταμαι
giant γίγας-αντος, ὁ
gift δῶρον-ου, τό
girl παῖς-παιδός, ἡ, παρθένος-ου, ἡ
give, I παρέχω, δίδωμι
give orders, I κελεύω
glad, gladly ἄσμενος-η-ον
go, I βαίνω, χωρῶ (ε), ἔρχομαι,
  εἶμι
go away, I ἀποβαίνω, ἀπέρχομαι,
  ἀποχωρῶ (ε)
go down, I καταβαίνω, κατέρχομαι
go towards, I προσβαίνω,
  προσχωρῶ (ε), προσέρχομαι
goat αἴξ-αἰγός, ὁ *or* ἡ
god, goddess θεός-οῦ, ὁ *or* ἡ
going to, I am μέλλω
gold χρύσος-ου, ὁ
golden χρυσοῦς-ῆ-οῦν
Golden Fleece τὸ πάγχρυσον δέρας
  (δέρατος)
good ἀγαθός-ή-όν, καλός-ή-όν
  a good turn, I do εὖ ποιῶ (ε)
grape βότρυς-υος, ὁ
great μέγας-μεγάλη-μέγα
Greece Ἑλλάς-άδος, ἡ
Greek, a Ἕλλην-ηνος, ὁ
Greek, Grecian Ἑλληνικός-ή-όν
Greek (language) Ἑλληνική-ῆς, ἡ
grieve, I λυποῦμαι (ε)
grope about, I ψηλαφῶ (α)
ground γῆ-γῆς, ἡ

groups of, in κατά + *Acc.*
gruff μιαρός-ά-όν
guard φύλαξ-φύλακος, ὁ
guard, I φυλάττω
guest ξένος-ου, ὁ

Hades "Αιδης-ου, ὁ, ἡ "Αιδου οἰκία
hair θρίξ-τριχός, ἡ
hand χείρ-χειρός, ἡ
hang, I (*transitive*) κρεμάννυμι
happen, I γίγνομαι
harbour λιμήν-ένος, ὁ
hardship δεινόν-οῦ, τό
harm, I βλάπτω, κακὰ ποιῶ (ε)
harm, I suffer βλάπτομαι, κακὰ
  πράττω
haughty ὑπέρφρων-ων-ον
have, I ἔχω
head κεφαλή-ῆς, ἡ
headache, I have ἀλγῶ (ε) τὴν
  κεφαλήν
hear, I ἀκούω + *Gen.*
heaven οὐρανός-οῦ, ὁ
  in heaven's name πρὸς (τῶν)
    θεῶν
Hector "Εκτωρ-"Εκτορος, ὁ
helmet κόρυς-κόρυθος, ἡ
helmsman κυβερνήτης-ου, ὁ
help, I βοηθῶ (ε) + *Dat.*
Hera "Ηρα-ας, ἡ
Heracles 'Ηρακλῆς-έους, ὁ
here (= in this place) ἐνταῦθα
here (= to this place) δεῦρο
here (= from here) ἐντεῦθεν
here, I am πάρειμι
here and there ἔνθα καὶ ἔνθα
Hermes 'Ερμῆς-οῦ, ὁ
hero ἥρως-ωος, ὁ
hide, I ἀποκρύπτω, καλύπτω
him-her-it αὐτόν-ήν-ό

himself-herself-itself ἑαυτόν-ήν-ό
hit, I βάλλω, τύπτω
hit (the mark), I τυγχάνω
hold of, I get λαμβάνομαι + *Gen.*
home οἰκία-ας, ἡ
homewards, to home οἴκαδε
  at home οἴκοι
  from home οἴκοθεν
Homer "Ομηρος-ου, ὁ
honour, I τιμῶ (α)
honourable καλός-ή-όν
hope, I ἐλπίζω
horn κέρας-ατος, τό
horrible δεινός-ή-όν, φοβερός-ά-
  όν
horse ἵππος-ου, ὁ
hot θερμός-ή-όν
house οἰκία-ας, ἡ
how? πῶς;
how! ὡς + *adjective*
how many? πόσοι-αι-α;
however ἀλλά (first word), δέ,
  μέντοι (second word)
huge μέγας-μεγάλη-μέγα
hundred ἐκατόν
hungry, I am/I go πεινῶ (α-η)
hurt, I βλάπτω
husband ἀνήρ-ἀνδρός, ὁ

I ἐγώ
if εἰ
if ever ἐάν + *Subjunctive*
if only! εἰ γάρ, εἴθε
ill, I am νοσῶ (ε)
immediately εὐθύς
immortal ἀθάνατος-ος-ον
in, inside ἐν + *Dat.*
insolent fellow ὑβριστής-οῦ, ὁ
insult, I κακὰ λέγω + *Acc.*
intend, I μέλλω

into εἰς +Acc.
invade, I εἰσβάλλω
Iolcus Ἰωλκός-οῦ, ἡ
island νῆσος-ου, ἡ
Ithaca Ἰθάκη-ης, ἡ

jar κρατήρ-ῆρος, ὁ
Jason Ἰάσων-ονος, ὁ
journey ὁδός-οῦ, ἡ
journey, I πορεύομαι
judge, I κρίνω
just δίκαιος-α-ον

keep, I ἔχω, τρέφω
keep silent, I σιγῶ (α)
kill, I ἀποκτείνω
killed, I am ἀποθνῄσκω
king ἄναξ-ακτος, ὁ,
    βασιλεύς-έως, ὁ
know, I μανθάνω, οἶδα

lame χωλός-ή-ον
land γῆ-γῆς, ἡ, χώρα-ας, ἡ
    native land πατρίς-ίδος, ἡ
    by land πεζῇ, κατὰ γῆν
large μέγας-μεγάλη-μέγα
laugh, I γελῶ (α)
lead, I ἄγω + Acc., ἡγοῦμαι +
    Dat.
leader ἡγεμών-όνος, ὁ
leaf φύλλον-ου, τό
learn μανθάνω
    learn by experience παθήματα
        μαθήματα
leave, I λείπω
leave, I (=go out) ἐκβαίνω,
    ἐξέρχομαι
leave behind, I καταλείπω
left ἀριστερός-ά-όν
    on the left ἐξ ἀριστερᾶς

length, at great πολλά, πολὺν
    χρόνον
let go, I ἀφίημι
lie down, I κεῖμαι
life βίος-ου, ὁ
lift, I αἴρω
light, I καίω
lightning ἀστραπή-ῆς, ἡ
like, I φιλῶ (ε), ἀρέσκει μοι
like this, like that οὕτω, οὕτως
lion λέων-λέοντος, ὁ
listen, I ἀκούω
little μικρός-ά-όν, ὀλίγος-η-ον
live, I (=dwell) οἰκῶ (ε)
live, I (=am alive) ζῶ(α-η)
longer, no . . . longer οὐκέτι-μηκέτι
look, I (=seem) φαίνομαι
look! ἰδού
look at, I βλέπω, ἀποβλέπω
look for, I ζητῶ (ε)
lot of πολύς-πολλή-πολύ
loud μέγας-μεγάλη-μέγα
    so loud τοσοῦτος-τοσαύτη-
                    τοσοῦτο
love, I φιλῶ (ε)
lying down, I am κεῖμαι

madness μανία-ας, ἡ
maiden παρθένος-ου, ἡ
maidservant ἀμφίπολος-ου, ἡ
mainland ἤπειρος-ου, ἡ
man (=mortal) ἄνθρωπος-ου, ὁ
man (=male) ἀνήρ-ἀνδρός, ὁ
    old man γέρων-γέροντος, ὁ
    a man who . . . ὅστις
    a man (=someone) τις (enclitic)
many πολλοί-αί-ά
    many more πολλῷ πλέονες
    how many? πόσοι-αι-α
march, I πορεύομαι

308

marry, I (of a man) γαμῶ (ε) + Acc.
marry, I (of a woman) γαμοῦμαι (ε) + Dat.
mast ἱστός-οῦ, ὁ
mean, I σημαίνω
Medea Μήδεια-ας, ἡ
meet, I (= attack) ἐπέρχομαι + Dat.
meet, I (= encounter) ἀπαντῶ (α) + Dat.
men, Odysseus and his men οἱ ἀμφὶ τὸν 'Οδυσσέα
messenger ἄγγελος-ου, ὁ
middle (of) μέσος-η-ον
milk γάλα-γάλακτος, τό
mind φρήν-φρενός, ἡ
minstrel ἀοιδός-οῦ, ὁ
misfortune κακόν-οῦ, τό
mistake, I make a ἁμαρτάνω
money χρήματα-ων, τά, ἀργύριον-ου, τό
moon σελήνη-ης, ἡ
more πλείων-ων-πλέον
moreover καὶ δὴ καί
mother μήτηρ-μητρός, ἡ
mountain ὄρος-ους, τό
move, I κινῶ (ε)
mule ἡμίονος-ου, ὁ or ἡ
must, I δεῖ με, χρή με
my ἐμός-ή-όν or use ἐμοῦ, μου

name ὄνομα-ατος, τό
  by name ὀνόματι
name, I ὀνομάζω
native land πατρίς-ίδος, ἡ
Nausicaa Ναυσικάα-άας, ἡ
near ἐγγύς + Gen., παρά + Dat.
necessary, it is δεῖ, χρή
neck αὐχήν-ένος, ὁ
need, there is a need δεῖ, χρή
neighbour γείτων-ονος, ὁ

neither . . . nor οὔτε . . . οὔτε
never οὐδέποτε or μηδέποτε
next day τῇ ὑστεραίᾳ
night νύξ-νυκτός, ἡ
nine ἐννέα
nine hundred ἐνακόσιοι-αι-α
ninety ἐνενήκοντα
ninth ἔνατος-η-ον
no οὐχί
no-one, nothing οὐδείς-οὐδεμία-οὐδέν or μηδείς
nostril ῥίς-ῥινός, ἡ
not οὐ, οὐκ, οὐχ, μή
not yet οὔπω or μήπω
nothing οὐδέν or μηδέν
nothing but οὐδὲν ἄλλο ἤ
now νῦν
numerous πολλοί-αί-ά

oar κώπη-ης, ἡ
obey, I πείθομαι + Dat.
obol ὀβολός-οῦ, ὁ
Odysseus 'Οδυσσεύς-έως, ὁ
often πολλάκις
oh dear me! οἴμοι, φεῦ
ointment ἀλοιφή-ῆς, ἡ
old γεραιός-ά-όν
old man γέρων-οντος, ὁ
old woman γραῦς-γραός, ἡ
on ἐπί + Gen.
on to ἐπί + Acc.
once, once upon a time ποτε (enclitic)
one day ποτε (enclitic)
  at once εὐθύς
one εἷς-μία-ἕν
one (of two), the one ὁ μέν, ὁ μὲν ἕτερος
one another ἀλλήλους-ας-α
only μόνον

if only! εἰ γάρ, εἴθε
not only . . . but also . . .
   οὐ μόνον . . . ἀλλὰ καί . . .
open, I ἀνοίγω, ἀνοίγνυμι
opinion δόξα-ης, ἡ
   in my opinion ὡς ἐμοίγε
   δοκεῖ
order, I κελεύω
   orders, I give κελεύω
   in order to ἵνα, ὅπως + Subjunc-
   tive/Optative
   with orders κελευσθείς-εῖσα-έν
Orestes 'Ορέστης-ου, ὁ
other ἄλλος-η-ο
   the other ὁ δέ, ὁ δ' ἕτερος
ought, I (=it is necessary for me)
   δεῖ, χρή + Acc.
ought, I (=it is right for me)
   πρέπει, προσήκει + Dat.
our ἡμέτερος-α-ον
outside ἐκτός + Gen.
outstretched Use πετάννυμι
overcome, I νικῶ (α)

pain, I have a ἀλγῶ (ε)
Paris Πάρις-ιδος, ὁ (Acc. Πάριν)
Pelias Πελίας-ου, ὁ
people γένος-ους, τό, ἄνθρωποι-
   ων, οἱ
perceive, I αἰσθάνομαι
perform, I ποιῶ (ε)
perish, I ἀποθνῄσκω, ἀπόλλυμαι
perhaps ἴσως
persuade, I πείθω
Phaeacia Φαιακία-ας, ἡ
Philip Φίλιππος-ου, ὁ
philosopher φιλόσοφος-ου, ὁ
pick up, I λαμβάνω
piece μέρος-ους, τό
pity, I οἰκτείρω

place τόπος-ου, ὁ
   in that place ἐκεῖ
   to that place ἐκεῖσε
   from that place ἐκεῖθεν
place, I τίθημι
plan μηχάνημα-ατος, τό
please, I ἀρέσκω + Dat.
pleased, I am ἥδομαι, ἀρέσκει μο
plough ἄροτρον-ου, τό
plough, I ἀρῶ (ο)
Pluto Πλούτων-ωνος, ὁ
poem ἔπος-ους, τό
poet ποιητής-οῦ, ὁ
Polyphemus Πολύφημος-ου, ὁ
possible, as . . . as possible ὡς +
   Superlative
possible, it is ἔξεστι, πάρεστι
pour forth, rush forth, I ἐξορμῶ (α)
priest ἱερεύς-έως, ὁ
privately ἰδίᾳ
promise, I ὑπισχνοῦμαι (ε)
protection, under the protection of
   πρός + Gen.
provided that ἐφ' ᾧ, ἐφ' ᾧτε +
   Consecutive
prow πρῷρα-ας, ἡ
prudent σώφρων-ων-ον
pull, I ἕλκω
punish, I δίκην λαμβάνω παρά +
   Gen.
punished, I am δίκην δίδωμι
push, I ὠθῶ (ε)
put, I τίθημι
put on, I ἐνδύω
put together, I συντίθημι

quarrel, I ἐρίζω
question ἐρώτημα-ατος, τό
questions, I ask ἐρωτῶ (α)
quick ταχύς-εῖα-ύ

quiet, I am σιγῶ (α)
quiet, I keep σιγῶ (α)

rate, at any rate γε (enclitic)
rather πως (enclitic)
reach, I ἀφικνοῦμαι πρός + Acc.
read, I ἀναγιγνώσκω
ready (for) ἔτοιμος-η-ον
reap, I δρέπω
reason, for this reason τούτου ἕνεκα
recognise, I γιγνώσκω
rejoice, I χαίρω
release, I λύω
remain, I μένω
remember, I ἀναμιμνήσκομαι + Gen.
reply, I ἀποκρίνομαι
rescue, I σῴζω
restrain, I κατέχω
retreat, I ἀναχωρῶ (ε)
return (home), I ἀναχωρῶ (ε), ἐπανέρχομαι, κατέρχομαι
rich πλούσιος-α-ον
right, it is προσήκει + Dat.
rise, I ἀνίσταμαι
river ποταμός-οῦ, ὁ
road ὁδός-οῦ, ἡ
robber λῃστής-οῦ, ὁ
rock πέτρα-ας, ἡ
rotten σαθρός-ά-όν
row, I ἐρέττω
rule, I ἀνάσσω + Gen., βασιλεύω + Gen.
ruler ἄναξ-ἄνακτος, ὁ
run, I τρέχω
run away, I φεύγω, ἀποφεύγω, ἀποτρέχω
run together, I συντρέχω
run towards, I ἐπιτρέχω ἐπί + Acc.
rush out, I ἐξορμῶ (α)

sad, I am λυποῦμαι (ε)
safe, in safety ἀσφαλής-ής-ές
sail ἱστίον-ου, τό
sail, I πλέω
sail away, I ἀποπλέω
sailor ναύτης-ου, ὁ
for the sake of Gen. +ἕνεκα
same ὁ αὐτός-ἡ αὐτή-τό αὐτό
sandal κρηπίς-ῖδος, ἡ
savage ἄγριος-α-ον
save, I σῴζω
say, I λέγω
scoundrel πονηρός-ά-όν
sea θάλαττα-ης, ἡ
at sea κατὰ θάλατταν
sea shore αἰγιαλός-οῦ, ὁ
season ὥρα-ας, ἡ
seated, I am κάθημαι
second δεύτερος-α-ον
see, I ὁρῶ (α)
seem, I φαίνομαι, δοκῶ (ε)
seems good, seems best, it δοκεῖ
seize, I λαμβάνω
seize hold of, I λαμβάνομαι + Gen.
self αὐτός-ή-ό
send, I πέμπω
send away, I ἀποπέμπω
send out, I ἐκπέμπω, ἀφίημι
sensible σώφρων-ων-ον
set, I καταδύομαι
set out, I ἀφορμῶμαι (α), αἴρω
set up, I ἵστημι
seventh ἕβδομος-η-ον
sheep πρόβατα-ων, τά, μῆλον-ου, τό
shield ἀσπίς-ίδος, ἡ
ship ναῦς-νεώς, ἡ
shipwrecked, I am ναυαγῶ (ε)
shore αἰγιαλός-οῦ, ὁ
short ὀλίγος-η-ον

in a short time δι' ὀλίγου
at a short distance δι' ὀλίγου
shout (out), I βοῶ (α)
show, I δηλῶ (ο), δείκνυμι
shriek, I βοῶ (α)
sign, sight τέρας-ατος, τό
silence, in σιγῶν-σιγῶσα-σιγῶν
silent, I am σιγῶ (α)
silent, I keep σιγῶ (α)
sick, I am νοσῶ (ε)
silver ἀργυρός-οῦ, ὁ
silver, made of silver ἀργυροῦς-ᾶ-
οῦν
since ἐπεί
sing, I ᾄδω
sink, I (transitive) καταδύω
sink, I (intransitive) καταδύομαι
Sisyphus Σίσυφος-ου, ὁ
sit, I καθίζω
six ἕξ
six thousand ἑξακισχίλιοι-αι-α
skill τέχνη-ης, ἡ
skilled δεινός-ή-όν, ἔμπειρος-α-ον
sky οὐρανός-οῦ, ὁ
slave δοῦλος-ου, ὁ
sleep, I go to sleep καθεύδω
slow βραδύς-εῖα-ύ
small μικρός-ά-όν, ὀλίγος-η-ον
smaller ἐλάττων-ων-ον
smell ὀσμή-ῆς, ἡ
so, and so οὖν
so . . . that, so . . . as to οὕτω . . .
ὥστε
so much τοσοῦτος-τοσαύτη-
τοσοῦτο
soldier στρατιώτης-ου, ὁ
some τινες-ες-α
some . . . others ἄλλοι μέν . . .
ἄλλοι δέ . . ., οἱ μέν . . . οἱ δέ
someone, something τις-τις-τι

sometimes . . . at other times
ἄλλοτε μέν . . . ἄλλοτε δέ . . .
son υἱός-οῦ, ὁ
soon δι' ὀλίγου, οὐ διὰ πολλοῦ
sorrow, I λυποῦμαι (ε)
spare, I φείδομαι + Gen.
Spartan Λακεδαιμόνιος-ου, ὁ
speak, I λέγω
speak the truth, I τἀληθῆ λέγω
stand up, I (transitive) ἀνίστημι
stand up, I (intransitive) ἀνίσταμαι
station, I ἵστημι
stay, I μένω
steal, I κλέπτω
steer, I κυβερνῶ (α)
steersman κυβερνήτης-ου, ὁ
still ἔτι
stomach γαστήρ-γαστρός, ἡ
stone λίθος-ου, ὁ
stop, I (transitive) παύω
stop, I (intrans.) παύομαι (+ Part.)
story μῦθος-ου, ὁ
straightaway εὐθύς
stranger ξένος-ου, ὁ
street ὁδός-οῦ, ἡ
stretched out, I am κεῖμαι
strong ἰσχυρός-ά-όν
such (= of such a kind) τοιοῦτος-
τοιαύτη-τοιοῦτο
such (= of such a size) τοσοῦτος-
τοσαύτη-τοσοῦτο
such . . . as τοιοῦτος . . . οἷος . . .,
τοσοῦτος . . . ὅσος
suddenly ἐξαιφνῆς
suffer, I πάσχω
suffering πάθημα-ατος, τό
sun ἥλιος-ου, ὁ
surely ἆρ' οὐ;
surely not ἆρα μή;
suspicious, I am ὑποπτεύω

312

sweet γλυκύς-εῖα-ύ, ἡδύς-εῖα-ύ
sword ξίφος-ους, τό
Symplegades Συμπλήγαδες-ων, αἱ

table τράπεζα-ης, ἡ
take, I (=I lead) κομίζω
take, I (=I carry) φέρω
take, I (=I capture) λαμβάνω,
αἱρῶ (ε)
take away, I ἀποφέρω
tale λόγος-ου, ὁ, μῦθος-ου, ὁ
talk, I λέγω, διαλέγομαι
Tartarus Τάρταρος-ου, ὁ
task ἔργον-ου, τό
teach, I διδάσκω
tears δάκρυα-ων, τά
tears, I am in δακρύω
tell, I (=I say, inform) λέγω,
ἀγγέλλω
tell, I (=I tell a story) ἐξηγοῦμαι
(ε)
tell, I (=I order) κελεύω
tell the truth, I τἀληθῆ λέγω
tell a lie, I τὰ ψευδῆ λέγω
tempest χειμών-ῶνος, ὁ, θύελλα-
ης, ἡ
ten δέκα
ten thousand μύριοι-αι-α
tend, I νέμω, τρέφω
terrible δεινός-ή-όν, φοβερός-ά-όν
terrify, I φοβῶ (ε)
than ἤ
that (=who, which) ὅς-ἥ-ὅ, ὅστις-
ἥτις-ὅτι, ὅσπερ-ἥπερ-ὅπερ
that (there) ἐκεῖνος-η-ο
the ὁ-ἡ-τό
then ἔπειτα δέ
there ἐκεῖ
to there ἐκεῖσε
from there ἐκεῖθεν

therefore οὖν
thief κλέπτης-ου, ὁ
think, I νομίζω
third τρίτος-η-ον
thirsty, I am διψῶ (α-η)
this οὗτος-αὕτη-τοῦτο, ὅδε-ἥδε-
τόδε
those ἐκεῖνοι-αι-α
Thrasymachus Θρασύμαχος-ου, ὁ
three τρεῖς-τρεῖς-τρία
three hundred τριακόσιοι-αι-α
through διά +Gen.
throw, I βάλλω
throw away, I ἀποβάλλω, ἀφίημι
throw down, I καταβάλλω
thunder βροντή-ῆς, ἡ
tired, I am κάμνω
to (=towards) πρός, ἐπί, ὡς (of
Persons) +Acc.
to (=into) εἰς +Acc.
today τήμερον
toil, I πονῶ (ε)
tomorrow αὔριον
tonight τῆδε τῇ νυκτί
too καί, καὶ δὴ καί
too much ἄγαν (+Gen.)
too . . . to Comparative +ἤ ὥστε
top of ἄκρος-α-ον
touch, I ἅπτομαι +Gen.
towards πρός +Acc.
town ἄστυ-εως, τό
travel, I πορεύομαι
treat well, I εὖ ποιῶ (ε) +Acc.
tree δένδρον-ου, τό
trick μηχάνημα-ατος, τό, δόλος-
ου, ὁ
Trojans Τρῶες-ώων, οἱ
Troy Τροία-ας, ἡ
true ἀληθής-ής-ές
trust, I πιστεύω +Dat.

truth τὸ ἀληθές, τἀληθῆ
try, I πειρῶμαι (α)
turn, I (*transitive*) τρέπω
turn, I (*intransitive*) τρέπομαι
twelve δώδεκα
twenty εἴκοσι (ν)
two δύο-δύο-δύο

ugly μιαρός-ά-όν
unable, I am οὐχ οἷός τ᾽ εἰμί, οὐ δύναμαι
unawares ἀπροσδόκητος-ος-ον *or use* λανθάνω
unharmed ἀβλαβής-ής-ές
undertake, I (a task) πόνον πονῶ (ε)
unjust ἄδικος-ος-ον
until ἕως, πρίν (*after a Negative*)
unwilling ἄκων-ἄκουσα-ἆκον
up ἀνά + *Acc.*
   up stream ἀνὰ ποταμόν
use, I χρῶμαι (α-η) + *Dat.*
use, it is no use οὐδὲν ὄφελός ἐστι + *Dat.*
useless οὐτιδανός-ή-όν

vain, in vain μάτην
very μάλα, δή
voice φωνή-ῆς, ἡ
villain πονηρός-οῦ, ὁ
vulture γύψ-γυπός, ὁ

wait, I μένω
wait for, I μένω + *Acc.*
waken, wake up, I ἐγείρω
walk, I βαδίζω
wall τεῖχος-ους, τό
want, I ἐθέλω
war πόλεμος-ου, ὁ
wash, I (*transitive*) λούω
wash, I (*intransitive*) λούομαι

water ὕδωρ-ὕδατος, τό
wave κῦμα-ατος, τό
wax κηρός-οῦ, ὁ
way ὁδός-οῦ, ἡ
we ἡμεῖς
weak ἀσθενής-ής-ές
weapons ὅπλα-ων, τά
weep, I δακρύω, κλαίω
welcome, I ἀσπάζομαι
well εὖ
what? τί;
what (=that which) ὅ, ὅ τι, ὅπερ
whatever ὅ τι ἄν + *Subjunctive*, ὅ τι + *Optative*
what is more καὶ δὴ καί
when? πότε;
when ἐπειδή, ἐπεί, ὅτε
whenever ἐπειδάν, ὅταν + *Subjunctive*, ἐπειδή, ὅτε + *Optative*
where? ποῦ;
where ὅπου
where to? ποῖ;
where from? πόθεν;
while ἐν ᾧ *or use a Participle*
who, which? τίς-τίς-τί;
who, which ὅς-ἥ-ὅ, ὅστις-ἥτις-ὅ τι, ὅσπερ-ἥπερ-ὅπερ
whole πᾶς-πᾶσα-πᾶν
why? διὰ τί;
wicked κακός-ή-όν, πονηρός-ά-όν
wife γυνή-γυναικός, ἡ
willing, I am ἐθέλω, βούλομαι
win, I νικῶ (α)
wind ἄνεμος-ου, ὁ
wine οἶνος-ου, ὁ
wise σοφός-ή-όν
wish, I ἐθέλω, βούλομαι
with μετά + *Gen.*, ἔχων *or* ἄγων + *Acc.*

without ἄνευ + *Gen.*
with ... others αὐτός δεύτερος,
    τρίτος, τέταρτος
woman γυνή-γυναικός, ἡ
old woman γραῦς-γραός, ἡ
wooden ξύλινος-η-ον
work, work hard, I πονῶ (ε)
would that! εἴθε, εἰ γάρ
write, I (a poem) ποιῶ (ε)
wrong ἀδίκημα-ατος, τό
wrong, I am ἁμαρτάνω
wrong, I do ἀδικῶ (ε)

Xanthias Ξανθίας-ου, ὁ

year ἐνιαυτός-οῦ, ὁ, ἔτος-ους, τό
yes ναί
yesterday χθές
young man νεανίας-ου, ὁ
your σός-σή-σόν, ὑμέτερος-α-ον
young νέος-α-ον
young man, youth νεανίας-ου, ὁ
yourself σὺ αὐτός-ή

Zeus Ζεύς-Διός, ὁ